2022

TOMO **2**

COORDENADORAS
Ana Carolina **Brochado Teixeira**
Livia **Teixeira Leal**

Herança Digital

Controvérsias e Alternativas

Dados Internacionais de Catalogação na Publicação (CIP) de acordo com ISBD

H532

Herança digital: controvérsias e alternativas – TOMO 2 / Ana Carolina Brochado Teixeira ... [et al.] ; coordenado por Ana Carolina Brochado Teixeira, Livia Teixeira Leal. - Indaiatuba, SP : Editora Foco, 2022.

304 p. ; 16cm x 23cm.

Inclui bibliografia e índice.

ISBN: 978-65-5515-605-8

1. Direito. 2. Direito sucessório. 3. Herança digital. I. Teixeira, Ana Carolina Brochado. II. Freire, Bernardo Azevedo. III. Mucilo, Daniela de Carvalho. IV. Uhdre, Dayana de Carvalho. V. Cahali, Francisco José. VI. Gabriel Schulman. VII. Lopes Jr., Jaylton. VIII. Aguirre, João. IX. Faleiros Júnior, José Luiz de Moura. X. Leal, Livia Teixeira. XI. Frota, Pablo Malheiros da Cunha. XII. Sanches, Patrícia Corrêa. XIII. Mazzei, Rodrigo. XIV. Meireles, Rose Melo Vencelau. XV. Marzagão, Silvia Felipe. XVI. Venosa, Sílvio de Salvo. XVII. Araujo, Vladimir de Sousa. XVIII. Título.

2022-2642

CDD 342.165   CDU 347.6

Elaborado por Vagner Rodolfo da Silva - CRB-8/9410

Índices para Catálogo Sistemático:

1. Direito sucessório 342.165

2. Direito sucessório 347.6

TOMO **2**

C O O R D E N A D O R A S
Ana Carolina **Brochado Teixeira**
Livia **Teixeira Leal**

Herança
Digital

Controvérsias e **Alternativas**

2022 © Editora Foco

Coordenadoras: Ana Carolina Brochado Teixeira e Livia Teixeira Leal

Autores: Ana Carolina Brochado Teixeira, Bernardo Azevedo Freire, Daniela de Carvalho Mucilo, Dayana de Carvalho Uhdre, Francisco José Cahali, Gabriel Schulman, Jaylton Lopes Jr., João Aguirre, José Luiz de Moura Faleiros Júnior, Livia Teixeira Leal, Pablo Malheiros da Cunha Frota, Patrícia Corrêa Sanches, Rodrigo Mazzei, Rose Melo Vencelau Meireles, Silvia Felipe Marzagão, Sílvio de Salvo Venosa e Vladimir de Sousa Araujo

Diretor Acadêmico: Leonardo Pereira

Editor: Roberta Densa

Assistente Editorial: Paula Morishita

Revisora Sênior: Georgia Renata Dias

Revisora: Simone Dias

Capa Criação: Leonardo Hermano

Diagramação: Ladislau Lima e Aparecida Lima

Impressão miolo e capa: META BRASIL

DIREITOS AUTORAIS: É proibida a reprodução parcial ou total desta publicação, por qualquer forma ou meio, sem a prévia autorização da Editora FOCO, com exceção do teor das questões de concursos públicos que, por serem atos oficiais, não são protegidas como Direitos Autorais, na forma do Artigo 8º, IV, da Lei 9.610/1998. Referida vedação se estende às características gráficas da obra e sua editoração. A punição para a violação dos Direitos Autorais é crime previsto no Artigo 184 do Código Penal e as sanções civis às violações dos Direitos Autorais estão previstas nos Artigos 101 a 110 da Lei 9.610/1998. Os comentários das questões são de responsabilidade dos autores.

NOTAS DA EDITORA:

Atualizações e erratas: A presente obra é vendida como está, atualizada até a data do seu fechamento, informação que consta na página II do livro. Havendo a publicação de legislação de suma relevância, a editora, de forma discricionária, se empenhará em disponibilizar atualização futura.

Erratas: A Editora se compromete a disponibilizar no site www.editorafoco.com.br, na seção Atualizações, eventuais erratas por razões de erros técnicos ou de conteúdo. Solicitamos, outrossim, que o leitor faça a gentileza de colaborar com a perfeição da obra, comunicando eventual erro encontrado por meio de mensagem para contato@editorafoco.com.br. O acesso será disponibilizado durante a vigência da edição da obra.

Impresso no Brasil (08.2022) – Data de Fechamento (08.2022)

2022

Todos os direitos reservados à
Editora Foco Jurídico Ltda.
Avenida Itororó, 348 – Sala 05 – Cidade Nova
CEP 13334-050 – Indaiatuba – SP

E-mail: contato@editorafoco.com.br
www.editorafoco.com.br

APRESENTAÇÃO

As discussões em torno da "herança digital" inegavelmente vêm crescendo e adquirindo novos contornos nos últimos anos. E não poderia ser diferente, considerada a dinamicidade do desenvolvimento tecnológico, que acaba por refletir também nas situações jurídicas *post mortem*.

Mesmo quando da publicação da 1ª edição da obra "Herança digital: controvérsias e alternativas", já sabíamos do enorme desafio que seria identificar e desenvolver os principais debates que compõem esse rico e pulsante assunto, já que, a cada dia, novos elementos se somam aos já existentes, evidenciando a magnitude e a complexidade que o tratamento jurídico *post mortem* dos bens digitais carrega consigo.

Da elaboração da obra originária – agora qualificada como Tomo I – para cá, novas inquietações surgiram, algumas provocadas pelas próprias reflexões geradas pelos estudos dos autores que se propuseram a enfrentar o assunto nas suas diversas facetas, outras motivadas pelos novos Projetos de Lei apresentados no Congresso Nacional e por decisões dos tribunais brasileiros a respeito do tema.

Com efeito, a sucessão dos bens digitais ainda se apresenta permeada por diversos pontos de interrogação, inclusive sob a perspectiva processual, somando-se também desafios próprios das peculiaridades das criptomoedas e do inovador e ainda incógnito metaverso.

No âmbito do exercício da autonomia pelo titular da conta, questionamentos atinentes à viabilidade de utilização do codicilo como instrumento de planejamento sucessório, aos limites à vontade do planejador quanto aos bens digitais híbridos e à natureza jurídica do contato herdeiro também se revelam como importantes pontos a serem considerados, sobretudo para o planejamento sucessório.

Busca-se examinar, também, os bens digitais sob a perspectiva da posse e da propriedade, além da proteção da privacidade, que segue como um componente essencial quando se trata de direito e tecnologia, dentre outras questões.

O Tomo II da obra "Herança digital: controvérsias e alternativas" se propõe, assim, a difundir novos debates neste campo de estudo, que, sabemos, está bem longe de se esgotar.

Agradecemos a editora Foco por mais essa parceria e a todos os autores que colaboraram para o prosseguimento dos debates pertinentes à temática.

Ana Carolina Brochado Teixeira

Livia Teixeira Leal

SUMÁRIO

APRESENTAÇÃO

Ana Carolina Brochado Teixeira e Livia Teixeira Leal V

MORREU, MAS DEIXOU *BACKUP*: HERANÇA DIGITAL E SEUS DESAFIOS

Gabriel Schulman 1

SUCESSÕES E HERANÇA DIGITAL. REFLEXÕES

Sílvio de Salvo Venosa 19

O CODICILO COMO INSTRUMENTO DE PLANEJAMENTO SUCES-SÓRIO DA HERANÇA DIGITAL

Rodrigo Mazzei e Bernardo Azevedo Freire 29

ACERVO DIGITAL E SUA TRANSMISSÃO SUCESSÓRIA NO BRASIL: ANÁLISE A PARTIR DA LITERATURA JURÍDICA E DOS PROJETOS DE LEI SOBRE O TEMA

Pablo Malheiros da Cunha Frota e João Aguirre 59

POSSE E BENS DIGITAIS: TRANSMISSIBILIDADE E USUCAPIÃO

Daniela de Carvalho Mucilo 131

A NATUREZA JURÍDICA DO "CONTATO HERDEIRO"

José Luiz de Moura Faleiros Júnior 149

AUTONOMIA E HERANÇA DIGITAL

Rose Melo Vencelau Meireles 179

OS LIMITES À VONTADE DO PLANEJADOR PARA DISPOR SOBRE A TRANSMISSÃO OU DESTRUIÇÃO DE BENS DIGITAIS *HÍBRIDOS*

Francisco José Cahali e Silvia Felipe Marzagão 195

HERANÇA DIGITAL NOS TRIBUNAIS – UMA ANÁLISE DO DIREITO À PRIVACIDADE E DA PRESERVAÇÃO DA IMAGEM

Patrícia Corrêa Sanches 213

TRANSMISSÃO *CAUSA MORTIS* DE BENS DIGITAIS: DESAFIOS PROCESSUAIS E POSSÍVEIS SOLUÇÕES

Jaylton Lopes Jr. 229

SUCESSÃO PATRIMONIAL (?) NO METAVERSO: E O ITCMD COM ISSO?

Dayana de Carvalho Uhdre 251

OS DESAFIOS PARA A SUCESSÃO DE CRIPTOMOEDAS NO DIREITO BRASILEIRO

Vladimir de Sousa Araujo 269

MORREU, MAS DEIXOU *BACKUP*: HERANÇA DIGITAL E SEUS DESAFIOS[1]

Gabriel Schulman

Advogado. Doutor em Direito pela Universidade do Estado do Rio de Janeiro (UERJ). Mestre em Direito Civil pela Universidade Federal do Paraná (UFPR). Especialista em Direito da Medicina pela Universidade de Coimbra. Integra a Comissão de Saúde da OAB/PR. Membro do Instituto Brasileiro de Estudos de Responsabilidade Civil (IBERC). Membro do Instituto Brasileiro de Estudos de Responsabilidade Civil (IBERC). Membro do Instituto Brasileiro de Direito Contratual (IBDCont). Professor da Universidade Positivo na Graduação e Mestrado. E-mail: gabriel@schulman.com.br.

Sumário: 1. John Ajemian faleceu – 2. Caixão inteligente e orientações para a vida digital após a morte. "Quando eu morrer, não quero choro nem vela" – 3. Digitalização da vida e a herança digital – 4. A lacuna da jurisprudência. Morte na esfera digital, um tema por nascer – 5. Considerações finais. Fim da vida, início das questões. "A morte é para os que morrem. Será?" – 6. Referências.

> A morte não melhora ninguém…[2]
> A vida são fósforos, acendendo-se uns em outros que se apagam[3].

1. JOHN AJEMIAN FALECEU

> A morte é vida intensa demais pra quem fica.[4]

Em 10 de agosto de 2006, John Ajemian, aos 43 anos, morreu em um acidente de bicicleta; sem deixar um testamento. Quatro anos antes, havia aberto, junto com seu irmão Robert Ajemian, uma conta de e-mail na plataforma Yahoo!. Seus familiares desejavam ter acesso a conta de e-mail para fazer uma cerimônia[5]. Seus irmãos, uma vez nomeados representantes do espólio, solicitaram acesso a sua conta de e-mail, o que foi rejeitado pelo Yahoo! com base nas regras da Stored Communications Act (SCA), ao fundamento de que

---

1. Agradeço às pesquisadoras Ashley Konrath e Lívia Sedrez de Souza pela gentil revisão do texto.
2. QUINTANA, Mario. **Para viver de poesia.** São Paulo: Globo, 2007. p. 45.
3. COUTO, Mia. **O outro pé da sereia.** São Paulo: Companhia das Letras, 2006. p. 191.
4. MADEIRA, Carla. **Tudo é Rio.** Rio de Janeiro: Record, 2021.
5. As plataformas digitais assumem também o papel de espaços de luto, sobretudo com o fortalecimento das identidades digitais. BRUBAKER, Jed; et al. Beyond the Grave: Facebook as a Site for the Expansion of Death and Mourning. Information Society, School of Information and Computer Sciences, University of California v. 29, No. 3, p. 152–163; May/Jun. 2013.

a legislação exigia o consentimento do falecido para acesso[6], bem como sob alegação de que os Termos de Uso permitiam à plataforma negar o acesso, ou mesmo excluir o conteúdo.

Em resposta a um pedido judicial, em 2007, o Yahoo! forneceu à família de John informações acerca do cabeçalho do e-mail, ou seja, "nomes e endereços dos remetentes e destinatários, a data e as informações refletidas na linha de assunto", sem, porém, disponibilizar o conteúdo dos e-mails. Aqui é preciso chamar atenção para uma circunstância muito relevante. Apesar de não ter sido considerado suficiente pela família a disponibilização de dados dos cabeçalhos dos e-mails, é essencial observar que este conjunto de dados entregues há família de forma restrita já era mais do que suficiente para inúmeras inferências[7] sobre a vida do falecido, inclusive sobre com que mantinha mais contato.

Por exemplo, sabe-se que desde a abertura da conta o falecido enviou aproximadamente 522 e-mails, e recebeu 774, correspondia-se com mais frequência com uma mulher chamada Anne Drazen, enviando seus 289 e-mails e recebendo 224 e-mails dela[8], com quem, segundo os familiares, John não tinha nenhuma relação comercial. Em setembro de 2009, foi protocolado um pedido judicial de acesso ao conteúdo dos e-mails. Em primeiro grau, o pedido dos familiares de John foi rejeitado, entretanto, em grau recursal, considerou-se que os representantes legais poderiam dar o consentimento em nome do morto, o que seria suficiente para impor o dever de fornecer o conteúdo da conta.

Ao rever a decisão do juízo singular, a Suprema Corte de Massachusetts proferiu a seguinte decisão:

> Somos chamados a determinar se a SCA proíbe o Yahoo! de divulgar voluntariamente o conteúdo da conta de e-mail aos representantes pessoais do espólio do falecido. Conclui-se que o SCA não proíbe tal divulgação. Em vez disso, permite que o Yahoo! divulgue o conteúdo da conta de e-mail quando, tal como ocorre neste caso, os representantes pessoais consentem legalmente a divulgação em nome do falecido[9].

---

6. MASSACHUSSETS SUPREME COURT. Ajemian v. Yahoo!, Inc., 84 NE3d 766, 778 (Mass. 2017). Disponível em: https://www.supremecourt.gov/. Acesso em: 25 maio 2022.

7. Em tradução livre: "A inferência consiste na possibilidade de deduzir com uma probabilidade significativa de valoração de um atributo dos valores de um conjunto de outros atributos". UNIÃO EUROPEIA. European Commission. **Article 29 Data Protection Working Party.** Opinion 5/2014 on Anonymisation techniques. Bruxelas: 2014. Disponível em: http://ec.europa.eu/justice/article-29/documentation/opinion-recommendation/files/2014/wp216_en.pdf. Acesso em 25 maio 2022. Ao modo do famoso personagem de Sir Arthur Conan Doyle, Sherlock Holmes, por meio de inferência chega-se a conclusões a partir de um conjunto de outras informações disponíveis.

8. MASSACHUSSETS SUPREME COURT. MARIANNE AJEMIAN, coadministrator,1 & another2 v. YAHOO!, Inc., 84 NE3d 766, 778 (Mass. 2017). March 9, 2017, Argued October 16, 2017, Disponível em: https://www.supremecourt.gov/. Acesso em: 25 maio 2022.

9. Tradução livre. No original: "We are called upon to determine whether the SCA prohibits Yahoo from voluntarily disclosing the contents of the e-mail account to the personal representatives of the dece-

Desse modo, permitiu-se que o consentimento para o acesso aos e-mails do falecido fosse outorgado por seus sucessores - representantes[10]. Observa-se deste modo a prevalência de uma analogia com as normas aplicáveis à sucessão de bens puramente patrimoniais. Inclusive, no pedido apresentado pelos familiares, argumentou-se que os e-mails seriam parte do espólio – "those contents were property of the estate". Concluiu-se que o espólio possuía interesse patrimonial no conteúdo da conta e que os registros apresentados pela plataforma digital não seriam suficientes para demonstrar a vinculação às limitações contratuais.

A SCA é um diploma legal (*act*), que restringe o acesso às comunicações armazenadas por prestadores de serviço, estabelece hipótese de divulgação voluntária e de acesso por determinação das autoridades. Originalmente estava voltada ao controle de interceptações eletrônicas realizadas por autoridades públicas. Sua aplicação neste caso exigiu uma longa discussão sobre quem poderia ter acesso a dados na condição de um "agent" do falecido, haja vista que em uma determinada acepção poderia ser entendido como um representante nomeado pelo interessado, em outra, como um representante ainda que nomeado pelo estado. Prevaleceu a segunda compreensão, mais ampla, que permite a manifestação de consentimento posterior à morte.

Nesse sentido, o caso apresentado, apreciado pela corte de Massachusetts, faz também emergir a discussão acerca da possibilidade de um consentimento *post mortem*, e a necessidade de corresponder ou não à vontade do falecido a qual, naturalmente, pode divergir dos interesses dos herdeiros. A respeito, cumpre recordar que no direito brasileiro, ressalvadas as normas de ordem pública, prevalece, no plano patrimonial, a soberania da vontade do *de cujus*. Nessa toada, extrai-se do Código Civil, art. 1.899: "Quando a cláusula testamentária for suscetível de interpretações diferentes, prevalecerá a que melhor assegure a observância da vontade do testador"[11]. Em contraste, no caso em exame, não se avaliou eventual vontade do falecido, tendo prevalecido interesse de seus sucessores. A própria definição da intenção da pessoa falecida sobre o acesso é controvertida; por exemplo, não deixar a senha disponível significa a intenção de que ninguém tenha acesso aos

---

dent's estate. We conclude that the SCA does not prohibit such disclosure. Rather, it permits Yahoo to divulge the contents of the e-mail account where, as here, the personal representatives lawfully consent to disclosure on the decedent's behalf".

10. Conforme a legislação processual local: "executor, administrator, successor personal representative, special administrator, special personal representative, and persons who perform substantially the same function under the law governing their status". MASSACHUSETTS. General Laws. Common Wealth. G. L. c. 190B, § 1-201 (37).

11. "As regulações atinentes ao testamento têm por escopo único, a preservação da vontade do testador". STJ, REsp: 1677931, Relª. Min. Nancy Andrighi, 3ª. Turma, DJe 22 ago. 2017.

dados disponíveis na conta de e-mail ou apenas uma prática sensata do titular do correio eletrônico[12]?

A respeito do tema, mostra-se útil um olhar para a legislação espanhola, da qual se extrai a recente Ley Orgánica 3/2018, que disciplina *Protección de Datos Personales y garantía de los derechos digitales*. O marco legal estabelece que salvo manifestação em contrário do falecido, os familiares do falecido podem ter acesso aos seus conteúdos digitais e especificar instruções sobre a utilização e destino. Eventual manifestação em contrário do falecido será ineficaz quando o conteúdo digital integrar o espólio[13]. Como adverte Nieves Moralejo Imbernón[14], não se estabeleceu quem são os familiares, eventual hierarquia, na gestão dos bens. Além disso, há uma inversão em relação à soberania da vontade da pessoa falecida, já que a lei protege o acesso dos vivos, sem maior detalhamento. Nem ao menos estabeleceu como lidar com o conflito entre a vontade do falecido, e as condições gerais estabelecidas nos termos de uso de serviços digitais[15]. A respeito, cumpre indagar, a privacidade não sobrevive ao falecimento?

O caso de John Ajemian também denota a intensa aproximação entre aspectos existenciais e patrimoniais[16] que permeia as situações jurídicas relacionadas à herança digital. É interessante notar que o Yahoo! argumentou que a limitação ao acesso teria por base as políticas de uso, o que demonstra um potencial conflito que envolve, apenas para dar uma dimensão, interesses do falecido e dos herdeiros, normas sucessórias e contratuais.

Como destaca Banta, os provedores de serviços digitais estão tomando decisões sobre privacidade após a morte para seus usuários em detrimento da

---

12. "Sharing a password would demonstrate a user's intent to share access to an account. Conversely, keeping a password confidential indicates a desire to keep the account confidential. It is unreasonable to presume that a user who did not want others to access his or her accounts during his or her lifetime would intend for access to be granted at the moment of death". CUMMINGS, Rebecca. The Case Against Access to Decedents' E-mail: Password Protection as an Exercise of the Right to Destroy. **Minnesota Journal of Law, Science and Technology**. University of Minnesota Digital Conservancy, 2014. p. 936.

13. Na forma do art. 96 "Las personas vinculadas al fallecido por razones familiares o de hecho, así como sus herederos podrán dirigirse a los prestadores de servicios de la sociedad de la información al objeto de acceder a dichos contenidos e impartirles las instrucciones que estimen oportunas sobre su utilización, destino o supresión. Como excepción, las personas mencionadas no podrán acceder a los contenidos del causante, ni solicitar su modificación o eliminación, cuando la persona fallecida lo hubiese prohibido expresamente o así lo establezca una ley. Dicha prohibición no afectará al derecho de los herederos a acceder a los contenidos que pudiesen formar parte del caudal relicto".

14. IMBERNÓN, Nieves Moralejo. El testamento digital en la nueva Ley Orgánica 3/2018, de 5 de diciembre, de protección de datos personales y garantía de los derechos digitales. **Anuario de Derecho Civil - ADC**, Ministerio de la Justicia, Espanha, tomo LXXIII, fasc. I, p. 241-281, 2020.

15. MOLINS, Esperança Ginebra. Voluntades digitales en caso de muerte. **Cuadernos de Derecho Transnacional**, Universidad Carlos III de Madrid, v. 12, n. 1, p. 908-929, mar. 2020.

16. KONDER, Carlos Nelson; TEIXEIRA, Ana Carolina Brochado. O enquadramento dos bens digitais sob o perfil funcional das situações jurídicas. In: LEAL, Livia Teixeira; TEIXEIRA, Ana Carolina Brochado (coord.). **Herança Digital: Controvérsias e Alternativas**. Indaiatuba: Foco, 2021. p. 21-40.

dinâmica sucessória em que as normas emanam do estado, o que se traduz em uma regra padrão de eliminação dos dados[17]. Em sua leitura, embora as decisões dos legisladores nem sempre reflitam o interesse de todos, transferir às grandes corporações as decisões sobre privacidade é "ao menos suspeito"[18]. Como uma verdadeira contradição, a privacidade é argumentada por empresas que atuam com *big data*[19]. Outro paradoxo é que o usuário deposita a confiança na plataforma sobre a boa guarda dos dados que, por outro lado, em grande parte é coletada pela própria plataforma[20]. Além disso, os termos de uso nem sempre conferem a devida atenção a questões testamentárias.

No julgamento do caso de John Ajemian, considerou-se também a circunstância de que os termos de uso asseguram ao Yahoo! direitos praticamente ilimitados, que enfraquecem a eficácia das regras contratuais estabelecidas[21]. Outro aspecto interessante – ainda que não explorado a fundo no acórdão – é o compartilhamento da conta de e-mail entre os irmãos, sobretudo porque o próprio endereço eletrônico pode ter repercussão patrimonial. A decisão apenas ressalva que Robert esqueceu a senha.

Adicionalmente, vale enfatizar que o volume de dados armazenados com as tecnologias e plataformas atuais também não torna razoável uma simples aproximação com as cartas, normalmente herdadas, quando não destruídas. Ao mesmo tempo, é preciso ter em conta que as mensagens eletrônicas do falecido podem ser relevantes para a gestão patrimonial do espólio[22].

2. CAIXÃO INTELIGENTE E ORIENTAÇÕES PARA A VIDA DIGITAL APÓS A MORTE. "QUANDO EU MORRER, NÃO QUERO CHORO NEM VELA"[23]

Transferência de senhas, acesso a contas de e-mail e documentos, exclusão de dados e mensagens aos herdeiros são exemplos de medidas que podem ser adotadas para um "planejamento sucessório digital".

---

17. BANTA, Natalie. Inherit the Cloud: The Role of Private Contracts in Distributing or Deleting Digital Assets at Death, **Fordham Law Review,** n. 799, 2014. p. 799-854. p. 836.
18. BANTA, Natalie. Inherit the Cloud: The Role of Private Contracts in Distributing or Deleting Digital Assets at Death, **Fordham Law Review,** n. 799, 2014. p. 799-854. p. 837, 842-843.
19. ZUBOFF, Shoshana. **The age of surveillance capitalism.** The fight for future at the new frontier of power. New York: Public Affairs, 2019. STUCKE, Maurice. Should We Be Concerned About Data-opolies **Georgetown Law Technology Review,** University of Tennessee Legal - Studies Research Papers, n. 349, p. 315.
20. BARBOSA, Pedro Nunes. **E-stabelecimento.** São Paulo: Quartier Latin, 2017. p. 48.
21. Sobre o poder das redes sociais e as relações contratuais SCHULMAN, Gabriel. A proteção do consumidor digital em face das redes sociais. **Conjur.** Disponível em: https://www.conjur.com.br/2021-dez-01/garantias-consumo-protecao-consumidor-digital-face-redes-sociais. Acesso em: 04 maio 2022.
22. Sobre o tema: TEIXEIRA, Ana Carolina Brochado. O papel do inventariante na gestão da herança digital. In: TEIXEIRA, Ana Carolina Brochado; NEVARES, Ana Luiza. **Direito das Sucessões: problemas e tendências.** Indaiatuba: Foco, 2022.
23. ROSA, Noel. Fita Amarela.1933.

A empresa SecureSafe, sediada na Suíça, oferece o serviço de herança de dados (*data inheritance*) que inclui um gerenciador de senhas premiado, e facilita o acesso dos sobreviventes a contas e arquivos de usuários importantes. A proposta inclui facilitar a desativação de contas em redes sociais, acesso a contas de e-mail, cancelamento de assinaturas digitais como serviços de streaming, centralização de documentos financeiros como apólices de seguro e documentos bancários, armazenagem de cópias digitais de contratos e fotos para a memória. Ao tempo desta pesquisa, o serviço custava o equivalente a R$ 20 reais mensais para 10 GB de espaço[24].

Como destaca o site da empresa, as contas de e-mails além de serem uma coleção de mensagens, constituem um catálogo de contatos e podem também ser necessárias para redefinir senhas de contas online. Não se pode deixar de observar que a própria confirmação do óbito deve ser feita de modo cuidadoso, sob pena de matar, por exemplo, um perfil de rede social de uma pessoa viva. Ademais, pode acontecer de os herdeiros desconhecerem o patrimônio digital do falecido. Enfim, a digitalização da vida se faz acompanhar da digitalização da morte, com profundas consequências jurídicas e sociais.

3. DIGITALIZAÇÃO DA VIDA E A HERANÇA DIGITAL

Estamos presentes no mundo virtual tanto quanto estamos no real — é como se houvesse uma realidade paralela, na qual existe um outro (ou vários outros) de cada um de nós[25].

A digitalização da vida transborda para as atividades sociais, culturais, para o trabalho[26]. Perfis em redes sociais, e-mail, vídeos, fotos, áudios, mensagens, preferências de filmes no Netflix ou músicas no Spotify compõem um vasto acervo de bens digitais com desdobramentos que atingem a intimidade e vida privada da pessoa falecida, assim como núcleos de interesse de familiares, inclusive herdeiros, possivelmente de terceiros, com relevantes projeções existenciais e pessoais.

Excetuados os ativos financeiros, isto é, dinheiro ou investimentos que podem ser administrados em contas online, a preocupação da herança digital recai sobre os chamados o acervo digital. Nesse sentido, os ativos digitais consistem em bens e direitos intangíveis, que existem no mundo digital, mas impactam significativamente o mundo real. Tratam-se de e-direitos.

---

24. SECURESAFE. Disponível em: https://www.securesafe.com/en/. Acesso em: 03 jun. 2022.
25. MAGRANI, Eduardo. **Entre dados e robôs: ética e privacidade na era da hiperconectividade**. 2. ed. Porto Alegre: Arquipélago Editorial, 2019. p. 302.
26. Ilustrativamente, estudo realizado pela Indeed Hiring Lab em conjunto com a OCDE, envolvendo 20 países, aponta que a parcela de postagens de emprego que mencionam "trabalho remoto" quase triplicou entre em janeiro de 2020 e setembro de 2021, atingindo 7,5% 2020. JUDES, Alexandre; ADRJAN, Pawel; SINCLAIR, Tata. **Will Remote Work Persist after the Pandemic?** Indeed Hiring Lab: Dez. 2021.

Sem a pretensão de oferecer um conceito ou um rol exauriente, é possível afirmar que a coleção de bens e direitos digitais pode ser constituído por produtos adquiridos mediante pagamento ou obtidos como parte de promoções, como é o caso dos ebooks, NFT (*Non-Fungible Token*), milhas aéreas e criptoativos, bens adquiridos no metaverso e *skins* (itens eletrônicos para modificar a personagens de jogos de computador[27].

O acervo digital também é composto de contas criadas e administradas pelo usuário, como perfis em redes sociais tais como como Twitter, Facebook e Instagram. Igualmente, existem as contas em aplicativos, plataformas, e sites, como um canal em plataformas de vídeos como Youtube, há também os acervos de documentos na nuvem, documentos armazenados em sistemas de nuvem (*cloudcomputing*), tais como textos e fotos. Soma-se ainda uma infinidade de contas em serviços digitais, inclusive e-mails, plataformas de streaming de filmes, videogame, perfis em redes sociais.

No plano patrimonial, a sucessão envolve tanto bens digitais que foram adquiridos e podem ser revendidos, como direitos que podem proporcionar patrimônio, como o resultado financeiro (ou monetização) das visualizações de vídeos em plataformas como o Youtube. Ademais, estes diversos bens escondem (ou revelam) dados pessoais, intimidade, perfis e preferências que reforçam a intensa conexão entre o existencial e o patrimonial na herança digital[28]. A identidade digital, neste sentido, constitui uma projeção de grande importância. Como ressaltam Heloisa Helena Barboza e Vitor Almeida[29],

> O conteúdo inserido na rede por usuários em vida transborda os bens incorpóreos e direitos avaliáveis pecuniariamente e atinge nuclearmente a construção da sua subjetividade e, nessa senda, cuida-se do exercício dos direitos da personalidade, além de conter os registros das interações humanas e da criatividade autoral.

Neste contexto, sob a designação herança digital, discute-se as repercussões sucessórias dos bens e direitos digitais. A transferência do acervo digital corresponde a um enorme desafio. Como advertem Livia Leal e Ana Carolina Brochado,

---

27. "O mercado de videogames deve mais que dobrar em valor para US$ 300 bilhões até 2025, estima a empresa de dados e análise GlobalData. Grande parte do dinheiro é feito através da venda de propriedades virtuais no jogo, desde armas a roupas e até imóveis - e esses gastos podem chegar a US$ 32 bilhões em 2020, de acordo com a empresa de dados e pesquisa Statista". ELKS, Sonia. Virtual goldmine: In-game goods fuel debate over digital ownership. **Reuters**. 25.11.2019. Disponível online em: https://www.reuters.com/article/us-global-videogames-property-analysis-t-idUSKBN1Y0032. Acesso em: 05 abr. 2022.

28. FRITZ, Karina Nunes. A Garota de Berlim e a Herança Digital. LEAL, Livia Teixeira; TEIXEIRA, Ana Carolina Brochado (coord.). **Herança Digital: Controvérsias e Alternativas**. Indaiatuba: Foco, 2021. p. 227-243.

29. BARBOZA, Heloisa Helena; ALMEIDA, Vitor. Tecnologia, morte e direito: em busca de uma compreensão sistemática da "herança digital". In: LEAL, Livia Teixeira; TEIXEIRA, Ana Carolina Brochado (coord.). **Herança Digital: Controvérsias e Alternativas**. Indaiatuba: Foco, 2021, p. 1-20.

"Se as repercussões desses novos bens durante a vida dos seus titulares ainda carecem de estudos, o que dirá seus efeitos post mortem"[30].

A intensificação do mundo digital, contrasta com a carência de normas sobre herança digital no direito brasileiro. As discussões legislativas estão longe de ter solucionado as lacunas[31]. Para se ter uma ideia, um estudo do Oxford Internet Institute (OII) baseado no volume de usuários de 2018 prevê que até 2100, 1,4 bilhão de usuários do Facebook terão falecido. Em 2070, haverá mais pessoas falecidas do que vivas na rede social[32].

Ademais, a aplicação das normas de direito sucessório, de forma imediata ou indireta, igualmente não é suficiente para dar conta dos desafios que se põe. Aliás, outros diplomas normativos são relevantes para enfrentar as questões, como é o caso da Lei Geral de Proteção de Dados Pessoais – ainda que não discipline a matéria da herança digital[33], assim como frequentemente será necessário o recurso à aplicação das normas de direito do consumidor, nos casos em que envolvam os termos de uso de plataformas digitais[34].

É verdade que a legislação brasileira admite disposições de última vontade com "conteúdo não patrimonial" (Código Civil, art. 1.857, § 2º), entretanto, tal previsão está longe de permitir, porém, a simples transposição das normas. A doutrina diverge sobre a possibilidade de transmissão dos bens digitais, em po-

---

30. BROCHADO, Ana Carolina; LEAL, Livia Teixeira; **Herança Digital**: Controvérsias e Alternativas. Indaiatuba: Foco, 2021. Apresentação.
31. Entre os projetos de lei que procuram disciplinar a herança digital o Projeto de Lei nº 6468, de 2019, de iniciativa do Senado Federal, visa disciplinar a sucessão dos bens e contas digitais do autor da herança. Na Câmara dos Deputados, PL n.1689/2021 de iniciativa do Câmara Federal. Para uma crítica sobre as iniciativas legislativas, veja-se: MALHEIROS, Pablo da Cunha Frota, AGUIRRE, João Ricardo Brandão; MURIACK Maurício de Fernandes e Peixoto. Transmissibilidade sucessória do acervo digital de quem falece: crítica aos projetos de lei sobre o tema. In: EHRHARDT Júnior, Marcos; CATALAN, Marcos; MALHEIROS, Pablo. **Direito Civil e Tecnologia**. Tomo II. Belo Horizonte: Fórum, 2021, p. 583-634.
32. OXFORD UNIVERSITY. **Digital graveyards: are the dead taking over Facebook?** 29.04.2021. Disponível em: <https://www.ox.ac.uk/news/2019-04-29-digital-graveyards-are-dead-taking-over-facebook>. Acesso em: 03 jun. 2022.
33. "Sabe-se que a Lei 13.709/2018 - Lei Geral de Proteção de Dados - passou a regular o tratamento de dados pessoais, inclusive nos meios digitais, por pessoa natural ou por pessoa jurídica de direito público ou privado, com o objetivo de proteger os direitos fundamentais de liberdade e de privacidade e o livre desenvolvimento da personalidade da pessoa natural. Referida Lei, no entanto, nada dispõe acerca de eventual proteção do registro de dados pessoais do falecido ou tampouco sobre o direito da personalidade do de cujus". TJMG – AI: 10000211906755001 MG, Relator: Albergaria Costa, 3ª Câmara Cível, DJE: 28/01/2022.
34. EHRHARDT Jr., Marcos Augusto de Albuquerque. Código de Defesa do Consumidor e a Herança Digital. In: LEAL, Livia Teixeira; TEIXEIRA, Ana Carolina Brochado (coord.). **Herança Digital**: Controvérsias e Alternativas. Indaiatuba: Foco, 2021. p. 191-206. Na jurisprudência é possível identificar a aplicação do CDC na matéria, e.g. TJSP. Apelação n. 1119688-66.2019.8.26.0100, Rel. Des. Francisco Casconi, 31ª Câmara de Direito Privado, DJE: 11 mar. 2021.

sições que vão desde a vedação completa[35], até a divergência sobre quais e como os bens digitais podem ser transmitidos.

Outro desdobramento que merece atenção é a possibilidade de definição do destino da herança digital por meio de testamento ou mesmo em eventuais efeitos dos pactos antenupciais na esfera sucessória. Vale recordar que o Código Civil, em seu art. 1.789, estabelece a regra que se convencionou chamar de princípio da intangibilidade da legítima, quando houver herdeiros necessários, o testador somente pode dispor de metade da herança[36]. Em reforço, o Código Civil dispõe, a teor do art. 1.846, que "Pertence aos herdeiros necessários, de pleno direito, a metade dos bens da herança, constituindo a legítima". Aqui cabe indagar, por exemplo, qual o sentido de aplicar as regras relativas aos herdeiros necessários e a legítima ao acervo digital? Aplica-se a legítima para bens digitais? Como lidar com a (in)divisibilidade dos bens digitais em vista de sua natureza ou função? Outra questão a ser trazida à colação é a necessidade de arrolar bens da herança digital, que por sua vez se desdobra em várias situações complexas, como bens que aparentemente não possuem valor patrimonial, ou ainda aqueles que realmente são de valor afetivo. Aliás, a própria razão de ser da legítima tem sido repensada pela doutrina[37].

4. A LACUNA DA JURISPRUDÊNCIA. MORTE NA ESFERA DIGITAL, UM TEMA POR NASCER

Para identificar a compreensão dos tribunais brasileiros acerca da herança digital foi feita, inicialmente, uma busca pela expressão "herança digital" nos tri-

---

35. Para Tartuce: "é preciso diferenciar os conteúdos que envolvem a tutela da intimidade e da vida privada da pessoa daqueles que não o fazem para, talvez, criar um caminho possível de atribuição da herança digital aos herdeiros legítimos, naquilo que for possível. Entendo que os dados digitais que dizem respeito à privacidade e à intimidade da pessoa, que parecem ser a regra, devem desaparecer com ela. Dito de outra forma, a herança digital deve morrer com a pessoa". TARTUCE, Flávio. Herança Digital e sucessão legítima. Primeiras reflexões. **Revista Jurídica Luso Brasileira,** Ano 5, n. 1, p. 871-878, 2019. p. 878. Para outras visões, confira-se: LEAL, Livia Teixeira. **Internet e morte do usuário:** Propostas para o tratamento jurídico post mortem do conteúdo inserido na rede. 2. ed. Rio de Janeiro: GZ, 2020. MEDON, Filipe; OLIVA, Milena Donato; TERRA, Aline de Miranda Valverde. Acervo digital: controvérsias quanto à sucessão causa mortis. In: LEAL, Livia Teixeira; TEIXEIRA, Ana Carolina Brochado (coord.). **Herança digital:** Controvérsias e alternativas. Indaiatuba: Foco, 2021. p. 55-74.
36. PONTES DE MIRANDA. **Tratado de Direito Privado.** Tomo L V. Rio de Janeiro: Editor Borsói, 1968, p. 360.
37. CORTIANO JUNIOR, Eroulths; RAMOS, André Luiz Arnt. Liberdade testamentária versus sucessão forçada: anotações preliminares sobre o direito sucessório brasileiro. **Revista de Estudos Jurídicos e Sociais,** Cascavel, PR, v. 4, n.4 p. 41-74, 2015. SOUZA, Vanessa Ribeiro Corrêa Sampaio; ALMEIDA, JÚNIOR, Vitor de. Legítima e liberdade testamentária no direito civil contemporâneo: entre a autonomia e a solidariedade. **Pensar - Revista de Ciências Jurídicas,** v. 26, p. 1-14, 2021. CATALAN, M. Direito das sucessões: por que e para quem? Reflexões a partir da realidade brasileira. **Revista Trimestral de Direito Civil,** v. 11, n. 44, p. 135-147, out./dez. 2010. RAMOS, André Luiz Arnt; ALTHEIM, Roberto. Colação Hereditária e Legislação Irresponsável: Descaminhos da Segurança Jurídica no Âmbito Sucessório. **REDES – Revista Eletrônica Direito e Sociedade,** v. 6, p. 33-46, 2018.

bunais brasileiros. Em contraste com a importância do tema, foram identificados poucos precedentes. Ilustrativamente, em pesquisa realizada em 01.06.2022, nos portais dos tribunais de justiça estaduais de Bahia, Rio Grande do Sul, Paraná, Rio de Janeiro, Santa Catarina não foi obtido nenhum resultado ao empregar-se a combinação dos termos "herança digital". No Tribunal de Justiça do Estado de São Paulo, foram localizadas apenas três decisões.

No Superior Tribunal de Justiça, a única referência localizada a "herança digital" diz respeito a responsabilidade civil por uma transferência indevidas de criptomoedas[38]. Diante do número restrito de acórdãos disponíveis, a opção foi a análise qualitativa, para identificação dos temas em discussão e dos argumentos adotados na fundamentação – *ratio decidendi.*

Ao julgar a apelação de n. 1119688-66.2019.8.26.0100[39] o TJSP analisou pedido de exclusão de perfil de rede social (Facebook) após a morte da filha. Na compreensão do tribunal, a matéria é de natureza negocial, de modo que a questão é disciplinada pelos termos de uso da plataforma, considerados válidos pela corte.

A família argumentou que após o falecimento de sua filha, o perfil passou a ser uma lembrança da filha, todavia, o perfil foi repentinamente excluído. A plataforma recusou a possibilidade de postagens posteriores ao falecimento por considerar se tratar de um "direito personalíssimo", intransmissível, sob o argumento de que não possuía conteúdo patrimonial.

Significa dizer que prevaleceu a proteção de elementos personalíssimos do acervo do titular, distinguindo-se, deste modo, no acervo sucessório, os bens e direitos de natureza estritamente patrimonial como carteiras digitais (*wallets*[40]) e os direitos existenciais. Esta distinção, embora não resolva por completo as questões, é ferramenta útil para se assegurar a proteção *post mortem* das projeções personalíssimos[41]. Na lição de Heloisa Helena Barboza e Vitor Almeida:

> as situações existentes na internet apresentam, contudo, uma peculiaridade que é sua per-
> manência após a morte do titular do conteúdo de todas as atividades por ele desenvolvidas

---

38. STJ. REsp: 1885201, Rel\ª. Min. NANCY ANDRIGHI, 3ª. Turma. DJe 25 nov. 2021.

39. TJSP. Apelação n. 1119688-66.2019.8.26.0100, Rel. Des. Francisco Casconi, 31ª Câmara de Direito Privado, DJE: 11 mar. 2021.

40. "Mais de 90% de todo o dinheiro – mais de 50 trilhões de dólares que aparecem em nossas contas – existem apenas em servidores de computador. Assim, a maior parte das transações é executada por meio da movimentação de dados eletrônicos de um arquivo de computador para outro, sem qualquer troca de dinheiro físico". HARARI, Yuval Noah. **Sapiens – uma breve história da humanidade.** Porto Alegre, RS: L&PM, 2015.

41. Essa perspectiva é proposta por Livia Leal ao defender que "Não se pode ignorar que alguns direitos são personalíssimos, e, portanto, intransmissíveis, extinguindo-se com a morte do titular, não sendo objeto de sucessão". LEAL, Livia Teixeira. Internet e morte do usuário: a necessária superação do paradigma da herança digital. **Revista Brasileira de Direito Civil – RBDCivil**, Belo Horizonte, v. 16, p. 181-197, abr./jun. 2018.

e, não raro, a continuidade que lhe é dada por amigos e seguidores, especialmente nas redes sociais. Desse modo, há uma "vida" da pessoa que morre biologicamente na internet, que inclui a(s) identidade(s) que ali criou e múltiplas manifestações existenciais, que vão de fotos, conversas, manifestações artísticas e científicas, a negócios de toda ordem em pleno curso, que podem ter continuidade[42].

Parafraseando o poeta, no caminho da herança digital as pedras são muitas. Entre as dificuldades, estão a repercussão patrimonial da vida íntima, a gestão online da *persona* de pessoas famosas, o entrelaçamento entre pessoal e profissional, existencial e patrimonial em plataformas como redes sociais e e-mails. Assim, os acervos digitais consistem em situações jurídicas dúplices[43], de modo que reúnem repercussões patrimoniais e existenciais, a impossibilitar a simples importação das normas de direito sucessório.

De acordo com as regras de uso da plataforma do Facebook, ao usuário são oferecidas duas alternativas para a hipótese de falecimento. A primeira opção, é a exclusão da conta, a segunda, consiste na indicação de um sucessor, com a manutenção da conta sob a forma de memorial, modalidade mais restrita em que as postagens já realizadas permanecem visíveis ao público que possuía acesso antes do falecimento. Essa dinâmica foi considerada legal pelo TJSP.

Ao consultar no Facebook, observa-se que existem três alternativas em caso de falecimento do titular da conta, a saber, a conversão da conta em um memorial, a indicação de Contatos herdeiros ou a exclusão da conta.

Contas transformadas em memorial são espaços para amigos e familiares compartilharem memórias da pessoa falecida. O perfil aparece para os amigos, mas não gera lembretes de aniversário, nem permite "novos amigos". Ninguém pode entrar em uma conta transformada em memorial. Os contatos herdeiros, embora não assumam o pleno controle da conta, possuem acesso a diversos recursos.

O contato herdeiro possui acesso a diversos recursos inclusive: (i.) Escrever uma publicação no seu perfil, por exemplo, para fornecer informações sobre o funeral; (ii.) Ver publicações, mesmo que você tenha configurado sua privacidade como "**Somente eu**"; (iii.) Decidir quem pode ver e publicar homenagens; (iv.) Remover suas marcações publicadas por outra pessoa; (v.)

---

42. BARBOZA, Heloisa Helena; ALMEIDA, Vitor. Tecnologia, morte e direito: em busca de uma compreensão sistemática da "herança digital". In: LEAL, Livia Teixeira; TEIXEIRA, Ana Carolina Brochado (coord.). **Herança Digital: Controvérsias e Alternativas**. Indaiatuba: Foco, 2021, p. 1-20. Sobre esta vida digital após a morte, confira-se também: BRANCO, Sérgio. **Memória e esquecimento na internet**. Porto Alegre: Arquipélago Editorial, 2017.

43. TEIXEIRA, Ana Carolina Brochado. O papel do inventariante na gestão da herança digital. In: TEIXEIRA, Ana Carolina Brochado; NEVARES, Ana Luiza. **Direito das Sucessões: problemas e tendências**. Indaiatuba: Foco, 2022.

Responder a novas solicitações de amizade; (vi.) **Baixar uma cópia daquilo que você compartilhou no Facebook, caso esse recurso esteja ativado;** (vii.) solicitar a remoção da conta.

Em outras palavras, não se permite que um terceiro "herde" a conta, e a siga com novas postagens no espaço antes utilizado pelo falecido[44]. É importante também registrar que ao herdeiro da conta, muito embora indicado pelo falecido, não se permite ler mensagens, remover amigos ou entrar na conta.

Em relação às opções disponíveis no Facebook, o TJSP considerou-se que "Inexistente manifestação de vontade do titular neste particular, sobressaem os termos de uso dos sites, quando alinhados ao ordenamento jurídico". Dessa maneira, prevaleceu as regras definidas nos termos de uso, sem avaliar, por exemplo, qual seria o interesse do falecido.

Em consulta aos termos de uso, verifica-se que a dinâmica persiste[45]:

> Você pode designar uma pessoa (chamada "contato herdeiro") para administrar sua conta caso ela seja transformada em memorial. Somente seu contato herdeiro ou uma pessoa que você tenha identificado em um testamento válido ou documento semelhante que expresse consentimento claro para divulgar seu conteúdo em caso de morte ou incapacidade poderá buscar a divulgação da sua conta depois que ela for transformada em memorial.

Do confronto dos casos apresentados até aqui, e das regras do Facebook, sem pretensão exauriente é possível estabelecer, entre outras soluções para acervos digitais, a possibilidade de privilegiar a vontade do falecido, a definição de regras subsidiárias nas plataformas, assim como a possibilidade de acesso, com maior ou menor extensão, por familiares, ou herdeiros, segundo um justo motivo.

Em outro acórdão, do TJSP[46], embora sem adentrar na análise jurídica da herança digital, reiterou-se a distinção entre a projeção patrimonial e existencial ao apreciar acórdão estabelecido entre as partes:

> questões extrapatrimoniais não foram cobertas pelo acordo celebrado, não sabe da destinação dos pertences pessoais de seu pai, das fotografias de família, da herança digital de seu pai, como perfil nas redes sociais e especialmente pretende ter a posse das cinzas de seu pai.

---

44. FACEBOOK. **O que acontecerá com a minha conta do Facebook se eu falecer?**. Disponível em: https://www.facebook.com/help/103897939701143. Acesso em: 03 maio 2022.

45. FACEBOOK. **Termos de serviço**. Disponível em: https://www.facebook.com/terms. Acesso em: 03 maio 2022.

46. TJSP. Agravo de instrumento de n. 2213243-95.2020.8.26.0000, Rel. Des.: Rezende Silveira, Câmara de Direito Privado, Data de Publicação: 16 out. 2020.

Observa-se deste trecho outro aspecto singular da herança digital que consiste na importância sentimental dos bens, os quais, mesmo quando não possuem valor econômico[47] relevante, devem ser tutelados no plano da afetividade[48].

Curiosamente, parte da herança digital foi destruída, como denota a referência ao fato de que "a companheira de seu pai, Ana Maria, desfez-se das roupas e objetos pessoais de seu pai, deletou fotos de seu celular, apagou e deletou o perfil do Facebook". Deixou-se de apreciar, todavia, a repercussão da conduta.

As interfaces entre o interesse econômico e pessoal ou afetivo nos bens do *de cujus* permearam o julgamento de agravo de instrumento em que se discutiu o pedido de acesso a um aparelho celular e um notebook da marca Apple que se encontram bloqueados para uso. Ao apreciar o interesse envolvido, destacou o acórdão do TJMG "a agravante não justifica o porquê do interesse em acessar os dados pessoais do de cujus e sequer arrolou os aparelhos como bens a serem inventariados nas primeiras declarações (fls. 23/24-PJe), o que afasta a hipótese de interesse econômico"[49]. A decisão, ao mesmo tempo em que reconheceu a relevância econômica dos bens digitais, ressaltou que "o acesso às informações privadas do usuário falecido deve ser concedido apenas nas hipóteses que houver relevância para o acesso de dados mantidos como sigilosos[50].

Ao reconhecer a lacuna legislativa, o acórdão fez menção à Lei Geral de Proteção de Dados, assim como a circunstância de que "nada dispõe acerca de eventual proteção do registro de dados pessoais do falecido". Concluiu-se pela prevalência da intimidade. Note-se que não foi enfrentada a possibilidade de apagar os dados para preservar os equipamentos, o que, neste caso específico, seria uma solução para assegurar a preservação da vida privada, sem que se fizesse o simples descarte dos equipamentos, consequência que, neste caso, não se revela razoável.

Para fins da herança digital, é preciso compreender que o acervo digital mescla interesses patrimoniais e existenciais, assim como interesse de terceiros, como no caso das mensagens trocadas por e-mail ou outros sistemas. O TJSP também teve seu "caso John Ajemian", isto é, uma demanda cujo objeto consistia no acesso a conta de e-mail do Yahoo! de pessoa falecida. Embora a questão em exame tenha se enfocado na definição da competência absoluta. O acórdão oferece alguns elementos de profunda relevância. Em primeiro, é interessante notar

---

47. "Bens jurídicos sem valor econômico muito mais representam a extensão da privacidade do morto". MADALENO, Rolf. **Sucessão Legítima.** 2. ed. Rio de Janeiro: Forense, 2020.
48. Acera da afetividade, a fundamental reflexão de Calderón. CALDERÓN, Ricardo Lucas. **Princípio da afetividade no direito de família.** 2. ed. São Paulo: Saraiva, 2017.
49. TJMG. Agravo de instrumento de n. 10000211906755001 MG, Relator: Albergaria Costa. 3ª Câmara Cível, DJE: 28 jan. 2022.
50. TJMG. Agravo de instrumento de n. 10000211906755001 MG, Relator: Albergaria Costa. 3ª Câmara Cível, DJE: 28 jan. 2022.

14 GABRIEL SCHULMAN

o reconhecimento de que os núcleos de interesse que se relacionam a herança digital extrapolam os herdeiros, o que desloca a questão do direito sucessório. Nesse sentido, consignou-se:

> O pedido principal formulado na petição inicial, qual seja, o de acesso à conta de e-mail em nome do falecido marido, vem a abranger, de forma inequívoca, também conteúdos de mensagens trocados com outras pessoas, envolvendo, impreterivelmente, interesses de terceiros.

Ao reconhecer tal perspectiva, afastou-se a competência da Vara de Sucessões. Ora, contas de e-mail podem ser utilizadas para fins profissionais, pessoais ou ainda combinações, de modo que seu conteúdo não se exaure em questões pessoais, as quais, entretanto, não podem ser esquecidas. Frisa-se também que o e-mail é usualmente adotado como um mecanismo de recuperação de senhas de outros serviços, o que sinaliza que pode servir como uma verdadeira chave mestra para muitos dados e segredos da pessoa falecida. Potencialmente, dados de outras pessoas também estarão disponíveis, por exemplo, exames médicos de um filho.

5. CONSIDERAÇÕES FINAIS. FIM DA VIDA, INÍCIO DAS QUESTÕES. "A MORTE É PARA OS QUE MORREM. SERÁ?"[51]

A morte conhece tudo a nosso respeito, e talvez por isso seja triste[52].

A velocidade do desenvolvimento tecnológico contrasta com a lentidão na regulação dos bens digitais. A herança digital reúne um conjunto de desafios, que merecem um olhar atento do direito. A parca jurisprudência localizada evidencia que há ampla demanda do estudo do tema. Entre as questões centrais, pode-se destacar:

i. Quais bens podem ser transmitidos?

ii. Quem é legítimo para herdar os bens digitais?[53]

iii. Quais os limites da autonomia privada no âmbito sucessório digital?

iv. Como equilibrar a transmissão de direitos patrimoniais com a indispensável proteção da privacidade, intimidade e proteção dos dados pessoais da pessoa falecida e de terceiros?

v. Quais disposições das plataformas digitais devem ser consideradas abusivas?

vi. Quais o sentido e alcance da tutela da privacidade, intimidade e proteção de dados pessoais da pessoa falecida?

---

51. ROSA, Guimarães. **Grande Sertão Veredas.** Rio de Janeiro: Nova Aguilar, 1994. p. 332.
52. SARAMAGO, José. **As intermitências da morte.** São Paulo: Companhia das Letras, 2005. p. 136.
53. FRITZ, Karina Nunes. Herança digital: quem tem legitimidade para ficar com conteúdo digital do falecido? In: Guilherme Magalhães Martins e João Victor Rozatti Longhi. **Direito digital, direito privado e internet.** 3. ed. Indaiatuba: Foco, 2020, p. 193-210.

vii. A restrição da privacidade *post mortem* se justifica em quais situações?

viii. Diante do liame entre a repercussão patrimonial e existencial dos bens digitais, como lidar com as incompatibilidades entre a manifestação sobre bens tradicionais no testamento, e as manifestações feitas em plataformas digitais. Prevalecerá a manifestação feita por último, a que adotar a forma mais solene, a mais específica?

Entre dúvidas e incertezas, considera-se razoável estabelecer as seguintes proposições:

i. A utilização da simples analogia às normas de direito sucessório não dá conta das questões da herança digital;

ii. A ausência de valor econômico dos bens envolvidos não significa a irrelevância dos bens digitais, seja em razão da importância afetiva, seja em vista da importância da tutela da intimidade e vida privada da pessoa falecida;

iii. A Lei Geral de Proteção de Dados Pessoais (LGPD), ainda que não estabeleça regras específicas quanto à pessoa falecida, constitui norma relevante na compreensão da proteção de dados pessoais, inclusive dos mortos;

iv. Termos de uso de plataformas digitais não podem esgotar a regulação da herança digital. Memórias, confissões, e diversas dimensões subjetivas demandam uma proteção mais profunda. O caráter absoluto dos termos de uso deve ser lido sob as lentes da proteção da pessoa concreta e mitigado para promoção de valores constitucionais;

v. A prévia manifestação acerca da exclusão de dados pessoais expressa em vida deve ser a regra; exceções devem ser recepcionadas com redobrada cautela, sobretudo pelo potencial lesivo do acesso da "vida digital" dos mortos;

vi. Sob o prisma da herança digital, é preciso observar a distinção entre o acesso a conta em plataforma digital e ao seu respectivo conteúdo;

vii. A herança de uma conta digital não permite, necessariamente, que se mantenha o uso que era feito pelo usuário falecido, por exemplo, em vista do caráter pessoal, é razoável que não se possa postar conteúdo ou enviar mensagens.

Como afirma Mia Couto, "Nascimento e morte ocorreram em simultâneo como dois barcos que se cruzam em sentido inverso"[54]. No encontro das águas, é que se encontram as questões de herança digital.

---

54. COUTO, Mia. **O outro pé da sereia**. São Paulo: Companhia das Letras, 2006. p. 191.

6. REFERÊNCIAS

BANTA, Natalie. Inherit the Cloud: The Role of Private Contracts in Distributing or Deleting Digital Assets at Death, **Fordham Law Review**, n. 799, 2014. p. 842-843.

BARBOSA, Pedro Nunes. **E-stabelecimento**. São Paulo: Quartier Latin, 2017.

BARBOZA, Heloisa Helena; ALMEIDA, Vitor. Tecnologia, morte e direito: em busca de uma compreensão sistemática da "herança digital". In: LEAL, Livia Teixeira; TEIXEIRA, Ana Carolina Brochado (coord.). **Herança Digital: Controvérsias e Alternativas**. Indaiatuba: Foco, 2021, p. 1-20.

BRANCO, Sérgio. **Memória e esquecimento na internet**. Porto Alegre: Arquipélago Editorial, 2017.

BROCHADO, Ana Carolina; LEAL, Livia Teixeira; **Herança Digital: Controvérsias e Alternativas**. Indaiatuba: Foco, 2021. Apresentação.

BRUBAKER, Jed; *et al*. Beyond the Grave: Facebook as a Site for the Expansion of Death and Mourning. **Information Society**, School of Information and Computer Sciences, University of California v. 29, No. 3, p. 152–163; May/Jun. 2013.

CALDERÓN, Ricardo Lucas. **Princípio da afetividade no direito de família**. 2. ed. São Paulo, Saraiva, 2017.

CATALAN, M. Direito das sucessões: por que e para quem? Reflexões a partir da realidade brasileira. **Revista Trimestral de Direito Civil**, v. 11, n. 44, p. 135-147, out./dez. 2010.

CORTIANO JUNIOR, Eroulths; RAMOS, André Luiz Arnt. Liberdade testamentária versus sucessão forçada: anotações preliminares sobre o direito sucessório brasileiro. **Revista de Estudos Jurídicos e Sociais**, Cascavel, PR, v. 4, n.4 p. 41-74, 2015.

COUTO, Mia. **O outro pé da sereia**. São Paulo: Companhia das Letras, 2006.

CUMMINGS, Rebecca. The Case Against Access to Decedents' E-mail: Password Protection as an Exercise of the Right to Destroy. **Minnesota Journal of Law, Science and Technology**. University of Minnesota Digital Conservancy, 2014. p. 936.

EHRHARDT Jr., Marcos Augusto de Albuquerque. Código de Defesa do Consumidor e a Herança Digital. In: LEAL, Livia Teixeira; TEIXEIRA, Ana Carolina Brochado (coord.). **Herança Digital: Controvérsias e Alternativas**. Indaiatuba: Foco, 2021. p. 191-206.

ELKS, Sonia. Virtual goldmine: In-game goods fuel debate over digital ownership. **Reuters**. 25.11.2019. Disponível online em: https://www.reuters.com/article/us-global-videogames-property-analysis-t-idUSKBN1Y0032. Acesso em: 05.04.2022.

FACEBOOK. **O que acontecerá com a minha conta do Facebook se eu falecer?**. Disponível em: https://www.facebook.com/help/103897939701143. Acesso em: 03.05.2022.

FACEBOOK. **Termos de serviço**. Disponível em: https://www.facebook.com/terms. Acesso em: 03.05.2022.

FRITZ, Karina Nunes. A Garota de Berlim e a Herança Digital. LEAL, Livia Teixeira; TEIXEIRA, Ana Carolina Brochado (coord.). **Herança Digital**: Controvérsias e Alternativas. Indaiatuba: Foco, 2021. p. 227-243,

FRITZ, Karina Nunes. Herança digital: quem tem legitimidade para ficar com conteúdo digital do falecido? In: Guilherme Magalhães Martins e João Victor Rozatti Longhi. **Direito digital, direito privado e internet**. 3. ed. Indaiatuba: Foco, 2020, p. 193-210.

HARARI, Yuval Noah. **Sapiens – uma breve história da humanidade**. Porto Alegre, RS: L&PM, 2015.

IMBERNÓN, Nieves Moralejo. El testamento digital en la nueva Ley Orgánica 3/2018, de 5 de diciembre, de protección de datos personales y garantía de los derechos digitales. **Anuario de Derecho Civil - ADC**, Ministerio de la Justicia, Espanha, tomo LXXIII, fasc. I, p. 241-281, 2020.

JUDES, Alexandre; ADRJAN, Pawel; SINCLAIR, Tata. **Will Remote Work Persist after the Pandemic?** Indeed Hiring Lab: Dez. 2021.

KONDER, Carlos Nelson; TEIXEIRA, Ana Carolina Brochado. O enquadramento dos bens digitais sob o perfil funcional das situações jurídicas. In: LEAL, Livia Teixeira; TEIXEIRA, Ana Carolina Brochado (coord.). **Herança Digital: Controvérsias e Alternativas**. Indaiatuba: Foco, 2021. p. 21-40.

LEAL, Livia Teixeira. Internet e morte do usuário: a necessária superação do paradigma da herança digital. **Revista Brasileira de Direito Civil - RBDCivil**, Belo Horizonte, v. 16, p. 181-197, abr./jun. 2018.

LEAL, Livia Teixeira. **Internet e morte do usuário:** Propostas para o tratamento jurídico post mortem do conteúdo inserido na rede. 2. ed. Rio de Janeiro: GZ, 2020.

MADALENO, Rolf. **Sucessão Legítima**. 2. ed. Rio de Janeiro: Forense, 2020.

MADEIRA, Carla. **Tudo é Rio**. Rio de Janeiro: Record, 2021.

MAGRANI, Eduardo. **Entre dados e robôs: ética e privacidade na era da hiperconectividade**. 2. ed. Porto Alegre: Arquipélago Editorial, 2019. p. 302.

MALHEIROS, Pablo da Cunha Frota, AGUIRRE, João Ricardo Brandão; MURIACK Maurício de Fernandes e Peixoto. Transmissibilidade sucessória do acervo digital de quem falece: crítica aos projetos de lei sobre o tema. In: EHRHARDT Júnior, Marcos; CATALAN, Marcos; MALHEIROS, Pablo. **Direito Civil e Tecnologia**. Tomo II. Belo Horizonte: Fórum, 2021, p. 583-634.

MEDON, Filipe; OLIVA, Milena Donato; TERRA, Aline de Miranda Valverde. Acervo digital: controvérsias quanto à sucessão causa mortis. In: LEAL, Livia Teixeira; TEIXEIRA, Ana Carolina Brochado (coord.). **Herança digital: Controvérsias e alternativas**. Indaiatuba: Foco, 2021. p. 55-74.

MOLINS, Esperança Ginebra. Voluntades digitales en caso de muerte. **Cuadernos de Derecho Transnacional**, Universidad Carlos III de Madrid, v. 12, n. 1, p. 908-929, mar. 2020.

OXFORD UNIVERSITY. **Digital graveyards: are the dead taking over Facebook?** 29.04.2021. Disponível em: <https://www.ox.ac.uk/news/2019-04-29-digital-graveyards-are-dead-taking-over-facebook>. Acesso em: 03 jun. 2022.

QUINTANA, Mario. **Para viver de poesia**. São Paulo: Globo, 2007.

RAMOS, André Luiz Arnt; ALTHEIM, Roberto. Colação Hereditária e Legislação Irresponsável: Descaminhos da Segurança Jurídica no Âmbito Sucessório. **REDES - Revista Eletrônica Direito e Sociedade**, v. 6, p. 33-46, 2018.

ROSA, Guimarães. **Grande Sertão Veredas**. Rio de Janeiro: Nova Aguilar, 1994.

ROSA, Noel. Fita Amarela,1933.

SARAMAGO, José. **As intermitências da morte**. São Paulo: Companhia das Letras, 2005.

SCHULMAN, Gabriel. A proteção do consumidor digital em face das redes sociais. **Conjur**. Disponível em: https://www.conjur.com.br/2021-dez-01/garantias-consumo-protecao-consumidor-digital-face-redes-sociais. Acesso em: 04 maio 2022.

SECURESAFE. Disponível em: https://www.securesafe.com/en/. Acesso em: 03 jun. 2022.

SOUZA, Vanessa Ribeiro Corrêa Sampaio; ALMEIDA, JÚNIOR, Vitor de. Legítima e liberdade testamentária no direito civil contemporâneo: entre a autonomia e a solidariedade. **Pensar – Revista de Ciências Jurídicas**, v. 26, p. 1-14, 2021.

STUCKE, Maurice. Should We Be Concerned About Data-opolies **Georgetown Law Technology Review**, University of Tennessee Legal - Studies Research Papers, n. 349,

TARTUCE, Flávio. Herança Digital e sucessão legítima. Primeiras reflexões. **Revista Jurídica Luso Brasileira**, Ano 5, nº 1, 871-878, 2019. p. 878.

TEIXEIRA, Ana Carolina Brochado. O papel do inventariante na gestão da herança digital. In: TEIXEIRA, Ana Carolina Brochado; NEVARES, Ana Luiza. **Direito das Sucessões: problemas e tendências.** Indaiatuba: Foco, 2022.

ZUBOFF, Shoshana. **The age of surveillance capitalism**. The fight for future at the new frontier of power. New York: Public Affairs, 2019.

UNIÃO EUROPEIA. European Commission. **Article 29 Data Protection Working Party.** Opinion 5/2014 on Anonymisation techniques. Bruxelas: 2014. Disponível em: http://ec.europa.eu/justice/article-29/documentation/opinion-recommendation/files/2014/wp216_en.pdf. Acesso em 25.05.2022.

JURISPRUDÊNCIA

MASSACHUSETTS. General Laws. Common Wealth. G. L. c. 190B, § 1-201 (37).

MASSACHUSETS SUPREME COURT. Ajemian v. Yahoo!, Inc., 84 NE3d 766, 778 (Mass. 2017). Disponível em: https://www.supremecourt.gov/. Acesso em 25.05.2022.

TJMG. Agravo de instrumento de n. 10000211906755001 MG, Relator: Albergaria Costa. 3ª Câmara Cível, DJE: 28 jan. 2022.

TJSP. Agravo de instrumento de n. 2213243-95.2020.8.26.0000, Rel. Des.: Rezende Silveira, Câmara de Direito Privado, Data de Publicação: 16 out. 2020.

TJSP. Apelação n. 1119688-66.2019.8.26.0100, Rel. Des. Francisco Casconi, 31ª Câmara de Direito Privado, DJE: 11 mar. 2021.

STJ, REsp: 1677931, Relª. Min. NANCY ANDRIGHI, 3ª. Turma, DJe 22 ago. 2017.

STJ. REsp: 1885201, Relª. Min. NANCY ANDRIGHI, 3ª. Turma. DJe 25 nov. 2021.

SUCESSÕES E HERANÇA DIGITAL. REFLEXÕES

Sílvio de Salvo Venosa

Foi juiz no Estado de São Paulo por 25 anos. Aposentou-se como membro do extinto. Primeiro Tribunal de Alçada Civil, passando a integrar o corpo de profissionais de grande escritório jurídico brasileiro. Atualmente, é sócio-consultor desse escritório. Atua como árbitro em entidades nacionais e estrangeiras. Redige pareceres em todos os campos do direito privado. Foi professor em várias faculdades de Direito no Estado de São Paulo. É professor convidado e palestrante em instituições docentes e profissionais em todo o país. Membro da Academia Paulista de Magistrados. Autor de diversas obras jurídicas.

Sumário: 1. Direito das sucessões. Noção – 2. A compreensão do direito das sucessões – 3. Noção de herança. Herança digital – 4. Direitos da personalidade; 4.1 Direitos da personalidade. Características e enumeração – 5. Do testamento analógico ao testamento digital – 6. Obras consultadas

---

1. DIREITO DAS SUCESSÕES. NOÇÃO

Suceder é substituir, tomar o lugar de outrem ou de algo. No campo do Direito ocorre a substituição de uma pessoa por outra. Esse é o seu conceito amplo no campo jurídico. Assim, quando o conteúdo e o objeto de relação jurídica permanecem os mesmos, mas mudam seus titulares, há uma transmissão do direito ou uma sucessão. Dessa forma o comprador sucede o vendedor com relação ao objeto do negócio jurídico, o donatário sucede o doador e assim por diante.

Desse modo, sempre que uma pessoa, que pode ser natural ou jurídica, tomar o lugar de outra em uma relação jurídica, se está perante uma sucessão. A etimologia do vocábulo, *sub cedere*, possui exatamente esse sentido, qual seja, alguém toma o lugar de outrem.

Em direito a doutrina costuma fazer a sensível diferença entre a sucessão *inter vivos*, como por exemplo nos contratos, e a *causa mortis*, quando os direitos e obrigações de uma pessoa que falece transferem-se a seus herdeiros e legatários.

Contudo, convencionou-se na doutrina jurídica que a referência a *direito das sucessões* consiste no tratamento legal das substituições de titulares por causa de morte.

Assim como mais raramente ocorre na sucessão entre vivos, a sucessão por causa de morte transfere, em princípio, uma universalidade, que consiste na herança, acervo de bens, como um todo. A sucessão a título singular, mais ordinária nos negócios jurídicos, também pode ocorrer na sucessão hereditária por via dos legados, que é um bem certo e determinado que é transferido, por testamento ou codicilo. No direito das sucessões, portanto, distingue-se claramente o herdeiro, sucessor a título universal, ainda que de uma porcentagem da herança, do legatário, sucessor singular. Nada impede que possa ocorrer que um herdeiro tenha também a condição de legatário. Todavia, é importante acentuar que só haverá legatário quando houver testamento. Ou, em outras palavras, somente o testamento pode nomear um legatário. Os herdeiros podem decorrer da ordem legal ou do testamento.

Destarte, do direito das sucessões é tratado no Código Civil, a partir dos arts. 1784. Cuida-se, nesse diploma, de seu último compartimento. Desse modo, o direito das sucessões possui esse entendimento restrito e sobejamente conhecido da doutrina, não se confundindo com as operações sucessórias ocorridas sob o direito das obrigações.

2. A COMPREENSÃO DO DIREITO DAS SUCESSÕES

O ser humano, desde os primórdios de sua existência, sempre se questionou sobre o seu papel neste planeta e sempre acreditou ou esperou que houvesse meios de transcender sua vida de curto lapso, perante o curso da história.

É tradicional afirmar-se que a personalidade surge no nascimento com vida e a morte faz tudo terminar (*mors omnia solvit*). Não só no direito sucessório, mas em vários aspectos sociológicos e filosóficos, sabemos que essa afirmação não é verdadeira.

Se partirmos para divagações fora dos paradigmas do direito, não se pode dizer que com sua morte, pessoas como Bach, Beethoven, Mozart, Shakespeare, Camões, Cervantes, Goethe, Dante, apenas para exemplificar, não continuam vivas permanentemente por suas obras imorredouras. Hoje, no mundo digital, a perenidade dos grandes autores e cientistas, e até mesmo do ser humano comum restará para sempre de uma forma viva na sociedade. Esse aspecto tem muito a ver com o desiderato deste trabalho ao mencionar a herança digital.

A ideia central do direito das sucessões, contudo, continuará aplicável, no que for possível e viável segundo o ordenamento, embora um universo novo se descortine com o mundo digital. Caberá, como sempre, aos juristas e ao legislador, traçar parâmetros para as novas formas de sucessões, pois, sem dúvida, o provecto direito das sucessões de nossos códigos não abarcam inúmeras situações, como veremos. A ciência do Direito está sempre a nos apresentar desafios, eis o cerne de sua magnitude e beleza.

Tradicionalmente, há uma ideia central no corpo social, que é a figura do sucessor, comumente confundida com o herdeiro no campo das sucessões. Essa noção parte de uma das ficções mais arraigadas no corpo social, que é a da figura do sucessor, como continuador da pessoa falecida.

Se atualmente, o direito moderno só vê a sucessão *causa mortis* sob o ponto de vista material, sua origem histórica é essencialmente extrapatrimonial, relacionada com os préstimos religiosos. No entanto, nos últimos séculos, a ideia de sucessor da pessoa falecida, mormente no cunho material, continua arraigada.

A ideia de sucessão, nesse diapasão, não aflora somente no interesse privado, pois o Estado também tem amplo interesse de que o patrimônio não reste sem um titular, o que lhe traria mais um ônus. Ao resguardar o direito à sucessão, como um princípio constitucional (art. 5º. XXX, da Constituição), o ordenamento está também protegendo a família e regulando sua economia. Se não houvesse direito das sucessões, como na experiência malfadada da falecida União Soviética, no início do século XX, a própria capacidade do indivíduo estaria comprometida e desapareceria o interesse do cunho empresarial. A constituição soviética de 1936 veio restabelecer o direito sucessório, sem maiores restrições.

Esta introdução se torna mais importante pois iremos cuidar a seguir dos direitos trazidos pelo mundo digital, com reflexos diretos na sociedade e no ser humano, cada vez mais dele dependente.

O direito das sucessões tradicional disciplina, portanto, as situações jurídicas do indivíduo no momento de sua morte. A primeira ideia é que o patrimônio seja aquinhoado à família. Daí decorre a excelência da ordem legal da vocação hereditária, a chamada sucessão legítima, atribuindo os bens ao cônjuge supérstite, descendentes, ascendentes e colaterais até o terceiro grau em nosso direito. O testamento concede amplas possibilidade de terceiros serem aquinhoados, respeitada a limitação de metade da herança quando existentes herdeiros necessários, cônjuge, descendentes e ascendentes.

Nesse direito sucessório tradicional prepondera a ideia de transmissão da propriedade. Porém, há que se recordar que direitos materiais e imateriais são transmitidos, mas sempre como um corolário do domínio.

Desse modo, a relação do direito das sucessões com o direito de família é uma constante, o que não excluí repercussões no direito tributário, direitos reais e direito obrigacional, além, evidentemente do direito processual que traça as normas do inventario.

3. NOÇÃO DE HERANÇA. HERANÇA DIGITAL

Embora se utilize, com frequência, o termo *sucessão* como sinônimo de herança, faz-se necessário distinguir, como vimos. A sucessão se refere ao ato de suceder, que pode ocorrer por ato, fato ou negócio jurídico entre vivos ou *mortis causa*.

O termo *herança* é exclusivo do direito das sucessões. Assim, herança é o conjunto de direitos e obrigações que se transferem em razão da morte, a pessoa ou pessoas, que sobrevivem ao falecido.

A expressão *de cujus* é consagrada no foro, decorrente de frase latina. O termo espólio é visto como simples massa patrimonial coesa do *de cujus*, utilizada sob o prisma processual, enquanto não houver a partilha.

Assim, a noção de herança ingressa no conceito de patrimônio. Deve ser entendida como o patrimônio da pessoa falecida. *Patrimônio é o conjunto de direitos reais e obrigacionais ativos e passivos, pertencentes a uma pessoa*. Desse modo, a herança deve ser entendida como o patrimônio da pessoa falecida, também denominado *autor da herança*.

Na contemporaneidade, grande parte da população mundial vivencia simultaneamente relações e bens corpóreos e incorpóreos, perante a constante digitalização em todas as esferas.

Como daí decorre, o patrimônio consiste em bens materiais e imateriais, mas sempre algo avaliável economicamente. Porque em princípio se afasta da patrimonialidade os direitos da personalidade. Esse aspecto é importante para análise que faremos da herança digital. Há direitos personalíssimos que se extinguem com a morte, embora mantenham reflexos depois dela. Há outros que merecem estudo mais aprofundado.

Destarte, se torna oportuno e necessário pensar numa herança digital, tantas as formas de sua utilização em aparatos postos nas nuvens, nos meios e instrumentos digitais, sempre em evolução. Não será raro alguém que venha a morrer sem patrimônio material, mas pleno de manifestações digitais.

Cada vez mais são guardadas informações de todas as naturezas nos escaninhos digitais. Esse aspecto originou a terminologia herança digital, o que não se ajusta propriamente a todas as situações. Algumas disposições digitalizadas possuem induvidosamente conteúdo patrimonial que devem integrar o direito das sucessões. Cuida-se de artigos, opiniões, entrevistas, textos de todos os níveis, aulas, palestras, discursos etc. que certamente se inserem no patrimônio da pessoa falecida.

O legislador já busca enfrentar essa problemática com projetos, porque normalmente se esbarra nos direitos alegados pelos dirigentes de redes sociais que se recusam a reconhecer o conteúdo sucessório do armazenamento automático de que são detentores, recusando a informação de senhas e seus conteúdos.

Há um direito sucessório inarredável nas tarefas virtuais deixadas pelo de *cujus*, que deverão ser atribuídos, salvo vontade em contrário expressa do titular, aos herdeiros legais ou testamentários. Aliás, o testamento, mormente o ológrafo como destacam os italianos, deverá converter-se em importante instrumento nessa matéria, uma vez que o testador poderá proibir que certas matérias de seu acervo digital sejam divulgadas e esse será um critério somente do interessado, enquanto não tivermos ordenamento legal. Talvez seja esse último aspecto a maior problemática em torno da herança digital. Em princípio, contudo, caberá aos sucessores, legítimos e testamentários, definir o destino desses materiais.

Os bens digitais com claro valor econômico seguirão, sem maior dificuldade, os princípios gerais do direito sucessório, com a *saisine* e demais consequências legais.

A maior dificuldade surge nos inúmeros bens digitais insuscetíveis de valoração econômica, que atingem os direitos da personalidade, sob o prisma cultural, ético e moral, ou naquelas situações, ainda que patrimonialmente avaliáveis, implicam em violações póstumas de direitos personalíssimos. Nesta última hipótese, o testamento ou mesmo um codicilo será de grande valia. Na ausência da última vontade, presumir o desejo do morto será missão complexa.

Esse acervo digital integra, por conseguinte, a universalidade da herança e deve ser mencionado nas declarações do inventário. Já se fala num ciberespaço e cibercultura, enquanto o patrimônio permanecer indiviso como espólio, cada herdeiro se porta como condômino da universalidade.

Sob essa problemática, se pode afirmar que a vida e a morte se completam e se unem inevitavelmente em um "*contínuo processo osmótico*" (Monforte, 2020:11).

4. DIREITOS DA PERSONALIDADE

O ser humano, para satisfazer suas necessidades, posiciona-se em um dos polos de relação jurídica: compra, vende, empresta, contrai matrimônio, faz testamento etc. Desse modo, o indivíduo cria inúmeros direitos e obrigações em torno de sua pessoa, faz nascer o seu patrimônio.

No entanto, há direitos que afetam diretamente a sua personalidade, os quais não possuem, ao menos diretamente, conteúdo econômico imediato. A personalidade não é propriamente um direito, mas um atributo que adere ao ser humano, representando um conceito básico sobre o qual se apoiam os direitos.

Os direitos denominados personalíssimos incidem sobre bens imateriais ou incorpóreos. As Escolas do Direito Natural proclamam a existência desses direitos, por serem inerentes à personalidade. Cuidam-se dos direitos à própria vida, à liberdade, ao próprio corpo, à manifestação de pensamento, à intimidade, dentre tantos outros.

Nossa Constituição enuncia longa série desses direitos e garantias individuais (art. 5º). São direitos privados fundamentais, que devem ser protegidos e respeitados como conteúdo mínimo para permitir a coexistência em sociedade. Muitas opiniões sustentam serem direitos inatos, que são ínsitos à pessoa humana, cabendo ao Estado reconhecê-los.

É fato que em regimes totalitários, autoritários, esses direitos não são resguardados. A História e o presente são plenos de exemplos. Sua proteção somente se torna possível em regimes democráticos e liberais, o que torna seu reconhecimento e proteção complexos e controvertidos.

O Código Civil de 2002 introduziu um capítulo sobre o tema, pela primeira vez de forma expressa e ordenada na legislação brasileira. Assim, temos a Constituição que aponta a base desses direitos, complementada pelo estatuto civil, que disciplina alguns dos seus aspectos.

Progressivamente em nossa sociedade avulta a importância sobre a proteção à imagem, à privacidade, ao direito ao próprio corpo, assim como o controle da natalidade e discussão sobre possibilidades de aborto, dentre tantos outros aspectos de nossa vida, que tocam diretamente os direitos personalíssimos. A matéria é profunda, pois ingressa não somente nos princípios jurídicos, mas também na economia, filosofia, sociologia e religião.

O universo digital em que o ser humano mergulhou nas últimas décadas açuçou toda essa problemática, com a ampla facilitação das comunicações, açulando incrédulos juristas e sociólogos na busca de novas soluções, perante as recentes e mutantes situações. Integrando os direitos da personalidade, os direitos fundamentais recebem novas fronteiras com as inovações tecnológicas. Os bens e dados digitais já integram a personalidade de milhares de pessoas. Tudo gira e torno da defesa e proteção da dignidade humana, como estampada na Constituição. Há tendência de se situar essas novas manifestações jurídicas em torno do direito constitucional, mormente enquanto não tivermos uma legislação própria. Desse modo, uma visão apenas privatística dos direitos da personalidade se mostrará insuficiente.

Esses direitos personalíssimos relacionam-se intimamente com o Direito Natural, constituindo o mínimo necessário de proteção à pessoa. Diferem dos direitos patrimoniais porque nos direitos da personalidade o aspecto econômico é secundário e somente aflora quando da reparação de direito violado. Indenizar, por exemplo, por abuso na divulgação da imagem de alguém, representa mero lenitivo pela transgressão, nunca um equivalente ao dano.

4.1 Direitos da personalidade. Características e enumeração

Podemos apontar as características principais dos direitos da personalidade: i) são *inatos ou originários* porque se adquirem ao nascer, independendo de qualquer vontade; ii) são vitalícios, perenes ou perpétuos, porque perduram por toda vida. E como é sabido, muitos aspectos desses direitos perduram depois da morte. Pelas mesmas razões, são iii) imprescritíveis, uma vez que perduram enquanto perdurar a personalidade; (iv) são inalienáveis, ou mais propriamente, relativamente indisponíveis, pois em princípio estão fora do comércio, embora possam ser parcialmente negociados, porque a personalidade em si não possui valor econômico e são (v) absolutos, no sentido que podem ser opostos *erga omnes*.

A verdade, porém, é que todas essas características, de uma forma mais ou menos ampla, não podem ser vistas como peremptórias, podendo ser contestadas perante o universo digital, em compartimento jurídico de estudos que está apenas começando. A internet se tornou local para infindáveis manifestações do ser humano, de forma muito mais ampla que se poderia imaginar não muito tempo atrás.

Sustenta-se que os direitos da personalidade são extrapatrimoniais porque inadmitem avaliação pecuniária, ficando fora do patrimônio econômico. As indenizações, que ataques a eles possam acarretar, constituem um substitutivo de ordem moral, para um desconforto, contudo não se equiparam a uma indenização ou contraprestação.

Apenas no sentido metafórico podemos nos referir ao *patrimônio moral* de uma pessoa. Esses direitos personalíssimos são irrenunciáveis porque pertencem à vida e, se pode acrescentar, à alma do ser humano, projetando sua personalidade. O seu elenco não permite uma enunciação completa, lembrando que os direitos puros de família, como filiação, paternidade e maternidade, pertencem a essa categoria.

Somente nas últimas décadas do século XX os legisladores passaram a se preocupar com esse ramo jurídico e social, mormente porque sua base se situa comumente nas constituições.

Nosso Código Civil trata desses direitos no Capítulo II (arts. 11 a 21). Esses princípios servem de base e fundamento para orientar a doutrina e os tribunais, mas longe estão de esgotar seu amplo elenco. O art. 11 abre a temática dispondo: "*Com exceção dos casos previstos em lei, os direitos da personalidade são intransmissíveis e irrenunciáveis, não podendo o seu exercício sofre limitação voluntária*". A lei refere-se apenas a três características desses direitos, entre as apontadas, intransmissibilidade, irrenunciabilidade e indisponibilidade.

Os direitos da personalidade são os que resguardam a dignidade humana. Desse modo, ninguém pode, por ato voluntário, dispor de sua privacidade, renunciar à liberdade, ceder seu nome de registro para utilização por outrem, renunciar ao direito a alimentos no direito de família, por exemplo. Os programas televisivos, por exemplo, que se arvoram em mostrar a aparente vida íntima de pessoas, nada mais é que uma exibição cênica e teatral, regulada em contrato.

Por seu lado, o fenômeno da herança dita digital se apresenta com elementos amplamente heterogêneos, representados não apenas por elementos escritos ou verbalizados, em sentido estrito, como arquivos típicos de texto e de outra natureza, com chaves e senhas para acessá-los (*password, username, pin* etc.). Esse é, sem dúvida, ponto saliente para acessar o patrimônio digital da pessoa falecida, nem sempre contando com a boa vontade dos provedores nacionais e internacionais para divulgá-los. É certo que a futura legislação sobre o tema deverá enfrentar abertamente essa problemática. Assim há que se atentar para as fotos digitais, vídeo, criações musicais, programas de software, em locais tais como web, blog, e-mail, dentro tantos outros. Como se percebe, o universo digital exige uma atenção hercúlea para permitir soluções, nem sempre possivelmente homogêneas. Na verdade, o mundo jurídico se vê atarantado em busca de caminhos nessa área.

5. DO TESTAMENTO ANALÓGICO AO TESTAMENTO DIGITAL

Esse aspecto é fundamental para esse nosso tema.

O testamento passa a ter relevância enorme quando se trata de disposição de última vontade para o patrimônio digital. Em todas as épocas históricas, desde o tradicional direito romano, o testamento oral nunca teve maior proeminência, salvo situações extremas como o testamento nuncupativo. Todos os ordenamentos preocuparam-se em estabelecer regras formais e solenes, como substrato para garantir a higidez da última vontade do disponente.

O testamento em nosso Código Civil atual, apesar de diminuição das formas, continua a ser um ato escrito e solene, para garantir sua presença no tempo e a eficiência de suas disposições. Nossas formas ordinárias, que mais importam, testamento público, particular e cerrado, exigem a escrita.

Nesta era extensiva de convivência digital, chega momento de reformular conceitos, sem abandonarmos e mantermos as ideias e formalidades básicas dos testamentos. Há uma evolução contextual e social no conceito de testamento. Tudo leva a concluir que a presente época está madura para a introdução do testamento digital. Assim, não se transgridem princípios quando se pretende adaptar o testamento à era digital. Há que se buscar, destarte, um novo "formalismo digital", na busca de um grau de segurança efetivo, no mesmo nível ou mesmo mais amplo do testamento analógico, como instrumento de sucessão *mortis causa*.

Em futuro não distante, dever-se-á enfrentar a questão sob o prisma normativo. Há que se adaptar as formas ordinárias de testamento conhecidas ao universo digital. Em qualquer situação, como é desejável, há que se preservar a vontade testamentária idônea e corretamente manifestada.

Nesse sentido, as preocupações com um testamento digital não diferem substancialmente dos testamentos analógicos. Há que se garantir a manifestação de vontade e sua autoria, a liberdade de escolha das disposições testamentárias, sua autenticidade e preservação da vontade do testador.

Sempre aduzimos em nossos estudos no sentido de que o jurista não deve raciocinar sob fraudes, porque nesse diapasão não sairá do lugar. Fraudes podem existir em todos os setores, mormente os jurídicos, dentro ou fora da informática. Cabe ao ordenamento estruturar meios para que falsidades sejam evitadas e coarctadas.

Nosso clássico testamento analógico é redigido sobre um suporte material, escrito à mão ou por meios mecânicos ou eletrônicos. Não se esqueça que no passado até mesmo se discutiu se seria válido um testamento datilografado. Qualquer que seja a modalidade de escrita, deve ser alinhada e protegida a assinatura do testador, sua vontade e autenticidade.

O testamento digital, diferentemente, será redigido sobre um suporte imaterial, ou, melhor, em um documento informático composto de bits. Não existirá uma pessoalidade de assinatura, como ocorre sobre o papel. Esse documento será subscrito por uma assinatura eletrônica, facilmente alterável e modificável, como sabemos, quando não protegida por criptografia ou outros meios.

Estamos, indubitavelmente, caminhando nesse sentido, embora essas ideias possam parecer ainda prematuras. No entanto, a problemática da herança digital está diante de nossos olhos para ser resolvida em seus inúmeros aspectos. Como se percebe, a questão é mais cultural do que jurídica, nesse atual plano, e mais suas soluções se tornam necessárias quanto mais afetada é a sociedade pelo universo digital.

As futuras disposições sobre esse testamento devem assegurar garantias de assinaturas eletrônicas avançadas. O testamento deverá estar inserido nas exigências cartoriais. Em nossa realidade atual ainda não podemos divisar um testamento redigido de próprio punho pelo testador, embora as possibilidades técnicas já existam. Alessandro d´Arminio Monforte, em obra monográfica sobre a matéria, assevera, conforme aduzimos *"que essa questão é mais cultural do que jurídica: a tecnologia está em nível de satisfazer plenamente a exigência de paternidade e autenticidade seja da escritura seja da assinatura com um grau de certeza semelhante (senão superior) àquele que se poderia obter com a assinatura típica do testamento ológrafo"* (tradução nossa, 2020:151).

Recorde-se que é atualmente perfeitamente factível, e mesmo aconselhável, o testamento videorregistrado, com a gravação visual de todas as atividades que cercaram o testador durante seu ato perante o notário, ou mesmo perante as testemunhas se for testamento particular. Em pequenos arquivos, em usb ou equivalente e em outros locais, ficará assegurada a vontade e a autenticidade do testador, com muito maior eficiência do que o documento em papel. Certamente o vídeo-testamento deverá merecer a atenção do legislador, quando se debruçar mais profundamente sobre a matéria, mas mesmo hoje esse vídeo será valido e possível para o exame futuro de eventuais incertezas ou nulidades sobre o ato de última vontade. Mesmo o testamento secreto, regulado por nossa lei, poderá ser permitido por essa forma de vídeo, com a gravação de todas as atitudes e formalidades do testador e do escrivão e demais circunstantes até a entrega da cártula pelo notário ao testador.

Há projetos embrionários para normatizar a matéria, mas ainda há muito a ser feito e meditado, pois a temática é por demais ampla.

Aqui ficam algumas premissas para pensarmos mais profundamente sobre essa matéria que atualmente nos rodeia de forma inafastável, para normas e textos doutrinários que possam abarcá-las efetiva e progressivamente.

6. OBRAS CONSULTADAS:

BORDA, Guillermo. *Tratado de derecho civil*: parte general. 10 ed. Buenos Aires: Abeledo Perrot, 1991. V. 1 e 2.

CADAMURO, Lucas Garcia. *Proteção dos direitos da personalidade e a herança digital*. Curitiba: Juruá Editora, 2019.

ITEANU, Olivier. *Quand le digital défie l'état de droit*. Paris: Éditions Eirolles, 12ª tiragem, 2017.

MONFORTE, Alessandro D'Arminio. *La successioni nel patrimonio digitale*. Pisa: Industrie Graphiche Pacini, 2020.

MOSSE, Cássio Nogueira Garcia (coord.). *Social media law*. São Paulo: Revista dos Tribunais, 2021.

PINHEIRO, Patrícia Peck. *Direito digital*. 7 ed. São Paulo: Saraiva Jur.

VENOSA, Sílvio de Salvo. *Direito civil. Família e sucessões*. 21 ed. São Paulo: Den-Atlas, 2021.

O CODICILO COMO INSTRUMENTO DE PLANEJAMENTO SUCESSÓRIO DA HERANÇA DIGITAL[1]

Rodrigo Mazzei

Doutor (FADISP) e mestre (PUC-SP), com pós-doutoramento (UFES). Professor da UFES (graduação e mestrado) e da FUCAPE Business School. Líder do Núcleo de Estudos em Processo e Tratamento de Conflitos (NEAPI-UFES). Advogado e consultor jurídico.

Bernardo Azevedo Freire

Especialista em Direito Civil e Processo Civil (EPD) e LLM em Direito Societário (FGV). Advogado.

Sumário: 1. Notas introdutórias acerca do planejamento sucessório e do objeto do ensaio – 2. Codicilo x testamento – 3. Codicilo: capacidade para elaborá-lo – 4. Codicilo e o seu objeto – 5. Codicilo e as suas formalidades – 6. A abertura e o registro (judicial) do *codicilo* – 7. Aplicabilidade do codicilo à herança digital: forma flexível e caráter híbrido das disposições de última vontade – 8. O "pequeno valor" x herança digital – 9. O projeto de lei nº 5.820 de 2019 – 10. Breve conclusão – 11. Referências bibliográficas.

1. NOTAS INTRODUTÓRIAS ACERCA DO PLANEJAMENTO SUCESSÓRIO E DO OBJETO DO ENSAIO

Antes de tudo, é preciso firmar a ideia de que o planejamento sucessório possui como protagonista a pessoa que se posta como titular de patrimônio passível de herança. Trata-se de procedimento complexo, em que se analisará toda a realidade patrimonial do seu ator principal e os seus anseios sobre a distribuição respectiva, efetuando-se alocações planejadas, observados os gabaritos definidos na legislação.

Fundamental compreender, no entanto, que os horizontes do planejamento sucessório são amplos, não se limitando apenas à prévia projeção de destinação e/ou de divisão de bens (e/ou direitos) pelo titular para determinados beneficiários. Na verdade, há um cartel amplo de medidas que podem ser adotadas a partir do

---

1. O estudo é também resultado do grupo de pesquisa "Núcleo de Estudos em Processo e Tratamento de Conflitos" – NEAPI, vinculado à Universidade Federal do Espírito Santo (UFES), cadastrado no Diretório Nacional de Grupos de Pesquisa do CNPq respectivamente nos endereços http://dgp.cnpq.br/dgp/espelho-grupo/7007047907532311#identificacao. O grupo é membro fundador da "ProcNet – Rede Internacional de Pesquisa sobre Justiça Civil e Processo contemporâneo" (http://laprocon.ufes.br/rede-de-pesquisa).

planejamento sucessório, tais como: (a) criação de mecanismos para a proteção de pessoas em situação de vulnerabilidade; (b) previsão de reserva e fluxo de caixa para a subsistência familiar; (c) manutenção de negócios empresariais; e (d) posicionamento adequado patrimonial frente às necessidades dos herdeiros.[2]

Nesse sentido, não existe modelo prévio (e exato) para o desenho de planejamento sucessório, porquanto as relações familiares e o acervo patrimonial de cada pessoa são invulgares, extraindo-se peculiaridades de cada caso. O planejamento sucessório, portanto, reclama desenvolvimento de trabalho detalhado e personalizado, em que se examine concretamente a realidade patrimonial do indivíduo e os seus anseios, sendo fundamental, ainda, que se permita a inserção de ajustes ao longo do tempo, considerando que a dinâmica da vida pode alterar o quadro fático inicial. No particular, como o planejamento sucessório leva em consideração dados contemporâneos ao ato de sua elaboração, é inevitável que ocorra a sua constante revisitação, pois não só a os vínculos pessoais podem sofrer modificações, como também o cenário patrimonial é marcado por forte dinâmica.

Frise-se que o objeto do planejamento sucessório, de toda sorte e ainda que com variantes, esse está fincado basicamente em bens e/ou direitos que tenham algum valor patrimonial e que não sejam personalíssimos. Tal lógica decorre da própria dimensão que envolve a herança, pois esta é composta de bens e/ou direitos que tenham potência valorativa financeira e que admitam transmissão *causa mortis*, não tendo, assim, caráter personalíssimo ao seu titular (em vida).[3]

Com as evoluções histórias e sociais, que sofreram influxos significativos da era digital, o planejamento sucessório – embora seja um tema novo no estudo do Direito das Sucessões - necessita ser revisitado, adequando-se às necessidades atuais. Isso porque a *herança digital*, a cada dia, torna-se mais presente na vida cotidiana, não podendo se ignorar o aumento da "virtualização/digitalização" do patrimônio das pessoas. Essa transformação necessita ser percebida, notadamente pelos advogados, responsáveis pela condução dos planejamentos sucessórios e pelo assessoramento das pessoas interessadas em regulamentar o modo como se dará a sua sucessão.

Importa ressaltar que, ao mesmo tempo que se faz pertinente observar o avanço tecnológico futuro, também se releva de máxima valia lançar os olhos para o passado, mirando institutos tidos "antigos" ou, até mesmo, "esquecidos"[4]. É nessa perspectiva

---

2. Com desenho mais amplo do que consiste o planejamento sucessório, confira-se: MAZZEI, Rodrigo Reis; FREIRE, Bernardo Azevedo. A Covid-19, o formalismo do testamento e a reflexão sobre o possível papel da tecnologia. In: ERHARDT JR., Marcos; CATALAN, Marcos; MALHEIROS, Pablo (coord.). *Direito Civil e Tecnologia*. Belo Horizonte: Fórum, 2021, p. 369-370.

3. No tema, vale conferir Maria Berenice Dias ao listar direitos e obrigações intransmissíveis pela sucessão (*Manual das Sucessões*. 5. ed. São Paulo: RT, 2018, p. 245-259).

4. No detalhe, Eduardo de Oliveira Leite anota sobre o *codicilo*: "Sem previsão legal nos Códigos Civis francês e português. Igualmente, no direito argentino e uruguaio. As legislações modernas, em geral,

que o presente artigo buscará examinar o *codicilo* - uma figura tida como ultrapassada[5] – dentro de contexto atual[6], analisando a possibilidade de vinculá-lo ao planejamento sucessório envolvendo o "patrimônio digital". Para tanto, o estudo apresentará o tema, destacando suas características, traços distintivos em relação ao testamento e abrangência respectiva. Ato contínuo, passar-se-á a determinar, em poucas linhas, os contornos da *herança digital* que foi adotado, a fim de possibilitar o exame do *codicilo* enquanto *instrumento de planejamento sucessório de herança digital.*[7]

2. CODICILO X TESTAMENTO

Ao se fazer incursão nas raízes do *codicilo*, verifica-se que há vários registros vinculando a figura à noção de escrito singelo, cuja etimologia se relaciona à ideia de *pequeno Código, pequeno escrito* e à palavra *Codex.*[8]

não se ocupam com este instituto" (*Comentários ao novo código civil.* v. XX (arts. 1.784 a 2.027). 3. ed. Rio de Janeiro: Forense, 2003, p. 399). Carlos Maximiliano aponta uma aplicação residual do instituto, ao escrever sobre o tema da década de 50, fazendo alusão às seguintes nações: Inglaterra, Áustria e Bolívia (Direito das Sucessões. v. I. 4. Ed. Rio de Janeiro: Livraria Freitas Bastos, 1958, p. 525). Posição semelhante de José Maria Leoni Lopes de Oliveira, que traz notas da figura na Austrália, Bolívia e Catalunha (Direito Civil. Sucessões. Rio de Janeiro: Forense, 2018, p. 543); e Paulo Nader (Curso de Direito Civil: direito das sucessões. v. 6. Rio de Janeiro: Forense, 2007. p. 323). Pontes de Miranda ampla abordagem acerca da figura no direito estrangeiro, analisando o direito civil boliviano, austríaco e suíço (Tratado de Direito Privado. tomo LIX. Rio de Janeiro: Borsoi, 1969, p. 246-249).

5. Nelson Rosenvald e Felipe Braga Netto - colocando em xeque o *codicilo* - afirmaram que se trata de "instituto em decadência, de escassa relevância, sendo discutível a sua manutenção no Código Civil" (*Código Civil Comentado.* 2. ed. Salvador: Juspodivm, 2021, p.1.960). Maria Berenice Dias, por sua, vez, entende que o *codicilo* "saiu de moda" (Manual das Sucessões. 4. ed. São Paulo: RT, 2015, p. 383) e Sílvio de Salvo Venosa que se trata de figura em "desuso" (*Código Civil Interpretado.* 4. ed., São Paulo: Atlas, 2019, p. 1.627). Anotações semelhantes também foram feitas por: HIRONAKA, Giselda Maria Fernandes Novaes. *Direito das Sucessões.* 3. ed. São Paulo: RT, 2007, p. 252; RIZZARDO, Arnaldo. *Direito das Sucessões.* 2. ed. Rio de Janeiro: Forense, 2005, p. 331, LÔBO, Paulo. *Direito Civil:* sucessões. 3. ed. São Paulo: Saraiva, 2016, p. 252; FIGUEIREDO, Luciano; FIGUEIREDO, Roberto. *Manual de Direito Civil.* 3. ed. Salvador: Juspodivm, 2022, p. 1.814; e GOMES, Orlando. *Sucessões.* 12. ed. Rio de Janeiro: Forense, 2004, p. 96.

6. O desafio não se limita ao *codicilo*, podendo-se citar, em exemplificação, a análise e aplicação dos *direitos reais sobre coisas alheias,* a partir da funcionalização das titularidades. Aplicação dos institutos com tal feição está, pois, renovada e com escopos outros, vinculados à sociedade e às relações privadas atuais. Não é por acaso que ocorreu o "ressurgimento do direito de superfície" no Código Civil de 2002, ocupando espaço para grandes investimentos imobiliários. No ponto: MAZZEI, Rodrigo. *Direito de Superfície.* Salvador: Juspodivm, 2013. No planejamento sucessório, a anticrese, figura de direito real (arts.1506-1.510 do CC em vigor), tem sido utilizada para permitir a liquidação mais fluída da herança, evitando alienações patrimoniais (e conflitos respectivos) de bens da herança. No tema, confira-se: MAZZEI, Rodrigo. *Comentários ao Código de Processo Civil.* v. XXII (arts. 610 a 673). GOUVÊA, Jose Roberto Ferreira; BONDIOLI, Luis Guilherme; FONSECA, José Francisco Naves da (coord.). São Paulo: Saraiva, no prelo.

7. Ao se elaborar o presente estudo, conclui-se pela necessidade de confecção de trabalho de fôlego sobre o *codicilo,* trazendo para o instituto uma análise mais atual e completa.

8. No tema: MAXIMILIANO, Carlos. *Direito das Sucessões.* v. I. 4. ed. Rio de Janeiro: Livraria Freitas Bastos, 1958, p. 525; PONTES DE MIRANDA, Francisco Cavalcanti. *Tratado de Direito Privado.* tomo LIX. Rio de Janeiro: Borsoi, 1969, p. 243; VELOSO, Zeno. Testamentos: noções gerais; formas ordinárias, codicilo; formas especiais. In: HIRONAKA, Giselda Maria Fernandes Novaes; PEREIRA, Rodrigo da Cunha (coord.). *Direito das Sucessões.* 2. ed. Belo Horizonte: Del Rey, 2007, p. 175;

Interessante relembrar que o *codicilo* se originou do costume de os autores da herança, na Roma antiga, escreverem bilhetes endereçados aos herdeiros instituídos, nos quais se dispunha sobre liberalidades e se faziam advertências e recomendações, importando destacar que esses escritos, no princípio, sequer poderiam ser objeto de execução forçada. No nosso direito, o *codicilo* passa pelas Ordenações[9], vindo a ser previsto no Código Civil de 1916 (arts. 1.661-1.665) e disposto, posteriormente, na codificação em vigor, consoante hoje se extrai dos arts. 1.881-1.885 de 2002.[10-11]

NONATO, Orosimbo. *Estudos sobre sucessão testamentária*. v. I. Rio de Janeiro: Freitas Bastos, 1959, p. 94; VENOSA, Silvio de Salvo. Código Civil Interpretado. 4. ed. São Paulo: Atlas, 2019, p. 1.627; CARVALHO, Luiz Paulo Vieira de. *Direito das Sucessões*. 4. ed. São Paulo: Atlas, 2019, p. 710-711; GONÇALVES, Carlos Roberto. *Direito Civil Brasileiro*. Direito das Sucessões. v. 7. 11. ed. São Paulo: Saraiva, 2017, p. 299; GAGLIANO, Pablo Stolze; PAMPLONA FILHO, Rodolfo. *Novo curso de direito civil*: direito das sucessões. v. 7. 6. ed. rev. e atual. São Paulo: Saraiva, 2019, p. 325; SIMÃO, José Fernando. *Código Civil Comentado*. 3. ed. Rio de Janeiro: Forense, 2022, p. 1.623; DIAS, Maria Berenice. *Manual das Sucessões*. 4. ed. São Paulo: RT, 2015, p. 384-385, LEITE, Eduardo de Oliveira. *Comentários ao novo código civil*. v. XX (arts. 1.784 a 2.027). 3. ed. Rio de Janeiro: Forense, 2003, p. 399; NADER, Paulo. Curso de Direito Civil: direito das sucessões. v. 6. Rio de Janeiro: Forense, 2007, p 324; MALUF, Carlos Alberto Dabus; MALUF, Adriana Caldas do Rego Freitas Dabus. *Curso de direito das sucessões*. São Paulo: Saraiva, 2013, p. 325; LÔBO, Paulo. *Direito Civil*: sucessões. 3. ed. São Paulo: Saraiva, 2016, p. 252; RIZZARDO, Arnaldo. *Direito das Sucessões*. 2. ed. Rio de Janeiro: Forense, 2005, p. 334; FIGUEIREDO, Luciano; FIGUEIREDO, Roberto. *Manual de Direito Civil*. 3. ed. Salvador: Juspodivm, 2022, p. 1.814; PEGHINI, Cesar. *Elementos de direito de família e sucessões*. Rio de Janeiro: Autografia, 2018, p. 476; OLIVEIRA, Carlos Eduardo Elias de; COSTA-NETO, João. *Direito Civil*. Volume único. Rio de Janeiro: Forense, 2022, p. 1.493; e PENTEADO, Luciano Camargo. *Manual de Direito Civil*: Sucessões. São Paulo: RT, 2014, p. 157.

9. Com resumo histórico do instituto, confira-se: PONTES DE MIRANDA, Francisco Cavalcanti. *Tratado de Direito Privado*. tomo LIX. Rio de Janeiro: Borsoi, 1969, p.243-247. De forma mais resumida, confira-se ainda: VELOSO, Zeno. Testamentos: noções gerais; formas ordinárias, codicilo; formas especiais. In: HIRONAKA, Giselda Maria Fernandes Novaes; PEREIRA, Rodrigo da Cunha (coord.). *Direito das Sucessões*. 2. ed. Belo Horizonte: Del Rey, 2007, p. 175-177; LEITE, Eduardo de Oliveira. *Comentários ao novo código civil*. v. XX (arts. 1.784 a 2.027). 3. ed. Rio de Janeiro: Forense, 2003, p. 399-401; MAXIMILIANO, Carlos. *Direito das Sucessões*. v. I. 4. ed. Rio de Janeiro: Livraria Freitas Bastos, 1958, p. 520-523, NADER, Paulo. Curso de Direito Civil: direito das sucessões. v. 6. Rio de Janeiro: Forense, 2007, p. 323-325, e NONATO, Orosimbo. *Estudos sobre sucessão testamentária*. v. I. Rio de Janeiro: Freitas Bastos, 1959, p. 94-98.

10. Art. 1.881. Toda pessoa capaz de testar poderá, mediante escrito particular seu, datado e assinado, fazer disposições especiais sobre o seu enterro, sobre esmolas de pouca monta a certas e determinadas pessoas, ou, indeterminadamente, aos pobres de certo lugar, assim como legar móveis, roupas ou joias, de pouco valor, de seu uso pessoal. Art. 1.882. Os atos a que se refere o artigo antecedente, salvo direito de terceiro, valerão como codicilos, deixe ou não testamento o autor. Art. 1.883. Pelo modo estabelecido no art. 1.881, poder-se-ão nomear ou substituir testamenteiros. Art. 1.884. Os atos previstos nos artigos antecedentes revogam-se por atos iguais, e consideram-se revogados, se, havendo testamento posterior, de qualquer natureza, este os não confirmar ou modificar. Art. 1.885. Se estiver fechado o codicilo, abrir-se-á do mesmo modo que o testamento cerrado.

11. As alterações são de pequena monta, quase todas de caráter redacional, não afetando o instituto em sua essência na passagem das codificações. No sentido, fazendo análise dispositivo por dispositivo, confira-se: CARVALHO NETO, Inácio de; FUGIE; Érika Harumi. *Novo Código Civil comparado e comentado*. Direito das sucessões. v. VII. 2. ed. Curitiba: Juruá, 2003, p.115-118.

De um modo geral, com base nos traços da sua configuração atual, o *codicilo* vem sendo classificado como "ato de última vontade (*rectius*, com eficácia *causa mortis*), que se configura a partir de escrito particular datado e assinado, sendo restrito a disposições de pequeno valor, a estipulações especiais sobre o enterro do declarante e a nomeação ou substituição de testamenteiros"[12]. Do conceito exposto, bem como do seu regramento no Código Civil em vigor, o *codicilo* se distancia da figura do testamento em três aspectos principais, a saber: (i) forma mais livre; (ii) vocação para que nele sejam deliberados desejos do signatário quanto aos atos do seu sepultamento (situações afins ou prévias, mas sempre *post mortem*); e (iii) aplicação limitada ao patrimônio (bens e/ou direitos de pequeno valor e de uso pessoal).[13]

Apesar de fronteira patrimonial limitada, devem-se destacar, pelo menos, duas situações em que o *codicilo* pode representar grande impacto patrimonial aos sucessores do falecido, muito embora as disposições específicas não envolvam diretamente bens e/ou direitos que compõem a herança. Primeiramente, o *codicilo* é figura hábil para o *perdão do indigno*, interpretação esta que pode ser feita a partir da boa exegese da parte final do art. 1.818 do CC[14-15]. Com outra projeção, admite-se que o *codicilo* envolva o *reconhecimento de filiação* (em conexão ao art. 1.609, II, do Código Civil[16])[17], muito embora a segunda situação não seja unânime na doutrina atual.[18-19]

---

12. TEPEDINO, Gustavo; NEVARES, Ana Luiza Maia; MEIRELES, Rose Melo Venceslau. *Direito das Sucessões*. Rio de Janeiro: Forense, 2020, p.151.
13. Próximo, também fazendo comparação entre os institutos, confira-se: OLIVEIRA, Carlos Eduardo Elias de; COSTA-NETO, João. *Direito Civil*. Volume único. Rio de Janeiro: Forense, 2022, p. 1.493-1.494.
14. Art. 1.818. Aquele que incorreu em atos que determinem a exclusão da herança será admitido a suceder, se o ofendido o tiver expressamente reabilitado em testamento, ou em outro ato autêntico.
15. No sentido (entre muitos): TARTUCE, Flávio. *Direito Civil*: direito das sucessões. 14. ed. Rio de Janeiro: Forense, 2021, p. 476; GAGLIANO, Pablo Stolze; PAMPLONA FILHO, Rodolfo. *Novo curso de direito civil*: direito das sucessões. v. 7. 6. ed. rev. e atual. São Paulo: Saraiva, 2019, p. 327-328; PEGHINI, Cesar. *Elementos de direito de família e sucessões*. Rio de Janeiro: Autografia, 2018, p. 476-477; FUGITA, Jorge Shiguemitsu. In: SCANOVE JR., Luiz Antonio; CAMILLO, Calos Eduardo Nicoletti; TALAVERA, Glauber Moreno; FUJITA, Jorge Shiguemitsu (coord.). *Comentários ao Código Civil*. 2. ed. São Paulo: RT, 2009, p. 2.164); DINIZ, Maria Helena. *Curso de Direito Civil Brasileiro*. Direito das Sucessões. v. 6. 31. ed. São Paulo: Saraiva, 2017, p. 353; VENOSA, Silvio de Salvo. *Código Civil Interpretado*. 4. ed., São Paulo: Atlas, 2019, p. 1.628; e MONTEIRO, Washington de Barros. *Curso de Direito Civil*: direito das sucessões. v. 6. 35. ed. São Paulo: Saraiva, 2003, p. 151.
16. Art. 1.609. O reconhecimento dos filhos havidos fora do casamento é irrevogável e será feito: (...) II - por escritura pública ou escrito particular, a ser arquivado em cartório;
17. No sentido: GONÇALVES, Carlos Roberto. *Direito Civil Brasileiro*. Direito das Sucessões. v. 7. 11. ed. São Paulo: Saraiva, 2017, p. 301-302; TARTUCE, Flávio. *Direito Civil*: direito das sucessões. 14. ed. Rio de janeiro: Forense, 2021, p. 476-477; OLIVEIRA, José Maria Leoni Lopes de. *Direito Civil*. Sucessões. Rio de Janeiro: Forense, 2018, p. 542; GAGLIANO, Pablo Stolze; PAMPLONA FILHO, Rodolfo. *Novo curso de direito civil*: direito das sucessões. v. 7. 6. ed. rev. e atual. São Paulo: Saraiva, 2019, p. 328; CARVALHO, Luiz Paulo Vieira de. *Direito das Sucessões*. 4. ed. São Paulo: Atlas, 2019, p. 712; SIMÃO, José Fernando. *Código Civil Comentado*. 3. ed. Rio de Janeiro: Forense, 2022, p. 1.623; VENOSA, Silvio de Salvo. *Código Civil Interpretado*. 4. ed., São Paulo: Atlas, 2019, p. 1.628; ANTONINI, Mauro. In: PELUZO, Cezar (coord.). *Código Civil Comentado*. 11. ed. Barueri: Manole, 2017, p. 2.179; PEGHINI,

O testamento, por outro lado, é figura marcada por rigoroso formalismo e por possibilitar impactos de grande monta aos herdeiros e interessados na sucessão, pois, em regra, o seu maior limite é a legítima, na hipótese de presença de herdeiros necessários (vide, arts. 1.845-1.850 e 1.966-1.968 do CC).

Não há embaraço para a coexistência entre testamento e *codicilo*, abrangendo cada qual sua área específica.[20] A questão tormentosa da relação está na elaboração de testamento posterior ao *codicilo*, pois, a teor do art. 1.884 do Código Civil, a validade do *codicilo* estará atrelada a sua confirmação ou modificação pela cédula testamentária. A controvertida regra legal possui desdobramentos variados e a análise completa importaria em fugir do escopo do presente texto. De toda sorte, a simples leitura do dispositivo já demonstra que seu texto não é inspirado, situação que obriga o intérprete a analisá-lo conforme as diversas situações concretas.[21]

O Código Civil não trouxe regramento expresso acerca a *cláusula codiciliar*, inexistindo no texto legal previsão específica no sentido de considerar que, se o testamento tiver sido acometido de alguma nulidade, tal negócio jurídico poderá ser recepcionado como *codicilo*[22]. Embora boa parte da doutrina se posicione contrária à possibilidade da *cláusula codiciliar*[23], entendimento este feito a partir

---

Cesar. *Elementos de direito de família e sucessões*. Rio de Janeiro: Autografia, 2018, p. 476-477; e DIAS, Maria Berenice. *Manual das Sucessões*. 4. ed. São Paulo: RT, 2015, p. 384.

18. Contra, não admitindo o *codicilo* para reconhecimento de filiação: DINIZ, Maria Helena. *Curso de Direito Civil Brasileiro*. v. 6. Direito das Sucessões. 31. ed. São Paulo: Saraiva, 2017, p. 353; LEITE, Eduardo de Oliveira. *Comentários ao novo código civil*. v. XX (arts. 1.784 a 2.027). 3. ed. Rio de Janeiro: Forense, 2003, p. 402; MALUF, Carlos Alberto Dabus; MALUF, Adriana Caldas do Rego Freitas Dabus. *Curso de direito das sucessões*. São Paulo: Saraiva, 2013, p. 326-327; MONTEIRO, Washington de Barros. *Curso de Direito Civil*: direito das sucessões. v. 6. 35. ed. São Paulo: Saraiva, 2003, p. 151; FUGITA, Jorge Shiguemitsu. In: SCANOVE JR., Luiz Antonio; CAMILLO, Calos Eduardo Nicoletti; TALAVERA, Glauber Moreno; FUJITA, Jorge Shiguemitsu (coord.). *Comentários ao Código Civil*. 2. ed. São Paulo: RT, 2009, p. 2.164; e MATIELLO, Fabrício Zamprogna. *Código Civil Comentado*. 3. ed. São Paulo: LTr, 2007, p. 1.221.

19. Corretamente, não tem se admitido que a declaração da causa deserdação seja feita através de *codicilo*, pois tal medida restritiva ao direito do herdeiro necessário está prevista para ser cravada em testamento (art. 1.964 do Código Civil). No sentido (entre vários): RODRIGUES, Silvio. *Direito Civil*: direito das sucessões. v. 7. 26. ed. São Paulo: Saraiva, 2003, p. 168; ANTONINI, Mauro. In: PELUZO, Cezar (coord.). *Código Civil Comentado*. 11. ed. Barueri: Manole, 2017, p. 2.179; e PEGHINI, Cesar. *Elementos de direito de família e sucessões*. Rio de Janeiro: Autografia, 2018, p. 477.

20. No sentido: SIMÃO, José Fernando. *Código Civil Comentado*. 3. ed. Rio de Janeiro: Forense, 2022, p. 1.624-1.625; e LEITE, Eduardo de Oliveira. *Comentários ao novo código civil*. v. XX (arts. 1.784 a 2.027). 3. ed. Rio de Janeiro: Forense, 2003, p. 403 e 405.

21. Com crítica ao texto do art. 1.884 do Código Civil, confira-se: LEITE, Eduardo de Oliveira. *Comentários ao novo código civil*. v. XX (arts. 1.784 a 2.027). 3. ed. Rio de Janeiro: Forense, 2003, p. 405-406).

22. Sobre a *cláusula codiciliar*, é fundamental o estudo de: PONTES DE MIRANDA, Francisco Cavalcanti. *Tratado de Direito Privado*. tomo LIX. Rio de Janeiro: Borsoi, 1969, p. 265-272.

23. No sentido (dentre vários): MONTEIRO, Washington de Barros. *Curso de Direito Civil*: direito das sucessões. v. 6. 35. ed. São Paulo: Saraiva, 2003, p. 152; GONÇALVES, Carlos Roberto. *Direito Civil Brasileiro*. Direito das Sucessões. v. 7. 11. ed. São Paulo: Saraiva, 2017, p. 304; VENOSA, Silvio de Salvo. *Código Civil Interpretado*. 4. ed. São Paulo: Atlas, 2019, p. 1.628; FIGUEIREDO, Luciano; FIGUEIREDO,

da interpretação do art. 1.884 do Código Civil, a análise da questão envolve vários aspectos, não sendo desarrazoado admitir que, em áreas específicas, possa se fazer a execução do testamento como *codicilo*, assim o recepcionando, em caso de nulidade do primeiro. Para que assim ocorra, por certo, é necessário que se analise concretamente a causa da nulidade testamentária. A título de ilustração, em se tratando de nulidade em razão da capacidade do agente para testar (como sucede com testamento efetuado por pessoa menor de dezesseis anos), o vício possuirá calibre que contamina as próprias disposições (inclusive do *codicilo*), diferente do que ocorre em situações em que houve deslize formal (como falta da assinatura de uma testemunha). A questão da admissão (ou não) da *cláusula codiciliar* merece ser analisada dentro da concepção atual do Direito Privado aplicada aos negócios jurídicos em geral, em que se busca o seu aproveitamento (sempre que possível), com expressa previsão da conversão dos negócios jurídicos (art. 170 do Código Civil).[24]

3. CODICILO: CAPACIDADE PARA ELABORÁ-LO

O art. 1.881 do Código Civil estabelece que as pessoas com *capacidade de testar* podem, por meio de escrito particular, datado e assinado, dispor acerca de bens pessoais de pequeno valor e algumas questões existenciais, tais como aquelas referentes ao seu enterro (em acepção ampla), ou seja, orientações acerca dos atos posteriores ao seu *passamento* (em ilustração, pode-se dispor sobre o desejo de ser sepultado ou cremado, com dispensa ou inserção de ato religioso prévio).[25]

A referência à *capacidade* para testar exige que o *codicilo* seja feito por pessoa capaz, admitindo-se, assim como no testamento, que seja elaborado por adolescente entre dezesseis e dezoito anos de idade que, não obstante a incapacidade relativa e independentemente de assistência, possui expressa autorização legal para tanto, conforme parágrafo único do art. 1.860 do Código Civil.[26-27] Assim, fatia considerável de titulares de direitos (e bens) alcançados pela *herança digital*

Roberto. *Manual de Direito Civil*. 3. ed. Salvador: Juspodivm, 2022, p. 1.815. Parecendo concordar com a posição: CARVALHO, Luiz Paulo Vieira de. *Direito das Sucessões*. 4. ed. São Paulo: Atlas, 2019, p. 714; e PEREIRA, Caio Mário da Silva. *Instituições de Direito Civil*. Direito das Sucessões. v. VI. 15. ed. Rio de Janeiro: Forense, 2004, p. 255-256.

24. Próximo: SIMÃO, José Fernando. *Código Civil Comentado*. 3. ed. Rio de Janeiro: Forense, 2022, p. 1.625.

25. Igualmente: GAGLIANO, Pablo Stolze; PAMPLONA FILHO, Rodolfo. *Novo curso de direito civil*: direito das sucessões. v. 7. 6. ed. rev. e atual. São Paulo: Saraiva, 2019, p. 326. Alguns autores não usam a palavra "enterro" que consta no art. 1.881 do Código Civil, permutando-a por "funeral", o que traz uma ampliação (ainda que insuficiente) do texto legal. Na linha: FARIA, Mário Roberto Carvalho de. *Direito das Sucessões teoria e prática*. 9. ed. Rio de Janeiro, Forense, 2019, p. 209.

26. Art. 1.860. Além dos incapazes, não podem testar os que, no ato de fazê-lo, não tiverem pleno discernimento. Parágrafo único. Podem testar os maiores de dezesseis anos.

27. Igualmente: NADER, Paulo. *Curso de Direito Civil*: direito das sucessões. v. 6. Rio de Janeiro: Forense, 2007, p. 328.

poderá se valer de atos de última vontade para manifestar as disposições respectivas, tendo em vista ser notório que pessoas com faixa etária de 16 (dezesseis) a 18 (dezoito) anos incompletos são grandes usuários de redes sociais e adquirentes de produtos (e/ou serviços) em ambiência virtual.

A permissão para que os maiores de maiores de 16 (dezesseis) anos possam testar é uma exceção, pois o *caput* do art. 1.860 do Código Civil não permite que outros tipos de incapazes elaborem testamento, fixando-se, ainda, a proibição aos que não tiverem "pleno discernimento" na celebração do ato.[28]

Ocorre que o art. 1.860 do Código Civil foi gabaritado de acordo com sistema de capacidade que não mais se aplica, pois estava atrelado à redação original dos arts. 3º e 4º do mesmo diploma legal. Com efeito, a partir da Lei n. 13.146/2015, que instituiu o EPD (Estatuto da Pessoa com Deficiência), houve mudança no regime de capacidades aplicável no Brasil, alterando-se, de forma expressa, por força do art. 114 do referido estatuto, a redação dos dispositivos indicados do Código Civil. Apenas em exemplo, nos termos do art. 6º do EPD, *a deficiência não afeta a plena capacidade civil da pessoa*, sendo enumerados, de forma exemplificativa, alguns atos não alcançados, observando-se, no rol, a proteção da autonomia da vontade em situações existenciais, como é o caso do direito de decidir sobre o número de filhos e de ter acesso a informações adequadas sobre reprodução e planejamento familiar.[29]

A anotação se faz relevante, pois o art. 1.860 do Código Civil terá que dialogar com os dispositivos do EPD, sendo possível se extrair temas invulgares a respeito, não cogitados à época da promulgação do diploma de 2002.[30] O pormenor me-

---

28. Sobre a capacidade para testar, confira-se: BOECKLEL, Fabrício Dani. *Testamento particular*. Porto Alegre: Sergio Antonio Fabris editor, 2004, p. 13-32.

29. O enfrentamento completo da questão transbordará os objetivos do presente texto, mas o assunto (*capacidade de testar depois da entrada em vigor do EPD*) merece ser pautado para estudo próprio. A temática foi analisada por: CASTRO, Isabella Silveira de. *Bases para uma releitura do testamento pautada na promoção da autonomia privada, da autodeterminação existencial e da acessibilidade*. Dissertação (Mestrado) Universidade Federal do Paraná, Setor de Ciências Jurídicas, Programa de Pós-graduação em Direito. Curitiba, 2021. No tema, vale conferir também: TARTUCE, Flávio. O Estatuto da Pessoa com Deficiência e a capacidade testamentária ativa. *Revista Pensamento Jurídico*, São Paulo, v. 10, nº 2, p. 50-73, jul./dez., 2016.

30. Há prestígio à vontade da pessoa com deficiência (arts. 11-13, EPD), preferenciando a *figura da tomada da decisão apoiada* (TDA) à curatela (art. 84, §§ 2º e 3º, EPD). Seguindo-se o modelo fixado no art. 1.783-A do CC em vigor (pela próprio EPD), na *tomada da decisão apoiada* (TDA), "a pessoa com deficiência elege pelo menos 2 (duas) pessoas idôneas, com as quais mantenha vínculos e que gozem de sua confiança, para prestar-lhe apoio na tomada de decisão sobre atos da vida civil, fornecendo-lhes os elementos e informações necessários para que possa exercer sua capacidade". Nesse contexto, *a curatela constitui medida extraordinária, aplicável com foco apenas nos atos relacionados aos direitos de natureza patrimonial e negocial* (art. 85, *caput*, EPD), sendo capital, como medida restritiva excepcional, que conste da sentença as razões e motivações de sua definição, preservados os interesses do curatelado (art. 84, §§ 1º e 3º, c/c art. 85, § 2º, EPD). É, portanto, a *ultima ratio*. No tema, fazendo abordagem sobre o EPD e o inventário extrajudicial, mas bases aplicáveis à interpretação adaptada do art. 1.860 do Código Civil, confira-se: MAZZEI, Rodrigo. *Comentários ao Código de Processo Civil*. v. XXII (arts. 610 a 673).

rece relevo, considerando que o *codicilo* é uma plataforma para deliberações não apenas de temas patrimoniais limitados (como é o caso das esmolas e dos bens pessoais de "pequeno valor"), mas também acerca de assuntos existenciais que não se limitam apenas às instruções quanto ao enterro (vide a possibilidade de reconhecimento de filhos e o perdão do indigno).[31]

Em arremate, seguindo o comando do art. 1.861 do Código Civil, a incapacidade superveniente do testador não invalida o testamento, nem o testamento do incapaz se valida com a superveniência da capacidade, premissa que também é plenamente aplicável no *codicilo*.

4. CODICILO E O SEU OBJETO

Além das disposições especiais sobre o "enterro" (e atos afins/prévios) do seu signatário, o *codicilo*, como já antecipado, limita-se a bens de uso pessoal e pequeno valor (art. 1.881 do Código Civil). Quando se faz uma análise mais detida do art. 1.881 em seu aspecto patrimonial, percebe-se que as deixas que podem ser estipuladas se perfilam como *pequenos legados*, pois o dispositivo projeta a ideia de individualização de bens (ainda que de caráter pessoal).[32] Não se extrai da norma legal, ao menos na sua interpretação literal, a possibilidade de disposições em cotas (quinhões), situação que seria capaz de configurar a presença de instituição de herdeiro pelo *codicilo*, procedimento tido como vedado. [33]

Com tal bússola, tem-se que o art. 1.881 do Código Civil prevê a possibilidade de que o autor do codicilo estipule alguns *legados especiais*, tratados aqui como *legados codicilares*, representados por esmolas e/ou móveis, roupas ou joias de baixo valor. A dimensão existencial de tais *legados codicilares* está evidenciada pela motivação que os vincula, a saber: (a) deixa de esmolas;[34] e (b) os bens móveis de uso pessoal do instituidor (que não atinjam elevado peso patrimonial).

A presunção de baixo valor patrimonial (*pequeno valor*) decorre da dimensão intrínseca de "esmolas", já que estas são tratadas como *deixa módica* (diante

---

GOUVÊA, Jose Roberto Ferreira; BONDIOLI, Luis Guilherme; FONSECA, José Francisco Naves da (coord.). São Paulo: Saraiva, no prelo.

31. Vide itens 2 e 4 do presente texto.

32. Próximo (parecendo concordar): ITABAIANA DE OLIVEIRA, Arthur Vasco. *Tratado de Direito das Sucessões*. 5. ed. Rio de Janeiro: Freitas Bastos, 1987, p. 205; DIAS, Maria Berenice. *Manual das Sucessões*. 4. ed. São Paulo: RT, 2015, p. 383 e LÔBO, Paulo. *Direito Civil*: sucessões. 3. ed. São Paulo: Saraiva, 2016, p. 253.

33. Próximo: MATIELLO, Fabrício Zamprogna. *Código Civil Comentado*. 3. ed. São Paulo: LTr, 2007, p. 1.221.

34. Registre-se que o texto do art. 1.881 do Código Civil, no que se refere às esmolas destinadas "indeterminadamente, aos pobres de certo lugar", é complementado pela redação do art. 1.902 do mesmo diploma, que faz alusão às pessoas ou instituições do domicílio do autor da deixa, caso o ato de disposição seja omisso no sentido.

da própria destinação)[35] e da natureza pessoal dos bens que podem ser alvo do *codicilo*. Os bens pessoais partem da concepção de material que já vinha sendo *usado* pelo instituidor, tendo este estimação respectiva, ou seja, valor agregado de natureza íntima, que não faz parte do preço de mercado dos bens.

No texto legal, entretanto, não se definiu o que seria "pequeno valor", prevalecendo, portanto, na doutrina, o consenso de que somente se pode verificar os limites do codicilo considerando-se o patrimônio do *de cujus* em concreto.[36] Consequentemente, em relação ao estudo do instituto, a definição do que é bem de *pequeno valor* é de suma importância, pois o objeto do codicilo deve ser delimitado à luz de tal definição.

Em tentativa de fixar critérios objetivos para a definição do que seria *pequeno valor*, há posicionamento doutrinário no sentido de que as disposições patrimoniais feitas no *codicilo* devem ser limitadas a percentuais do patrimônio vinculado à herança. Com tal norte, há opiniões doutrinárias no sentido de que o *codicilo* poderia cobrir área patrimonial de 10% a 20% do patrimônio líquido a ser inventariado.[37] O critério quantitativo do *codicilo* com base em percentuais sobre a herança, todavia, não tem sido acolhido (ao menos de forma unânime) na jurisprudência, tendo em vista que, no caso concreto, o percentual de 10% a 20% do patrimônio líquido pode ser representativo para a herança.[38]

---

35. Bem próximo: GONÇALVES, Carlos Roberto. *Direito Civil Brasileiro*. Direito das Sucessões. v. 7. 11. ed. São Paulo: Saraiva, 2017, p. 303.

36. No sentido (dentre vários): DIAS, Maria Berenice. *Manual das Sucessões*. 4. ed. São Paulo: RT, 2015, p. 384, ANTONINI, Mauro. In: PELUZO, Cezar (coord.). *Código Civil Comentado*. 11. ed. Barueri: Manole, 2017, p. 2.179; e SIMÃO, José Fernando. *Código Civil Comentado*. 3. ed. Rio de Janeiro: Forense, 2022, p. 1.623.

37. No sentido: "A doutrina vem sustentando que a expressão "pouco valor" a que se refere o artigo 1.881, *in fine*, do Código Civil atual, para efeitos do codicilo, deve ser verificada no caso concreto pelo juiz. Para que seja válido, não pode ultrapassar valores significativos, em geral nunca superiores a 10% ou 20% do patrimônio líquido a ser inventariado" (ROSA, Paulino Conrado da; RODRIGUES, Marco Antônio. *Inventário e Partilha*. 2. ed. Salvador: JusPodivm, 2020, p. 259). Bem próximo à referida dicção, confira-se: CARVALHO, Luiz Paulo Vieira de. *Direito das Sucessões*. 4. ed. São Paulo: Atlas, 2019, p. 712-713. Nas palavras de Washington de Barros Monteiro: "Há, certamente, tendência de fixar-se determinada porcentagem: haver-se-á como de pequeno valor a liberalidade, podendo por isso ser objetivada num codicilo, se não ultrapassar de 10% do valor do monte" (*Curso de Direito Civil*: direito das sucessões. v. 6. 35. ed. São Paulo: Saraiva, 2003, p. 153). Próximo (trazendo referência de julgamentos), GONÇALVES, Carlos Roberto. *Direito Civil Brasileiro*. Direito das Sucessões. v. 7. 11. ed. São Paulo: Saraiva, 2017, p. 302. Também no tema: FARIA, Mário Roberto Carvalho de. *Direito das Sucessões teoria e prática*. 9. ed. Rio de Janeiro, Forense, 2019, p. 209.

38. Na linha: "(...) Veja-se que a interpretação de disposições de maior ou menor expressão financeira, obviamente irá depender da análise do patrimônio deixado pelo falecido, o que não significa dizer que parâmetros naturalmente objetivos e racionais devem ser ignorados. Explica-se. A quantia de R$ 5.000,00 para quem falece deixando patrimônio avaliado em R$ 50.0000,00 não deve ser entendida como esmola de pouca monta. O mesmo já não se aplica para aquele que falece e deixa bens avaliados em R$ 5.000.000,00. Essa é a subjetividade que sobressai quando se interpreta o pouco valor do donativo (...)" (TJRJ, Embargos Infringentes 0065706-15.2006.8.19.0001, Décima Sexta Câmara Cível, j. 16.4.2013).

Dessa forma, à míngua de uma fixação legal segura, tem prevalecido o entendimento de que a análise se efetuará a cada caso particular, analisando o valor total alcançado pelo *codicilo* em comparação ao patrimônio deixado pelo falecido[39]. Há, portanto, um vácuo legal que cria insegurança em relação à área patrimonial quantitativa do *codicilo*.[40]

No caso de estipulação codicilar que seja tida como de valoração alta perante a herança e em observância as peculiaridades da sucessão, prevalece atualmente - ao menos na doutrina - a possibilidade de redução das disposições feitas no *codicilo*, importando-se, de forma adaptada, a técnica aplicada aos testamentos (art. 1.967 do Código Civil[41]).[42] Para a consolidação de tal entendimento, vale frisar a importância do debate doutrinário, destacando-se as vozes de Pontes de

---

39. Nesse sentido, encontra-se julgado da 7ª Câmara de Direito Privado do Tribunal de Justiça de São Paulo, decisão na qual se consignou que a expressão "pequeno valor" deve ser entendida à luz da fortuna do doador, sendo possível incluir no Codicilo até mesmo bens de alto valor, mas que, no contexto dos bens deixados pelo falecido, representa parte reduzida do monte-mor, conforme ementa transcrita a seguir: "Agravo de Instrumento – Inventário – Codicilo – Expressão "pequeno valor" que deve ser analisada em relação à fortuna do doador, pois em se tratando de pessoa abastada, mesmo as coisas de valor elevado podem ser doadas mediante simples doação manual – Vontade inequívoca do finado que deve ser prestigiada, quitando mútuo ofertado em favor da esposa, uma vez que é natural a ausência de maiores formalismos em doações ou mútuos e respectivas quitações entre pessoas de uma mesma família (pai e filhos, marido e mulher ou entre irmãos) - Documento enviado ao procurador que cuidava das contas do casal, devidamente firmado pelo finado e com clara disposição que deve ser entendido como codicilo suficiente a extinguir a dívida que representa o valor existente na conta do Santander – Lisboa, que teria sido objeto de transferência do finado em favor de sua esposa, objeto do mútuo firmado igualmente em documento particular anteriormente. Recurso a que se dá parcial provimento, acompanhando no mais o voto do relator sorteado" (TJSP, AI 2004377-53.2018.8.26.0000, 7ª Câmara de Direito Privado, j. 05/12/2018, DJ 16/01/2019).

40. Jose Miguel Garcia Medina e Fábio Araújo defendem a análise da deixa dentro da tutela da intimidade do autor da disposição, fato que avançaria em redimensionamento da noção de pequeno valor. Os bens pessoais, muito embora de valor elevado, podem ter significado além do patrimonial, não devendo sendo adequada a invasão acerca das deixas intimas, vinculado aos bens de uso e estima pessoal do autor do codicilo (*Código Civil Comentado*. São Paulo: RT, 2014, p. 1.123-1.124). Adotando tal forma de pensar: ROSENVALD, Nelson; BRAGA NETTO, Felipe. *Código Civil Comentado*. 2. ed. Salvador: Juspodivm, 2021, p.1.960.

41. Art. 1.967. As disposições que excederem a parte disponível reduzir-se-ão aos limites dela, de conformidade com o disposto nos parágrafos seguintes. § 1º Em se verificando excederem as disposições testamentárias a porção disponível, serão proporcionalmente reduzidas as quotas do herdeiro ou herdeiros instituídos, até onde baste, e, não bastando, também os legados, na proporção do seu valor. § 2º Se o testador, prevenindo o caso, dispuser que se inteirem, de preferência, certos herdeiros e legatários, a redução far-se-á nos outros quinhões ou legados, observando-se a seu respeito a ordem estabelecida no parágrafo antecedente.

42. No sentido (dentre vários): DIAS, Maria Berenice. *Manual das Sucessões*. 4. ed. São Paulo: RT, 2015, p. 383-384; HIRONAKA, Giselda Maria Fernandes Novaes. *Direito das Sucessões*. 3. ed. São Paulo: RT, 2007, p. 254, ROSENVALD, Nelson; BRAGA NETTO, Felipe. *Código Civil Comentado*. 2. ed. Salvador: Juspodivm, 2021, p.1.960; VENOSA, Silvio de Salvo. *Código Civil Interpretado*. 4. ed. São Paulo: Atlas, 2019, p. 1.628; ANTONINI, Mauro. In: PELUZO, Cezar (coord.). *Código Civil Comentado*. 11. ed. Barueri: Manole, 2017, p. 2.179; e GONÇALVES, Carlos Roberto. *Direito Civil Brasileiro*. Direito das Sucessões. v. 7. 11. ed. São Paulo: Saraiva, 2017, p. 303.

Miranda[43] e de Zeno Veloso[44] que defenderam a viabilidade da redução das disposições patrimoniais do *codicilo*, a fim de preservar o negócio jurídico dentro do seu gabarito quantitativo, em contraposição ao entendimento de nulificação da deixa codicilar, posição em que se destacam os discursos de Orosimbo Nonato[45] e Caio Mario da Silva Pereira[46].

Poder-se-ia questionar se, diante de imenso patrimônio, seria possível que um bem imóvel fosse objeto de *codicilo*, caso este representasse parte ínfima da herança. A resposta, entretanto, é negativa. Como observado por José Fernando Simão, o *codicilo* se caracteriza como

> (...) ato simplificado para o qual a lei não exige tanta solenidade em razão de seu objeto ser considerado de menor importância para o falecido e para os herdeiros. Exatamente por isso, o codicilo não serve para legar bens imóveis, pois é forma inadequada para tanto, sendo, portanto, nula disposição nesse sentido, por desrespeito à forma.[47]

A assertiva cravada afigura-se correta, pois a leitura atenta do art. 1.881 do Código Civil não permite trazer bens imóveis para as disposições do *codicilo*, pois a letra legal faz referência expressa apenas a disposições sobre enterro, esmolas de pouca monta e legado de bens móveis, roupas ou joias, de pouco valor e uso pessoal[48].

No entanto, a questão fica tormentosa quando a disposição codiciliar aponta que determinada pessoa poderá habitar imóvel especificado (e alcançado pela herança), ainda que por prazo determinado (por exemplo período do inventário)[49]. A resposta, seguindo a linha defendida no texto, envolverá não só a análise da potência do patrimônio hereditário em proporção à afetação determinada (inclusive, a sua natureza – por exemplo, constituição de direito real de usucapião ou de habitação), como também ao caráter humanitário e existencial que possa se extrair da disposição no caso concreto.

---

43. *Tratado de Direito Privado*. tomo LIX. Rio de Janeiro: Borsoi, 1969, p. 254-256.
44. Testamentos: noções gerais; formas ordinárias, codicilo; formas especiais. In: HIRONAKA, Giselda Maria Fernandes Novaes; PEREIRA, Rodrigo da Cunha (coord.). *Direito das Sucessões*. 2. ed. Belo Horizonte: Del Rey, 2007, p. 177.
45. *Estudos sobre sucessão testamentária*. v. I. Rio de Janeiro: Freitas Bastos, 1959, p. 99.
46. *Instituições de Direito Civil*. Direito das Sucessões. v. VI. 15. ed. Rio de Janeiro: Forense, 2004, p. 256.
47. *Código Civil Comentado*. 3. ed. Rio de Janeiro: Forense, 2022, p. 1.623.
48. No mesmo sentido: PEGHINI, Cesar. *Elementos de direito de família e sucessões*. Rio de Janeiro: Autografia, 2018, p. 476-477; VENOSA, Silvio de Salvo. *Código Civil Interpretado*. 4. ed. São Paulo: Atlas, 2019, p. 1.628; MALUF, Carlos Alberto Dabus; MALUF, Adriana Caldas do Rego Freitas Dabus. *Curso de direito das sucessões*. São Paulo: Saraiva, 2013, p. 326; MONTEIRO, Washington de Barros. *Curso de Direito Civil*: direito das sucessões. v. 6. 35. ed. São Paulo: Saraiva, 2003, p. 153; RODRIGUES, Silvio. *Direito Civil*: direito das sucessões. v. 7. 26. ed. São Paulo: Saraiva, 2003, p. 168; ROSENVALD, Nelson; BRAGA NETTO, Felipe. *Código Civil Comentado*. 2. ed. Salvador: Juspodivm, 2021, p. 1.960; e OLIVEIRA, Carlos Eduardo Elias de; COSTA-NETO, João. *Direito Civil*. Volume único. Rio de Janeiro: Forense, 2022, p. 1.378-1.379.
49. A jurisprudência não é firme no sentido, com variações, inclusive dentro do mesmo Tribunal. Em exemplo, no TJRS, não admitindo: Apelação Cível, nº 70069283380, Oitava Câmara Cível, j. 02 jun. 2016; admitindo: Apelação Cível nº 70058777715, Sétima Câmara Cível, j. 02 jul. 2014.

A boa exegese do art. 1.881 do Código Civil revela que o *codicilo* possui limitações acerca da deliberação sobre o patrimônio, tendo grande foco em assuntos outros, desapegados da própria herança, de modo que não é ocasional que trate com foco especial as disposições sobre o enterro e os bens de uso pessoal (material íntimo ao autor das disposições *post mortem*)[50]. A própria dimensão de esmola visa, dentre de um caráter próprio, uma deixa humanitária, muitas vezes, para subsistência momentânea, situação que não pode ser confundida com herança na sua concepção de distribuição de patrimônio capaz de alterar o *status* do beneficiário.

Além de tudo já dito, é importante notar que a bandeja do art. 1.881 do Código Civil é incompleta, sendo necessária a sua suplementação.[51] Em exemplo flagrante, no art. 1.883 do Código Civil, admite-se a nomeação e a substituição de testamenteiro via *codicilo*, regra legal que, se interpretada de forma adequada, promove diálogo com os arts. 1.977-1.978[52] do mesmo diploma, autorizando também a escolha prévia de administrador provisória da herança e/ou inventariante pelo autor da disposição da última vontade.[53]

Indo mais além e ao se captar a dimensão do *codicilo*, notadamente se for transportado para temas atuais, há novas aberturas na superfície do art. 1.881 do Código Civil, admitindo que pelo instrumento seja fixado, em exemplo, o desejo do seu autor em ser *cremado*. A ilustração é oportuna, na medida em que a *cremação* foge ao padrão do "enterro" e a parca legislação que trata do assunto exige (art. 77, § 2º, da Lei nº 6.015/1973[54])[55], em regra, a manifestação prévia (isto é, em vida) da pessoa a ser cremada.[56]

---

50. José Maria Leoni Lopes de Oliveira entende, não por acaso, que *codicilo* que alguns objetos do instituto são "de natureza pessoal e outros de natureza patrimonial" em ares de natureza pessoal (*Direito Civil. Sucessões*. Rio de Janeiro: Forense, 2018, p. 543).

51. Próximo: NADER, Paulo. *Curso de Direito Civil: direito das sucessões*. v. 6. Rio de Janeiro: Forense, 2007, p. 330.

52. Art. 1.977. O testador pode conceder ao testamenteiro a posse e a administração da herança, ou de parte dela, não havendo cônjuge ou herdeiros necessários. Parágrafo único. Qualquer herdeiro pode requerer partilha imediata, ou devolução da herança, habilitando o testamenteiro com os meios necessários para o cumprimento dos legados, ou dando caução de prestá-los. Art. 1.978. Tendo o testamenteiro a posse e a administração dos bens, incumbe-lhe requerer inventário e cumprir o testamento.

53. No tema: MAZZEI, Rodrigo. *Comentários ao Código de Processo Civil*. v. XXII (arts. 610 a 673). GOUVÊA, Jose Roberto Ferreira; BONDIOLI, Luis Guilherme; FONSECA, José Francisco Naves da (coord.). São Paulo: Saraiva, no prelo.

54. Art. 77 (...) § 2º A cremação de cadáver somente será feita daquele que houver manifestado a vontade de ser incinerado ou no interesse da saúde pública e se o atestado de óbito houver sido firmado por 2 (dois) médicos ou por 1 (um) médico legista e, no caso de morte violenta, depois de autorizada pela autoridade judiciária.

55. Sobre o quadro de insuficiente regramento legal sobre a cremação, confira-se: MAZZEI, Rodrigo; MARTINS, Darlayt Paranaguá. *O direito à cremação: o silêncio da lei acompanha o silêncio dos mortos*. Londrina: Editora Thoth: no prelo.

56. Bem próximo: GAGLIANO, Pablo Stolze; PAMPLONA FILHO, Rodolfo. *Novo curso de direito civil: direito das sucessões*. v. 7. 6. ed. rev. e atual. São Paulo: Saraiva, 2019, confira-se: MAZZEI, Rodrigo.

Ainda quanto ao objeto do instrumento em apreço, deve-se admitir, diante do caráter existencial e do texto do parágrafo único do art. 1.729 do Código Civil[57], a nomeação de tutores (e curadores, quando possível) também mediante de *codicilo*[58], não podendo ser descartada a viabilidade de deliberação de atos de disposição do próprio corpo (= doação de órgãos para uso *post mortem*).[59-60]

Com tal visão mais elástica do art. 1.881, em nova exemplificação (embora com projeção mais patrimonial), não se vislumbra empecilho para que o *codicilo* sirva de plataforma para a substituição de beneficiário de seguro de vida (= *seguro de morte* - arts. 791 e 792 do Código Civil), até porque tal verba sequer é tratada como herança (art. 794 do Código Civil).

Ademais, não há qualquer óbice na legislação para que o *codicilo* possa ser usado para trazer informações importantes ao desfecho da abertura da sucessão, notadamente para o inventário sucessório. Nessa lógica, o autor poderá plasmar no *codicilo* informações de natureza patrimonial, notadamente para a localização de bens, tais como indicação da existência de seguros e apólices de previdência. O *codicilo* poderá, seguindo tal linha, tanto discriminar contas bancárias (e situações similares), com a identificação respectiva (por exemplo, o nome do estabelecimento e o número de registro correspondente), como também informar a existência de cofres ou de créditos a receber (muitas vezes sem a formalização contratual devida[61])[62]. Não se trata, como se percebe, de atos de disposições sobre

---

Comentários ao Código de Processo Civil. v. XXII (arts. 610 a 673). GOUVÊA, Jose Roberto Ferreira; BONDIOLI, Luis Guilherme; FONSECA, José Francisco Naves da (coord.). São Paulo: Saraiva, no prelo.

57. Art. 1.729. O direito de nomear tutor compete aos pais, em conjunto. Parágrafo único. A nomeação deve constar de testamento ou de qualquer outro documento autêntico.

58. Igualmente: VENOSA, Silvio de Salvo. *Código Civil Interpretado*. 4. ed. São Paulo: Atlas, 2019, p. 1.628; e PEGHINI, Cesar. *Elementos de direito de família e sucessões*. Rio de Janeiro: Autografia, 2018, p. 477.

59. Parecendo concordar: CARVALHO, Luiz Paulo Vieira de. *Direito das Sucessões*. 4. ed. São Paulo: Atlas, 2019, p. 712.

60. A exegese do art. 9º, § 4, da Lei nº 9.434/1997, permite concluir que a autorização à doação de órgãos deve se dar de maneira a especificar o tecido, órgão ou parte do corpo objeto da retirada, mas que essa autorização não precisa ser necessariamente por escrito e na presença de testemunhas, embora a lei o recomende. Assim, entende-se que não há óbice para que a manifestação de vontade para que os órgãos sejam doados após a morte seja realizada mediante codicilo, instrumento sem grandes formalidades e que dispensa a presença de testemunhas quando da sua elaboração.

61. No mundo jurídico, não é raro que os advogados tenham parceria com profissionais de outras bancas, fixando-se que determinados honorários sofrerão divisão futura. Nem sempre, contudo, tais avenças são formalizadas, sendo comum que fiquem em tratativas verbais ou de troca de mensagens digitais, nem sempre encontradas depois da morte do advogado credor.

62. Ao se ler o texto do art. 1.881 do Código Civil com fluidez, percebe-se que as exemplificações são numerosas, embora factíveis de encaixe para as pessoas comuns. Em novo exemplo, o autor do *codicilo* poderá narrar situações fáticas com ele ocorridas que poderiam justificar a propositura de ações judiciais, trazendo não só os fatos em si, mas apontando a documentação correspondente, as eventuais provas respectivas e até a indicação de profissional (advogado) para a questão.

O CODICILO COMO INSTRUMENTO DE PLANEJAMENTO SUCESSÓRIO DA HERANÇA DIGITAL **43**

tal patrimônio, mas de informações que possam auxiliar os atores envolvidos na abertura da sucessão do redator do *codicilo*.

Ao se fazer a releitura do art. 1.881 do Código Civil na forma acima, fica evidenciado que o *codicilo* poderá trazer informações acerca do *perfil digital* do seu autor, tais como as contas de redes sociais e as senhas respectivas. Indo um pouco mais além, não há vedação na superfície do art. 1.881 para que a *herança digital* seja alojada em *codicilo*, bastando que a sua potência não extrapole os limites desejados pela regra legal e que satisfaça o autor da disposição na transferência de bens/direitos digitais que sejam pessoais (mas não personalíssimos, isto é, que se encerrem com a morte do seu titular).

Como se viu, o objeto do *codicilo* é um tema amplo e cujo aprofundamento acabaria por fugir das fronteiras do presente ensaio[63]. De todo modo, para o que interessa ao trabalho aqui desenvolvido, é inegável que existe aderência da *herança digital* à gaveta do art. 1.881 do Código Civil.

5. CODICILO E AS SUAS FORMALIDADES

Em relação à forma, o Código Civil exige apenas que o *codicilo* seja feito mediante escrito particular do falecido, datado e assinado por este, devendo-se frisar a desnecessidade de testemunhas. A tônica do *codicilo*, diante dos bens de "pouco valor" a que se refere, é a simplicidade e a supremacia do conteúdo, isto é, da vontade do falecido sobre a forma.

Discute-se se o *codicilo* deve ser hológrafo, isto é, redigido de próprio punho e assinado pelo falecido, ou se pode ser redigido mecanicamente, impresso ou gravado, por exemplo, por vídeo. O Código Civil não autoriza expressamente a feitura do *codicilo* de forma mecânica, por datilografia ou digitação. Todavia, a doutrina não tem censurado a validade dos codicilos elaborados dessa manei-ra[64], entendimento que se afigura correto. Importante, no entanto, que a pessoa

---

63. O aprofundamento da questão nos remete a outros campos, tais como a possibilidade de no corpo do *codicilo* o seu autor lançar conselhos, elucidar segredos e trazer justificativas acerca de atos em vida. Dentre as várias análises quanto ao objeto do *codicilo*, deve ser enfrentado (em trabalho mais amplo) a possível (ou não) veiculação de *diretivas antecipadas de vontade* (tratadas como "testamento vital" ou "testamento biológico"). O tema já foi analisado, de forma embrionária, por Karoline Tavares Vitali e Rodrigo Mazzei (Testamento vital ou testamento biológico: diretivas antecipadas de vontade e a possibilidade de sua utilização no Brasil. In: BUSSINGER, Elda Coelho de Azevedo (org.). *CONIBDH*: BIOÉTICA, Vitória, FDV Publicações, v. II, p. 360-380, 2016. No tema de fundo, de forma mais ampla, confira-se: DADALTO, Larissa. *Testamento vital*. 3. ed. São Paulo: Atlas, 2015.

64. No sentido (dentre vários): HIRONAKA, Giselda Maria Fernandes Novaes. *Direito das Sucessões*. 3. ed. São Paulo: RT, 2007, p. 253, ROSENVALD, Nelson; BRAGA NETTO, Felipe. *Código Civil Comentado*. 2. ed. Salvador: Juspodivm, 2021, p. 1.960; SIMÃO, José Fernando. *Código Civil Comentado*. 3. ed. Rio de Janeiro: Forense, 2022, p. 1.623; RODRIGUES, Silvio. *Direito Civil*: direito das sucessões. v. 7. 26. ed. São Paulo: Saraiva, 2003, p. 168; VELOSO, Zeno. Testamentos: noções gerais; formas ordinárias,

saiba escrever, pois o texto do art. 1.881 do Código Civil assim exige, ao fazer menção que o escrito será confeccionado pelo próprio signatário do *codicilo*[65-66], que, por imperativo lógico, deverá "saber ler e poder escrever"[67]. Perfeitamente aplicável, portanto, por transporte e com muito mais ênfase, o princípio do *favor testamentis*.[68]

Ainda no plano formal, todas as páginas do *codicilo* deverão estar assinadas, não bastando única firma lançada na última folha, em caso de ato de disposição com mais de uma folha. Aplica-se em translado inteligência semelhante à boa interpretação do art. 1.876, § 2º, do Código Civil.

Diante da redação impositiva do art. 1.881 do Código Civil, a data do dia da assinatura do *codicilo* deverá constar no instrumento, sob pena de nulidade.[69] Sem prejuízo de tal pormenor formal, com a perfeita identificação da data respectiva, diante da formalidade livre, pode-se cogitar em *codicilo* efetuado por filmagem

---

codicilo; formas especiais. In: HIRONAKA, Giselda Maria Fernandes Novaes; PEREIRA, Rodrigo da Cunha (coord.). *Direito das Sucessões*. 2. ed. Belo Horizonte: Del Rey, 2007, p. 176, CARVALHO, Luiz Paulo Vieira de. *Direito das Sucessões*. 4. ed. São Paulo: Atlas, 2019, p. 711; DIAS, Maria Berenice. *Manual das Sucessões*. 4. ed. São Paulo: RT, 2015, p. 383; OLIVEIRA, José Maria Leoni Lopes de. *Direito Civil*. Sucessões. Rio de Janeiro: Forense, 2018, p. 542; GAGLIANO, Pablo Stolze; PAMPLONA FILHO, Rodolfo. *Novo curso de direito civil*: direito das sucessões. v. 7. 6. ed. rev. e atual. São Paulo: Saraiva, 2019, p. 328-329; e LEITE, Eduardo de Oliveira. *Comentários ao novo código civil*. v. XX (arts. 1.784 a 2.027). 3. ed. Rio de Janeiro: Forense, 2003, p. 401.

65. No sentido: LEITE, Eduardo de Oliveira. *Comentários ao novo código civil*. v. XX (arts. 1.784 a 2.027). 3. ed. Rio de Janeiro: Forense, 2003, p. 401.

66. Fabrício Zamprogna Matiello traz interpretação mais literal ainda, ao afirmar que: "Aceita-se, entrementes, a utilização de processos mecânicos de escrita, como datilografia e digitação, contanto que integralmente formulados pelo interessado, que indicará a data e assinará o instrumento" (*Código Civil Comentado*. 3. ed. São Paulo: LTr, 2007, p. 1.222).

67. GONÇALVES, Carlos Roberto. *Direito Civil Brasileiro*. Direito das Sucessões. v. 7. 11. ed. São Paulo: Saraiva, 2017, p. 304. Igualmente: RODRIGUES, Silvio. *Direito Civil*: direito das sucessões. v. 7. 26. ed. São Paulo: Saraiva, 2003, p. 168-169.

68. Sobre o assunto, confira-se: MAZZEI, Rodrigo Reis; FREIRE, Bernardo Azevedo. A Covid-19, o formalismo do testamento e a reflexão sobre o possível papel da tecnologia. In: ERHARDT JR., Marcos; CATALAN, Marcos; MALHEIROS, Pablo (coord.). *Direito Civil e Tecnologia*. Belo Horizonte: Fórum, 2021, p. 387.

69. No sentido: MAXIMILIANO, Carlos. *Direito das Sucessões*. v. I. 4. ed. Rio de Janeiro: Livraria Freitas Bastos, 1958, p. 523; VELOSO, Zeno. Testamentos: noções gerais; formas ordinárias, codicilo; formas especiais. In: HIRONAKA, Giselda Maria Fernandes Novaes; PEREIRA, Rodrigo da Cunha (coord.). *Direito das Sucessões*. 2. ed. Belo Horizonte: Del Rey, 2007, p. 176; SIMÃO, José Fernando. *Código Civil Comentado*. 3. ed. Rio de Janeiro: Forense, 2022, p. 1.623; MALUF, Carlos Alberto Dabus; MALUF, Adriana Caldas do Rego Freitas Dabus. *Curso de direito das sucessões*. São Paulo: Saraiva, 2013, p. 326; LEITE, Eduardo de Oliveira. *Comentários ao novo código civil*. v. XX (arts. 1.784 a 2.027). 3. ed. Rio de Janeiro: Forense, 2003, p. 402; ANTONINI, Mauro. In: PELUZO, Cezar (coord.). *Código Civil Comentado*. 11. ed. Barueri: Manole, 2017, p. 2.179; e VENOSA, Silvio de Salvo. *Código Civil Interpretado*. 4. ed. São Paulo: Atlas, 2019, p. 1.627. Contra, flexibilizando o texto da lei (a partir da informalidade do instituto), confira-se: TARTUCE, Flávio. *Direito Civil*: direito das sucessões. 14. ed. Rio de janeiro: Forense, 2021, p. 475; e DIAS, Maria Berenice. *Manual das Sucessões*. 4. ed. São Paulo: RT, 2015, p. 383.

(observadas as exigências legais)[70-71]. Sob a mesma perspectiva, deve-se reconhecer como válido o *codicilo* plasmado em documento virtual, assinado por assinatura digital ou eletrônica, importando mais a viabilidade de se assegurar que o signatário foi, de fato, o falecido, do que o simples atendimento à formalidade que determina seja o documento plasmado em meio físico[72], isto é, ato documentado. Não se admitirá, contudo, *codicilo verbal*,[73] isto é sem qualquer tipo de escora documentada que possa ter encaixe no art. 1.881 do Código Civil.

Conforme já antecipado, o art. 1.884 do Código Civil dispõe expressamente que "os atos previstos nos artigos antecedentes revogam-se por atos iguais, e consideram-se revogados, se, havendo testamento posterior, de qualquer natureza, este os não confirmar ou modificar". A primeira conclusão extraída da simples leitura do referido artigo é que as disposições do *codicilo* podem ser revogadas ou alteradas pela mesma forma que criadas, isto é, por *codicilo* posterior. Demais disso, conclui-se que, sobrevindo testamento, ocorre a revogação automática do *codicilo* se não houver a sua confirmação ou modificação, devendo-se dispensar cuidado especial quando da feitura do testamento, na hipótese de o testador haver feito disposições via *codicilo* em ocasião pretérita. O quadro não importa em afirmar que *codicilo* e testamento não possam coexistir validamente. É assente na doutrina que o *codicilo* "apresenta existência autônoma em relação ao testamento, podendo, portanto, existir sem ele, ou coexistir com a cédula testamentária".[74]

Interessante questão se apresenta quando o posterior *codicilo* altera, dentro de seu objeto possível, disposições testamentárias sobre bens de pouca monta e uso pessoal. Nesses casos, a doutrina indica que há revogação total ou parcial do testamento em razão do *codicilo superveniente*.[75]

---

70. Nelson Rosenvald e Felipe Braga Netto noticiam julgamento no sentido (*Código Civil Comentado*. 2. ed. Salvador: Juspodivm, 2021, p. 1.960). O julgado trazido é do TJSP (AC 9072169-90.2004.8.26.0000, 8ª Câmara de Direito Privado, j. 11/02/2009, DJ 26/02/2009). Da análise do acórdão, a temática não parece estar tão bem delineada na decisão. Na verdade, a filmagem parece ter sido usada para complementar a interpretação de testamento e de codicilo. Confira-se parte da ementa do julgado: "Testamento Particular - Codicilo - Fita de *VHS* descrevendo os bens - Documento tido como imprestável pelo Juízo - Descabimento, uma vez que, sem substituir os atos de última vontade, pode funcionar como documento de interpretação complementar a eles".

71. Admitindo-se tal situação, abranda-se o entendimento de que o *codicilo* somente poderá ser efetuado por quem sabe escrever.

72. Parecendo concordar: DIAS, Maria Berenice. *Manual das Sucessões*. 4. ed. São Paulo: RT, 2015, p. 383. Parecendo seguir a literalidade da lei, admitindo apenas o codicilo escrito de próprio punho pelo seu autor (*codicilo hológrafo*): MEDINA, José Miguel Garcia; ARAÚJO, Fábio Caldas de. *Código Civil Comentado*. São Paulo: RT, 2014, p. 1.124.

73. No sentido: OLIVEIRA, José Maria Leoni Lopes de. *Direito Civil*. Sucessões. Rio de Janeiro: Forense, 2018, p. 542.

74. TEPEDINO, Gustavo; NEVARES, Ana Luiza Maia; MEIRELES, Rose Melo Venceslau. *Direito das Sucessões*. Rio de Janeiro: Forense, 2020, p. 152.

75. TEPEDINO, Gustavo; NEVARES, Ana Luiza Maia; MEIRELES, Rose Melo Venceslau. *Direito das Sucessões*. Rio de Janeiro: Forense, 2020, p. 152.

6. A ABERTURA E O REGISTRO (JUDICIAL) DO *CODICILO*

A leitura desavisada dos art. 737, § 3º, do CPC, pode criar a falsa ideia de que o *codicilo* deverá sempre ser aberto e registrado judicialmente, seguindo-se a trilha procedimental dos arts. 735-737 da codificação em vigor. Fica nítida impressão de que ocorreu um vacilo legislativo na exigência de abertura e registro judicial do *codicilo*, pois se trata de instrumento de formalidade livre e que sequer exige a presença de testemunhas para o ato.[76]

No entanto, pode-se cogitar na necessidade de abertura (e registro) do *codicilo* quanto este envolver algum tipo de disposição patrimonial (por exemplo, deixa de joias pessoais dentro dos limites permitidos) ou situação com repercussão no sentido (em ilustração, perdão do indigno). Em se tratando qualquer questão que esteja ligada ao "enterro" (sentido amplo) e aos atos atrelados à "despedida" do falecido (por exemplo, realização de missas específicas), o procedimento judicial não possui qualquer cabimento, pois inviabilizaria a própria execução do *codicilo*.[77]

Ademais, a abertura (e registro) judicial do *codicilo*, ainda que com riscos de ineficácia do ato, é intuitiva quando se tratar de instrumento cerrado, situação prevista no art. 1.885 do Código Civil.[78] Assim, não é despropositado que se faça interpretação do art. 737, § 3º, do CPC dialogada com a lei civil, fixando-se o entendimento de que, apenas em se tratando de *codicilo cerrado*, a abertura (e registro) judicial do *codicilo* será peremptória e prévia.[79] Em caso de *codicilo aberto* contendo estipulações patrimoniais (nos limites do art. 1.881 do Código Civil), as partes interessadas deverão levar o *codicilo* a registro judicial, a fim de que pessoa determinada pelo juiz (na falta de indicação expressa no instrumento) dê cumprimento às disposições.

Como se vê, deve ser conferida adequada interpretação do art. 737, § 2º, do CPC, missão que se opera por meio de exegese que perpassa a comunicação com os arts.1.881 e 1.885 do Código Civil.

---

76. Parecendo concordar: GAGLIANO, Pablo Stolze; PAMPLONA FILHO, Rodolfo. *Novo curso de direito civil*: direito das sucessões. v. 7. 6. ed. rev. e atual. São Paulo: Saraiva, 2019, p. 329; e SIMÃO, José Fernando. *Código Civil Comentado*. 3. ed. Rio de Janeiro: Forense, 2022, p. 1.625.

77. Bem próximo: DIAS, Maria Berenice. *Manual das Sucessões*. 4. ed. São Paulo: RT, 2015, p. 384-385.

78. Parece ser esta a interpretação de: LEITE, Eduardo de Oliveira. *Comentários ao novo código civil*. v. XX (arts. 1.784 a 2.027). 3. ed. Rio de Janeiro: Forense, 2003, p. 407; GOMES, Orlando. *Sucessões*. 12. ed. Rio de Janeiro: Forense, 2004, p. 96-97; e PENTEADO, Luciano Camargo. *Manual de Direito Civil*: Sucessões. São Paulo: RT, 2014, p. 158.

79. Parecendo defender tal posição: MATIELLO, Fabrício Zamprogna. *Código Civil Comentado*. 3. ed. São Paulo: LTr, 2007, p. 1.222-1.223.

7. APLICABILIDADE DO CODICILO À HERANÇA DIGITAL: FORMA FLEXÍVEL E CARÁTER HÍBRIDO DAS DISPOSIÇÕES DE ÚLTIMA VONTADE

Não se abordará nesta oportunidade a nervosa classificação dos bens digitais em patrimoniais, existenciais e dúplices[80], e sua transmissibilidade[81], considerando que tal questão é digna de (muito) mais páginas das que se dispõe no momento.[82] Seja como for, revela-se oportuno trazer à baila uma conceituação básica sobre "bens digitais". Nas palavras de Bruno Zampier, são "aqueles bens incorpóreos, os quais são progressivamente inseridos na Internet por um usuário, consistindo em informações de caráter pessoal que trazem alguma utilidade àquele, tenha ou não conteúdo econômico"[83]. De forma próxima, Ana Carolina Brochado Teixeira e Lívia Teixeira Leal expõem que os bens digitais "podem ser configurados como todos aqueles conteúdos constantes na rede, passíveis ou não de valoração econômica, que proporcionem alguma utilidade para o seu titular".[84]

À luz da conceituação adotada, a primeira nota pertinente se refere à possibilidade de o *codicilo* ter como objeto disposições sem conteúdo patrimonial, mas existencial. Conforme já adiantado, o art. 1.881 do Código Civil é indicativo de que o *codicilo* possui aptidão para tratar das questões existenciais, pois, por

---

80. KONDER, Carlos Nelson; TEIXEIRA, Ana Carolina Brochado. Situações jurídicas dúplices: Controvérsias na nebulosa fronteira entre patrimonialidade e extrapatrimonialidade. In: FACHIN, Luiz Edson; TEPEDINO, Gustavo (org.). *Diálogos sobre direito civil*. v. II. Rio de Janeiro: Renovar, 2012, p. 3-24.

81. O Projeto de Lei nº 3050/2020, de autoria do Deputado Gilberto Abramo, alvejando atualização normativa, compreende que a transmissão dos bens digitais (seja de cunho patrimonial ou existencial), quando ausente disposição de última vontade, deve se dar de igual modo a que ocorre com os demais bens já aludidos pelo diploma legal, conforme se extrai da modificação proposta pelo Projeto de Lei ao art. 1.788 do Código Civil, a qual faz constar o seguinte texto no parágrafo único do dispositivo: Serão transmitidos aos herdeiros todos os conteúdos de qualidade patrimonial, contas ou arquivos digitais de titularidade do autor da herança. O inteiro teor do referido Projeto de Lei pode ser consultado no seguinte endereço eletrônico: https://www.camara.leg.br/proposicoesWeb/prop_mostrarintegra?codteor=1899763&filename=PL+3050/2020.

82. No tema (dentre vários), vale conferir: FROTA, Pablo Malheiros da Cunha; AGUIRRE, João Ricardo Brandão; PEIXOTO, Maurício Muriack de Fernandes e. Transmissibilidade do acervo digital de quem falece: Efeitos dos direitos da personalidade projetados *post mortem*. *Revista Eletrônica da Academia Brasileira de Direito Constitucional*, Curitiba, v. 10, n. 19, p. 564-607, ago/dez 2018. Confira-se, ainda: PEREIRA, Gustavo Santos Gomes. Herança digital e seus aspectos nos direitos das sucessões. In: SANCHES, Patrícia Corrêa (coord); PEREIRA, Rodrigo da Cunha; DIAS, Maria Berenice (orgs.). *Direito das Famílias e Sucessões na era digital*. Belo Horizonte: IBDFAM, 2021, p. 441-474; e CALMON, Rafael. Partilha e sucessão hereditária de bens digitais: muito mais perguntas do que respostas. In: SANCHES, Patrícia Corrêa (coord); PEREIRA, Rodrigo da Cunha; DIAS, Maria Berenice (orgs.). *Direito das Famílias e Sucessões na era digital*. Belo Horizonte: IBDFAM, 2021, p. 557-598.

83. ZAMPIER, Bruno. *Bens Digitais*: cybercultura, redes sociais, e-mails, músicas, livros, milhas aéreas, moedas virtuais. 2. ed. Indaiatuba: Foco, 2021. *E-book*, p. 77.

84. TEIXEIRA, Ana Carolina Brochado; LEAL, Livia Teixeira. Tutela jurídica dos bens digitais ante os regimes de bens comunheiros. In: EHRHARDT JÚNIOR, Marcos; CATALAN, Marcos; MALHEIROS, Pablo (coord.). *Direito Civil e tecnologia*. Belo Horizonte: Fórum, 2020, p. 336-337.

ele, o autor da herança pode fazer disposições especiais sobre o seu enterro (em aspecto amplo), incluindo-se, por exemplo, a determinação de realização de sufrágios por alma do falecido. Noutra perspectiva, apesar de sua possível natureza existencial, os ativos digitais não deixam de ser bens incorpóreos, de modo que se deve interpretar a faculdade de "legar móveis, roupas ou joias (...) de seu uso pessoal"[85] extensivamente, a fim de alcançar os bens digitais, de uso pessoal do autor da herança.

Como bem explicitado por Ana Carolina Brochado Teixeira e Carlos Nelson Konder, a despatrimonialização do Direito Civil, com o advento da Constituição Federal de 1988, "tem como consequência necessária que instrumentos jurídicos de cunho patrimonial deverão ser reformulados – ou ao menos reinterpretados – para que se possam aplicar às situações existenciais"[86]. Sendo assim, é intuitiva a possibilidade de a previsão de legar bens móveis abranja, também, os bens digitais, independentemente de seu enquadramento como patrimoniais ou dúplices, isto é, com feições patrimoniais e extrapatrimoniais.

O quadro – acima pintado sinteticamente – autoriza que o codicilo seja admitido como instrumento de deliberação acerca da herança digital, observados os limites do próprio instituto, consoante já trazido na parte introdutória do texto. A opinião lançada tem eco na doutrina nacional que já examinou previamente a temática.[87]

Firmada a possibilidade de o objeto do *codicilo* abranger bens e/ou direitos digitais, destaque-se que a sua forma mais simplificada, ou seja, gabarito formal mais livre, representa uma interessante vantagem em relação ao testamento.

---

85. TEIXEIRA, Ana Carolina Brochado; LEAL, Livia Teixeira. Tutela jurídica dos bens digitais ante os regimes de bens comunheiros. In: EHRHARDT JÚNIOR, Marcos; CATALAN, Marcos; MALHEIROS, Pablo (coord.). *Direito Civil e tecnologia*. Belo Horizonte: Fórum, 2020, p. 336-337.

86. TEIXEIRA, Ana Carolina Brochado; KONDER, Carlos Nelson. O enquadramento dos Bens Digitais sob o perfil funcional das situações jurídicas. In: TEIXEIRA, Ana Carolina Brochado; LEAL, Livia Teixeira. *Herança Digital*: Controvérsias e Alternativas. Indaiatuba: Foco, 2021. *E-book*. p. 41-42.

87. No sentido: "Nesse cenário, os chamados testamentos eletrônicos adquirem especial importância para o planejamento sucessório da herança digital. A rigor, tais documentos seriam úteis não somente para a destinação dos bens digitais patrimoniais, mas igualmente poderiam conter disposições sobre o conteúdo de caráter existencial inserido na rede. Nada obsta que o próprio testamento e o codicilo sejam utilizados com o mesmo fim, embora a formalidade do primeiro e o desconhecimento do segundo descortinem obstáculos à sua utilização" (BARBOZA, Heloisa Helena; ALMEIDA, Vitor. Tecnologia, Morte e Direito: Em Busca de uma Compreensão sistemática da "Herança Digital". In: TEIXEIRA, Ana Carolina Brochado; LEAL, Livia Teixeira. *Herança Digital*: Controvérsias e Alternativas. Indaiatuba: Foco, 2021. E-book, p. 25-26); "Para além da utilização do testamento (em suas diversas modalidades), verifica-se a viabilidade de emprego do instituto do codicilo para fins de planejamento sucessório vinculado à transmissão de bens digitais que não possuam conteúdo financeiro ou que contenham baixo valor econômico" (TEIXEIRA, Daniele Chaves; POMJÉ, Caroline. Caminhos para a Tutela dos Bens Digitais no Planejamento Sucessório. In: TEIXEIRA, Daniele Chaves (coord.). *Arquitetura do Planejamento Sucessório*. Belo Horizonte: Fórum, 2022, p. 47).

O CODICILO COMO INSTRUMENTO DE PLANEJAMENTO SUCESSÓRIO DA HERANÇA DIGITAL **49**

A desnecessidade de testemunhas para a validade do *codicilo*, por si só, já se apresenta como intenso facilitador de sua formação válida, situação que permite, com maior tranquilidade, a feitura de disposições de última vontade em documentos digitais, seja no momento da adesão dos usuários às redes sociais, por exemplo, seja mediante assinatura posterior. No ponto, em se tratando de testamento, apenas o instrumento com natureza emergencial é que dispensa a presença de testemunhas, assim como a leitura respectiva, consoante se extrai do art. 1.879 do Código Civil.[88]

A liberdade de forma é, pois, impulsionador no manejo do *codicilo* para o alcance de bens e/ou direitos digitais, mormente aqueles em que o caráter pessoal (sem a natureza personalíssima, que impediria o trânsito *causa mortis*) está destacado e que o eventual valor patrimonial esteja albergado no art. 1.881 do Código Civil.

Com tal linha de pensar, não há óbice para o *codicilo* seja formalizado em documento digital, assinado eletrônica ou digitalmente, desde que tais assinaturas possuam o condão de trazer segurança a respeito da manifestação de vontade do autor da herança, bem como da data da referida externalização da vontade.[89] A facilidade com que tais requisitos podem ser atendidos atualmente é digna de nota. A título de exemplo, um *smartphone* capaz de realizar reconhecimento facial e reconhecer/diferenciar a digital de seu usuário já seria capaz de atender os requisitos supracitados, sendo induvidosa a proliferação de aplicativos que estão integrados a tais ferramentas para fins de facilitação de *login* e, até mesmo, realização de transações bancárias.

A grande questão, aplicada à dinâmica da aquisição de bens e direitos digitais (passíveis de serem deliberados pelo *codicilo*) está na impositiva parte final do art. 1.884 do Código Civil, que dispõe que o testamento posterior – de qualquer natureza – revogará o *codicilo* se este não for confirmado ou modificado. Trazendo a regra para os dias atuais, com olhos específicos nas disposições efetuadas em *codicilo* sobre bens e/ou direitos digitais, há de ser ter certo abrandamento. No que tange aos instrumentos clássicos com a formatação de *codicilo*, a imperatividade

---

88. Art. 1.879. Em circunstâncias excepcionais declaradas na cédula, o testamento particular de próprio punho e assinado pelo testador, sem testemunhas, poderá ser confirmado, a critério do juiz.

89. O recente Projeto de Lei nº 1689/2021, de autoria da Deputada Alê Silva, inclusive, propõe alteração ao Código Civil, incluindo os arts. 1.791-A e 1863-A e acrescentando o § 3º ao art. 1.857. Nesse sentido, pretende-se (i) que seja dada interpretação extensiva aos bens que compõem a herança, de modo a contemplar os direitos autorais, dados pessoais e as publicações e interações do falecido em ambiente virtual (detalhando o modo de acesso e a possibilidade de modificação das informações); (ii) que as disposições testamentárias possam versar sobre os bens digitais (o que também se aplica às determinações *codicilares*); (iii) *que se valide a elaboração de testamentos e codicilos em suporte digital*. O inteiro teor do referido Projeto de Lei pode ser consultado no seguinte endereço eletrônico:https://www.camara. leg.br/proposicoesWeb/prop_mostrarintegra?codteor=2003683&filename=PL+1689/2021.

do art. 1.884 subsiste, mas no que concerne aos *codicilos virtuais* que são efetuados de forma anexa ao próprio bem e/ou direito digital (por exemplo, no termo de aceitação respectivo), tal regra há de ceder, tendo que a disposição foi efetuada de forma diversa da lançada nos arts. 1.884-1.885 do Código Civil.

As declarações (= *disposições*) efetuadas em "termos de adesão" para aquisição de bens e/ou direitos digitais que permitem a transmissão *causa mortis*, observados os limites legais, são *codicilos acidentais*, que decorrem de opção da contratação respectiva. A lógica do art. 1.884 do Código Civil não trabalha com tal contexto, mas de elaboração autônoma de instrumento com olhar na órbita de bens e/ou direitos já existentes no plano de domínio do autor do *codicilo*, situação diversa do que ocorre quando a deliberação se dá de forma simultânea à aquisição de bens e/ou direitos digitais.

8. O "PEQUENO VALOR" X HERANÇA DIGITAL

Sem dúvida, o requisito legal que limita, de forma mais expressiva, a utilização do *codicilo* em se tratando de bens e/ou direitos digitais é a limitação do "pequeno valor" patrimonial, conforme consta do texto do atual art. 1.881 do Código Civil.

É inegável que as peculiaridades da herança digital trarão dificuldades para a definição do que seria "pequeno valor", porquanto há vários tipos de contas em redes sociais que geram faturamento expressivo aos seus titulares. Algumas delas dependem mais e outras menos do titular da conta, pois variam conforme o conteúdo que veiculam. Da mesma forma, há sites e blogs que dependem, em maior ou menor grau, das características pessoais de seus titulares. Tenha-se em mente que, não raramente, o falecimento do titular de determinada rede social acarretará expressivo aumento de, por exemplo, seguidores, tornando o perfil ainda mais valioso/lucrativo.

A dificuldade de avaliação dos bens digitais já foi objeto de estudo por parte de Daniel Bucar e Caio Ribeiro Pires, que apresentaram a tormentosa questão da definição do valor dos bens em comento para o cálculo do Imposto de Transmissão *Causa Mortis*. Para os referidos autores, não há maior dificuldade na avaliação de bens digitais que sejam objeto de comercialização e transações no mercado de forma geral, ou seja, os bens digitais de caráter estritamente patrimonial[90]. Por

---

90. "Assim, quanto aos bens digitais, o valor de mercado pode ser obtido a partir do preço de objeto semelhante, encontrado em ambientes de comércio eletrônico, na hipótese em que a transmissão tiver como objeto, por exemplo, filmes e músicas aproveitáveis no espaço cibernético. O mesmo também se estima a partir do valor de cotação das moedas digitais no dia do falecimento do autor da herança e do valor que os programas de milhagem colocam como equivalente aos pontos acumulados na referida data" (BUCAR, Daniel; PIRES, Caio Ribeiro. Situações Patrimoniais e ITCM: desafios e propostas. In: TEIXEIRA, Ana Carolina Brochado; LEAL, Livia Teixeira. *Herança Digital*: Controvérsias e Alternativas. Indaiatuba: Foco, 2021. *E-book*. p. 442).

outro lado, alertam que a mesma facilidade não é encontrada quando a avaliação incide sobre "contas exploradas economicamente (perfis mantidos em *Youtube* e *Instagram, por exemplo*), as quais, quando monetizadas por veiculação de conteúdo de alta atratividade pública, geram receitas [...]"[91], sendo certo que "a avaliação de cada página ou canal é extremamente variável, dependendo, literalmente, do caso concreto".[92]

Ora, a toda evidência, quanto menos patrimonial e mais híbrida a natureza do bem digital, ou seja, quando houver mesclagem entre o patrimonial e o existencial, mais complexa e espinhosa será a sua avaliação. Não há como avaliar bem digital de natureza estritamente patrimonial da mesma forma que se faz com bens digitais dúplices, notadamente aqueles em que o caráter pessoal (veja-se, por exemplo, os *influencers*) assume papel determinante em seu próprio faturamento.

A bem da verdade, alguns bens digitais (canais e contas de redes sociais, por exemplo), a depender de sua utilização, podem vir a se aproximar de verdadeiros estabelecimentos virtuais, sendo possível, a princípio, cogitar-se a pertinência de se proceder ao balanço do referido estabelecimento, importando-se – naquilo que possível – o disposto no § 1º do art. 620 do CPC, quando seu titular for empresário individual e o bem/direito digital é utilizado como um dos meios de sua atuação no âmbito da empresa.[93]

Apesar dessas dificuldades práticas, o *codicilo* não deixa de ser instrumento importante para o planejamento sucessório, em especial porque há vários bens e/ou direitos digitais que comportam avaliação de mercado (pontuação em programas de milhas, e-books, bitcoins etc.) e miríades de bens digitais que não possuem feição patrimonial, mas, sobretudo, existencial, correspondendo a manifestações do direito de personalidade de seus titulares. Em ambos os casos, há campo fértil para a utilização do codicilo sem maiores dificuldades e incertezas quanto à aferição de seu pequeno valor em relação ao patrimônio do falecido.

Cite-se, ainda, como forma de mitigar as incertezas quanto à exata avaliação dos bens digitais a – ainda que controvertida – possibilidade de redução das

---

91. BUCAR, Daniel; PIRES, Caio Ribeiro. Situações Patrimoniais e ITCM: desafios e propostas. In: TEIXEIRA, Ana Carolina Brochado; LEAL, Livia Teixeira. *Herança Digital*: Controvérsias e Alternativas. Indaiatuba: Foco, 2021. *E-book*. p. 442.

92. BUCAR, Daniel; PIRES, Caio Ribeiro. Situações Patrimoniais e ITCM: desafios e propostas. In: TEIXEIRA, Ana Carolina Brochado; LEAL, Livia Teixeira. *Herança Digital*: Controvérsias e Alternativas. Indaiatuba: Foco, 2021. *E-book*. p. 442-443.

93. Sobre o tema: MAZZEI, Rodrigo; PINHO, Fernanda Bissoli. O balanço do estabelecimento e a apuração de haveres no inventário *causa mortis*: necessidade de adequada interpretação do artigo 620, § 1º, do CPC. *Revista Nacional de Direito de Família e Sucessões*, Porto Alegre, v. 7, n. 42, p. 5-24, maio/jun. 2021, p. 7.

disposições codicilares quando ultrapassarem o limite legal, trazendo o art. 1.967 do Código Civil para o caso concreto.

De tudo o que foi exposto até aqui, embora não seja uma questão livre de dificuldades teóricas e práticas, percebe-se o *codicilo* como útil ferramenta para promoção da vontade do falecido acerca da sua *herança digital*, observando-se os limites legais impostos ao instituto.

9. O PROJETO DE LEI Nº 5.820 DE 2019

A exposição efetuada parte do *status* legal atual, tendo como epicentro os arts. 1.881-1.885 do Código Civil. No entanto, tal situação poderá ser alterada diante de incursão legislativa que venha adequar o *codicilo* à contemporaneidade, alcançando, assim, de forma mais evidenciada, os bens e/ou direitos digitais.[94] No particular, destaca-se Projeto de Lei, de autoria do Deputado Elias Vaz (Projeto de Lei nº 5.820 de 2019), que pretende dar ao art. 1.881 do Código Civil a seguinte redação:

> Art. 1.881. Toda pessoa capaz de testar poderá, mediante instrumento particular, fazer disposições especiais sobre o seu enterro, bem como destinar até 10% (dez por cento) de seu patrimônio, observado no momento da abertura da sucessão, a certas e determinadas ou indeterminadas pessoas, assim como legar móveis, imóveis, roupas, joias entre outros bens corpóreos e incorpóreos.
>
> § 1º A disposição de vontade pode ser escrita com subscrição ao final, ou ainda assinada por meio eletrônico, valendo-se de certificação digital, dispensando-se a presença de testemunhas e sempre registrando a data de efetivação do ato.
>
> § 2º A disposição de vontade também pode ser gravada em sistema digital de som e imagem, devendo haver nitidez e clareza nas imagens e nos sons, existir a declaração da data de realização do ato, bem como registrar a presença de duas testemunhas, exigidas caso exista cunho patrimonial na declaração.
>
> § 3º A mídia deverá ser gravada em formato compatível com os programas computadorizados de leitura existentes na data da efetivação do ato, contendo a declaração do interessado de que no vídeo consta seu codicilo, apresentando também sua qualificação completa e das testemunhas que acompanham o ato, caso haja necessidade da presença dessas.
>
> § 4º Para a herança digital, entendendo-se essa como vídeos, fotos, livros, senhas de redes sociais, e outros elementos armazenados exclusivamente na rede mundial de computadores, em nuvem, o codicilo em vídeo dispensa a presença das testemunhas para sua validade.
>
> § 5º Na gravação realizada para fim descrito neste dispositivo, todos os requisitos apresentados tem que ser cumpridos, sob pena de nulidade do ato, devendo o interessado se expressar de modo claro e objetivo, valendo-se da fala e vernáculo Português, podendo a pessoa com

---

94. A necessidade de adequação a um novo contexto tecnológico foi vislumbrada por alguns autores já faz algum tempo, destacando-se, no sentido: RIZZARDO, Arnaldo. *Direito das Sucessões*. 2. ed. Rio de Janeiro: Forense, 2005, p. 340-341; e NADER, Paulo. *Curso de Direito Civil*: direito das sucessões. v. 6. Rio de Janeiro: Forense, 2007, p. 333.

O CODICILO COMO INSTRUMENTO DE PLANEJAMENTO SUCESSÓRIO DA HERANÇA DIGITAL **53**

deficiência utilizar também a Língua Brasileira de Sinais (LIBRAS) ou de qualquer maneira de comunicação oficial, compatível com a limitação que apresenta.[95]

Vê-se com bons olhos a atuação do legislador, pois, no âmbito do direito sucessório, a segurança jurídica assume relevo ainda maior que em outras áreas.

Em primeiro lugar, anota-se como positiva a menção aos bens incorpóreos no *caput* do proposto art. 1.881 do Código Civil, visto que elimina a necessidade de interpretação extensiva ou por analogia das previsões contidas no atual regramento acerca do *codicilo*.

Ademais, a expressa previsão das formas válidas do *codicilo*, incluindo documentos digitais e gravações de áudio e vídeo, adequa o Código Civil aos momentos atuais. Contudo, com o avanço da tecnologia e o surgimento de variados meios de assinatura e autenticação, seria interessante a previsão de regra geral permitindo que o Juízo competente, ainda que firmado de forma diversa o *codicilo*, pudesse ser confirmado sempre que induvidosa a sua autoria e a data de sua elaboração, pois a redação atual não permite o fácil acompanhamento da realidade e dos avanços tecnológicos por parte do direito.

A tentativa de trazer critérios objetivos para apuração do que seria "pequeno valor", atribuindo o percentual de 10% do patrimônio do falecido para tal fim, é positiva, pois, embora se reconheça que em alguns casos concretos tal percentual possa ser significativo, valoriza-se a segurança jurídica, estabelecendo-se balizas objetivas para aquele que pretende planejar a sua sucessão.

Outrossim, também seria o caso de permitir maior elasticidade ao conceito de herança digital, considerando que, a toda evidência, os bens descritos no § 4º do referido projeto de lei, foram listados de forma exaustiva, o que dificulta a atualização e aplicação da norma frente aos avanços tecnológicos dos anos vindouros.

Por outro lado, parece ser viável a migração do tema para legislação especial, saindo do bojo da codificação. Como se trata de tema novo e sujeito a mudanças rápidas, o tratamento da herança digital (como num todo, inclusive em relação ao manejo de *codicilo*) em legislação não codificada pode dificultar os ajustes que certamente deverão ser feitos ao longo do tempo.[96]

De toda forma, independentemente de aprovação do projeto de lei em comento (ou outro com a mesma temática) - diante da já defendida aplicabilidade do

---

95. Câmara dos Deputados. Projeto de Lei nº 5.820 de 2019. Dá nova redação ao art. 1.881 da Lei nº 10.406, de 2002, que institui o Código Civil.

96. Os assuntos tratados no bojo de uma codificação devem ser estáveis, diante do próprio perfil do diploma, na medida em que espelha um quadro legal de escolhas ponderadas e duráveis. No tema: MAZZEI, Rodrigo. Notas iniciais à leitura do novo código civil. In: ALVIM, Arruda; ALVIM, Thereza (org.). *Comentários ao Código Civil Brasileiro*: parte geral. v. 1. Rio de Janeiro: Forense, 2005, p. LXIV-LXVII.

instituto em estudo à herança digital - torna-se forçoso reconhecer que as empresas que detêm a titularidade e poder de gestão sobre as redes sociais podem – e devem – criar mecanismos para a feitura de *codicilos* – certamente atribuindo à ferramenta "apelido" mais palatável àqueles que não estão integrados à área jurídica.

10. BREVE CONCLUSÃO

Ao longo do texto, demonstrou-se a necessidade de analisar o *codicilo* em paralelo ao testamento, pois as figuras possuem pontos de contato e distinções marcantes.

Como conclusão mais relevante, permite-se se dizer que o *codicilo* – embora seja tratado pela maciça doutrina como *ultrapassado* ou *desnecessário* – é, em verdade, um instituto que pode (e deve) ser conectado aos dias atuais, tendo relevância e engenho que assim propicia, de modo que a ilustração mais clara (embora não única) está na "herança digital".

11. REFERÊNCIAS BIBLIOGRÁFICAS

ANTONINI, Mauro. In: PELUZO, Cezar (coord.). *Código Civil Comentado*. 11. ed. Barueri: Manole, 2017.

BARBOZA, Heloisa Helena; ALMEIDA, Vitor. Tecnologia, Morte e Direito: Em Busca de uma Compreensão sistemática da "Herança Digital". In: TEIXEIRA, Ana Carolina Brochado; LEAL, Livia Teixeira. *Herança Digital*: Controvérsias e Alternativas. Indaiatuba: Foco, 2021. *E-book.*

BOECKLEL, Fabrício Dani. *Testamento particular*. Porto Alegre: Sergio Antonio Fabris editor, 2004.

BUCAR, Daniel; PIRES, Caio Ribeiro. Situações Patrimoniais e ITCM: desafios e propostas. In: TEIXEIRA, Ana Carolina Brochado; LEAL, Livia Teixeira. *Herança Digital*: Controvérsias e Alternativas. Indaiatuba: Foco, 2021. *E-book.*

CALMON, Rafael. Partilha e sucessão hereditária de bens digitais: muito mais perguntas do que respostas. In: SANCHES, Patrícia Corrêa (coord); PEREIRA, Rodrigo da Cunha; DIAS, Maria Berenice (orgs.). *Direito das Famílias e Sucessões na era digital*. Belo Horizonte: IBDFAM, 2021.

CARVALHO NETO, Inácio de; FUGIE, Érika Harumi. *Novo Código Civil comparado e comentado*. Direito das sucessões. v. VII. 2. ed. Curitiba: Juruá, 2003.

CARVALHO, Luiz Paulo Vieira de. *Direito das Sucessões*. 4. ed. São Paulo: Atlas, 2019.

DADALTO, Luciana. *Testamento vital*. 3. ed. São Paulo: Atlas, 2015.

DIAS, Maria Berenice. *Manual das Sucessões*. 4. ed. São Paulo: RT, 2015.

DINIZ, Maria Helena. *Curso de Direito Civil Brasileiro*. Direito das Sucessões. v. 6. 31. ed. São Paulo: Saraiva, 2017.

DIAS, Maria Berenice. *Manual das Sucessões*. 5. ed. São Paulo: RT, 2018.

FARIA, Mário Roberto Carvalho de. *Direito das Sucessões teoria e prática*. 9. ed. Rio de Janeiro, Forense, 2019.

FIGUEIREDO, Luciano; FIGUEIREDO, Roberto. *Manual de Direito Civil*. 3. ed. Salvador: JusPodivm, 2022.

O CODICILO COMO INSTRUMENTO DE PLANEJAMENTO SUCESSÓRIO DA HERANÇA DIGITAL

FROTA, Pablo Malheiros da Cunha; AGUIRRE, João Ricardo Brandão; PEIXOTO, Maurício Muriack de Fernandes e. Transmissibilidade do acervo digital de quem falece: Efeitos dos direitos da personalidade projetados *post mortem*. *Revista Eletrônica da Academia Brasileira de Direito Constitucional,* Curitiba, v. 10, n. 19, p. 564-607, ago/dez 2018. Disponível em: <https://abd-constojs.com.br/index.php/revista/article/view/192/189>. Acesso em 12 abr. 2022.

FUGITA, Jorge Shiguemitsu. In: SCANOVE JR., Luiz Antonio; CAMILLO, Calos Eduardo Nicoletti; TALAVERA, Glauber Moreno; FUJITA, Jorge Shiguemitsu (coord.). *Comentários ao Código Civil*. 2. ed. São Paulo: RT, 2009.

GAGLIANO, Pablo Stolze; PAMPLONA FILHO, Rodolfo. *Novo curso de direito civil*: direito das sucessões. v. 7. 6. ed. rev. e atual. São Paulo: Saraiva, 2019.

GOIÁS. Câmara dos Deputados. Projeto de Lei nº 5.820 de 2019. Dá nova redação ao art. 1.881 da Lei nº 10.406, de 2002, que institui o Código Civil. Disponível em: <https://www.camara.leg.br/proposicoesWeb/prop_mostrarintegra;jsessionid=F1A81173DAEB84F2EE0F1BC892ACD255.proposicoesWebExterno1?codteor=1838802&filename=Avulso+PL+5820/2019#:~:text=O%20Codicilo%20Digital%2C%20entre%20outros,Inclus%C3%A3o%20da%20Pessoa%20com%20Defici%C3%AAncia>. Acesso em: 12 abr. 2022.

GOMES, Orlando. *Sucessões*. 12. ed. Rio de Janeiro: Forense, 2004.

GONÇALVES, Carlos Roberto. *Direito Civil Brasileiro*. Direito das Sucessões. v. 7. 11. ed. São Paulo: Saraiva, 2017.

HIRONAKA, Giselda Maria Fernandes Novaes. *Direito das Sucessões*. 3. ed. São Paulo: RT, 2007.

ITABAIANA DE OLIVEIRA, Arthur Vasco. *Tratado de Direito das Sucessões*. 5. ed. Rio de Janeiro: Freitas Bastos, 1987.

KONDER, Carlos Nelson; TEIXEIRA, Ana Carolina Brochado. Situações jurídicas dúplices: Controvérsias na nebulosa fronteira entre patrimonialidade e extrapatrimonialidade. In: FACHIN, Luiz Edson; TEPEDINO, Gustavo (org.). *Diálogos sobre direito civil*. v. II. Rio de Janeiro: Renovar, 2012.

LEITE, Eduardo de Oliveira. *Comentários ao novo código civil*. v. XX (arts. 1.784 a 2.027). 3. ed. Rio de Janeiro: Forense, 2003.

LÔBO, Paulo. *Direito Civil*: sucessões. 3. ed. São Paulo: Saraiva, 2016.

MALUF, Carlos Alberto Dabus; MALUF, Adriana Caldas do Rego Freitas Dabus. *Curso de direito das sucessões*. São Paulo: Saraiva, 2013.

MATIELLO, Fabrício Zamprogna. *Código Civil Comentado*. 3. ed. São Paulo: LTr, 2007.

MAXIMILIANO, Carlos. *Direito das Sucessões*. v. I. 4. ed. Rio de Janeiro: Livraria Freitas Bastos, 1958.

MAZZEI, Rodrigo. Notas iniciais à leitura do novo código civil. In: ALVIM, Arruda; ALVIM, Thereza (org.). *Comentários ao Código Civil Brasileiro*: parte geral. v. 1. Rio de Janeiro: Forense, 2005.

MAZZEI, Rodrigo. *Direito de Superfície*. Salvador: JusPodivm, 2013.

MAZZEI, Rodrigo; VITALI, Karoline Tavares. Testamento vital ou testamento biológico: diretivas antecipadas de vontade e a possibilidade de sua utilização no Brasil. In: BUSSINGER, Elda Coelho de Azevedo (org.). *CONIBDH*: BIOÉTICA, Vitória, FDV Publicações, v. II, p. 360-380, 2016. Disponível em: <http://site.fdv.br/wp-content/uploads/2017/03/Parte-2-21-Testamento-vital-ou-testamentobiolo%CC%81gico-Karoline-Vitali-e-Rodrigo-Mazzei.pdf>. Acesso em: 12 abr. 2022.

MAZZEI, Rodrigo Reis; FREIRE, Bernardo Azevedo. A Covid-19, o formalismo do testamento e a reflexão sobre o possível papel da tecnologia. In: ERHARDT JR., Marcos; CATALAN, Marcos; MALHEIROS, Pablo (coord.). *Direito Civil e Tecnologia*. Belo Horizonte: Fórum, 2021.

MAZZEI, Rodrigo; PINHO, Fernanda Bissoli. O balanço do estabelecimento e a apuração de haveres no inventário *causa mortis*: necessidade de adequada interpretação do artigo 620, § 1º, do CPC. *Revista Nacional de Direito de Família e Sucessões*, Porto Alegre, v. 7, n. 42, p. 5-24, maio/jun., 2021.

MAZZEI, Rodrigo. *Comentários ao Código de Processo Civil*. v. XXII (arts. 610 a 673). GOUVÊA, Jose Roberto Ferreira; BONDIOLI, Luis Guilherme; FONSECA, José Francisco Naves da (coord.). São Paulo: Saraiva, no prelo.

MAZZEI, Rodrigo; MARTINS, Darlayt Paranaguá. *O direito à cremação: o silêncio da lei acompanha o silêncio dos mortos*. Londrina: Editora Thoth: no prelo.

MEDINA, Jose Miguel Garcia; ARAÚJO, Fábio. *Código Civil Comentado*. São Paulo: RT, 2014.

MONTEIRO, Washington de Barros. *Curso de Direito Civil*: direito das sucessões. v. 6. 35. ed. São Paulo: Saraiva, 2003.

NADER, Paulo. *Curso de Direito Civil*: direito das sucessões. v. 6. Rio de Janeiro: Forense, 2007.

NONATO, Orosimbo. *Estudos sobre sucessão testamentária*. v. I. Rio de Janeiro: Freitas Bastos, 1959.

OLIVEIRA, Carlos Eduardo Elias de; COSTA-NETO, João. *Direito Civil*. Volume único. Rio de Janeiro: Forense, 2022.

OLIVEIRA, José Maria Leoni Lopes de. *Direito Civil. Sucessões*. Rio de Janeiro: Forense, 2018.

PEGHINI, Cesar. *Elementos de direito de família e sucessões*. Rio de Janeiro: Autografia, 2018.

PENTEADO, Luciano Camargo. *Manual de Direito Civil*: Sucessões. São Paulo: RT, 2014.

PEREIRA, Caio Mário da Silva. *Instituições de Direito Civil*. Direito das Sucessões. v. VI. 15. ed. Rio de Janeiro: Forense, 2004.

PEREIRA, Gustavo Santos Gomes. Herança digital e seus aspectos nos direitos das sucessões. In: SANCHES, Patrícia Corrêa (coord); PEREIRA, Rodrigo da Cunha; DIAS, Maria Berenice (orgs.). *Direito das Famílias e Sucessões na era digital*. Belo Horizonte: IBDFAM, 2021.

PONTES DE MIRANDA, Francisco Cavalcanti. *Tratado de Direito Privado*. tomo LIX. Rio de Janeiro: Borsoi, 1969.

RIZZARDO, Arnaldo. *Direito das Sucessões*. 2. ed. Rio de Janeiro: Forense, 2005.

RODRIGUES, Silvio. *Direito Civil*: direito das sucessões. v. 7. 26. ed. São Paulo: Saraiva, 2003.

ROSA, Paulino Conrado da; RODRIGUES, Marco Antônio. *Inventário e Partilha*. 2. ed. Salvador: JusPodivm, 2020.

ROSENVALD, Nelson; BRAGA NETTO, Felipe. *Código Civil Comentado*. 2. ed. Salvador: JusPodivm, 2021.

SIMÃO, José Fernando. *Código Civil Comentado*. 3. ed. Rio de Janeiro: Forense, 2022.

TARTUCE, Flávio. *Direito Civil*: direito das sucessões. 14. ed. Rio de janeiro: Forense, 2021.

TARTUCE, Flávio. O Estatuto da Pessoa com Deficiência e a capacidade testamentária ativa. *Revista Pensamento Jurídico*, São Paulo, v. 10, nº 2, p. 50-73, jul./dez., 2016. Disponível: <https://fadisp. com.br/revista/ojs/index.php/pensamentojuridico/article/download/63/65>. Acesso em: 12 abr. 2022.

TEIXEIRA, Ana Carolina Brochado; LEAL, Livia Teixeira. Tutela jurídica dos bens digitais ante os regimes de bens comunheiros. In: EHRHARDT JÚNIOR, Marcos; CATALAN, Marcos; MALHEIROS, Pablo (coord.). *Direito Civil e tecnologia*. Belo Horizonte: Fórum, 2020.

TEIXEIRA, Ana Carolina Brochado; KONDER, Carlos Nelson. O enquadramento dos Bens Digitais sob o perfil funcional das situações jurídicas. In: TEIXEIRA, Ana Carolina Brochado; LEAL, Livia Teixeira. *Herança Digital*: Controvérsias e Alternativas. Indaiatuba: Foco, 2021. *E-book*.

TEIXEIRA, Daniele Chaves; POMJÉ, Caroline. Caminhos para a Tutela dos Bens Digitais no Planejamento Sucessório. In: TEIXEIRA, Daniele Chaves (coord.). *Arquitetura do Planejamento Sucessório*. Belo Horizonte: Fórum, 2022.

TEPEDINO, Gustavo; NEVARES, Ana Luiza Maia; MEIRELES, Rose Melo Venceslau. *Direito das Sucessões*. Rio de Janeiro: Forense, 2020.

VELOSO, Zeno. Testamentos: noções gerais; formas ordinárias, codicilo; formas especiais. In: HIRONAKA, Giselda Maria Fernandes Novaes; PEREIRA, Rodrigo da Cunha (coord.). *Direito das Sucessões*. 2. ed. Belo Horizonte: Del Rey, 2007.

VENOSA, Silvio de Salvo. *Código Civil Interpretado*. 4. ed. São Paulo: Atlas, 2019.

ZAMPIER, Bruno. *Bens Digitais*: cybercultura, redes sociais, e-mails, músicas, livros, milhas aéreas, moedas virtuais. 2. ed. Indaiatuba: Foco, 2021. *E-book*.

ACERVO DIGITAL E SUA TRANSMISSÃO SUCESSÓRIA NO BRASIL: ANÁLISE A PARTIR DA LITERATURA JURÍDICA E DOS PROJETOS DE LEI SOBRE O TEMA

Pablo Malheiros da Cunha Frota

Pós-Doutorando em Direito na Universidade de Brasília (2019) e na Unisinos (2021). Doutor em Direito das Relações Sociais pela Universidade Federal do Paraná (2013). Mestre em Função Social do Direito pela Faculdade Autônoma de Direito de São Paulo (2008). Especialista em Direito Civil pela Unisul (2006). Especialista em Filosofia do Direito pela Pontifícia Universidade Católica de Minas Gerais (2013). Graduado em Direito na Universidade Católica de Brasília (2004). Graduando em Filosofia na Universidade Católica de Brasília (2018). Professor Adjunto em Direito Civil e Processo Civil da Universidade Federal de Goiás, (UFG) e Professor Colaborador do Programa de Pós-Graduação em Direito Agrário da UFG. Cofundador da Rede de Pesquisas Agendas de Direito Civil Constitucional. Líder do Grupo de Pesquisa Realizando o Direito Privado na Universidade Federal de Goiás. Diretor de Publicação do IBDCONT. Diretor do IBDFAM/DF. Membro do IBDFAM, do BRASILCON, do IBDCIVIL, da ABDCONST, da ABEDI, da ALDIS, do IAB, do Instituto Luso-brasileiro de Direito e do IBERC. Pesquisador do Grupo Virada de Copérnico (UFPR) e do Grupo Constitucionalização das Relações Privadas (UFPE). Assessor Jurídico na Terracap (DF). Advogado. Código ORCID: 0000-0001-7155-9459. CV Lattes: http://lattes.cnpq.br/0988099328056133.

João Aguirre

Pós-Doutor em Direito Civil na Faculdade de Direito da Universidade de São Paulo, sob a supervisão da Professora Livre-Docente Associada Patrícia Faga Iglecias Lemos. Doutor em Direito Civil pela Faculdade de Direito da Universidade de São Paulo, sob a orientação da Professora Titular Doutora Teresa Ancona Lopez. Mestre em Direito Civil pela Pontifícia Universidade Católica de São Paulo (2004) sob a orientação do Professor Doutor Francisco José Cahali. Graduado em Direito pela Faculdade de Direito da Universidade de São Paulo (1994). Professor da Faculdade de Direito da Universidade Presbiteriana Mackenzie. Foi coordenador da pós-graduação em Direito de Família e Sucessões da Universidade Anhanguera Uniderp- MS. Presidente da Comissão de Direito de Família e das Sucessões da OAB/SP. Presidente da Comissão de Estudos Jurídicos do Instituto Brasileiro de Direito de Família. Foi presidente do Instituto Brasileiro de Direito de Família em São Paulo – IBDFAMSP. Foi coordenador dos cursos Jurídicos da Rede LFG. Advogado.

Sumário: 1. Introdução – 2. Função do direito sucessório, categorização jurídica do acervo digital e a discussão sobre os bens que compõem o objeto da herança – 3. Pressupostos para o diálogo entre a RAC e o direito civil na legalidade constitucional – 4. Crítica aos PLS sobre a transmissibilidade do acervo digital – 5. Conclusão – 6. Referências.

1. INTRODUÇÃO

A proteção de dados pessoais e de outros direitos da personalidade no ambiente digital e não digital tem preocupado o Direito e quem nele atua, tanto que os Tribunais têm sido instados a se manifestarem sobre os limites e as possibilidades de pessoas humanas e coletivas e alguns entes despersonalizados acessarem dados pessoais em qualquer ambiente.

Não por acaso que a Emenda Constitucional n.º 115, publicada no Diário Oficial da União em 11.02.2022, alterou a Constituição Federal de 1988 (CF/88) enquadrou como direito fundamental a "proteção dos dados pessoais, inclusive nos meios digitais" (art. 5º, LXXIX), cabendo à União "organizar e fiscalizar a proteção e o tratamento de dados pessoais, nos termos da lei" (art. 21, XXVI) e legislar de forma privativa sobre a proteção e o tratamento de dados pessoais (art. 22, XXX), o que reforça a importância da Lei Geral de Proteção de Dados (LGPD – Lei n.º 13.709/2018).

Nessa linha, o Superior Tribunal de Justiça (STJ) "acolhendo recurso de um provedor de internet, limitou uma requisição judicial de informações apenas aos dados relativos ao IP dos usuários. Para o colegiado, a amplitude da requisição original violou o princípio da proporcionalidade, ao trazer determinação genérica sobre as pessoas investigadas e exigir informações que, em tese, não são importantes para as investigações".[1]

Nesse contexto é que se debate sobre a transmissibilidade do acervo digital de quem falece, já estudada em 2018 por nós, juntamente com Maurício Muriack de Fernandes e Peixoto,[2] e, agora, passados quase cinco anos daquele estudo, os subscritores deste artigo novamente refletem sobre o tema, mormente diante da existência de novos projetos de lei (PLs) sobre o assunto – nº 5.820/2019, nº 3.050/2020, nº 3.051/2020, nº 410/2021 e nº 1.144/2021, 2.664/2021, 1689/2021 e 703/2022, já que outros, PL nº 4.099-B, de 2012, PL nº 4.847/2012, PL nº 7.742/2017 e PL nº 8.562/2017, já foram arquivados sem terem sidos transformados em lei.

Nessa senda, o presente texto analisa os fundamentos dos mencionados PLs, que pretendem regular a transmissibilidade do acervo digital da pessoa que falece, por meio de alteração de artigos do Código Civil (CC), o que enseja

---

1. Processo em segredo de justiça. BRASIL. STJ. Sexta Turma limita requisição de dados genérica feita a provedor de internet em investigação criminal. Disponível em: https://www.stj.jus.br/sites/portalp/Paginas/Comunicacao/Noticias/29092021-Sexta-Turma-limita-requisicao-de-dados-generica-feita--a-provedor-de-internet-em-investigacao-criminal.aspx Acesso em: 11 abr. 2022.

2. FROTA, Pablo Malheiros da Cunha; AGUIRRE, João Ricardo Brandão; PEIXOTO, Maurício Muriack de Fernandes. Transmissibilidade do acervo digital de quem falece: efeitos dos direitos da personalidade projetados post mortem. *Revista Eletrônica da Academia Brasileira de Direito Constitucional*, v. 10, p. 564-607, jul./dez. 2018.

o seguinte *problema*: as referidas propostas legislativas de alteração do CC para admitir a transmissibilidade do acervo digital podem conduzir a uma resposta adequada à Constituição (RAC)[3] que seja acorde com um direito civil na legalidade constitucional?[4]

Duas *hipóteses* emergem do problema acima: (i) os PLs estão em desacordo com a RAC e com o a ordem constitucional e infraconstitucional brasileira; (ii) os PLs estão, totalmente ou parcialmente, em desacordo com a ordem constitucional e infraconstitucional brasileira.

O *objetivo geral* deste artigo consiste na análise crítica do texto e dos fundamentos atribuídos pelos PLs e no confronto deles com a literatura jurídica brasileira e com julgados de tribunais brasileiros, a fim de pesquisar como a tradição jurídica brasileira tratou da principiologia constitucional e infraconstitucional em direito sucessório e se ela se encontra observada nos PLs.

Consiste em *objetivos específicos* deste artigo estudar se os PLs podem trazer uma resposta adequada à Constituição, tendo por *prius* os requisitos que advêm da RAC em diálogo com a principiologia constitucional e infraconstitucional que funda o direito civil brasileiro aplicável ao caso.[5]

Os marcos teóricos do artigo são as ideias postas em nossa reflexão precedente, aliadas à resposta adequada à Constituição posta por Lenio Streck e a ideia de direito civil na legalidade constitucional de Fachin, dialogada com a RAC.[6]

Do ponto de vista metodológico, o método fenomenológico-hermenêutico serve para realizar esse revolvimento de sentido da ideia de interpretar:

> o método fenomenológico, pelo qual se reconstrói o problema jurídico a partir de sua história institucional, para, ao final, permitir que ele apareça na sua verdadeira face. O Direito é um fenômeno que se mostra na sua concretude, mas sua compreensão somente se dá linguisticamente. Por isso, compreender o fenômeno jurídico significa compreendê-lo a partir de sua reconstrução. Não existem várias realidades; o que existe são diferentes visões sobre a realidade. Isto quer dizer que não existem apenas relatos ou narrativas sobre o Direito. Existem, sim, amplas possibilidades de dizê-lo de forma coerente e consistente.

---

3. TRECK, Lenio Luiz. Resposta adequada à Constituição (resposta correta). *In*: STRECK, Lenio Luiz. *Dicionário de hermenêutica*: 50 verbetes fundamentais de acordo com a crítica hermenêutica do direito. 2. ed. Belo Horizonte: Letramento, 2021. p. 401-426.

4. FROTA, Pablo Malheiros da Cunha. Compreendendo o direito civil constitucional prospectivo. *In*: MENEZES, Joyceane Bezerra de; DE CICCO, Maria Cristina; RODRIGUES, Francisco Luciano Lima (Org.). *Direito civil na legalidade constitucional*: algumas aplicações. Indaiatuba: Foco, 2021. p. 341-352.

5. Sobre a principiologia do direito sucessório veja LOBO, Paulo. *Direito civil*: sucessões. 7. ed. São Paulo: Saraiva, 2021.

6. FROTA, Pablo Malheiros da Cunha. Interpretação do direito privado: o direito civil constitucional prospectivo em diálogo com a crítica hermenêutica do direito. *In*: TEPEDINO, Gustavo; MENEZES, Joyceane Bezerra de (Org.). *Autonomia privada, liberdade existencial e direitos fundamentais*. Belo Horizonte: Fórum, 2019. p. 309-329.

Assim, cada caso jurídico concreto pode ter diferentes interpretações. Mas isso não quer dizer que dele e sobre ele se possam fazer quaisquer interpretações. Fosse isso verdadeiro poder-se-ia dizer que Nietzsche tinha razão quando afirmou que "fatos não existem; o que existe são apenas interpretações". Contrariamente a isso, pode-se contrapor que, na verdade, *somente porque há fatos é que existem interpretações. E estes fatos que compõem a concretude do caso podem – e devem – ser devidamente definidos e explicitados.*[7]

Como diz Streck, *a escolha pela fenomenologia representa a superação da metafísica no campo do Direito*, de tal modo que uma abordagem hermenêutica – e, portanto, crítica – do Direito jamais pretenderá ter a última palavra. E isso já é uma grande vantagem, sobretudo no paradigma da intersubjetividade.[8]

O aludido método fenomenológico-hermenêutico abarcará cada fato jurídico, cuja metodologia será bipartida em procedimento e abordagem. A primeira tem por base o procedimento monográfico, com a análise da literatura jurídica e de outras áreas do saber sobre o tema pesquisado. A segunda se ampara em uma linha crítico-metodológica, lastreada em uma teoria crítica[9] da realidade que compreende o direito como problema e como uma "rede complexa de linguagens e de significados".[10]

A temática apresentada para o texto tem uma vertente jurídico-teórico-prática, como se exige de qualquer investigação no campo das disciplinas jurídicas. Nessa senda, o raciocínio empregado será de natureza hermenêutico-dialógica, por meio da densificação[11] dos sentidos e dos significados das categorias jurídicas no âmbito das variadas formas de expressão do direito e que fundam os institutos jurídicos a partir dos imperativos da historicidade não linear.

O método e as metodologias da pesquisa permitirão uma verificação consistente dos sentidos atribuídos pelos PLs sobre a transmissibilidade do acervo digital, com o intuito de contribuir com a literatura jurídica, que tem "a função de dizer como deve ser a interpretação e a aplicação do direito".[12]

---

7. STRECK, Lenio Luiz. Parecer. *Conjur*. Disponível em: https://www.conjur.com.br/dl/manifestacao-politica-juizes-nao-punida.pdf. Acesso em: 7 jun. 2021.

8. RINDADE, André Karam; OLIVEIRA, Rafael Tomaz de. Crítica hermenêutica do direito: do quadro referencial teórico à articulação de uma posição filosófica sobre o direito. *Revista de Estudos Constitucionais, Hermenêutica e Teoria do Direito (RECHTD)*, ano 3, v. 9, p. 311-326, set./dez. 2017. p. 325.

9. O sentido de crítica, positiva ou negativa, para esta pesquisa não está necessariamente vinculado a uma específica linha teórica da Escola de Frankfurt, em seus vários vieses, embora deles se possam apreender ensinamentos deveras importantes, mas sim a uma perspectiva de testabilidade do sentido atribuído aos institutos jurídicos pelos intérpretes, operadores do direito e (ou) juristas, por meio das instituições (ou não) e a sua adequabilidade àquilo que se encontra na multiplicidade do real, rejeitando-se dogmas e pensando o direito como problema. Sobre o assunto, por exemplo, COELHO, Nuno Manuel Morgadinho Santos. *Direito, filosofia e a humanidade como tarefa*. Curitiba: Juruá, 2012.

10. GUSTIN, Miracy Barbosa de Sousa; DIAS, Maria Tereza. *(Re)pensando a pesquisa jurídica*: teoria e prática. 5. ed. São Paulo: Almedina, 2020. *E-book*, item 3.1.

11. Sobre o tema: FREITAS FILHO, Roberto. *Intervenção judicial nos contratos e aplicação dos princípios e das cláusulas gerais*: o caso do leasing. Porto Alegre: Sérgio Antônio Fabris Editor, 2009.

12. STRECK, Lenio Luiz. *Hermenêutica e jurisdição*. Diálogos com Lenio Streck. Porto Alegre: Livraria do Advogado, 2017. p. 18.

Nesse contexto, o artigo, além da introdução, da conclusão e das referências, divide-se em três partes: (i) função do direito sucessório, categorização jurídica do acervo digital e a discussão sobre os bens que compõem o objeto da herança; (ii) pressupostos para o diálogo entre a RAC e o direito civil na legalidade constitucional; (iii) crítica aos PLs sobre a transmissibilidade do acervo digital, como se passa a expor.

2. FUNÇÃO DO DIREITO SUCESSÓRIO, CATEGORIZAÇÃO JURÍDICA DO ACERVO DIGITAL E A DISCUSSÃO SOBRE OS BENS QUE COMPÕEM O OBJETO DA HERANÇA

A classificação de qualquer instituto ou fenômeno jurídico refere-se ao critério de utilidade, segundo Genaro Carrió:

> não são verdadeiras nem falsas, são *úteis* ou *inúteis:* suas vantagens estão submetidas ao interesse de quem as formula e à sua fecundidade para apresentar um campo de conhecimento de maneira mais facilmente compreensível ou mais rica em consequências práticas desejáveis [...] Sempre há múltiplas maneiras de agrupar ou classificar um campo de relações ou de fenômenos; o critério para escolher uma delas não está circunscrito senão por considerações de conveniência científica, didática ou prática. Decidir-se por uma classificação não é como preferir um mapa fiel a um que não o seja... é como optar pelo sistema métrico decimal face do sistema de medição dos ingleses.[13]

Dessa maneira, antes de enquadramos os limites e as possibilidades do direito sucessório e do acervo digital, cabe tecer algumas palavras sobre o conteúdo jurídico das palavras "bem",[14] "bem fora do comércio" e de "bem imaterial", como explica Paulo Lobo:

> No âmbito do direito civil, bens são todos os objetos materiais ou imateriais que podem ser suscetíveis de apropriação ou utilização econômica pelas pessoas físicas ou jurídicas. Neste conceito estrito incluem-se tanto uma casa (bem material) quanto os direitos patrimoniais de autor (bens imateriais). Não inclui, consequentemente, o que pode ser considerado "bem jurídico", de modo amplo, ou seja, tudo o que o direito considere relevante para sua tutela. O direito da personalidade, por exemplo, é um bem jurídico, mas não bem no sentido ora empregado. [...]

---

13. CARRIÓ, Genaro. *Notas sobre derecho y lenguaje*. Buenos Aires: Abeledo-Perrot, 1965. p. 72-73. Tradução livre.

14. Veja, por exemplo, Caio Mário da Silva Pereira: "Bem é tudo que nos agrada", diferenciando-se das coisas: "Os bens, especificamente considerados, distinguem-se das coisas, em razão da materialidade destas: as coisas são materiais e concretas, enquanto que se reserva para designar imateriais ou abstratos o nome bens, em sentido estrito" (PEREIRA, Caio Mário da Silva. *Instituições de direito civil*. 20. ed. Rio de Janeiro: Forense, 2014. v. 1. p. 403). Em sentido contrário e considerando bem espécie do gênero coisa, Sílvio Rodrigues: "Coisa é tudo que existe objetivamente, com exclusão do homem". E "bens são coisas que, por serem úteis e raras, são suscetíveis de apropriação e contêm valor econômico" (RODRIGUES, Silvio. *Direito civil*. 33. ed. São Paulo: Saraiva, 2003. v. 1. p. 116).

O CC/16 aludia aos bens "fora do comércio", a saber, os que não podem ser objeto de disposição ou negociação, quando um interesse maior se apresenta. Os direitos da personalidade ou as zonas ambientais protegidas são exemplos de bens que não podem ser transmitidos de seu titular para outrem. Quando o direito exclui um bem do tráfico jurídico – ou o põe "fora do comércio" –, determina sua natureza de uso pessoal, de uso comunitário e até mesmo de não uso, no atendimento a valores relevantes. Talvez por essa razão o CC/2002 manteve a denominação "bens", como gênero, mas deixou de tratar os bens fora do comércio, o que a tornou dispensável; entre os que classificou não há bens que não possam ser considerados "coisas". Esse é o termo utilizado pelo Código na parte especial, cujo Livro III é intitulado "do direito das coisas". Os bens públicos permaneceram na classificação dos bens do CC, mas até estes podem ser qualificados como coisas, no sentido que estamos a empregar. [...]

De maneira geral a doutrina jurídica brasileira, refletindo a natureza patrimonializante e individual do bem, aponta como suas características: economicidade, utilidade, suscetibilidade de apropriação, exterioridade (Gomes, 2001, p. 199; Diniz, 2005, p. 309; Gagliano, Pamplona, 2002, p. 259; Amaral, 1998, p. 290). Essas características têm sido relativizadas, ante as profundas transformações contemporâneas das relações da pessoa humana com o meio ambiente e com outros interesses difusos e coletivos. Há bens econômicos e não econômicos, úteis e não úteis, apropriáveis e não apropriáveis, exteriores e inerentes à pessoa. No sentido corrente – e de certo modo filosófico –, coisa é tudo o que pode ser pensado, ainda que não tenha existência real e presente. No sentido físico, coisa é tudo o que tem existência corpórea ou, pelo menos, é suscetível de ser captado pelos sentidos (Pinto, p. 341). No sentido jurídico há grandes variações, presentes nas definições legais. O CC brasileiro não define coisa, como o fez o art. 202 do Código Civil português: "Diz-se coisa tudo aquilo que pode ser objeto de relações jurídicas". Não é a melhor definição, pois confunde coisa com objeto de relações jurídicas; a prestação de um serviço, por exemplo, é objeto de relação jurídica, mas não é coisa. [...] Objeto do direito é algum bem da vida, que pode inclusive ser indisponível, como a vida e a liberdade. Por exemplo, o prédio, o equipamento médico, o direito patrimonial de autor, a energia são bens ou coisas e objetos de direito; o fazer e o não fazer, a honra e a integridade física e psíquica são objetos do direito, mas não são coisas ou bens. O direito civil contemporâneo não mais confunde coisa com bem exclusivamente material. Há coisas materiais e coisas imateriais, ou coisas corpóreas e coisas incorpóreas. A quota ou a ação de uma empresa é coisa imaterial, de valor econômico e que circula no mundo econômico. Sob o ângulo da circulação, coisa é mais expressiva que bem, como objeto de prestação obrigacional. Nas obrigações civis, há prestação de dar ou de restituir coisas; ou de dar coisa certa ou coisa incerta; de dar coisa presente ou coisa futura. Portanto, doravante, utilizaremos bens e coisas indistintamente, com preferência para o segundo termo. O valor econômico da coisa não é relevante para a conceituação desta. Há bens sem valor econômico, mas que possuem valor estimativo para seu titular, como a coleção de jornais velhos de certa época ou de retratos de família. Há ainda coisas cuja despesa de manutenção supera seu eventual valor, mas que podem ingressar no tráfico jurídico, mediante doação, por exemplo. Quanto à utilidade, como pondera Eroulths Cortiano Junior, às coisas pode ser atribuído um valor de uso ou de troca. O primeiro corresponderia à satisfação das necessidades do ser humano, enquanto o segundo traduziria a suscetibilidade de circulação e de apropriação do bem. "Recuperar, na medida do possível, o devido valor de uso das coisas importa em recuperar o homem em sua realidade" (2002, p. 157), desqualificado pela economia de mercado. [...] Bens imateriais, ou seja, direitos sobre algo, podem ser equiparados aos bens móveis, para fins de classificação e distinção aos bens imóveis. São assim classificados os direitos reais sobre bens móveis alheios

ACERVO DIGITAL E SUA TRANSMISSÃO SUCESSÓRIA NO BRASIL **65**

(exemplo, penhor, usufruto) e os direitos de crédito, em virtude de obrigação convencional (exemplo, contrato) ou legal (exemplo, responsabilidade civil por danos). Esses direitos nunca se imobilizam. O credor pode transferir, mediante pagamento ou outra vantagem, seu crédito a outrem. Do mesmo modo, os títulos de créditos, as ações de empresa negociadas em bolsa de valores, as quotas de fundos de investimento, enfim, tudo o que se convencionou denominar valores mobiliários. Os direitos patrimoniais de autor consideram-se bens móveis, podendo a criação intelectual (a música, o livro, o projeto arquitetônico, o programa de computador, a representação teatral, o direito de arena do esportista) ser objeto de cessão, concessão, permissão, para que outrem a explore economicamente. São, igualmente, bens móveis as criações industriais patenteadas, as marcas de produtos ou serviços, os nomes de empresas e outros signos distintivos de interesse econômico.[15]

Esclarecido este ponto, o direito sucessório brasileiro tem por função (contributo)[16] regular as situações jurídicas patrimoniais e, excepcionalmente, as existenciais, como o caso das disposições de última vontade de natureza existencial, cujo patrimônio é transferido de quem falece para quem seja legitimado a herdar por testamento ou sem testamento. Não obstante isso, o direito sucessório abarca vários ramos do direito, entre os direitos da personalidade do(a) falecido(a), na forma do art. 12, parágrafo único, do Código Civil. Desse modo, o respeito aos princípios constitucionais e infraconstitucionais em tal regulação é indispensável.[17]

Constitucionalmente, a herança, conjunto de bens, direitos, deveres, dívidas e obrigações de titularidade de quem falece e que se transmite a quem seja legitimado para suceder, é enquadra como uma unidade (CC, art. 1.791) qualificada como direito fundamental[18] (CF/88, art. 5º, XXX), cláusula pétrea (CF/88, art. 60, IV) e regulada pelos arts. 1.784-2.027 do Código Civil.

---

15. LOBO, Paulo. *Direito civil*: parte geral. 10. ed. São Paulo: Saraiva, 2021. p. 347; 348-350; 362.
16. O sentido utilizado neste artigo é o de identificar o termo "função", seja qual for o seu conteúdo, como um contributo (a que serve e a quem serve) que o instituto jurídico "deve trazer para determinados entes – sejam eles indivíduos determinados, grupos de indivíduos ou a sociedade de modo difuso" (RUZYK, Carlos Eduardo Pianovski. *Institutos fundamentais do direito civil e liberdade(s)*. Rio de Janeiro: GZ, 2011. p. 144-150). A função, por conseguinte, não limita o conteúdo dos institutos jurídicos, mas serve de contributo, isto é, algo que o instituto jurídico deve realizar em favor de alguém.
17. "Efetivamente, o Direito Sucessório justifica-se como significativo ramo do Direito Civil-Constitucional, a enfeixar, majoritariamente, um conjunto de regras de ordem pública, imperativas, bem como, em menor proporção, de regras dispositivas, isto é, supletivas da vontade particular" (CARVALHO, Luiz Paulo Vieira de. *Direito das sucessões*. 3. ed. São Paulo: Atlas, 2017. p. 18).
18. Os direitos fundamentais conferem validade jurídica à lei, estando acima destas, como se extrai da Constituição portuguesa, art. 18, e da Constituição brasileira de 1988, art. 5º, §1º. O sentido atual dos direitos fundamentais abarca duas perspectivas contrárias: a) *individualismo liberal (liberalismo)*; e b) compreensão *comunitária* – direitos têm deveres correlatos de sentido. Esta concepção comunitária supera a ideia de *indivíduo* titular de direitos, de *sujeito* que assume os direitos no quadro de cidadania vinculante e aponta para a concepção de *pessoa*, com uma constitutiva e indefectível responsabilidade comunitária (NEVES, António Castanheira. Entre o "legislador", a "sociedade" e o "juiz" ou entre "sistema", "função" e "problema" – Modelos actualmente alternativos da realização jurisdicional do direito. *In*: SANTOS, Luciano Nascimento (Coord.). *Estudos jurídicos de Coimbra*. Curitiba: Juruá, 2007. p. 233). Nesse diapasão, os direitos fundamentais servem para desnaturalizar os usos, os costumes e as tradições que no pretérito eram normalizados, ex.: a desigualdade de direitos e deveres entre homens

Infraconstitucionalmente, os direitos patrimoniais dos(as) herdeiros(as) advindos da sucessão legítima ou testamentária aberta são tidos como bens imóveis, na forma do art. 80, II, do CC. Nesse passo, falecendo uma pessoa humana, a sucessão é aberta e transmite-se a herança a quem seja herdeiro(a) legítimo(a) ou testamentário(a).

Quem seja herdeiro(a), ciente (ou não) do falecimento da pessoa de quem herda, adquire a posse dos bens deixados à sucessão (direito de *saisine* – CC, art. 1.784), sendo que, até a partilha, a herança é regulada pelos enunciados normativos alusivos ao condomínio – CC, arts. 1.314-1.326.

Para além da discussão de relativização à legítima (CC, art. 1.846), metade dos bens da herança, esta cabe a quem seja herdeiro necessário (CC, art. 1.845 – descendentes, ascendentes e cônjuges), sendo que o cálculo se faz "sobre o valor dos bens existentes na abertura da sucessão, abatidas as dívidas e as despesas do funeral, adicionando-se, em seguida, o valor dos bens sujeitos a colação" (CC, art. 1.847).

Além disso, a herança é integrada por "todos os bens ou valores de dimensão econômica ou estimativa que possam ser objeto de tráfico jurídico, além das dívidas (patrimônio ativo e passivo), deixados pelo morto".[19] Paulo Lobo explica:

[...] bens jurídicos de natureza não patrimonial extinguem-se com a morte de seu titular, ainda que alguns de seus efeitos continuem sob proteção da lei. É o que ocorre com os direitos da personalidade, como o direito à intimidade, à vida privada, à honra, à imagem, à integridade física, à integridade psíquica, à identidade pessoal, os direitos morais de autor; os familiares são legitimados a defendê-los, quando ofendidos após a morte de seu titular, mas não são herdeiros das titularidades. Igualmente, bens jurídicos do morto que sejam tutelados pelo direito público não podem ser transmitidos, como se dá com cargos e funções públicas que eram exercidos pela pessoa que faleceu e suas respectivas remunerações.

Há bens patrimoniais que se extinguem com a morte do titular, como os direitos reais de uso, usufruto e habitação (CC, arts. 1.410, 1.413 e 1.416) ou o direito de preferência (CC, art. 520). Há bens patrimoniais que não se transferem em sua integralidade, a exemplo dos herdeiros de sócio de sociedade empresária, pois a respectiva quota deve ser liquidada, transferindo-se o valor, mas não a titularidade (CC, art. 1.028), salvo se, por acordo com todos os herdeiros, regular-se a substituição do sócio falecido. Não apenas a transmissão de bens patrimoniais por causa da morte é objeto do direito das sucessões. A pessoa física pode valer-se de testamento para veiculação de manifestações de última vontade sem fins econômicos, com objetivo de declarar certos fatos de sua existência ou desejos, que repercutem na ordem jurídica privada, como o

---

e mulheres, presente, por exemplo, no Código Civil de 1916. Esses direitos, portanto, envolvem uma gama de situações e de relações políticas, econômicas e jurídicas que demandam um estudo de um enorme cabedal institucional, jurídico e social, pois políticas setoriais, planos, programas, projetos, leis e orçamento são elaborados com o intuito de efetivar o mandamento constitucional de desenvolvimento de uma sociedade mais justa e solidária (CR/88, arts. 3º, I, e 170, *caput*) (FROTA, Pablo Malheiros da Cunha. Processo eleitoral e políticas públicas: influências recíprocas. *Revista Brasileira de Políticas Públicas*, Brasília, v. 5, n. 1, p. 273-301, 2015. p. 280-281).

19. LOBO, Paulo. *Direito civil*: sucessões. 7. ed. São Paulo: Saraiva, 2021. p. 59-60.

reconhecimento voluntário de filho (CC, art. 1.609), ou a nomeação de tutor para seus filhos (CC, art. 1.634), ou declarar o perdão a atos de seu herdeiro que a lei considera indignos e passíveis de exclusão da sucessão (CC, art. 1.818), neste caso podendo utilizar-se de qualquer ato autêntico, além do testamento. Pode, ainda, mediante testamento, instituir uma fundação de fins religiosos, morais, culturais ou de assistência (CC, art. 62), ou a instituição de condomínio em edifício (CC, art. 1.332), ou a constituição de servidão de um imóvel em benefício de certas pessoas ou comunidades (CC, art. 1.338), ou a destinação de parte de seu patrimônio para constituir bem de família, insuscetível de penhora por dívidas (CC, art. 1.711). Pode, igualmente, mediante escrito particular simplificado, sem necessidade de testamento, fazer disposições especiais sobre o seu enterro, sobre esmolas de pouca monta a certas e determinadas pessoas, ou aos pobres de certo lugar (CC, art. 1.881). Contudo, essas disposições de vontade são exceções instrumentais de certos atos do direito das sucessões, sem infirmar sua finalidade estrita de ordenamento jurídico da transmissão de bens patrimoniais a causa da morte.[20]

O direito sucessório dialoga com outras áreas do direito, como elucida Paulo Lobo:

> O direito das sucessões é parte integrante do direito privado e, notadamente, do direito civil. Sua referência principal é a morte da pessoa física. Todavia, seus efeitos irradiam-se em quase todos os campos do direito, em face de inserção voluntária ou compulsória de toda pessoa humana em posições, situações, qualificações e relações jurídicas, que são afetados pelo fim dela. O fim da pessoa física leva à extinção de seus direitos da personalidade, de suas qualificações jurídicas pessoais (nacionalidade, estado civil, estado político, capacidade de direito e de fato), de suas relações negociais, de suas titularidades sobre os bens, de seus deveres familiares e de parentesco, de suas relações com a Administração Pública, das penas criminais e administrativas que sofreu em vida. Se for empregado em empresa de direito privado, extingue-se sua relação de emprego e sua remuneração; se era servidor público, cessa o vínculo com a administração pública e sua remuneração; se era aposentado, extingue-se o direito aos proventos; se era contribuinte de tributos, cessa a incidência de novas obrigações tributárias; se exercia mandato político, este se extingue; se era empresário ou sócio de sociedade, essas posições desaparecem. As dívidas, inclusive as obrigações tributárias, todavia, não desaparecem com a morte da pessoa. Mas esta não é mais a devedora e sim o conjunto dos bens que deixou, denominado espólio, ente não personificado que responde por elas, nos limites da herança, pois o direito brasileiro não admite que alcancem os bens próprios dos herdeiros e sucessores.

> A morte de uma pessoa pode provocar o surgimento de direitos subjetivos de outras. Tais situações não se qualificam como sucessão hereditária. Apenas o evento morte faz nascer esses direitos, sem transmissão ou sucessão. É o que ocorre com o direito aos benefícios previdenciários financeiros, como a pensão por morte do titular.[21]

A sucessão, a *causa mortis* e a herança não se referem aos direitos de personalidade (atribuição conferida pelo ordenamento jurídico a entes humanos e não humanos – art. 1º do CC), pois quem herda sucede os bens e não a pessoa que faleceu, já que inexiste representação do *de cujus*. A herança não abarca os

---

20. LOBO, Paulo. *Direito civil*: sucessões. 7. ed. São Paulo: Saraiva, 2021. p. 14-16.
21. LOBO, Paulo. *Direito civil*: sucessões. 7. ed. São Paulo: Saraiva, 2021. p. 29-30.

direitos da personalidade (conferidos somente à pessoa humana, como se verifica de forma exemplificativa nos arts. 12-21 do CC),[22] a tutela, a curatela, o direito aos alimentos, o capital estipulado no seguro de vida ou de acidentes pessoais (CC, art. 794) ou plano de previdência privada com natureza de seguro (STJ – REsp nº 1.713.147).[23]

Mesmo após a morte, alguns direitos da personalidade de quem falece continuam produzindo efeitos e não se confundem com a herança, com o CC (arts. 12-21) diferenciando "titularidade dos direitos da personalidade, da pessoa viva, e legitimação dos familiares para requerer medidas de proteção dos direitos da personalidade do falecido, sem caracterizar sucessão".[24]

Diante disso, a pessoa que falece mantém a tutela de direitos da personalidade, como a imagem, de acordo com o decidido pelo STJ e explicado por Paulo Lobo:

> [...] decidiu o STJ (REsp 268.660) pelo direito de a mãe defender a imagem da falecida filha: "Ademais a imagem de pessoa famosa projeta efeitos econômicos para além de sua morte, pelo que os seus sucessores passam a ter, por direito próprio, legitimidade para postularem indenização em juízo". O direito próprio é sobre os efeitos patrimoniais (reparação por danos morais) em virtude da sucessão hereditária. Quanto à defesa da imagem da filha, não se trata de direito próprio, mas de legitimação para defesa de direito alheio.[25]

Como se sabe, o direito civil pátrio (CC, art. 6º) alude que a morte da pessoa humana se constata pela morte encefálica (Lei nº 9.434/97, art. 3º; Resolução nº 1.480/97, do Conselho Federal de Medicina), a ensejar o fim da personalidade.[26] Nesse passo, são os direitos de personalidade que findam, porque os direitos da personalidade (conjunto de direitos existenciais do(a) falecido(a)) "projetam-se para além da vida do seu titular".[27][28]

A proteção deste destes direitos da personalidade por quem seja legitimado abarca, exemplificativamente, a privacidade, a imagem e a honra do falecido, direitos existenciais a demandar tutela absolutamente diversa daquela conferida ao seu acervo

---

22. Sobre a distinção entre direitos de personalidade e direito da personalidade, remetemos ao artigo FROTA, Pablo Malheiros da Cunha; AGUIRRE, João Ricardo Brandão; PEIXOTO, Maurício Muriack de Fernandes. Transmissibilidade do acervo digital de quem falece: efeitos dos direitos da personalidade projetados post mortem. *Revista Eletrônica da Academia Brasileira de Direito Constitucional*, v. 10, p. 564-607, jul./dez. 2018.

23. LOBO, Paulo. *Direito civil*: sucessões. 7. ed. São Paulo: Saraiva, 2021. p. 60-61.

24. LOBO, Paulo. *Direito civil*: sucessões. 7. ed. São Paulo: Saraiva, 2021. p. 60.

25. LOBO, Paulo. *Direito civil*: parte geral. 10. ed. São Paulo: Saraiva, 2021. p. 230-231.

26. LOBO, Paulo. *Direito civil*: parte geral. 10. ed. São Paulo: Saraiva, 2021. p. 160.

27. SCHREIBER, Anderson. *Direitos da personalidade*. 3. ed. São Paulo: Atlas, 2014. p. 25.

28. RIBEIRO, Ney Rodrigo Lima. Direito à proteção de pessoas falecidas. Enfoque luso brasileiro. *In*: MIRANDA, Jorge; RODRIGUES JUNIOR, Otavio Luiz; FRUET, Gustavo Bonato (Org.). *Direitos da personalidade*. São Paulo: Atlas, 2012. p. 1-23; MAZUR, Maurício. A dicotomia entre os direitos da personalidade e os direitos fundamentais. *In*: MIRANDA, Jorge; RODRIGUES JUNIOR, Otavio Luiz; FRUET, Gustavo Bonato (Org.). *Direitos da personalidade*. São Paulo: Atlas, 2012. p. 424-462.

patrimonial. A proteção do nome do morto, por exemplo, também afeta diretamente quem herda, legitimado para defender direito alheio, como aponta o parágrafo único do art. 12 do Código Civil, que autoriza a tutela material e processual de tais direitos por parentes, cônjuge e, por analogia, companheiros(as) do(a) falecido(a).[29]

Entre as pessoas legitimadas à defesa dos direitos da personalidade do morto, o Código Civil enumera no parágrafo único do mesmo art. 20, o cônjuge, os ascendentes ou os descendentes, não reconhecendo ao(à) companheiro(a) tal direito, o que foi acolhido pela literatura jurídica.[30] O art. 20 do CC não aponta o(a) companheiro(a) de quem falece como legitimado(a) para tanto, lembrando-se, contudo, de que a postulação jurídica de quem herda pode ser oposta aos direitos da personalidade de quem falece, como explicam Anderson Schreiber e Fachin:

> Ao enumerar os legitimados para a defesa dos direitos da personalidade do morto, o Código Civil seguiu claramente a trilha dos direitos das sucessões. A semelhança com o rol de vocação hereditária (arts. 1.829 c/c a.839) é inquestionável e a associação revela-se extremamente perigosa. No campo das biografias póstumas, são numerosos os conflitos deflagrados a partir do interesse puramente econômico de alguns herdeiros do falecido em receber parcela dos lucros derivados da obra. E a codificação acaba por corroborar essa postura ao nomear exatamente os herdeiros como legitimados para a defesa dos direitos da personalidade do morto. Melhor seria que o Código Civil tivesse evitado essa associação indevida. A privacidade, a imagem e a honra da pessoa não são "coisas" que se transmitem por herança. São direitos essenciais cuja proteção é inteiramente distinta daquela reservada ao patrimônio. Solução mais adequada seria ter deixado as portas abertas à iniciativa de qualquer pessoa que tivesse interesse legítimo em ver protegida, nas circunstâncias concretas, a personalidade do morto.[31]
>
> "Em verdade, a intimidade não pode ser tratada como propriedade, de modo a ser disposta como bem entender seu titular. Da mesma forma, não pode ser transferida como direito hereditário a partir do qual os 'herdeiros' vão fruir e dispor do 'bem' conquistado".[32]

Por isso, a *vida privada*[33] de quem falece se projeta após a sua morte, como alude Paulo Lobo:

> O direito à vida privada diz respeito ao ambiente familiar, e sua lesão resvala nos outros membros do grupo. O gosto pessoal, a intimidade do lar, as amizades, as preferências artísticas, literárias,

---

29. TEPEDINO, Gustavo; MORAES, Maria Celina Bodin de; BARBOZA, Heloisa Helena. *Código Civil interpretado conforme a Constituição da República*. Rio de Janeiro: Renovar, 2005. v. 1. p. 34-35.
30. Enunciado das Jornada de Direito Civil: "275 – Arts. 12 e 20. O rol dos legitimados de que tratam os arts. 12, parágrafo único, e 20, parágrafo único, do Código Civil também compreende o companheiro".
31. SCHREIBER, Anderson. *Direitos da personalidade*. 3. ed. São Paulo: Atlas, 2014. p. 147.
32. FACHIN, Luiz Edson. A liberdade e a intimidade: uma breve análise das biografias não autorizadas. *In*: SIMÃO, José Fernando; BELTRÃO, Silvio Romero (Coord.). *Direito civil*: estudos em homenagem à José de Oliveira Ascensão: teoria geral do direito, bioética, direito intelectual e sociedade da informação. São Paulo: Atlas, 2015. v. 1. p. 393.
33. Sobre o assunto veja o profundo trabalho de ROBL FILHO, Ilton Norberto. *Direito, intimidade e vida privada*: paradoxos jurídicos e sociais na sociedade pós-moralista e hipermoderna. Curitiba: Juruá, 2010.

sociais, gastronômicas, sexuais, as doenças porventura existentes, medicamentos tomados, lugares frequentados, as pessoas com quem conversa e sai, até o lixo produzido, interessam exclusivamente a cada indivíduo, devendo ficar fora da curiosidade, intromissão ou interferência de quem quer que seja (Monteiro, 2003, p. 99). Com o avanço da tecnologia e da informática, a vida privada encontra-se muito vulnerável à violação, que pode ser feita por intermédio de satélites, aparelhos óticos, gravadores, transmissores de alta sensibilidade e máquinas fotográficas de última geração. Esses equipamentos sofisticados dispensam a invasão física da casa da pessoa, pois conseguem captar dados, informações, falas e imagens a distância.

Estabelece o inciso XI do art. 5º da CF que a casa é o asilo inviolável do indivíduo, ninguém podendo penetrar sem o consentimento do morador, salvo em flagrante delito ou para prestar socorro ou por determinação judicial. O STF, para fins de proteção da privacidade, expandiu o conceito constitucional de casa como asilo inviolável, de modo a "estender-se a qualquer compartimento privado onde alguém exerce profissão ou atividade", não podendo nenhum agente público ingressar no recinto reservado ao exercício da atividade do profissional, sem consentimento deste (RE 251.445). Mais graves são as imensas possibilidades de invasão dos arquivos pessoais e das informações veiculadas pelas mídias sociais, causando danos às vezes irreversíveis à intimidade das vítimas, pela manipulação desses dados. Estão difundidos arquivos gravados pelo servidor ou programa invasivos, no disco rígido do usuário, sem o seu conhecimento, os quais armazenam informações sobre os hábitos dos consumidores, que são comercializadas para utilização em publicidades enviadas aos usuários de acordo com suas preferências, ofertando produtos e serviços. O consequente recebimento indesejado de correspondências eletrônicas (*spam*) caracteriza ilícito, suscetível de responsabilidade civil (CC, art. 186). A legislação brasileira considera crime "realizar interceptação de comunicações telefônicas, de informática ou telemática, ou quebrar segredo de Justiça, sem autorização judicial ou com objetivos não autorizados em lei" (Lei nº 9.296/96, art. 10).[34]

Além disso, nem toda atividade exercida na internet é pública, uma vez que as mensagens trocadas em redes sociais e as anotações realizadas, por exemplo, em Google Docs ou Evernote, vídeos postados no YouTube ou no Vimeo, com senhas de acesso ou mesmo *blogs*, inclusive por meio de pseudônimo para manter o sigilo, podem servir com expressões da privacidade do titular de cada mensagem, vídeo ou anotação postas em ambiente virtual.[35][36]

---

34. LOBO, Paulo. *Direito civil*: parte geral. 10. ed. São Paulo: Saraiva, 2021. p. 245-246. Sobre a privacidade de pessoas em ambientes públicos e de pessoas com repercussão pública (atores, políticos etc.) em ambiente privado ou público veja: LOBO, Paulo. *Direito civil*: parte geral. 10. ed. São Paulo: Saraiva, 2021. p. 245-246. Enunciado nº 403 do STJ.

35. BRANCO, Sérgio. *Memória e esquecimento na internet*. Porto Alegre: Arquipélago, 2017. p. 115.

36. Sobre as delimitações da intimidade pela teoria nascida no direito alemão das esferas social, privada e íntima, recebida no Brasil com as ideias de esfera privada, íntima e segredo, e a sua superação naquele país, após o caso da Princesa Caroline de Mônaco x órgãos de imprensa alemã, pela teoria da proteção por camadas, já que: "Em um desses casos, a Corte Europeia de Direitos Humanos considerou haver sido violado o art. 8º da Convenção Europeia de Direitos Humanos. A princesa de Mônaco e também princesa-consorte de Hannover moveu ações contra órgãos de imprensa tendo por base a publicação de imagens suas por tabloides alemães, quando ela se encontrava em momentos de convívio familiar. O Bundesverfassungsgericht e o Tribunal Federal [Bundesgerichtshof] tiveram de modificar sua antiga filiação à teoria das esferas em razão de acordão da Corte Europeia, que entendeu ter ocorrido ofensa aos direitos da personalidade da princesa, mesmo quando a ação da imprensa se haja dado na esfera

Da ideia de vida privada, passa-se à privacidade, que está posta expressamente na CF/88, art. 5º, X, no art. 21 do CC e nos arts. 7º, I, 21 e 23 da Lei do Marco Civil da Internet e nos arts. 1º, 2º, I, 17, entre outros, da Lei Geral de Proteção de Dados (LGPD), tida por inviolável e de observância obrigatória pelos provedores de aplicações de internet, ensejando a responsabilização civil por conteúdo que viole direito de terceiro (Marco Civil da Internet, art. 21[37] e art. 42 da LGPD).

Por isso, apesar de não tratar de forma específica sobre o assunto, a Lei nº 12.965/2014 (Marco Civil da Internet) traz em seus arts. 3º, I, II e III, a proteção da liberdade de expressão, da privacidade e dos dados pessoais, sendo assegurado ao usuário da internet um conjunto de direitos, como se infere dos arts. 6º, 7º, I, II, III, X, 8º e 10º, sendo que a LGPD trata do tema nos arts. 1º, 2º, I, 17, entre outros.

Como já afirmado:

> a privacidade impede a indevida interferência externa da comunidade, dos(as) particulares e do Estado na vida de uma pessoa humana, abarcando o originário direito negativo de ser deixado(a) em paz ou só (*right to be alone*), de segredo, de liberdade positiva,[38] [39] e o direito

---

privada e que a ação tenha recaído sobre uma pessoa notória. Com isso, o Tribunal Federal passou a usar uma nova teoria – a abgestuftes Schutzkonzept (traduzível por concepção ou teoria da proteção por camadas), o que se considerou como uma reação às críticas da Corte Europeia de Direitos Humanos" RODRIGUES JUNIOR, Otavio Luiz. O direito ao nome, à imagem e outros relativos à identidade e à figura social, inclusive a intimidade. *In*: SIMÃO, José Fernando; BELTRÃO, Silvio Romero (Org.). *Direito civil*: estudos em homenagem a José de Oliveira Ascensão. São Paulo: Atlas, 2015. v. 2. p. 10-11. Sobre uma crítica às esferas LEWICKI, Bruno. *A privacidade da pessoa humana no ambiente de trabalho*. Rio de Janeiro: Renovar, 2003. p. 37; 79-89.

37. TEFFE, C. S.; MORAES, Maria Celina Bodin de. Redes sociais virtuais: privacidade e responsabilidade civil. Análise a partir do Marco Civil da Internet. *Pensar*, Fortaleza, v. 22, 2017.

38. O sentido atribuído às liberdades tem como fundamento o pensamento de Carlos Pianovski em sua tese de doutorado transformada em livro: RUZYK, Carlos Eduardo Pianovski. *Institutos fundamentais do direito civil e liberdade(s)*. Rio de Janeiro: GZ, 2011. Liberdades visualizadas em uma perspectiva funcional (função como contributo a alguém) que viabiliza o exercício, o incremento e a proteção coexistencial e plural das esferas jurídicas patrimoniais e existenciais de cada um ou de cada uma, que intersubjetivamente interagem com o meio e com terceiros, que podem sofrer consequências desse exercício da liberdade. O conteúdo dessas liberdades se divide em: (a) *formal*, aquela liberdade abstrata assegurada pelo ordenamento jurídico; (b) *negativa*, não coerção do Estado, do particular e da comunidade no exercício de liberdade de cada pessoa humana; (c) *positiva*, "liberdade de autoconstituição como definição dos rumos da própria vida" ou liberdade vivida; (d) *substancial*, "possibilidade efetiva de realizar essa autoconstituição". A coexistencialidade das liberdades de uma pessoa humana na vida em relação "não é mera justaposição de espaços reciprocamente delimitados externamente: ela implica interseção de vidas livres, o que importa a responsabilidade intersubjetiva recíproca pelas liberdades dos indivíduos em relação. Não se é livre sozinho: a liberdade é sempre coexistencial. É aí que a liberdade se encontra com a solidariedade" (RUZYK, Carlos Eduardo Pianovski. *Institutos fundamentais do direito civil e liberdade(s)*. Rio de Janeiro: GZ, 2011. p. 374-375).

39. CANTALI, Fernanda Borghetti. *Direitos da personalidade*. Porto Alegre: Livraria do Advogado, 2009. p. 197.

positivo de a própria pessoa controlar a circulação das informações e dos dados pessoais,[40] e genéticos[41] sem que se transforme em um dever de privacidade.[42][43][44]

A privacidade é composta pela intimidade, pela liberdade positiva, pelo sossego (direito de estar só), pelo sigilo, pela imagem, sempre em uma linha de coexistencialidade da pessoa humana com o ambiente social, como exemplifica Paulo Lobo.[45]

A intimidade pode ser entendida como o direito que cada pessoa humana tem de deixar fatos de sua vida sob a sua reserva, sem que terceiros tenham acesso a tais fatos da vida,[46] como exemplo, os escritos em um diário impresso ou eletrônico, dados, ou documentos que causem constrangimentos, a impedir que eventos íntimos da pessoa humana em ambiente profissional sejam divulgados sem a sua autorização.

---

40. SCHREIBER, Anderson. *Direitos da personalidade*. 3. ed. São Paulo: Atlas, 2014. p. 130-131; CANTALI, Fernanda Borghetti. *Direitos da personalidade*. Porto Alegre: Livraria do Advogado, 2009. p. 197.

41. Enunciados das Jornadas de Direito Civil sobre o assunto: "5 – Arts. 12 e 20: 1) as disposições do art. 12 têm caráter geral e aplicam-se inclusive às situações previstas no art. 20, excepcionados os casos expressos de legitimidade para requerer as medidas nele estabelecidas; 2) as disposições do art. 20 do novo Código Civil têm finalidade específica de regrar a projeção dos bens personalíssimos nas situações nele enumeradas. Com exceção dos casos expressos de legitimação que se conformem com a tipificação preconizada nessa norma, a ela podem ser aplicadas subsidiariamente as regras instituídas no art. 12. 404) Art. 21. A tutela da privacidade da pessoa humana compreende os controles espacial, contextual e temporal dos próprios dados, sendo necessário seu expresso consentimento para tratamento de informações que versem especialmente o estado de saúde, a condição sexual, a origem racial ou étnica, as convicções religiosas, filosóficas e políticas. 405) Art. 21. As informações genéticas são parte da vida privada e não podem ser utilizadas para fins diversos daqueles que motivaram seu armazenamento, registro ou uso, salvo com autorização do titular".

42. FROTA, Pablo Malheiros da Cunha; AGUIRRE, João Ricardo Brandão; PEIXOTO, Maurício Muriack de Fernandes. Transmissibilidade do acervo digital de quem falece: efeitos dos direitos da personalidade projetados post mortem. *Revista Eletrônica da Academia Brasileira de Direito Constitucional*, v. 10, p. 564-607, jul./dez. 2018.

43. CANTALI, Fernanda Borghetti. *Direitos da personalidade*. Porto Alegre: Livraria do Advogado, 2009. p. 197.

44. Nesse sentido Fernanda Nunes Barbosa: "Contemporaneamente, esse assédio à vida privada e à intimidade (para usar os termos de nossa Constituição Federal e do Código Civil) é tratado sob uma perspectiva um tanto diversa do que fora nos primeiros tempos do direito à privacidade na segunda metade do século XIX. Hoje fala-se largamente em um direito à proteção dos dados pessoais (que podem ser tanto de pessoas físicas como jurídicas), os quais afetam a sua 'autodeterminação informativa', seja em relação a agentes públicos, seja em relação a privados. Ocorre, a partir disso, uma evidente ampliação do chamado 'direito de estar só' (proteção estática, de caráter negativo), uma vez que o direito à privacidade passa a significar o *controle* do próprio sujeito sobre a maneira como os outros utilizam as informações a seu respeito, de forma a evitar discriminações, simplificações do sujeito, objetivações e avaliações fora de contexto. Da mesma forma, protege-se o que se tem chamado de 'direito de não saber' e o 'direito ao segredo da desonra', expressões dessa ampliada privacidade (proteção de caráter dinâmico, positiva) – 'que ninguém parece ter qualquer ideia clara sobre o que seja'. A privacidade ganha o sentido de *pessoal*, não necessariamente *secreto*" (BARBOSA, Fernanda Nunes. *Biografias e liberdade de expressão*: critérios para a publicação de histórias de vida. Porto Alegre: Arquipélago, 2016. p. 125-126).

45. LOBO, Paulo. *Direito civil*: parte geral. 10. ed. São Paulo: Saraiva, 2021. p. 242.

46. LOBO, Paulo. *Direito civil*: parte geral. 10. ed. São Paulo: Saraiva, 2021. p. 244.

O STJ, no RHC nº 51.531, entendeu que é violação à intimidade quando o preso em flagrante tem o seu aparelho celular apreendido e o Estado tem acesso aos dados e as mensagens trocadas pelo aplicativo WhatsApp, tornando esses dados semelhantes ao acesso a *e-mails*.

O sigilo abrange as correspondências impressas e eletrônicas, inclusive pelos cônjuges ou companheiros (CR/88, art. 5º XII), admitindo-se interceptações telefônicas com autorização judicial (STF – MS nº 21.279 e RE nº 418.416; STJ – REsp nº 605.687 e REsp nº 1.113.734). O sigilo bancário (expressão do valor patrimonial da pessoa humana) e o sigilo profissional (tutela da privacidade do cliente) não estão acobertados pelo sigilo.[47]

A imagem (CC, art. 20) se refere à reprodução total ou parcial da figura humana, dividida em imagem-retrato (externalidade física ou da imagem externa da própria pessoa humana – efígie – CR, art. 5º, X), cuja divulgação necessita de autorização, e imagem-atributo "conceito público de que a pessoa desfruta, ou externalidade comportamental" (CR/88, art. 5º, V).[48] Na linha dos arts. 12 e 20 do CC brasileiro, o Código Civil argentino de 2014 trata do direito de imagem, inclusive a sua tutela *post mortem*:

> ARTÍCULO 53.– Derecho a la imagen. Para captar o reproducir la imagen o la voz de una persona, de cualquier modo, que se haga, es necesario su consentimiento, excepto en los siguientes casos:
>
> a. que la persona participe en actos públicos;
>
> b. que exista un interés científico, cultural o educacional prioritario, y se tomen las precauciones suficientes para evitar un daño innecesario;
>
> c. que se trate del ejercicio regular del derecho de informar sobre acontecimiento de interés general.
>
> En caso de personas fallecidas pueden prestar el consentimiento sus herederos o el designado por el causante en una disposición de última voluntad. Si hay desacuerdo entre herederos de un mismo grado, resuelve el juez. Pasados veinte años desde la muerte, la reproducción no ofensiva es libre.

Nessa linha, Stefano Rodotà sintetiza os efeitos decorrentes das transformações tecnológicas sobre a privacidade da seguinte forma:

> – passamos por um mundo no qual as informações pessoais estavam substancialmente sob exclusivo controle dos interessados para um mundo de informações *divididas* com uma pluralidade de sujeitos;
>
> – passamos de um mundo no qual a cessão das informações era, em grande parte dos casos, efeito das relações interpessoais, tanto que a forma corrente de violação da privacidade era

---

47. LOBO, Paulo. *Direito civil*: parte geral. 10. ed. São Paulo: Saraiva, 2021. p. 250.
48. LOBO, Paulo. *Direito civil*: parte geral. 10. ed. São Paulo: Saraiva, 2021. p. 252.

a "fofoca", para um mundo no qual a coleta das informações ocorre através de transações abstratas;

– passamos de um mundo no qual o único problema era o do controle do fluxo de informações que *saíam* de dentro da esfera privada em direção ao exterior, para um mundo no qual se torna cada vez mais importante o controle das informações que *entram*, como demonstra a crescente importância assumida pelo direito de não saber, pela atribuição aos indivíduos do poder de recusar interferências em sua esfera privada, como as derivadas da remessa de material publicitário e do marketing direto;

– vivemos em um mundo no qual aumenta o valor agregado das informações pessoais, com uma mudança de paradigma, onde a referência ao valor da pessoa em si e de sua dignidade passou a secundário em relação à transformação da informação em mercadoria;

– vivemos em um mundo no qual se começa a refletir conscientemente sobre o fato de que, até agora, as tecnologias da informação e da comunicação assumiram muito frequentemente as características de tecnologias *sujas*, aproximando-se muito mais dos modelos de tecnologias industriais poluentes, tornando-se fundamental, portanto, favorecer ou impor a introdução no ambiente informativo de tecnologias *limpas*; – vivemos em um mundo no qual as tecnologias da informação e da comunicação contribuíram para tornar cada vez mais sutil a fronteira entre a esfera pública e a esfera privada: a possibilidade de construção livre da esfera privada e do desenvolvimento autônomo da personalidade passaram a ser condições para determinar a efetividade e a amplitude da liberdade na esfera pública.[49]

Na esteira dos ensinamentos de Diogo Leite de Campos, vimos que os direitos patrimoniais do(a) falecido(a) se transmitem com a abertura de sua sucessão, mas o mesmo não se pode dizer com relação aos direitos da personalidade, porque existem situações jurídicas existenciais protegidas *post mortem*.

Esse conjunto de reflexões nos leva à classificação do acervo digital para depois tratarmos da sua transmissibilidade com a morte de seu(sua) titular. A evolução tecnológica, principalmente na segunda metade do século XX e no início do século XXI, admitiu que bens com materialidade física fossem guardados virtualmente, como fotografias, mensagens, depoimentos, *e-mails*, vídeos, comentários e postagens em redes sociais, contas bancárias e de outra categoria com acesso à internet, *flash drives*, HD, celulares, câmeras digitais, entre outros.

O acesso, a catalogação, a seleção e o descarte do acervo digital, destarte, não é um fato simples, a conferir razão a Sérgio Branco: "Em outras palavras, após o surgimento da internet, passou-se a morrer de modo menos definitivo".[50] Este e outros problemas se relacionam com o acervo digital de uma pessoa humana, a ensejar a relevância da discussão sobre o acesso do acervo digital tendo ele valoração econômica (ou não), como procuram tratar os citados projetos de lei.

---

49. RODOTÀ, Stefano. A vida na sociedade da vigilância. A privacidade hoje. *In*: MORAES, Maria Celina Bodin de (Org.). *A vida na sociedade da vigilância*: a privacidade hoje. Rio de Janeiro: Renovar, 2008. p. 127-128.

50. BRANCO, Sérgio. *Memória e esquecimento na internet*. Porto Alegre: Arquipélago, 2017. p. 103.

ACERVO DIGITAL E SUA TRANSMISSÃO SUCESSÓRIA NO BRASIL

O acervo digital é o "conjunto de bens de potencial valor econômico armazenados virtualmente ou virtuais", abarcados pela ideia de herança, uma vez que não há restrição no ordenamento jurídico para esses bens estarem abrangidos na ideia de herança.[51]

É, por conseguinte, suscetível de apropriação ou de utilização econômica e não econômica pelas pessoas humanas e coletivas e entes despersonalizados, sendo classificados como bens imateriais (direitos sobre algo) e móveis (CC, art. 82), de acordo com a literatura jurídica retrocitada. Bens digitais como *sítios eletrônicos*, *músicas*, *filmes*, *livros*, entre outros podem ser transmissíveis por meio da partilha de bem do(a) falecido(a). Por exemplo, sítios eletrônicos podem representar mais da metade do patrimônio de uma pessoa humana ou coletiva.[52]

A classificação acima permite que textos, fotos, arquivos de áudio e outros bens sejam armazenados virtualmente, guardados em *hardware* do usuário ou em provedores contratados por este. Mesmo os arquivos digitais sem conteúdo econômico[53] ou com conteúdo econômico que sejam projeção da privacidade de cada pessoa humana podem ser objeto de acesso a quem herde, desde que o(a) falecido(a), em vida faça uma declaração de vontade expressa por instrumento público ou particular ou por comportamento concludente[54] devidamente comprovado. Caso um dos dois fatores mencionados não ocorra, tais bens serão considerados fora do comércio.

Os bens do(a) falecido(a) armazenados em ambiente virtual em *hard drives* de titularidade proprietária do(a) falecido(a) podem ser transferíveis, já que possuem uma mídia tangível que os contém, qual seja, o *hardware* herdado. Por isso, textos

---

51. COSTA FILHO, Marco Aurélio de Farias. *Patrimônio digital*: reconhecimento e herança. Recife: Nossa Livraria, 2016. p. 30-31.

52. COSTA FILHO, Marco Aurélio de Farias. *Patrimônio digital*: reconhecimento e herança. Recife: Nossa Livraria, 2016. p. 31. Marco Costa Filho alude: "O potencial econômico do acervo digital é inegável. Em pesquisa realizada no período de 8 a 13 de dezembro de 2011, a pedido da empresa de segurança informática McAfee, a MSI Internacional entrevistou 323 consumidores brasileiros sobre o valor financeiro que atribuem aos seus ativos digitais. Foram avaliados downloads de música, memórias pessoais (como fotografias), comunicações pessoais. (e-mails ou anotações), registros pessoais (saúde, finanças e seguros), informações de carreira (currículos, carteiras, cartas de apresentação, contatos de e- mail), passatempos e projetos de criação. criação. Disso constatou-se que: O valor total atribuído pelos brasileiros entrevistados aos arquivos digitais é R\$238.826,00. Os entrevistados indicam que 38% dos seus arquivos digitais são insubstituíveis, o que significa que o valor do seu patrimônio insubstituível é R\$90.754,00 (COSTA FILHO, Marco Aurélio de Farias. *Patrimônio digital*: reconhecimento e herança. Recife: Nossa Livraria, 2016. p. 31-33) (informação retirada do sítio http://web.archive.org/web/20121107035938/http://info.abril.com.br/ftp/Pesquisa-McAfee.pdf. Acesso em: 14 jun. 21).

53. COSTA FILHO, Marco Aurélio de Farias. *Patrimônio digital*: reconhecimento e herança. Recife: Nossa Livraria, 2016. p. 34-35.

54. O comportamento concludente tem por sentido retornar o comportamento que expressa vontade tácita a um modelo negocial. Sobre comportamento concludente veja: PINTO, Paulo Mota. *Declaração tácita e comportamento concludente no negócio jurídico*. Coimbra: Almedina, 1995.

e fotos em acervo digital no computador pessoal do(a) falecido(a) são equivalentes aos álbuns de foto corpóreos armazenados em cômodos de um imóvel.[55]

Diante disso, os arquivos armazenados virtualmente por meio de serviços *on-line*, como no caso do Dropbox, contas de *e-mail* ou de redes sociais, para alguns, são regidos pelos termos de serviços contratados, pois, no direito brasileiro, não há legislação específica para isso.[56]

Na linha de categorização jurídica do acervo digital, importante refletir sobre alguns arquivos digitais específicos, como os *e-books* (livros eletrônicos), com o objetivo de saber se eles compõem o conjunto patrimonial de quem os adquire gratuita ou onerosamente, para, em seguida, fundamentar a constitucionalidade dos referidos projetos de lei.

Se está correta a afirmação de que são os termos de serviços contratados os regedores do acervo digital, os *e-books*, segundo tais termos, como o caso do Kindle, da Amazon, são de titularidade de quem os aliena e, portanto, quem os adquire possui somente a licença de uso do *e-book*, não sendo, destarte, titular proprietário do livro eletrônico, como o é quando adquire um livro impresso.[57] Noutros termos, pelos termos de serviços contratados, os *e-books* não seriam, em nenhuma hipótese, transmitidos a quem sucede a pessoa humana que falece, salvo se os titulares dos *e-books* (quem alienou os livros eletrônicos a quem falece) permitir.

Sérgio Branco, com razão, critica tal entendimento, visto que:

(i) os preços dos *e-books* são, em regra, um pouco menores do que aqueles cobrados pelas editoras pelos livros físicos. Nesse passo, quem adquire livros físicos figura como titular proprietário de tais livros;

(ii) os livros físicos correm o risco de esgotar, porém, os *e-books* nunca esgotam, sendo impossível a exploração econômica de tais *e-books*, caso se mantenha a ideia de licenciamento para quem os adquire;

(iii) o titular da licença pode ter ingerência sobre o *e-book* licenciado, como a Amazon fez, em 2009, ao apagar das plataformas Kindle os livros *A revolução dos bichos* e *1984*, ambos do autor George Orwell. Isso porque tais livros foram adicionados à plataforma Kindle por um terceiro que não tinha direitos sobre a obra, tendo reembolsado os adquirentes da obra. A Amazon, posteriormente, admitiu não ter sido adequado apagar as obras;[58]

---

55. COSTA FILHO, Marco Aurélio de Farias. *Patrimônio digital*: reconhecimento e herança. Recife: Nossa Livraria, 2016. p. 35-36.

56. COSTA FILHO, Marco Aurélio de Farias. *Patrimônio digital*: reconhecimento e herança. Recife: Nossa Livraria, 2016. p. 35-36.

57. BRANCO, Sérgio. *Memória e esquecimento na internet*. Porto Alegre: Arquipélago, 2017. p. 108-109.

58. BRANCO, Sérgio. *Memória e esquecimento na internet*. Porto Alegre: Arquipélago, 2017. p. 109.

(iv) o Supremo Tribunal Federal decidiu que os livros digitais e os suportes próprios de leitura, como ocorre com os livros impressos, são alcançados pela imunidade tributária posta no art. 150, IV, "d", da Constituição Federal de 1988, como se infere dos recursos extraordinários nºs 330.817 e 595.676.[59]

Esse problema está sendo minorado, visto que serviços de disponibilização de conteúdo *on-line* estão migrando de modelos de *download* (como o caso do Kindle) para acesso de obras como fazem o Spotify, o Netflix e o Kindle Unlimited. Nesses casos, a ideia de licença é mais evidente, pois não se paga pela cópia de uma obra, "mas sim para acessar um conjunto de obras, sem a garantia de que uma delas em particular esteja disponível no momento que se espera acessá-la".[60]

Seja o *e-book* titularidade proprietária, seja ele uma licença de uso, ele pode ser transmitido aos herdeiros ou a terceiros, cuja discussão sobre a natureza jurídica do livro eletrônico será discutida em outro artigo.

No ambiente *on-line* a ideia de privacidade se ergue, tendo em vista que o acervo digital de uma pessoa, a saber, perfis em redes sociais, contas de *e-mail*, *blogs*, vídeos, comentários, músicas, videogame e arquivos em plataforma digital, entre outros gera "a expectativa de segredo consideravelmente maior do que aquela de que desfrutamos em nosso ambiente físico".[61]

No mundo virtual existem bens que possuem inequívoco valor econômico e que, por essa razão, compõem o acervo hereditário passível de transmissão aos sucessores do falecido, como bem observa Marco Aurélio de Farias Costa Filho:

> Considerando seu evidente potencial econômico, o acervo digital deve ser considerado na sucessão patrimonial. A aferição de seu valor pode inclusive afetar a legítima destinada aos herdeiros e a parte disponível para ser legada pelo autor da herança. Bens virtuais raros, arquivos armazenados virtualmente potencialmente valiosos para efeitos de propriedade intelectual e até sites ou contas que podem servir como fonte de renda após a morte de seu titular são apenas alguns exemplos de formas de patrimônio que, ainda que não sejam mencionadas em testamento, não devem ser ignoradas pela partilha. Caso contrário, haverá claro prejuízo aos direitos dos herdeiros.[62]

---

59. O Plenário do STF apontou: "O Plenário aprovou, também por unanimidade, duas teses de repercussão geral para o julgamento dos recursos. O texto aprovado no julgamento do RE 330817 foi: A imunidade tributária constante do artigo 150, VI, 'd', da Constituição Federal, aplica-se ao livro eletrônico (*e-book*), inclusive aos suportes exclusivamente utilizados para fixá-lo. Para o RE 595676 os ministros assinalaram que "a imunidade tributária da alínea "d" do inciso VI do artigo 150 da Constituição Federal alcança componentes eletrônicos destinados exclusivamente a integrar unidades didáticas com fascículos" (BRASIL. Supremo Tribunal Federal. STF decide que livros digitais têm imunidade tributária. *STF Notícias*, 8 mar. 2017. Disponível em: http://www.stf.jus.br/portal/cms/verNoticiaDetalhe.asp?idConteudo=337857. Acesso em: 14 jun. 2021).

60. BRANCO, Sérgio. *Memória e esquecimento na internet*. Porto Alegre: Arquipélago, 2017. p. 109-110.

61. BRANCO, Sérgio. *Memória e esquecimento na internet*. Porto Alegre: Arquipélago, 2017. p. 110.

62. COSTA FILHO, Marco Aurélio de Farias. *Patrimônio digital*: reconhecimento e herança. Recife: Nossa Livraria, 2016. p. 70.

Outros bens, contudo, carecem de valor economicamente apreciável, mas cuja medida pode ser aferida por distintos critérios, tais como seu valor estimativo, como é o caso de fotografias ou vídeos.

Ratifica-se que existem bens jurídicos em sentido amplo, como apontado antes por Paulo Lobo (*supra*), que representam a extensão da privacidade do morto, contidos em contas e arquivos digitais como WhatsApp, Facebook, Telegram e congêneres. É exatamente na tutela da privacidade que reside o âmago do presente artigo, porque o implacável avanço tecnológico resulta em radicais transformações nas relações interpessoais, impondo a necessária releitura dos mecanismos de proteção da vida privada, que legitima quem herda seu acesso, se for autorizado em vida pelo(a) falecido(a).

Indiscutivelmente, os bens digitais afetam o pós-morte da pessoa que falece, pois podem levar a um "estado de permanência, para torná-lo praticamente indelével",[63] com a pessoa humana morrendo biologicamente e se mantendo viva no ambiente digital por tempo-espaço indefinido. Nessa senda, a vida virtual de quem falece envolve bens patrimoniais e existenciais.[64]

Por tudo isso, o acervo digital também é tratado por Paulo Lobo como:

As novas tecnologias de informação têm feito emergir bens incorpóreos que transitam entre a extrapatrimonialidade e a patrimonialidade no tráfico jurídico. É o que ocorre com os dados pessoais lançados e transmitidos nas chamadas redes sociais, com as exigências antagônicas de defesa da privacidade e de utilização econômica deles. Um dos problemas emergentes é quanto ao acervo dos dados pessoais (imagens, mensagens, documentos eletrônicos) deixado no ambiente virtual pela pessoa que falece; cogita-se da possibilidade de o usuário escolher um "contato herdeiro" ou "contato de legado", para administrar suas contas após a morte. Assim chamada "herança digital" não tem natureza de sucessão hereditária, segundo os atuais padrões legais, mas sim de legitimação para preservação e guarda da memória do falecido. Sem essa escolha prévia, os dados pessoais, que integram o âmago dos direitos da personalidade, ficam indisponíveis a qualquer pessoa, inclusive a seus herdeiros, os quais estão legitimados apenas a defendê-los em caso de ameaça ou lesão (CC, art. 12). A Lei Geral de Proteção de Dados-LGPD (Lei n. 13.709/2018) não dispôs, explicitamente, sobre essa matéria. Sustenta-se para essa hipótese, doutrinariamente, a incidência do CC, art. 20, que qualifica os herdeiros como legitimados a tomar decisões acerca de situações que possam afetar a personalidade post mortem do indivíduo (Fritz; Mendes, 2019, p. 553). Porém, como legitimação para agir não é direito, essa norma legal não autoriza a sucessão hereditária dos direitos da personalidade, que não se transmitem porque não são bens econômicos, ainda que por essa via legal seja admitido o acesso aos dados pessoais aos familiares, mas não sua

---

63. BARBOZA, Heloisa Helena; ALMEIDA, Vitor. Tecnologia, morte e direito: em busca de uma compreensão sistemática da "herança digital". In: TEIXEIRA, Ana Carolina Brochado; LEAL, Livia Teixeira (Coord.). *Herança digital*: controvérsias e alternativas. Indaiatuba: Foco, 2021. *E-book*. p. 10.
64. BARBOZA, Heloisa Helena; ALMEIDA, Vitor. Tecnologia, morte e direito: em busca de uma compreensão sistemática da "herança digital". In: TEIXEIRA, Ana Carolina Brochado; LEAL, Livia Teixeira (Coord.). *Herança digital*: controvérsias e alternativas. Indaiatuba: Foco, 2021. *E-book*. p. 11.

utilização como se titulares fossem. No exterior, o tribunal superior da Alemanha, em 2018 (caso BGH III ZR 183/17) obrigou o Facebook a liberar aos pais o acesso à conta de uma adolescente falecida aos quinze anos, bloqueada por aquele como "memorial", sob argumento de tutelar a privacidade do usuário. Para o tribunal o contrato de consumo celebrado entre a adolescente e o Facebook fora transmitido aos pais, que passaram a ocupar a posição contratual e os respectivos direitos dela.[65]

Têm razão Ana Carolina Brochado e Livia Leal quando indagam:

> Se as repercussões desses novos bens durante a vida dos seus titulares ainda carecem de estudos, o que dirá seus efeitos post mortem. O ponto de partida dessa reflexão é a tarefa de delimitar o acervo transmissível pelas regras do direito sucessório: todos os dados se transmitem ou apenas aqueles com natureza patrimonial ou dúplice? É dado aos herdeiros conhecer todas as situações jurídicas digitais nas quais o titular da herança está inserido ou faz-se necessário redimensionar a ideia de privacidade, projetando-a para uma tutela post mortem?[66]

Desse modo, há uma corrente que não admite a transmissibilidade do acervo digital lastreada na tutela da privacidade, como alude Marco Costa Filho:

> A lei consolida a privacidade dos dados armazenados, fortalecendo a corrente jurisprudencial que não concede aos herdeiros acesso ao acervo digital deixado, no caso de não haver disposição de última vontade do de cujus nesse sentido. Trata-se de corrente que privilegia a inviolabilidade e sigilo das informações em prejuízo do direito dos herdeiros, fundamentando-se não só no recente marco civil da internet, mas também na garantia constitucional referente à intimidade e vida privada (art. 5, inc. X, da CF). Nota-se, por outro lado, que a aprovação do PL 4099/2012 iria de encontro a tal corrente, visto que estenderia o direito de saisine à totalidade do acervo digital, independentemente de manifestação do autor da herança.
>
> Como ainda será exposto, diversos dispositivos presentes em termos de serviço proíbem a transmissão do conteúdo armazenado virtualmente após a morte do titular (outra tendência em clara oposição ao proposto pelo referido projeto de lei). Os componentes do acervo digital analisados no presente trabalho (músicas, livros, e – mails, perfis em redes sociais ou jogos on-line, entre outros) são, em regra, regidos por contratos de adesão que podem limitar as possibilidades de transferência de conteúdo ou conta.[67]

Por isso existem diversas causas judiciais nas quais herdeiros(as) de quem falece queriam acessar o acervo digital do(a) falecido(a) e foram impedidos(as), por exemplo, pelo Facebook e similares; ou tais redes sociais compilavam fotos postadas pelo(a) usuário(a) e, em seguida, realizava retrospectiva com tal material mesmo após a morte do(a) usuário(a). Isso levou o Facebook e a Google a colocarem um campo denominado "herdeiros digitais" ou "gerenciador de contas

---

65. LOBO, Paulo. *Direito civil*: sucessões. 7. ed. São Paulo: Saraiva, 2021. p. 61-62.
66. TEIXEIRA, Ana Carolina Brochado; LEAL, Livia Teixeira. Apresentação. *In*: TEIXEIRA, Ana Carolina Brochado; LEAL, Livia Teixeira (Coord.). *Herança digital*: controvérsias e alternativas. Indaiatuba: Foco, 2021. *E-book*. p. 7.
67. COSTA FILHO, Marco Aurélio de Farias. *Patrimônio digital*: reconhecimento e herança. Recife: Nossa Livraria, 2016. p. 39-41.

inativas", para que o(a) titular da conta informasse se alguém poderia gerir a conta da rede social após o seu falecimento e o nomeasse.[68]

Nessa linha, a literatura jurídica[69] tem tratado do tema, até porque é possível que os interesses dos(as) herdeiros(as) colidam com o de quem falece, como se infere da proteção de sua privacidade, representando a extensão de sua personalidade. De fato, não raro são os(as) próprios(as) sucessores(as) de quem falece que violam a privacidade pelo uso indevido dos dados pessoais do *de cujus*, seja se apropriando de seus *e-mails* pessoais, seja perscrutando sua intimidade através da leitura de conversas em dispositivos como o WhatsApp ou Telegram.

Como se vê, não obstante a improvidência do legislador na escolha dos(as) legitimados(as) a reclamar a proteção da personalidade do morto, é fato que existe em nosso sistema jurídico proteção expressa da privacidade do(a) autor(a) da herança, em especial no que se refere ao conteúdo de suas contas e arquivos digitais.

Trata-se de inequívoca salvaguarda dos bens imateriais, cujos efeitos econômicos, podem compor o acervo hereditário objeto da sucessão. Por conseguinte, impositiva a distinção entre bens suscetíveis e insuscetíveis de apreciação econômica componentes do acervo hereditário.

Arquivos e contas digitais que tenham ou possam ter caráter econômico e (ou) difusão pública, como Skype, contas bancárias, *blogs*, livros digitais, colunas em sítios ou jornais, entre outros, são bens imateriais transmissíveis e, portanto, já estão abarcados pelo art. 1.788 do CC. Eventuais conflitos entre os herdeiros e o(a) cônjuge ou companheiro(a) sobrevivente, ou legatários ou terceiros sobre as mencionadas contas ou arquivos digitais transmissíveis de titularidade do(a) autor(a) da herança poderão ser dirimidos judicialmente ou extrajudicialmente, como ocorre com todos os bens que compõem a herança.

Os arquivos e (ou) as contas digitais como *WhatsApp, Telegram, Facebook, Instagram, "nuvens" de arquivos (ex.: Dropbox), senha de telefones celulares ou fixos, Twiter, e-mails*, entre outros, são bens imateriais intransmissíveis, pois são extensões da privacidade do(a) autor(a) da herança. O acesso a estes bens pode ser

---

68. BRANCO, Sérgio. *Memória e esquecimento na internet*. Porto Alegre: Arquipélago, 2017. p. 104-107.
69. Veja: TEIXEIRA, Ana Carolina Brochado; LEAL, Livia Teixeira (Coord.). *Herança digital*: controvérsias e alternativas. Indaiatuba: Foco, 2021. *E-book*; COSTA FILHO, Marco Aurélio de Farias. *Patrimônio digital*: reconhecimento e herança. Recife: Nossa Livraria, 2016; SPAGNOL, Débora. A destinação do patrimônio virtual em caso de morte ou incapacidade do usuário: "herança digital". *Jusbrasil*, 2017. Disponível em: https://deboraspagnol.jusbrasil.com.br/artigos/426777341/a-destinacao-do-patrimonio--virtual-em-caso-de-morte-ou-incapacidade-do-usuario-heranca-digital?ref=topic_feed. Acesso em: 9 jun. 2021; BOSSO, Roseli Aparecida Casarini. A herança digital na nuvem. *Crimes Pela Internet*. Disponível em: http://crimespelainternet.com.br/a-heranca-digital-na-nuvem/. Acesso em: 9 jun. de 2021; ATHENIENSE, Alexandre. Herança digital já chegou ao Brasil. *Jusbrasil*, 2011. Disponível em: https://alexandre-atheniense.jusbrasil.com.br/noticias/2986795/heranca=-digital-ja-chegou-ao-brasil?ref-topic_feed. Acesso em: 9 jun. 2021.

aceito se o(a) autor(a) da herança autorizasse por testamento ou de outra forma em vida que um ou mais herdeiros, cônjuge ou companheiro(a) sobrevivente, legatário(a) ou terceiro pudessem custodiar e (ou) acessar integralmente ou parcialmente tais arquivos e contas digitais. Eventuais conflitos entre os herdeiros e o(a) cônjuge ou companheiro(a) sobrevivente, ou legatários e ou terceiros sobre as mencionadas contas ou arquivos digitais intransmissíveis e de titularidade do(a) autor(a) da herança ou transmitidas por ele a outrem poderão ser dirimidos judicialmente ou extrajudicialmente.

Thamis Castro apresenta profundo trabalho sobre os bons costumes no direito civil brasileiro, tratando, também, da ideia de eficácias das situações jurídicas subjetivas existenciais ou dúplices. Desse modo, o que tratamos como liberdades, neste artigo, a autora denomina de situações jurídicas subjetivas existenciais ou dúplices, as quais ela categoriza como:

> (i) *situações de eficácia pessoal*, cujos efeitos jurídicos do ato de autonomia não alteram a esfera jurídica alheia de modo a representar lesão ou ameaça de lesão a direitos de outrem; (ii) *situações de eficácia interpessoal*, que ocorrem quando os efeitos gerados pelo ato de autonomia ultrapassam a esfera jurídica de seu titular e atingem pessoas que podem concretamente ser identificas provocando lesão ou ameaça de lesão a interesses juridicamente tutelados; e (iii) *situações de eficácia social*, configuradas quando os efeitos do ato de autonomia produzem lesão ou ameaça de lesão à coletividade, ou seja, a um número não identificado de pessoas.[70][71]

Essa divisão se projeta no pós-morte de quem falece e circunscreve os limites e as possibilidades de transmissão os efeitos econômicos e de acesso a quem herda do(a) titular do acervo digital, como afirmou Paulo Lobo:

> não tem natureza de sucessão hereditária, segundo os atuais padrões legais, mas sim de legitimação para preservação e guarda da memória do falecido. Sem essa escolha prévia, os dados pessoais, que integram o âmago dos direitos da personalidade, ficam indisponíveis a qualquer pessoa, inclusive a seus herdeiros, os quais estão legitimados apenas a defendê-los em caso de ameaça ou lesão (CC, art. 12). A Lei Geral de Proteção de Dados-LGPD (Lei n. 13.709/2018) não dispôs, explicitamente, sobre essa matéria. Sustenta-se para essa hipótese, doutrinariamente, a incidência do CC, art. 20, que qualifica os herdeiros como legitimados a tomar decisões acerca de situações que possam afetar a personalidade post mortem do indivíduo (Fritz; Mendes, 2019, p. 553). Porém, como legitimação para agir não é direito, essa norma legal não autoriza a sucessão hereditária dos direitos da personalidade, que não se transmitem porque não são bens econômicos, ainda que por essa via legal seja admitido o

---

70. CASTRO, Thamis Dalsenter Viveiros de. *Bons costumes no direito civil brasileiro*. Coimbra: Almedina, 2017. p. 27-28.

71. Sobre a teoria das esferas do direito da personalidade veja LOBO, Paulo. *Direito civil*: parte geral. 10. ed. São Paulo: Saraiva, 2021. p. 250; e das camadas RODRIGUES JUNIOR, Otavio Luiz. O direito ao nome, à imagem e outros relativos à identidade e à figura social, inclusive a intimidade. In: SIMÃO, José Fernando; BELTRÃO, Silvio Romero (Org.). *Direito civil*: estudos em homenagem a José de Oliveira Ascensão. São Paulo: Atlas, 2015. v. 2. p. 10-11.

acesso aos dados pessoais aos familiares, mas não sua utilização como se titulares fossem. No exterior, o tribunal superior da Alemanha, em 2018 (caso BGH III ZR 183/17) obrigou o Facebook a liberar aos pais o acesso à conta de uma adolescente falecida aos quinze anos, bloqueada por aquele como "memorial", sob argumento de tutelar a privacidade do usuário. Para o tribunal o contrato de consumo celebrado entre a adolescente e o Facebook fora transmitido aos pais, que passaram a ocupar a posição contratual e os respectivos direitos dela.[72]

Com base nesta construção é que serão analisados os PLS, juntamente com os pressupostos epistemológicos advindos da resposta adequada à Constituição (RAC) e do direito civil na legalidade constitucional (DCLC), como se passa a expor no tópico a seguir.

3. PRESSUPOSTOS PARA O DIÁLOGO ENTRE A RAC E O DIREITO CIVIL NA LEGALIDADE CONSTITUCIONAL

A resposta adequada à Constituição (RAC) tem por pressuposto filosófico a possibilidade de se discutir a verdade construída intersubjetivamente no âmbito de cada caso concreto em que o direito incide, negando-se um poder discricionário a quem decide.[73]

Nosso *prius* é a possibilidade de existência de uma resposta correta para cada problema posto para o direito resolver, a evitar

uma teoria que defende a discricionariedade, nenhuma das partes tem realmente direito a algo, devendo o Judiciário reconhecer esse direito por meio da melhor interpretação, mas que o direito é puramente dependente da interpretação que o juiz fizer (DWORKIN, 2002, p. 502).[74] E isso não é democrático, porque desloca o polo de sentido do Direito em direção à discricionariedade judicial.[75]

Nesse contexto, qualquer decisão que envolva o direito não pode se basear em subjetividades de quem decide e sim identificar no decidir

uma melhor explicação filosófica para o fenômeno do Direito, Dworkin (2005, p. 235) demonstra como ele mobiliza a identificação das práticas jurídicas com sua leitura sob a melhor luz, atendendo na decisão a uma adequação institucional e a uma melhor justificativa substantiva.[76]

---

72. LOBO, Paulo. *Direito civil*: sucessões. 7. ed. São Paulo: Saraiva, 2021. p. 61-62.
73. STRECK, Lenio Luiz. Resposta adequada à Constituição (resposta correta). *In*: STRECK, Lenio Luiz. *Dicionário de hermenêutica*: 50 verbetes fundamentais de acordo com a crítica hermenêutica do direito. 2. ed. Belo Horizonte: Letramento, 2021. p. 401.
74. DWORKIN, Ronald. *Levando os direitos a sério*. Tradução e notas de Nelson Boeira. São Paulo: Martins Fontes, 2002.
75. STRECK, Lenio Luiz. Resposta adequada à Constituição (resposta correta). *In*: STRECK, Lenio Luiz. *Dicionário de hermenêutica*: 50 verbetes fundamentais de acordo com a crítica hermenêutica do direito. 2. ed. Belo Horizonte: Letramento, 2021. p. 401-402.
76. STRECK, Lenio Luiz. Resposta adequada à Constituição (resposta correta). *In*: STRECK, Lenio Luiz. *Dicionário de hermenêutica*: 50 verbetes fundamentais de acordo com a crítica hermenêutica do direito. 2. ed. Belo Horizonte: Letramento, 2021. p. 402.

Explica Dworkin:

[...] qualquer juiz obrigado a decidir uma demanda descobrirá, se olhar nos livros adequados, registros de muitos casos plausivelmente similares, decididos há décadas ou mesmo séculos por muitos outros juízes, de estilos e filosofias judiciais e políticas diferentes, em períodos nos quais o processo e as convenções judiciais eram diferentes. Ao decidir o novo caso, cada juiz deve considerar-se como um complexo empreendimento em cadeia, do qual essas inúmeras decisões, estruturas, convenções e práticas são a história; é seu trabalho continuar essa história no futuro por meio do que ele faz agora. Ele deve interpretar o que aconteceu antes porque tem a responsabilidade de levar adiante a incumbência que tem em mãos e não partir em alguma nova direção. Portanto, deve determinar, segundo seu próprio julgamento, o motivo das decisões anteriores, qual realmente é, tomando como um todo, o propósito ou o tema da prática até então.[77]

Desse modo, o direito não é uma prática jurídica convencional, pois não se legitima por um teste de *pedigree* nem por um viés voluntarista, nos quais a opinião de quem decide é determinante para o decidir, como se fosse "uma espécie de 'direito sem direitos' em que tudo é negociável a cada momento".[78] Alude Lenio Streck:

Cada juiz se posiciona na história institucional, devendo interpretar o que aconteceu e dar-lhe continuidade da melhor maneira possível. Cada tomada de decisão deve se articular ao todo coerente do Direito, mantendo uma consistência com os princípios constitutivos da comunidade. Dworkin se compromete com decisões judiciais corretas através da coerência e integridade normativas.

Nesse sentido, correta a observação de Horácio Neiva (2016a): se o modelo proposto por Dworkin é o Direito como integridade, é este modelo que irá determinar o exato impacto das escolhas institucionais no conteúdo do Direito. As doutrinas dos precedentes e da supremacia legislativa não determinam sozinhas o conteúdo do Direito, ou o significado de uma parcela da prática para este conteúdo, já que elas próprias são parte dessa prática. O texto claro de uma norma deve ser aplicado pelos juízes (isto é, em casos como esses, eles devem reconhecer que o texto claro da lei equivale ao Direito aplicável ao caso) não em virtude da supremacia legislativa, mas da relevância dada a essa supremacia dentro do modelo da integridade. É por conta disso que Dworkin afirma que se um juiz pretendesse ignorar a supremacia legislativa e o precedente estrito sempre que ignorar essas doutrinas permitisse que ele melhorasse a integridade do Direito, julgada apenas como uma questão de substância, então ele teria violado a integridade global [*overall*].[79]

Em poucas palavras: decisão sobre o direito jamais será uma escolha (razão prática), porque: "Respostas de escolha são respostas parciais; respostas de decisão são respostas totais, nas quais entra em jogo a existência inteira".[80]

---

77. DWORKIN, Ronald. *Uma questão de princípio*. Tradução de Luis Carlos Borges. 2. ed. São Paulo: Martins Fontes, 2005. p. 235.
78. STRECK, Lenio Luiz. Resposta adequada à Constituição (resposta correta). *In*: STRECK, Lenio Luiz. *Dicionário de hermenêutica*: 50 verbetes fundamentais de acordo com a crítica hermenêutica do direito. 2. ed. Belo Horizonte: Letramento, 2021. p. 402.
79. STRECK, Lenio Luiz. Resposta adequada à Constituição (resposta correta). *In*: STRECK, Lenio Luiz. *Dicionário de hermenêutica*: 50 verbetes fundamentais de acordo com a crítica hermenêutica do direito. 2. ed. Belo Horizonte: Letramento, 2021. p. 402-403.
80. STRECK, Lenio Luiz. Resposta adequada à Constituição (resposta correta). *In*: STRECK, Lenio Luiz. *Dicionário de hermenêutica*: 50 verbetes fundamentais de acordo com a crítica hermenêutica do direito. 2. ed. Belo Horizonte: Letramento, 2021. p. 404.

Quem decide sobre o direito – e isso se aplica às decisões privadas e públicas (Executivo, Legislativo e Judiciário), na linha integrativa de Dworkin ou hermenêutico-filosófica de Streck (crítica hermenêutica do direito – CHD) – "efetua *a* interpretação, uma vez que decide – e não escolhe – quais os critérios de ajuste e substância (moralidade) que estão subjacentes ao caso concreto analisado".[81] Por isso, são necessários critérios para uma resposta adequada à Constituição.[82]

A RAC não é uma emulação acrítica da ideia de Dworkin sobre uma resposta correta, haja vista as diferenças entre os sistemas jurídicos do *common law* e da *civil law*, bem como se fulcra na hermenêutica filosófica gadameriana, sem desconsiderar que a construção de Dworkin que também se faz presente no soerguimento da RAC. Isso porque o direito é um fenômeno interpretativo.[83]

A resposta adequada à Constituição demanda fundamentação da síntese hermenêutica advinda da *applicatio*,[84] *concretização* do conhecimento, interpretação

---

81. STRECK, Lenio Luiz. Resposta adequada à Constituição (resposta correta). *In*: STRECK, Lenio Luiz. *Dicionário de hermenêutica*: 50 verbetes fundamentais de acordo com a crítica hermenêutica do direito. 2. ed. Belo Horizonte: Letramento, 2021. p. 404.

82. STRECK, Lenio Luiz. Resposta adequada à Constituição (resposta correta). *In*: STRECK, Lenio Luiz. *Dicionário de hermenêutica*: 50 verbetes fundamentais de acordo com a crítica hermenêutica do direito. 2. ed. Belo Horizonte: Letramento, 2021. p. 404.

83. STRECK, Lenio Luiz. Resposta adequada à Constituição (resposta correta). *In*: STRECK, Lenio Luiz. *Dicionário de hermenêutica*: 50 verbetes fundamentais de acordo com a crítica hermenêutica do direito. 2. ed. Belo Horizonte: Letramento, 2021. p. 405.

84. A *applicatio* vai de encontro à cisão do momento interpretativo *"subtilitas intelligendi, subtilitas explicandi e subtilitas applicandi* (primeiro conheço, depois interpreto e só depois aplico)" com Gadamer afirmando que sempre aplicamos, sendo impossível reproduzir sentidos. "E é por isso que não se pode mais falar em *Auslegung* – extrair sentido –, e, sim, em *Sinngebung* – atribuir sentido. O processo hermenêutico é sempre produtivo (afinal, nunca nos banhamos na mesma água do rio) [...] A *applicatio* tem direta relação com a pré-compreensão (*Vorverstandnis*). Há sempre um sentido antecipado. Não há grau zero de sentido. Assim, pode-se dizer que nem o texto é tudo e nem o texto é um nada. Por exemplo: nem a lei escrita é tudo; mas não se pode dizer que este texto (lei escrita) não tem valor ou importância para o intérprete. E, importante, textos, aqui, devem ser entendidos como eventos. Gadamer não deve ser entendido como um filólogo. A hermenêutica é universal. Todos os objetos, atos etc. são textos. E sempre são interpretados. Mas isso nunca ocorre no vácuo: quem quer compreender um texto deve deixar que o texto lhe diga algo. *Applicatio* quer dizer que desde sempre já estou operando com esse conjunto de elementos e categorias que me levam à compreensão. Mesmo quando raciocino com exemplos abstratos, estou aplicando. [...] A *applicatio* é a norma(tização) do texto jurídico. A Constituição, por exemplo, será, assim, o resultado da sua interpretação (portanto, de sua compreensão como Constituição), que tem o seu acontecimento (*Ereignis*) no ato aplicativo, concreto, produto da intersubjetividade dos intérpretes, que emerge da complexidade das relações sociais. A interpretação não é um ato posterior e ocasionalmente complementar à compreensão. Antes, compreender é sempre interpretar, e, por conseguinte, a interpretação é a forma explícita da compreensão. Relacionado com isso está também o fato de que a linguagem e a conceptualidade da interpretação foram reconhecidas como um momento estrutural interno da compreensão: com isso o problema da linguagem que ocupava uma posição ocasional e marginal passa a ocupar o centro da filosofia [...] Já sempre estamos operando nesse mundo, que somente nos é acessível pela linguagem e na linguagem. Assim, para a possibilidade de uma hermenêutica jurídica é essencial que a lei vincule por igual a todos os membros da comunidade jurídica. Porque a lei é uma representação do que ocorre na linguagem pública, isto é, na intersubjetividade. Ela é que deve constranger o intérprete. Ela é a 'coisa' na qual baterá a subjetividade do intérprete. Deixemos que o texto nos fale. É evidente que não será qualquer texto. E a 'coisa' contra a qual baterá a subjetividade não é qualquer 'coisa', isto é, não é qualquer

e aplicação, que não mais se separam no momento da atividade interpretativa, porque se compreende para interpretar, como dizia Gadamer. A RAC trabalha com a coerência e com a integridade[85] para conter a contingência do direito, afastando-se de vieses relativistas e discricionários.[86]

Dessa maneira, tem razão Gadamer ao afirmar que: "uma interpretação é correta quando ninguém se pergunta sobre o sentido atribuído a algo"; "toda a interpretação correta deve guardar-se da arbitrariedade dos chutes e do caráter limitado dos hábitos mentais inadvertidos, de maneira a voltar-se às coisas mesmas"; e "a constante tarefa de compreender consiste em elaborar projetos corretos, adequados às coisas, ou seja, ousar hipóteses que só devem ser confirmadas nas coisas mesmas".[87] Não há liberdade ante o texto, com a interpretação estando vinculada ao texto, mas sem nele se esgotar.[88]

---

intersubjetividade. Apenas aquela que atende à tradição autêntica (ver o verbete 'Solipsismo'). A tarefa da interpretação consiste em concretizar a lei em cada caso, ou seja, é tarefa da aplicação, lócus em que se manifestam os sentidos jurídicos. O intérprete não constrói o texto, a coisa; mas também não será um mero reprodutor. A *applicatio* é esse espaço que o intérprete terá para atribuir o sentido. É o espaço de manifestação do sentido. *Applicatio* quer dizer que, além de não interpretarmos por partes, em fatias, também não interpretamos *in abstrato*. Quando nos deparamos com um texto jurídico (uma lei), vamos compreendê-lo a partir de alguma situação, concreta ou imaginária" (STRECK, Lenio Luiz. Applicatio. In: STRECK, Lenio Luiz. *Dicionário de hermenêutica*: 50 verbetes fundamentais de acordo com a crítica hermenêutica do direito. 2. ed. Belo Horizonte: Letramento, 2021. p. 17-19).

85. Como a resposta correta advém da divergência gerada na dimensão interpretativa do fenômeno jurídico com o objetivo de indicar a melhor interpretação possível para a resolução da controvérsia. A melhor interpretação é aquela a qual "articule coerentemente todos os seus elementos (regras, princípios, precedentes etc.) a fim de que a decisão particular se ajuste ao valor que é a sua razão de ser. Dito de outro modo, a divergência é resolvida com a melhor justificação". A coerência e a integridade se encontram no bojo da igualdade, com os casos sendo julgados com igual consideração: "Analiticamente, pode-se dizer que: a. coerência liga-se à consistência lógica que o julgamento de casos semelhantes deve guardar entre si. Trata-se de um ajuste que as circunstâncias fáticas que o caso deve guardar com os elementos normativos que o Direito impõe ao seu desdobramento; b. integridade é a exigência de que os juízes construam seus argumentos de forma integrada ao conjunto do Direito, numa perspectiva de ajuste de substância. A integridade traz em si um aspecto mais valorativo/moral enquanto a coerência seria um *modus operandi*, a forma de alcançá-la [...] A ideia nuclear da coerência e da integridade é a concretização da igualdade. A melhor interpretação do valor igualdade deverá levar em conta a convivência com um valor igualmente relevante e que deve ser expresso em sua melhor interpretação: a liberdade. Por isso, o lobo não pode ter 'liberdade' de matar o cordeiro; eu não tenho 'liberdade' para matar alguém. A liberdade também funciona como um conceito interpretativo. Na construção do meu direito à liberdade, a igualdade já está envolvida e vice-versa. A correta concepção de um conceito informa o significado da outra de forma coerente e interajustada. [...] A integridade também quer dizer: fazer da aplicação do Direito um 'jogo limpo' (*fairness* – que também quer dizer: tratar a todos os casos equanimemente)" (STRECK, Lenio Luiz. Coerência e integridade. In: STRECK, Lenio Luiz. *Dicionário de hermenêutica*: 50 verbetes fundamentais de acordo com a crítica hermenêutica do direito. 2. ed. Belo Horizonte: Letramento, 2021. p. 41-43).

86. STRECK, Lenio Luiz. Resposta adequada à Constituição (resposta correta). In: STRECK, Lenio Luiz. *Dicionário de hermenêutica*: 50 verbetes fundamentais de acordo com a crítica hermenêutica do direito. 2. ed. Belo Horizonte: Letramento, 2021. p. 405-406.

87. GADAMER, Hans-Georg. *Verdade e método I*: traços fundamentais de uma hermenêutica filosófica. Tradução de Flávio Paulo Meuer. 12. ed. Petrópolis: Vozes, 2012.

88. STRECK, Lenio Luiz. Resposta adequada à Constituição (resposta correta). In: STRECK, Lenio Luiz. *Dicionário de hermenêutica*: 50 verbetes fundamentais de acordo com a crítica hermenêutica do direito. 2. ed. Belo Horizonte: Letramento, 2021. p. 407.

Quem decide, portanto, independentemente do que pensa sobre o direito, deve exarar decisões íntegras com o direito daquela sociedade, podendo-se diferenciar decisões corretas das incorretas, com os princípios[89] jurídicos combinando com objetivos políticos no intuito de elaboração de respostas coerentes com o direito positivo, a ensejar legitimidade à decisão.[90]

A legitimidade democrática de uma decisão jurídica passa por duas vertentes: (i) advir de um procedimento constitucional garantidor da participação moral (dimensão substantiva) dos(as) envolvidos(as); (ii) fundamentação intersubjetiva sem descolamento do texto, sem nele se circunscrever ao texto e que ratifique a coerência e a integridade (Código de Processo Civil – CPC, arts. 489 e 926), a concretizar a responsabilidade decisória como virtude.[91] Evitam-se, com isso, decisões casuísticas (*ad hoc*).[92]

Há, por conseguinte, um direito fundamental à RAC, cuja "decisão ultrapassa o raciocínio causal-explicativo, porque busca no *ethos* principiológico a fusão de horizontes[93] demandada pela situação que se apresenta".[94] Explica Lenio:

---

89. Princípios tidos como padrão moral público compartilhado de comportamento de determinada comunidade (alteridade) em um dado momento histórico, que respeita e problematiza a tradição institucional daquela comunidade de forma íntegra e coerente, não se tornando os princípios cláusulas abertas ou de fechamento de lacuna do sistema, mas sim um prático "fechamento hermenêutico, isto é, não vinculam nem autorizam o intérprete desde fora, mas justificam a decisão no interior da prática interpretativa que define e constitui o direito". Toda regra contém um princípio, muitas vezes o da igualdade. A aplicação de um princípio jurídico "deve vir acompanhada de uma detalhada justificação, *ligando-se a uma cadeia significativa*, de onde se possa retirar a generalização principiológica minimamente necessária para a continuidade decisória, sob pena de cair em decisionismo, em que cada juiz tem o seu próprio conceito [...] a aplicação do princípio para justificar determinada exceção não quer dizer que, em uma próxima aplicação, somente se poderá fazê-lo a partir de uma absoluta similitude fática. Isso seria congelar as aplicações. O que é importante em uma aplicação desse quilate é *exatamente o princípio que dele se extrai*, porque é por ele que se estenderá/generalizará a possibilidade para outros casos, em que as circunstâncias fáticas demonstrem a necessidade da aplicação do princípio para justificar uma nova exceção. Tudo isso formará uma cadeia significativa, forjando uma tradição, de onde se extrai a integridade e a coerência do sistema jurídico. Esse talvez seja o segredo da aplicação principiológica". A distinção entre regra e princípio não pode ser estrutural, como faz Alexy – regra como mandado de definição e princípio como mandado de otimização – pois, no viés hermenêutico, a distinção estrutural não resolve o problema da concretização, porque os princípios somente se apresentam se a subsunção das regras ao caso não resolverem a questão. "Para que um princípio tenha obrigatoriedade, ele não pode se desvencilhar da democracia, que se dá por enunciados jurídicos concebidos como regras" (STRECK, Lenio Luiz. *Verdade e consenso*. 6. ed. São Paulo: Saraiva, 2017. *E-book*, item 5.2.3 – A diferença entre regras e princípios para além das cisões/distinções estruturais).

90. STRECK, Lenio Luiz. Resposta adequada à Constituição (resposta correta). *In*: STRECK, Lenio Luiz. *Dicionário de hermenêutica*: 50 verbetes fundamentais de acordo com a crítica hermenêutica do direito. 2. ed. Belo Horizonte: Letramento, 2021. p. 407-408.

91. MOTTA, Francisco José Borges. *Ronald Dworkin e a decisão jurídica*. 3. ed. Salvador: JusPodivm, 2021. p. 258.

92. STRECK, Lenio Luiz. Resposta adequada à Constituição (resposta correta). In: STRECK, Lenio Luiz. *Dicionário de hermenêutica*: 50 verbetes fundamentais de acordo com a crítica hermenêutica do direito. 2. ed. Belo Horizonte: Letramento, 2021. p. 408.

93. O horizonte para Gadamer "é o âmbito de visão que abarca e encerra tudo que é visível a partir de um determinado ponto" (GADAMER, Hans-Georg. *Verdade e método I*: traços fundamentais de uma hermenêutica

filosófica. Tradução de Flávio Paulo Meuer. 12. ed. Petrópolis: Vozes, 2012. p. 399). Nessa linha, "a distância temporal é um importante elemento hermenêutico para uma melhor – e diferente – compreensão das coisas, que resulta justamente do contato do texto com novos horizontes históricos que são posteriores ao de sua produção e que produziram as capas que vão sendo sedimentadas [...] O ponto de inflexão, portanto, não é teórico-abstrato, mas prático-concreto, ligado à realidade de em que se busca a inspiração e para onde convergem as possibilidades abertas pela conversação, em que está em jogo não o exato, mas o contingente, o mutável e o variável, próprio do acontecer humano na sociedade. A isso Gadamer vai denominar 'fusão de horizontes', termo chave na sua léxica. O filósofo esclarece que '[...] ter horizontes significa não estar limitado ao que há de mais próximo, mas poder ver para além disso.' A pessoa que possui horizontes, portanto, '[...] sabe valorizar corretamente o significado de todas as coisas que pertencem ao horizonte, no que concerne a proximidade e a distância, a grandeza e a pequenez.' Disso resulta que '[...] a elaboração da situação hermenêutica significa então a obtenção do horizonte de questionamento correto para as questões que se colocam à frente da tradição.' Em razão disso, o entendimento é sempre uma 'fusão de horizontes', ou seja, um horizonte pode sempre ser colocado em contato com outro, sem obliterá-lo, mas fundindo-se com ele. Nessa lógica, o entendimento não é o ato de um sujeito ativo que projeta um significado sobre um objeto inerte, morto. Pelo contrário, presente e passado tem horizontes que podem ser juntados produtivamente, ou seja, a visão global do passado faz uma declaração, por meio do texto, no presente. Desse modo, o evento do entendimento representa uma negação e uma afirmação do presente e do passado. Com o termo fusão de horizontes, Gadamer pretende demonstrar que o ponto não é o obscurecimento do horizonte do passado. Seria, na verdade, mostrar como esse horizonte foi adotado e pode ser expandido no presente. [...] A tarefa hermenêutica consiste então, explica o mestre alemão, em não ocultar esta tensão em uma assimilação ingênua, e sim em desenvolvê-la conscientemente. Por esta razão é que o comportamento hermenêutico está obrigado a projetar um horizonte histórico que se distinga do presente. A consciência histórica é consciente de sua própria alteralidade e por isto destaca o horizonte da tradição com respeito a si próprio. [...] Toda a compreensão hermenêutica pressupõe uma inserção no processo de transmissão da tradição. Há um movimento antecipatório da compreensão, cuja condição ontológica é o círculo hermenêutico, que nos liga à tradição em geral e à do nosso objeto de interpretação em particular. Deste ponto Gadamer fala de um novo significado de círculo hermenêutico a partir de Heidegger: a estrutura circular da compreensão manteve-se sempre, na teoria anterior, dentro do marco de uma relação formal entre o individual e o global ou seu reflexo subjetivo: a antecipação intuitiva do conjunto e sua explicitação posterior no caso concreto. Segundo esta teoria, o movimento circular no texto era oscilante e ficava superado na plena compreensão do próprio texto. A teoria da compreensão culminava em um ato adivinhatório que dava acesso direto ao autor e a partir daí expungia do texto tudo o que era estranho e chocante. Contrariamente a isto, Heidegger reconhece que a compreensão do texto está determinada permanentemente pelo movimento antecipatório da pré-compreensão. Portanto, no contexto gadameriano, o termo horizonte amplia a concepção da linguagem vista como um mero instrumento para realizar a comunicação, e passa a conceber a linguagem, como condição de possibilidade, como o próprio meio pelo qual se pode ver o mundo. A fusão de horizontes pressupõe a tradição (entrega de algo). De que modo, no âmbito jurídico, é feita a entrega do passado, mormente se considerarmos que o passado está eivado de tradições autoritárias, desrespeito à democracia e refém de um imaginário refratário ao giro ontológico-linguístico? A fusão de horizontes, neste caso, exige rupturas paradigmáticas. Fusão de horizontes implica poder olhar o que é novo e compreendê-lo como novo. E ter as condições para evitar que o que é velho (inautêntico, não verdadeiro) obscureça as possibilidades transformadoras do novo (por exemplo, entra aqui o papel do Constitucionalismo Contemporâneo). A problemática relacionada ao conceito de princípio pode ser um bom exemplo para entender o sentido da fusão de horizontes. Se ainda hoje, passadas três décadas desde a promulgação da Constituição, utilizamos princípios gerais do Direito, é porque não houve fusão. Houve, na verdade, uma confusão de conceitos (ver o verbete 'Princípios jurídicos')" (STRECK, Lenio Luiz. Fusão e horizontes. *In*: STRECK, Lenio Luiz. *Dicionário de hermenêutica*: 50 verbetes fundamentais de acordo com a crítica hermenêutica do direito. 2. ed. Belo Horizonte: Letramento, 2021. p. 123-126).

94. STRECK, Lenio Luiz. Resposta adequada à Constituição (resposta correta). In: STRECK, Lenio Luiz. *Dicionário de hermenêutica*: 50 verbetes fundamentais de acordo com a crítica hermenêutica do direito. 2. ed. Belo Horizonte: Letramento, 2021. p. 408.

Não esqueçamos que a constante tarefa do compreender consiste em elaborar projetos corretos, adequados às coisas, como bem lembra Gadamer. Aqui não há outra "objetividade" além da elaboração da opinião prévia a ser confirmada. Faz sentido, assim, afirmar que o intérprete não vai diretamente ao "texto", a partir da opinião prévia pronta e instalada nele. Ao contrário, expressamente, coloca à prova essa opinião a fim de comprovar sua legitimidade, aquilo que significa, a sua origem e a sua validade.

O direito fundamental a uma resposta correta (constitucionalmente adequada à Constituição) não implica a elaboração sistêmica de respostas definitivas, porque isso provocaria um congelamento de sentidos. Respostas definitivas pressupõem o sequestro da temporalidade. E a hermenêutica praticada pela Crítica Hermenêutica do Direito é fundamentalmente dependente da temporalidade. O tempo[95] é o nome do ser. Ou seja, a pretensão a respostas definitivas (ou verdades apodíticas) nem sequer teria condições de ser garantida. A decisão (resposta) estará adequada na medida em que for respeitada, em maior grau, a autonomia do Direito (que se pressupõe produzido democraticamente), evitada a discricionariedade (além da abolição de qualquer atitude arbitrária) e respeitada a coerência e a integridade do Direito, a partir de uma detalhada fundamentação.

Importante referir que, conforme diz Dworkin, qualquer juiz obrigado a decidir uma demanda descobrirá, se olhar nos livros adequados, registros de muitos casos plausivelmente similares, decididos há décadas ou mesmo séculos por muitos outros juízes, de estilos e filosofias judiciais e políticas diferentes, em períodos nos quais o processo e as convenções judiciais eram diferentes.

Ao decidir o novo caso, cada juiz deve considerar-se como um complexo empreendimento em cadeia, do qual essas inúmeras decisões, estruturas, convenções e práticas são a história; é seu trabalho continuar essa história no futuro por meio do que ele faz agora.

O juiz deve interpretar o que aconteceu antes porque tem a responsabilidade de levar adiante a incumbência que tem em mãos e não partir em alguma nova direção. Portanto, deve determinar, segundo seu próprio julgamento, o motivo das decisões anteriores, qual realmente é, tomando como um todo, o propósito ou o tema da prática até então.

A busca de respostas corretas é um remédio contra o cerne que o engendrou: o positivismo e sua característica mais forte, a discricionariedade e seu calcanhar de Aquiles: a despreocupação com a decisão judicial. A resposta adequada à Constituição, uma resposta que deve ser confirmada na própria Constituição, não pode – sob pena de ferimento do princípio democrático – depender da consciência do juiz, do livre convencimento, da busca da "verdade real" etc. Isso seria devolver o processo interpretativo ao paradigma da filosofia da consciência (e suas vulgatas).[96]

O compromisso é com a Constituição, com a legislação democraticamente construída, cujo debate público perpassou e perpassa questões ético-morais da

---

95. Sobre o tempo no constitucionalismo e na democracia veja: CARVALHO NETTO, Menelick. Temporalidade, constitucionalismo e democracia. *Revista Humanidades*, Brasília, p. 33-43, n. 58, jun. 2011. Dossiê Presente Tempo Presente; FROTA, Pablo Malheiros da Cunha. Temporalidade, constitucionalismo e democracia a partir da construção teórico-prática de Menelick de Carvalho Netto. In: OLIVEIRA, Marcelo Andrade Cattoni de; GOMES, David F. L. (Org.). *1988-2018*: o que construímos? Homenagem a Menelick de Carvalho Netto nos 30 anos da Constituição de 1988. 2. ed. Belo Horizonte: Conhecimento, 2020. p. 447-457.

96. TRECK, Lenio Luiz. Resposta adequada à Constituição (resposta correta). In: STRECK, Lenio Luiz. *Dicionário de hermenêutica*: 50 verbetes fundamentais de acordo com a crítica hermenêutica do direito. 2. ed. Belo Horizonte: Letramento, 2021. p. 409-410.

sociedade. Por isso que o direito deve ser autônomo,[97] sem que seja somente um discurso para legitimar o político, o econômico etc., a pressupor um discurso verdadeiro com base no direito e cada sociedade.

A RAC passa por critérios que a legitimam, a começar pelas seis hipóteses nas quais se pode deixar de aplicar uma lei quando o Poder Judiciário decide:

(i) quando a lei for inconstitucional, ocasião em que deve ser aplicada a jurisdição constitucional difusa ou concentrada;

(ii) quando estiver em face dos critérios de antinomias;

(iii) quando estiver em face de uma interpretação conforme a Constituição;

(iv) quando estiver em face de uma nulidade parcial com redução de texto;

(v) quando estiver em face da inconstitucionalidade sem redução de texto;

(vi) quando estiver em face de uma regra que se confronte com um princípio, ocasião em que a regra perde sua normatividade em face de um princípio constitucional, entendido este como um padrão, do modo como explicitado em *Verdade e consenso* (2014b; 2017). Fora dessas hipóteses, o juiz tem a obrigação de aplicar, passando a ser um dever fundamental.[98]

Além do preenchimento de ao menos uma das hipóteses acima, emergem três perguntas que precisam de respostas a serem ofertadas para que se possa legitimar decisões que afastam a lei:

se está diante de um direito fundamental com exigibilidade, se o atendimento a esse pedido pode ser, em situações similares, universalizado, quer dizer, concedido às demais pessoas e se, para atender aquele Direito, está-se ou não fazendo uma transferência ilegal-inconstitucional de recursos, que fere a igualdade e a isonomia.[99]

A RAC também tem por principiologia que uma decisão jurídica deve observar:

(i) Princípio um: a preservação da autonomia do Direito;

(ii) Princípio dois: o controle hermenêutico da interpretação constitucional – a superação da discricionariedade;

(iii) Princípio três: o respeito à integridade e à coerência do Direito (este princípio foi incorporado no artigo 926, do Código de Processo Civil aprovado em 2015)

---

97. STRECK, Lenio Luiz. Resposta adequada à Constituição (resposta correta). In: STRECK, Lenio Luiz. *Dicionário de hermenêutica*: 50 verbetes fundamentais de acordo com a crítica hermenêutica do direito. 2. ed. Belo Horizonte: Letramento, 2021. p. 410.

98. STRECK, Lenio Luiz. Resposta adequada à Constituição (resposta correta). In: STRECK, Lenio Luiz. *Dicionário de hermenêutica*: 50 verbetes fundamentais de acordo com a crítica hermenêutica do direito. 2. ed. Belo Horizonte: Letramento, 2021. p. 411-412.

99. STRECK, Lenio Luiz. Resposta adequada à Constituição (resposta correta). In: STRECK, Lenio Luiz. *Dicionário de hermenêutica*: 50 verbetes fundamentais de acordo com a crítica hermenêutica do direito. 2. ed. Belo Horizonte: Letramento, 2021. p. 411-412.

(iv) Princípio quatro: o dever fundamental de justificar as decisões (também incorporado no inciso VI do parágrafo primeiro do artigo 489, do Código de Processo Civil);

(v) Princípio cinco: o direito fundamental a uma resposta constitucionalmente adequada (STRECK, 2013, 2014b; 2017).

Esses princípios se fundem com as seis hipóteses – explicitadas anteriormente – pelas quais o Judiciário pode deixar de aplicar uma lei, na medida em que são intercambiáveis. Também ocorrerá a necessidade de se fazer as três perguntas fundamentais antes referidas, para filtrar e afastar atitudes/decisões de caráter ativista.[100]

Outro critério importante para a RAC é a condição hermenêutica de sentido (CHS), cuja semântica do texto, plasmada pela diferença ontológica[101] contribui para o afastamento de "enunciados meramente retóricos/performativos, que apenas escondem raciocínios subjetivistas *lato sensu* nas decisões judiciais. Afinal, 'o elemento lógico-analítico já pressupõe sempre o elemento ontológico-linguístico' (STRECK, 2015f, p. 161)".[102] Explica Lenio:

---

100. STRECK, Lenio Luiz. Resposta adequada à Constituição (resposta correta). In: STRECK, Lenio Luiz. *Dicionário de hermenêutica*: 50 verbetes fundamentais de acordo com a crítica hermenêutica do direito. 2. ed. Belo Horizonte: Letramento, 2021. p. 413-414.

101. No contexto da RAC, a diferença ontológica do direito pode ser entendida como a impossibilidade de haver um texto sem contexto e um texto isolado da norma que se atribui a este texto: "Sustentar que há uma diferença (ontológica) entre texto e norma não significa que haja uma cisão estrutural entre ambos (o mesmo valendo para a dualidade vigência-validade). O que se quer dizer é que o texto não subsiste como texto (algo como 'um conceito em abstrato'). Não há texto sem contexto, assim como não há texto jurídico isolado da norma que se atribui a esse texto. Quando interpretamos – e estamos sempre interpretando – o texto jurídico (lei, constituição, princípio etc.) já nos aparece com alguma norma, que é produto da atribuição de sentido do intérprete. Todavia, o intérprete não é livre para atribuir qualquer sentido ao texto. Ele sempre estará inserido em uma determinada tradição, que sobre ele exerce constrangimento. Assim como o ser humano não atribui um sentido qualquer aos objetos no seu cotidiano, o que seria esquizofrenia, do mesmo modo o intérprete do Direito também possui limites e não pode dizer qualquer coisa sobre qualquer coisa. A partir da diferença ontológica, a norma (sentido do texto) não é uma capa de sentido a ser acoplada a um texto 'desnudo'. Ela, a norma, é a construção hermenêutica do sentido do texto. Esse sentido manifesta-se na síntese hermenêutica da *applicatio*. A distinção entre as palavras do texto e o conteúdo normativo não pode levar a uma negação da relação entre ambas as coisas. Esse parece ser o equívoco mais constante cometido pela comunidade jurídica. Isso pode ser percebido já no início das petições dirigidas aos tribunais, quando a temática é cindida em 'dos fatos' e 'do Direito', como se um existisse ou fosse compreensível sem o outro. Assim, a cisão entre palavras e coisas, fato e Direito, texto e norma, enfim, entre ser e ente sustenta a cisão metafísica-ontoteológica que faz com que, por um lado, o intérprete do Direito se torne refém do texto, reproduzindo um superado positivismo exegético e, de outro, permitindo o total descolamento da norma (sentido) do texto (lei), fazendo com que, nesse segundo caso, o intérprete se torne o senhor dos sentidos. Por isso tem razão Gadamer (2012, p. 358): quem quer compreender um texto, deve deixar primeiro que o texto lhe diga algo. O texto sempre nos 'diz' algo. Sem ele, não há esse 'algo'. De certo modo, Gadamer se inspirou em Schopenhauer, que certa vez teria dito que o texto é como a palavra do Rei. Ela sempre vem antes e todos devem escutá-la" (STRECK, Lenio Luiz. Diferença ontológica no direito. In: STRECK, Lenio Luiz. *Dicionário de hermenêutica*: 50 verbetes fundamentais de acordo com a crítica hermenêutica do direito. 2. ed. Belo Horizonte: Letramento, 2021. p. 75-76).

102. STRECK, Lenio Luiz. Resposta adequada à Constituição (resposta correta). In: STRECK, Lenio Luiz. *Dicionário de hermenêutica*: 50 verbetes fundamentais de acordo com a crítica hermenêutica do direito. 2. ed. Belo Horizonte: Letramento, 2021. p. 414.

ACERVO DIGITAL E SUA TRANSMISSÃO SUCESSÓRIA NO BRASIL **91**

Portanto, qualquer enunciado proferido em uma decisão jurídica ou no âmbito do processo judicial sempre estará inserido nessa pressuposição de caráter hermenêutico. É neste sentido que o uso do "teste" da condição semântica pode contribuir para a busca de respostas adequadas. Afinal, sabemos que a hermenêutica ocupa um nível de linguagem diferente do ocupado pela analítica, lócus em que se encontram, por exemplo, as posturas neopositivistas. Falo, aqui, não do âmbito da hermenêutica (*logos* hermenêutico), mas, sim, do plano apofântico. Como já explicitado por Ernildo Stein e por mim, é possível fazer epistemologia na hermenêutica (STRECK, 2017; STEIN, 2017, Apresentação ao livro *Verdade e consenso*).

Com isto quero dizer que a hermenêutica – entendida aqui como a minha CHD – não recusa o nível lógico-epistêmico. A compreensão deve ser sempre ser explicitada em um nível apofântico. O que não podemos fazer é confundir os níveis nos quais nos movemos e achar, por exemplo, que um enunciado já contenha todas as suas hipóteses de sentido ou que este seja meramente performativo. A separação entre o epistemológico e o nível concreto não é o mesmo que dividir o transcendental e o empírico. A posição hermenêutica não pretende eliminar procedimentos e dispensar o âmbito ôntico. Isto é, são os elementos objetivos (ônticos) que podem, de plano, afastar incongruências, contradições e falácias linguístico-discursivas presentes nas decisões judiciais. Portanto, esta ferramenta/critério pode ser útil para afastar as respostas incorretas, inadequadas e/ou falsas.

Explicando melhor. Se dissermos que "chove lá fora", esse enunciado pode ser falso ou verdadeiro, bastando colocar a partícula "não" e olhar para fora. Com isso, verifica-se que o enunciado "chove lá fora" é falso. Entretanto, se dissermos – utilizando um exemplo que Luis Alberto Warat (1995a, p. 41) trazia frequentemente – que "os duendes se apaixonam em maio", esse enunciado é impossível de ser verificado. Se dissermos que os duendes se apaixonam em maio ou setembro ou que os duendes não se apaixonam, que importância isso terá, a não ser no campo da poética ou da ficção? Enunciados retóricos e argumentos performativos costumam ser anêmicos, vazios de conteúdo (os neopositivistas diziam que eram enunciados metafísicos). Por vezes, a simples colocação da negação (ou, se for o caso, de uma afirmação) tem o condão de desmontar um discurso com pretensões de verdade e que tão somente esconde um conjunto de raciocínios subjetivistas e/ou ideológicos. Observe-se: não se trata de, simplesmente, apelar para uma verificação empírica *stricto sensu*. No plano hermenêutico, trata-se de buscar na tradição autêntica (esse conceito é hermenêutico e pode ser verificado no verbete "Pré-juízos autênticos e pré-juízos inautênticos") a existência de sentidos que confirmam o enunciado em sua história institucional (ver o verbete "Método hermenêutico").[103]

A verificação da CHS no plano analítico ou apofântico (semiótico – sintática, semântica e pragmática) é o primeiro filtro para saber se o enunciado é verdadeiro e tem um sentido mínimo quanto ao conteúdo das palavras naquele contexto interpretativo, ou seja, se consegue demonstrar um *a priori* compartilhado de um mínimo de sentido. Este "advém das condições engendradas pela tradição e que podem incorporar um sentido positivo para a história, em um

---

103. STRECK, Lenio Luiz. Resposta adequada à Constituição (resposta correta). *In*: STRECK, Lenio Luiz. *Dicionário de hermenêutica*: 50 verbetes fundamentais de acordo com a crítica hermenêutica do direito. 2. ed. Belo Horizonte: Letramento, 2021. p. 414-415.

sentido próximo àquele que Norbert Elias chama de 'Processo Civilizador'".[104] Lenio exemplifica:

Aplique-se a "fórmula" às afirmações presentes nas decisões judiciais, como "o clamor público está a justificar a prisão preventiva". Se formos colocar um "não" na afirmação, tal circunstância não trará qualquer alteração no universo fenomênico, uma vez que essa condição de sentido é impossível de verificar. É arbitrária.

Outro exemplo interessante é o caso da decisão da juíza do Rio de Janeiro que, nos autos da ação civil pública 0315505-67.2011.8.19.0001), negou pedido da Defensoria Pública para que o sistema prisional cessasse com a prática de raspar os cabelos dos detentos quando de seu ingresso no sistema prisional, por violação à dignidade. Ao negar o pedido, a juíza fez uma ponderação entre "[...] a suposta violação do direito a identidade e o direito individual e coletivo de manter as condições de higiene e saúde da população carcerária, não resta dúvida que deve ser prestigiado este." Mas não explicou o porquê dessa "ponderação". Por que, por exemplo, essa ordem de raspar a cabeça somente tem validade para a população masculina? Mulheres não precisam cortar cabelo. Sobre isso, disse a juíza: "Ora, é sabido que o corte de cabelo e barba previne determinadas pragas transmissoras de doenças, assim, como não se pode negar a realidade de que as mulheres são mais asseadas que os homens, além de representar efetivo carcerário infinitamente menor que o efetivo masculino, pelo que não se pode pretender comparar situações tão díspares para fundamentar a pretensão."

Fica fácil de perceber que, no caso em exame, se colocarmos a partícula "não", igualmente nada se altera, uma vez que a afirmação de que mulheres são mais higiênicas do que os homens está prenhe de metafísica ontoteológica (ver o verbete "Metafísica moderna"), isto é, é um "conceito sem coisa", com a ausência da diferença ontológica (ver o verbete "Diferença ontológica"), não é possível que, nesta quadra da história, possamos continuar a sustentar interpretações que sustentem hábitos pessoais em critérios estereotipados de gênero; ou, tampouco, que se dê validade para uma interpretação que acredita ser o número de pessoas (maior ou menor) o fator determinante para que uma peste ou praga se espalhe. Ou que a simples invocação de enunciados performativos como "clamor social" ou "ordem pública" tenham o condão de "criar realidade".

Não se trata, apenas, de se dizer que falta sustentáculo empírico para os enunciados adotados pela sentença da juíza do Rio de Janeiro ou em decisões que invocam argumentos meramente retóricos. Ou seja, não é apenas a ausência de estudos criteriosos que impossibilita apontar o acerto do enunciado feito pela juíza. É também a tradição e as condições concretas de nossa consciência histórica que apontam para isso. Diante do painel histórico em que se desdobra o nosso processo civilizador, simplesmente não é possível oferecer, como critérios de discriminação ou justificadores de tratamentos iníquos, platitudes que ecoam clichês sobre pretensas diferenças de gênero ou a expressividade numérica na disseminação de pragas e pestes.

No caso da juíza do Rio de Janeiro, na especificidade, não há qualquer estudo ou comprovação minimamente acreditável que aponte o acerto do enunciado feito pela juíza.[105]

---

104. STRECK, Lenio Luiz. Resposta adequada à Constituição (resposta correta). *In*: STRECK, Lenio Luiz. *Dicionário de hermenêutica*: 50 verbetes fundamentais de acordo com a crítica hermenêutica do direito. 2. ed. Belo Horizonte: Letramento, 2021. p. 414-415.

105. STRECK, Lenio Luiz. Resposta adequada à Constituição (resposta correta). In: STRECK, Lenio Luiz. *Dicionário de hermenêutica*: 50 verbetes fundamentais de acordo com a crítica hermenêutica do direito. 2. ed. Belo Horizonte: Letramento, 2021. p. 417-418.

O que se percebe é que a decisão da juíza do Rio de Janeiro utilizou significantes sem verificabilidade hermenêutica, visto que os fundamentos não encontravam parâmetros na ordem constitucional e legal ao não indicar como se justificaria o tratamento desigual entre homens e mulheres para permitir que os homens tivessem o cabelo raspado por falta de higiene. Seria necessário provar que o ato previne doenças no sistema prisional. Não existe na tradição jurídica brasileira nada que sustente a decisão da juíza do Rio de Janeiro. A CHS, portanto, aponta para a irracionalidade decisória.[106]

Nessa senda, todo enunciado jurídico (texto) constitucional, infraconstitucional, presente em uma decisão ou em um documento jurídico deve ser objeto de uma condição hermenêutica de verificabilidade, isto é, não há um grau zero de sentido das palavras, sendo que "há sempre um chão linguístico no qual está assentada a tradição que envolve um determinado conceito ou enunciado".[107]

Essa verificabilidade é democrática por permitir o controle das decisões, não sendo legítimas juridicamente, na atual quadra, decisões baseadas em livre convencimento motivado ou a livre apreciação da prova, embora ainda existam, seja por estarem proibidas pelo art. 371 do CPC, seja por serem antidemocráticas, por se lastrearem na subjetividade de quem decide e impedirem o controle de seus fundamentos.[108]

É necessário, destarte, que quem decida faça uma "reconstrução consistente do caso narrado, ajustando-o à história institucional do Direito".[109] Noutros termos:

> os fundamentos expostos pelo juiz devem, necessariamente, enfrentar substancialmente todos os argumentos levantados pelas partes, de forma clara e sólida, de tal modo que a parte possa saber não apenas o que se decidiu, mas o porquê levou o juiz a decidir de tal forma (essa obrigação, aliás, está prevista no artigo 489 do Código de Processo Civil em vigor desde 2015, antes explicitado).[110]

---

106. STRECK, Lenio Luiz. Resposta adequada à Constituição (resposta correta). In: STRECK, Lenio Luiz. *Dicionário de hermenêutica*: 50 verbetes fundamentais de acordo com a crítica hermenêutica do direito. 2. ed. Belo Horizonte: Letramento, 2021. p. 418-420.

107. STRECK, Lenio Luiz. Resposta adequada à Constituição (resposta correta). In: STRECK, Lenio Luiz. *Dicionário de hermenêutica*: 50 verbetes fundamentais de acordo com a crítica hermenêutica do direito. 2. ed. Belo Horizonte: Letramento, 2021. p. 420-421.

108. STRECK, Lenio Luiz. Resposta adequada à Constituição (resposta correta). In: STRECK, Lenio Luiz. *Dicionário de hermenêutica*: 50 verbetes fundamentais de acordo com a crítica hermenêutica do direito. 2. ed. Belo Horizonte: Letramento, 2021. p. 421.

109. STRECK, Lenio Luiz. Resposta adequada à Constituição (resposta correta). In: STRECK, Lenio Luiz. *Dicionário de hermenêutica*: 50 verbetes fundamentais de acordo com a crítica hermenêutica do direito. 2. ed. Belo Horizonte: Letramento, 2021. p. 421.

110. STRECK, Lenio Luiz. Resposta adequada à Constituição (resposta correta). In: STRECK, Lenio Luiz. *Dicionário de hermenêutica*: 50 verbetes fundamentais de acordo com a crítica hermenêutica do direito. 2. ed. Belo Horizonte: Letramento, 2021. p. 421.

Direito é uma prática interpretativa e, portanto, intersubjetiva.

Não se separa questão de fato e questão de direito, já que sempre "uma questão de fato já está 'juridicizada'. E a questão de Direito já está 'faticizada'. Portanto, a narração que uma testemunha dá sobre algo é uma narração de um fenômeno que diz respeito ao Direito. E vice-versa. Não poderá dar qualquer versão. Porque há o contraditório".[111]

Decidir corretamente é:

construir a resposta correta a partir da melhor interpretação possível do material jurídico básico (leis, códigos, precedentes etc.) e dos princípios que conformam esse empreendimento coletivo (que remetem, por sua vez, a dimensões da dignidade humana). [...] Uma questão de princípio: garantir os direitos de quem efetivamente os possui.[112]

Nesse contexto, não cabe à literatura jurídica somente *descrever* a resposta conferida pelo direito, pois, na fenomenologia hermenêutica:

descrição e prescrição, no paradigma hermenêutico, já estão unidas em um só. Não há uma dicotomia rígida fato/valor. A dois, porque, ora, é impossível afirmar (fora de uma inexistente metalinguagem, artifício utilizado por Kelsen), no mesmo plano, que uma resposta judicial é tão aceitável quanto outra que diz exatamente o contrário.[113]

Percebe-se que a RAC dialoga com o correto entendimento acerca do sentido conferido a um direito civil acorde à legalidade constitucional. Isso porque se esclarece o que se entende por constitucionalização do direito civil, a fim de que não pairem dúvidas sobre o que se está a dizer.

Destaca-se que a necessidade de interação do direito civil com a Constituição já era indicada como necessária, por exemplo, por Clóvis Beviláqua, ainda sob a égide da Constituição de 1934, que inaugurou o Estado social no Brasil,[114] o que não poderia ser diferente no momento em que a Constituição pós-2ª Guerra Mundial foi reconfigurada pelos direitos fundamentais.

O direito civil na legalidade constitucional, portanto, tem por norte solver os problemas civilísticos com base nos fundamentos advindos dos princípios e das

---

111. STRECK, Lenio Luiz. Resposta adequada à Constituição (resposta correta). In: STRECK, Lenio Luiz. *Dicionário de hermenêutica*: 50 verbetes fundamentais de acordo com a crítica hermenêutica do direito. 2. ed. Belo Horizonte: Letramento, 2021. p. 423.

112. TRECK, Lenio Luiz. Resposta adequada à Constituição (resposta correta). In: STRECK, Lenio Luiz. *Dicionário de hermenêutica*: 50 verbetes fundamentais de acordo com a crítica hermenêutica do direito. 2. ed. Belo Horizonte: Letramento, 2021. p. 425-426.

113. STRECK, Lenio Luiz. Resposta adequada à Constituição (resposta correta). In: STRECK, Lenio Luiz. *Dicionário de hermenêutica*: 50 verbetes fundamentais de acordo com a crítica hermenêutica do direito. 2. ed. Belo Horizonte: Letramento, 2021. p. 426.

114. LOBO, Paulo. Prefácio. In: MENEZES, Joyceane Bezerra de; DE CICCO, Maria Cristina; RODRIGUES, Francisco Luciano Lima (Org.). *Direito civil na legalidade constitucional*: algumas aplicações. Indaiatuba: Foco, 2021. p. V.

regras constitucionais, por meio de uma aplicação direta dos enunciados normativos constitucionais (texto e contexto) nas relações jurídicas privadas,[115] como expressamente dispõe o art. 5º, § 1º, da Constituição Federal de 1988 (CF/88).

Não se afasta qualquer instituto do direito civil, sempre analisado sob os vieses estruturais, funcionais e principiológicos, muito menos a legislação infraconstitucional, salvo se esta for inconstitucional ou nas demais hipóteses da RAC, sempre balizados a partir dos casos concretos,[116] como ocorre em qualquer relação jurídica.

As nomenclaturas "direito civil constitucional", "constitucionalização do direito civil" ou "direito civil na legalidade constitucional" apontam, para além dos pontos retrocitados, para o não isolamento do direito civil dos ditames constitucionais, não sendo uma "disciplina distinta do direito civil, porque não é disciplina própria ou autônoma, mas sim metodologia que o integra ao sistema jurídico que tem a Constituição como sua fonte normativa primeira".[117]

De forma mais explícita, Paulo Lobo, ao prefaciar uma obra sobre o direito civil na legalidade constitucional, aponta:

> O direito civil na legalidade constitucional, título escolhido pelos organizadores desta obra, não dá as costas à milenar elaboração das categorias do direito civil. Muito ao contrário. História e contemporaneidade são imprescindíveis para a compreensão do direito civil. E é a história que nos orienta quanto à evolução por que passou o Estado moderno, nas três etapas vivenciadas até o momento atual: a do Estado absoluto, a do Estado liberal e a do Estado social. Essas três etapas impactaram na mesma medida no direito civil, quase a expressar os três momentos da dialética hegeliana, ou seja, a tese, a antítese e a síntese. No Estado absoluto, o direito civil emanava da vontade do soberano, do qual derivava também a constituição política, submetendo-se ao interesse público estatal; no Estado liberal, o direito civil converte-se em constituição do homem comum burguês, em paralelo e quase sempre em oposição à ordem constitucional, que dele não tratava, orientando-se pelo interesse privado hegemônico; no Estado Social, o direito civil é, ao mesmo tempo, ordem das relações privadas e integrante da ordem constitucional,

---

115. FROTA, Pablo Malheiros da Cunha. Compreendendo o direito civil constitucional prospectivo. *In*: MENEZES, Joyceane Bezerra de; DE CICCO, Maria Cristina; RODRIGUES, Francisco Luciano Lima (Org.). *Direito civil na legalidade constitucional*: algumas aplicações. Indaiatuba: Foco, 2021. p. 341-352; FROTA, Pablo Malheiros da Cunha. Interpretação do direito privado: o direito civil constitucional prospectivo em diálogo com a crítica hermenêutica do direito. In: TEPEDINO, Gustavo; MENEZES, Joyceane Bezerra de (Org.). *Autonomia privada, liberdade existencial e direitos fundamentais*. Belo Horizonte: Fórum, 2019. p. 309-329.

116. FROTA, Pablo Malheiros da Cunha. Compreendendo o direito civil constitucional prospectivo. *In*: ENEZES, Joyceane Bezerra de; DE CICCO, Maria Cristina; RODRIGUES, Francisco Luciano Lima (Org.). *Direito civil na legalidade constitucional*: algumas aplicações. Indaiatuba: Foco, 2021. p. 341-352; FROTA, Pablo Malheiros da Cunha. Interpretação do direito privado: o direito civil constitucional prospectivo em diálogo com a crítica hermenêutica do direito. *In*: TEPEDINO, Gustavo; MENEZES, Joyceane Bezerra de (Org.). *Autonomia privada, liberdade existencial e direitos fundamentais*. Belo Horizonte: Fórum, 2019. p. 309-329.

117. LOBO, Paulo. Prefácio. *In*: MENEZES, Joyceane Bezerra de; DE CICCO, Maria Cristina; RODRIGUES, Francisco Luciano Lima (Org.). *Direito civil na legalidade constitucional*: algumas aplicações. Indaiatuba: Foco, 2021. p. V-VI.

conjugando interesse privado e interesse público. Nessa linha evolutiva é que vamos encontrar o equilíbrio virtuoso entre a dignidade da pessoa humana e a solidariedade social. [...] A correta interpretação do direito civil brasileiro, portanto, há de partir de sua historicidade e dos fundamentos estabelecidos na Constituição para aplicação das normas infraconstitucionais. [...] Situar a pessoa humana no centro do direito civil e considerar que o patrimônio deve ser orientado a sua realização existencial, sem a primazia que a dogmática tradicional a ele atribuía, tem sido um dos postulados mais importantes da metodologia civil constitucional.[118]

Além disso, busca-se "o equilíbrio harmônico dos princípios estruturantes da dignidade da pessoa humana e da solidariedade social, com impacto na legislação e na jurisprudência dos tribunais".[119]

Há uma preocupação, por conseguinte, com a densificação dos institutos jurídicos civis, bem como não se trabalha com a hipótese de que princípios sejam valores ou que sejam vias de concretização de valores, assim como que se criem princípios sem nenhum lastro jurídico ou que se admitam decisões voluntaristas.

Não se defende, outrossim, que os fins substituam os princípios, sendo importante trazer as três vertentes construídas por Fachin (formal, material e prospectiva), irradiando efeitos à sociedade e ao Estado:

> É possível encetar pela dimensão formal, como se explica. A Constituição Federal brasileira de 1988 ao ser apreendida tão só em tal horizonte se reduz ao texto positivado, sem embargo do relevo, por certo, do qual se reveste o discurso jurídico normativo positivado. É degrau primeiro, elementar regramento proeminente, necessário, mas insuficiente.
>
> Sobreleva ponderar, então, a estatura substancial que se encontra acima das normas positivadas, bem assim dos princípios expressos que podem, eventualmente, atuar como regras para além de serem *mandados de otimização*.[120] Complementa e suplementa o norte formal anteriormente referido, indo adiante até a aptidão de inserir no sentido da *constitucionalização* os princípios implícitos e aqueles decorrentes de princípios ou regras constitucionais expressas. São esses dois primeiros patamares, entre si conjugados, o âmbito compreensivo da percepção intrassistemática do ordenamento.
>
> Não obstante, o desafio é apreender extrassistematicamente o sentido de possibilidade da *constitucionalização* como ação permanente, viabilizada na força criativa dos fatos sociais que se projetam para o Direito, na doutrina, na legislação e na jurisprudência, por meio da qual os significados se constroem e refundam de modo incessante, sem juízos aprioristicos de exclusão. Nessa toada, emerge o mais relevante desses horizontes que é a dimensão prospectiva dessa travessia. O compromisso se firma com essa constante travessia que capta os sentidos

---

118. LOBO, Paulo. Prefácio. *In*: MENEZES, Joyceane Bezerra de; DE CICCO, Maria Cristina; RODRIGUES, Francisco Luciano Lima (Org.). *Direito civil na legalidade constitucional*: algumas aplicações. Indaiatuba: Foco, 2021. p. V-VIII.
119. LOBO, Paulo. Prefácio. *In*: MENEZES, Joyceane Bezerra de; DE CICCO, Maria Cristina; RODRIGUES, Francisco Luciano Lima (Org.). *Direito civil na legalidade constitucional*: algumas aplicações. Indaiatuba: Foco, 2021. p. V.
120. Somente não se acolhe a ideia de princípio elucidada por Fachin, como se verificou neste texto 37. Nos demais pontos, subscreve-se integralmente a ideia de Fachin.

histórico-culturais dos códigos e reescreve, por intermédio da *ressignificação* dessas balizas linguísticas, os limites e as possibilidades emancipatórias do próprio Direito.[121]

Não se defende que a solução dos casos concretos ocorra por ponderação, mas sim pela RAC, a permitir o controle democrático das decisões que envolvam o direito. Diante disso, é possível dialogar com a RAC e com o DCLC, até porque ambas as vertentes se encontram no "paradigma da intersubjetividade, a necessidade do outro para compreender o mundo, impede-se de nos bastarmos (exclusivamente) em nós mesmos. De mesmo modo, o direito deveria ser experenciado como um empreendimento coletivo".[122] [123]

Diante disso, a análise dos PLs sobre a transmissão do acervo digital de quem falece enseja as seguintes perguntas:

a – O PL espelha a prática jurídica sob sua melhor luz, com adequação institucional e com uma melhor justificativa substantiva?

b – Qual é o *ethos* principiológico do PL na fusão de horizontes sobre o acesso ao acervo digital de quem falece?

c – O PL é coerente e íntegro com os princípios constitucionais e infraconstitucionais alusivos ao direito civil que abarcam o caso?

d – O texto do PL pode ensejar a aplicação da RAC e evitar legitimamente a incidência da lei em casos concretos?

e – A CHS foi observada na fundamentação do PL?

A construção teórico-filosófica deste item serve de base para verificar a principiologia que informa o direito civil brasileiro.

4. CRÍTICA AOS PLS SOBRE A TRANSMISSIBILIDADE DO ACERVO DIGITAL

Destaca-se que o PL nº 8.562/2017[124] foi proposto pelo Deputado Federal Elizeu Dionizio (PSDB/MS) e visava acrescentar o Capítulo II-A e os arts. 1.797-

---

121. FACHIN, Luiz Edson. A "reconstitucionalização" do direito civil brasileiro. In: FACHIN, Luiz Edson. *Questões do direito civil brasileiro contemporâneo.* Rio de Janeiro: Renovar, 2008. p. 11-20.

122. STRECK, Lenio Luiz. *Hermenêutica e jurisdição.* Diálogos com Lenio Streck. Porto Alegre: Livraria do Advogado, 2017. p. 111.

123. Para uma consistente crítica aos críticos do direito civil constitucional veja: RAMOS, André Luiz Arnt. Direito civil contemporâneo: entre acertos e desacertos, uma resposta aos críticos. In: MENEZES, Joyceane Bezerra de; DE CICCO, Maria Cristina; RODRIGUES, Francisco Luciano Lima (Org.). *Direito civil na legalidade constitucional*: algumas aplicações. Indaiatuba: Foco, 2021. p. 39-49.

124. BRASIL. Câmara dos Deputados. *Projeto de Lei nº 8562/2017.* Disponível em: https://www.camara.leg. br/proposicoesWeb/fichadetramitacao?idProposicao=2151223. Acesso em: 14 jun. 2021.

A a 1.797-C ao Código Civil, tendo sido arquivado em 31.1.2019 e apensado ao Projeto de Lei nº 7742/2017.

O PL nº 7.742/2017[125] foi proposto pelo Deputado Alfredo Nascimento (PR/AM) e visava acrescentar o art. 10-A à Lei nº 12.965, de 23.4.2014 (Marco Civil da Internet), a fim de dispor sobre a destinação das contas de aplicações de internet após a morte de seu titular, tendo sido arquivado em 31.1.2019.

O PL nº 5.820/2019[126] foi proposto pelo Deputado Federal Elias Vaz (PSB/GO), pretende conferir nova reação ao art. 1.881 do Código Civil e se encontra na Comissão de Constituição e Justiça e Cidadania (CCJC) na Câmara dos Deputados do Brasil desde 12.5.2021, com designação de relatora à Deputada Federal Alê Silva (PSL/MG). Não houve emendas ao PL.

a – O PL espelha a prática jurídica sob sua melhor luz, com adequação institucional e com uma melhor justificativa substantiva?

O PL nº 5.820/2019 recebeu redação final na Câmara dos Deputados em 16.12.2021, foi encaminhado ao Senado Federal em 08.02.2022, e pretende alterar os arts. 1.862, 1.864, 1.876 e 1.881 do Código Civil:

Atual redação do art. 1.862 do CC	Redação final proposta pelo PL nº 5.820/2019 ao art. 1.862 do CC
"."São testamentos ordinários: I – o público; II – o cerrado; III – o particular."	"São testamentos ordinários: I – o público; II – o cerrado; III – o particular. IV – o digita".
Atual redação do art. 1.864 do CC "São requisitos essenciais do testamento público: I – ser escrito por tabelião ou por seu substituto legal em seu livro de notas, de acordo com as declarações do testador, podendo este servir-se de minuta, notas ou apontamentos; II – lavrado o instrumento, ser lido em voz alta pelo tabelião ao testador e a duas testemunhas, a um só tempo; ou pelo testador, se o quiser, na presença destas e do oficial; III – ser o instrumento, em seguida à leitura, assinado pelo testador, pelas testemunhas e pelo tabelião. Parágrafo único. O testamento público pode ser escrito manualmente ou mecanicamente, bem como ser feito pela inserção da declaração de vontade em partes impressas de livro de notas, desde que rubricadas todas as páginas pelo testador, se mais de uma".	Redação final proposta pelo PL nº 5.820/2019 ao art. 1.864 do CC São requisitos essenciais do testamento público: Parágrafo único. O testamento público pode ser escrito manualmente ou mecanicamente, bem como ser feito pela inserção da declaração de vontade em partes impressas de livro de notas, desde que rubricadas todas as páginas pelo testador, se mais de uma, observando-se, quanto ao testamento digital, as disposições do § 3º do art. 1.876 deste Código."

---

125. BRASIL. Câmara dos Deputados. *Projeto de Lei nº 7742/2017*. Disponível em: https://www.camara.leg.br/proposicoesWeb/fichadetramitacao?idProposicao=2139508. Acesso em: 14 jun. 2021.
126. BRASIL. Câmara dos Deputados. *Projeto de Lei nº 5820/2019*. Disponível em: https://www.camara.leg.br/proposicoesWeb/fichadetramitacao?idProposicao=2228037. Acesso em: 2 abr 2022

	Redação final proposta pelo PL nº 5.820/2019 ao art. 1.876 do CC "O testamento particular pode ser escrito de próprio punho, mediante processo mecânico ou sistema digital, assinado por meio eletrônico.
Atual redação do art. 1.876 do CC Art. 1.876. O testamento particular pode ser escrito de próprio punho ou mediante processo mecânico. § 1 º Se escrito de próprio punho, são requisitos essenciais à sua validade seja lido e assinado por quem o escreveu, na presença de pelo menos três testemunhas, que o devem subscrever. § 2 º Se elaborado por processo mecânico, não pode conter rasuras ou espaços em branco, devendo ser assinado pelo testador, depois de o ter lido na presença de pelo menos três testemunhas, que o subscreverão.	§ 3º Se realizado mediante sistema digital, assinado por meio eletrônico, o testador deve utilizar gravação de som e imagem que tenham nitidez e clareza, com a declaração da data de realização do ato, observado ainda o seguinte: I – a mídia deve ser gravada em formato compatível com os programas computadorizados de leitura existentes na data da efetivação do ato, com a declaração do interessado de que o testamento consta do vídeo e com a apresentação de sua qualificação; II – para a herança digital, constituída de vídeos, fotos, senhas de redes sociais, e-mails e outros elementos armazenados exclusivamente na rede mundial de computadores ou em nuvem, o testamento em vídeo não dispensa a presença das testemunhas para sua validade; III – o testador, após 30 (trinta) dias da realização do ato por meio digital, deve validá-lo, confirmando seus termos por intermédio do mesmo meio digital utilizado para sua formalização; IV – o testamento digital deve ser assinado digitalmente pelo testador, com reconhecimento facial, criptografia SHA-512 (Secure Hash Algorithm 512), tecnologia blockchain, Certificado SSL (Secure Sockets Layer Certificate) e adequação ao disposto na Lei nº 13.709, de 14 de agosto de 2018 (Lei Geral de Proteção de Dados Pessoais – LGPD), garantindo segurança para o testador."
Atual redação do art. 1.881 do CC "Toda pessoa capaz de testar poderá, mediante escrito particular seu, datado e assinado, fazer disposições especiais sobre o seu enterro, sobre esmolas de pouca monta a certas e determinadas pessoas, ou, indeterminadamente, aos pobres de certo lugar, assim como legar móveis, roupas ou jóias, de pouco valor, de seu uso pessoal".	Redação final proposta pelo PL nº 5.820/2019 ao art. 1.881 do CC Toda pessoa capaz de testar poderá, mediante escrito particular seu, datado e assinado, fazer disposições especiais sobre o seu enterro, sobre doações de pouca monta a certas e determinadas pessoas ou, indeterminadamente, aos pobres de certo lugar, assim como legar móveis, roupas ou joias, de pouco valor, de seu uso pessoal. § 1º A disposição de vontade pode ser escrita com subscrição ao final, ou ainda assinada por meio eletrônico, mediante certificação digital no padrão da Infraestrutura de Chaves Públicas Brasileira (ICP-Brasil), dispensada a presença de testemunhas e sempre registrada a data de efetivação do ato. § 2º A disposição de vontade também pode ser gravada em sistema digital de som e imagem que tenham nitidez e clareza, com a declaração da data de realização do ato, bem como o registro da presença de duas testemunhas, exigidas caso exista cunho patrimonial na declaração. § 3º A mídia deverá ser gravada em formato compatível com os programas computadorizados de leitura existentes na data da efetivação do ato, com a declaração do interessado de que seu codicilo consta do vídeo e com a apresentação de sua qualificação completa e das testemunhas que acompanham o ato, caso haja necessidade da presença dessas. § 4º Para a herança digital, constituída de vídeos, fotos, livros, senhas de redes sociais e outros elementos armazenados exclusivamente na rede mundial de computadores ou em nuvem, o codicilo em vídeo dispensa a presença das testemunhas para sua validade. § 5º Na gravação realizada para o fim descrito neste artigo, todos os requisitos apresentados têm que ser cumpridos, sob pena de nulidade do ato, e o interessado deve expressar-se de modo claro e objetivo, valendo-se da fala e do vernáculo português, podendo a pessoa com deficiência utilizar também a Língua Brasileira de Sinais (Libras) ou qualquer maneira de comunicação oficial compatível apresenta."

Os fundamentos do PL nº 5.820/2019 foram os seguintes:

Com o advento da internet, dispositivos móveis de acesso a rede mundial de computadores, app's com os mais variados conteúdos e objetivos, assim como toda a facilidade que os programas de mensagens instantâneas proporcionam à população, os brasileiros, em sua grande maioria se utilizam da tecnologia para estabelecer e manter relações sociais.

Assim, criou-se uma realidade virtual que é presente no cotidiano da sociedade, possibilitando as pessoas utilizarem desses meios como forma de expor seus conteúdos e ideias, expressões da personalidade.

Tais expressões dos cidadãos no mundo virtual podem ser obtidas, guardadas e disponibilizadas através da internet, das nuvens, que são locais virtuais para armazenamento.

A tecnologia hodiernamente é utilizada para depositar cheques de forma virtual, sem comparecer na agência bancária, fazer transferências de dinheiro através do aplicativo, assinar contratos de forma digital (certificado digital), colher depoimentos de testemunhas via vídeo conferência, enfim para facilitar e dinamizar o comportamento social, a vida de cada indivíduo.

O Código Civil Brasileiro em vigor, idealizado na década de 70, passou por diversas modificações até a data da sua aprovação em 2002, todavia esse não acompanhou as inovações tecnológicas citadas acima, assim como várias outras, tornando-se sinônimo de conservadorismo e procedimento retrógrado, necessitando assim de atualizações para que possa atender aos anseios da sociedade contemporânea.

Inserido neste contexto, de conservadorismo do Código Civil em vigor, encontra-se o Codicilo, que significa pequeno testamento, sendo esse um ato de disposição de última vontade pelo qual o titular deixa pequenos legados, apresenta regras para o funeral assim como pode expor outros desejos para serem observados após a morte.

O que é pequeno legado para uma pessoa, pode não ser para outra, tudo depende do referencial, do parâmetro de comparação. O Código Civil de 2002 não quantificou o que é pequeno legado, dificultando o uso do instrumento, contudo a jurisprudência, visando o pragmatismo, limitou o uso do codicilo em 10% (dez por cento) do patrimônio líquido do autor da herança.

Se a pretensão é dispor de patrimônio para alguém após a morte, em montante superior ao descrito no parágrafo anterior, o interessado tem que se valer de um procedimento complexo e repleto de requisitos, o testamento.

Uma parte do patrimônio da maioria das pessoas encontra-se nos espaços virtuais, onde é possível guardar músicas, fotos, livros, sendo denominados na sucessão de herança digital, constituindo tais elementos verdadeiras expressões da personalidade.

O Direito da personalidade, como é sabido, é vitalício. Todavia, com a morte do seu titular, atualmente, a maioria desse acervo virtual se perde em decorrência da ausência de um meio eficaz e simples para dispor sobre o mesmo.

No Brasil, a ideia de herança digital é timidamente discutida, entretanto o primeiro passo para instrumentalizar, tornar pragmático a disposição de última vontade quanto a essa parte do patrimônio, corresponde a modificação do Codicilo, atualizando-o, definindo regras claras para sua utilização, assim como criar sua modalidade digital.

A modificação do Codicilo representa uma evolução na sucessão, tornando seu uso mais fácil e acessível para a produção, resolvendo assim inúmeros problemas observados na sucessão legítima.

A alteração sugerida não modificará o testamento em qualquer de suas espécies, público, cerrado, particular, marítimo, militar ou aeronáutico; em verdade servirá de incentivo para a popularização das disposições de última vontade, sejam essas através de Codicilo ou testamento.

O Codicilo Digital, entre outros benefícios à sociedade brasileira, irá facilitar e desburocratizar o direito das sucessões. A forma digital atende as necessidades de uma sociedade dinâmica, que não para, como também garante maior acesso às pessoas nos termos da lei Brasileira de Inclusão da Pessoa com Deficiência.

Em sua forma gravada, em vídeo, assegura maior acessibilidade às pessoas deficientes, que podem comunicar sua vontade em LIBRAS ou se expressar de forma livre, nos termos de sua limitação, alcançando assim o sentido da lei em comento, como também do princípio maior da Constituição Federal de 1988, qual seja, a dignidade da pessoa humana.

Dessa forma, esta proposta para alteração do Código Civil em vigor pretende aprimorar o Codicilo, possibilitando que ele seja feito não só na forma tradicional, escrito, mas também em meio eletrônico, digital, nos moldes da sugestão que segue abaixo para a nova redação dos artigos pertinentes ao tema.

Por esses motivos é que peço o apoio de meus Pares para aprovar o presente Projeto de Lei.

O referido Projeto de Lei recebeu uma emenda, de autoria da Deputada Angela Amin, na qual postulou:

O § 1º do Art. 1.881 da Lei nº 10.406, de 10 de janeiro de 2002 Código Civil, alterado pelo Art. 1º do PL 5.820 de 2019, passa a vigorar com a seguinte redação: "Art. 1.881

(...)

§ 1º A disposição de vontade pode ser escrita com subscrição no final, ou ainda assinada por meio eletrônico, valendo-se de certificação digital no padrão da Infraestrutura de Chaves Públicas Brasileira (ICP-Brasil), dispensando-se a presença de testemunhas e sempre registrando a data de efetivação do ato." (NR)

JUSTIFICATIVA

O Projeto de Lei nº 5.820 de 2019 busca, de maneira louvável, aprimorar o Codicilo, possibilitando que ele seja feito não só na forma tradicional, escrito, mas também em meio eletrônico, digital. Nesse sentido, estabelece que toda pessoa capaz de testar poderá, mediante instrumento particular, destinar até 10% de seu patrimônio para determinadas ou indeterminadas pessoas, além de legar móveis, imóveis, roupas, joias, e outros bens físicos ou digitais. Para tanto, a disposição de vontade poderá ser assinada por meio eletrônico, através do Codicilo Digital, mediante uso de certificação digital. Visando a colaborar para com a robustez da proposição, a emenda em tela apenas complementa a redação original para prever o uso da certificação digital no padrão da Infraestrutura de Chaves Públicas Brasileira (ICP-Brasil) na autenticação e assinatura dos Codicilos Digitais. Tal procedimento facilitará os mecanismos de validação jurídica desses pequenos testamentos, uma vez que a assinatura digital nos padrões da ICP-Brasil é, de acordo com a Legislação brasileira1, a única capaz de conferir autenticidade, integridade e validade jurídica a documentos eletrônicos. De forma simples, a certificação digital ICP-Brasil funciona basicamente como uma "carteira de identidade digital", com validade jurídica e que garante a proteção e a identificação das partes envolvidas. A tecnologia foi desenvolvida para facilitar a vida de todos os usuários, garantindo que mais questões possam ser resolvidas de forma on-line, de maneira rápida, segura e eficiente.

Com a identificação e assinatura digital no padrão ICP-Brasil, tanto pessoas físicas quanto jurídicas podem realizar, de qualquer lugar do mundo e a qualquer hora, transações eletrônicas e outros tipos de serviços via internet com mais segurança e agilidade. Ante o exposto, acredita-se fortemente que o emprego desta tecnologia contribuirá para a simplificação e a desburocratização, com máxima segurança, de codicilos, facilitando o direito das sucessões na era digital e garantindo a rastreabilidade e autenticidade das partes.[127]

Percebe-se que a alteração proposta ao art. 1.862 do CC ao estipular o testamento digital como uma quarta tipologia de testamento no Brasil não faz qualquer sentido, uma vez que digital é o meio no qual o documento jurídico é feito e não, propriamente, um novo tipo de testamento.

Tal mudança, portanto, é desnecessária e demonstra a falta de qualidade jurídica na proposição legislativa quanto ao art. 1.862 do CC.

A alteração propalada para o art. 1864 do CC somente admite a feitura de testamento público pela via digital, não havendo qualquer problema jurídico nesta alteração, a ratificar que o digital é um meio de se fazer um testamento e não um tipo novo de testamento, o que torna absolutamente inútil a citada mudança alavancada no art. 1.862, IV, do CC.

A modificação posta no art. 1.876, § 3º, do CC cuida de como deve ser feito o testamento da maneira digital, a confirmar que o digital é meio e não novo tipo de testamento.

Não se compreende o inciso II do § 3º do art. 1.876 do CC, visto que se o testamento é feito de forma digital, não importa se o bem é digital ou não digital. Qual é o sentido de se exigir testemunhas se a herança for digital? Se o testamento for feito sem que haja bem digital, não será necessário testemunha? O citado inciso II confunde bastante, o que não é a função de um texto de lei. Para qualquer tipo de testamento, testemunhas são necessárias, a tornar despiciendo o mencionado inciso II.

Além disso, não faz qualquer distinção sobre a intransmissibilidade dos direitos da personalidade e da legitimação de quem herde para acessar o acervo digital de quem falece. Admite a transmissibilidade integral e sem restrição do acervo digital sem qualquer filtro dos direitos da personalidade.

Os incisos III e IV do § 3º do art. 1.876 do CC trazem corretos critérios para a validade do testamento digital, seja ele público, privado ou cerrado.

As mudanças acerca do art. 1.881 do CC possibilita que o codicilo seja realizado por meio digital. Como se sabe, o codicilo é um documento particular sem as formalidades testamentárias e que pode apresentar as disposições de última

---

127. BRASIL. Câmara dos Deputados. *Projeto de Lei nº 5820/2019*. Disponível em: https://www.camara.leg. br/proposicoesWeb/fichadetramitacao?idProposicao=2274620 Acesso em: 2 abr. 2022.

vontade de cunho não econômico ou de fins econômicos de pequena monta. É um instituto em declínio no país, com o Brasil sendo um dos últimos países que o mantém.[128]

A ideia de pequeno valor não pode exceder o percentual de 5% (cinco) por cento[129] a 10% (dez por cento)[130] do patrimônio do *de cujus*, valendo o codicilo por si e produzindo efeitos após a morte de quem falece. Como dito, é menos formal, pois a única exigência é que seja escrito por qualquer processo mecânico, digital ou de próprio punho,[131] havendo discussão sobre a necessidade de ser datado, a fim de se aferir a capacidade de quem o fez.[132]

O codicilo não pode modificar ou revogar testamento e pode ser usado para nomear testamenteiro(a). Caso haja codicilo, sem testamento, o inventariante e quem herda deve cumprir com as disposições do codicilo, inclusive se houver legado.[133] O STF, no Recurso Extraordinário nº 18.012, entendeu pela impossibilidade de codicilo ter por conteúdo cláusula de conversão de testamento nulo.

O codicilo, lacrado ou envelopado com lacre, deve ser aberto pelo Juízo competente, na mesma forma do testamento cerrado, na forma do art. 737, §3º, do CPC. O codicilo pode ser revogado por outro codicilo de forma expressa ou tácita, parcial ou total, todavia, o testamento pode revogar o codicilo.[134]

Além disso, mesmo com omissão legal e por simetria ao testamento, "há ruptura do codicilo se houver descendente do de cujus que ele desconhecia quando o fez, no que concerne aos legados de pouco valor; subsiste o codicilo, todavia, quanto às disposições não econômicas".[135]

Como se vê, os fundamentos do PL nº 5.820/2019 se equivocam ao afirmar que o codicilo é um pequeno testamento, apesar de tentar de alguma forma regular a transmissibilidade do acervo digital e de explicitar os meios de como o codicilo possa ser escrito, a classificação de "herança digital" posta no §4º do art. 1881 do CC não faz qualquer distinção sobre a intransmissibilidade dos direitos da personalidade e da legitimação de quem herde para acessar o acervo digital de quem falece. Admite a transmissibilidade integral e sem restrição do acervo digital sem qualquer filtro dos direitos da personalidade.

---

128. LOBO, Paulo. *Direito civil*: sucessões. 7. ed. São Paulo: Saraiva, 2021. p. 347.
129. LOBO, Paulo. *Direito civil*: sucessões. 7. ed. São Paulo: Saraiva, 2021. p. 347.
130. FIGUEIREDO, Luciano; FIGUEIREDO, Roberto. *Manual de direito civil*. 2. ed. Salvador: JusPodivm, 2021. p. 1770.
131. LOBO, Paulo. *Direito civil*: sucessões. 7. ed. São Paulo: Saraiva, 2021. p. 348.
132. Tartuce traz a discussão defendendo, com Paulo Lobo, a desnecessidade de datação do codicilo (TARTUCE, Flávio. *Direito civil*. Direito das sucessões. 14. ed. Rio de Janeiro: Forense, 2021. p. 475).
133. LOBO, Paulo. *Direito civil*: sucessões. 7. ed. São Paulo: Saraiva, 2021. p. 349.
134. LOBO, Paulo. *Direito civil*: sucessões. 7. ed. São Paulo: Saraiva, 2021. p. 349.
135. LOBO, Paulo. *Direito civil*: sucessões. 7. ed. São Paulo: Saraiva, 2021. p. 349.

Também o PL não traz critérios pelos quais, fora a pragmática decisória, o percentual de 10% (dez por cento) à pequena monta é adequado, como posto nos fundamentos e na emenda acerca do tema. Dessa maneira, o PL somente digitaliza o codicilo e, quanto ao acervo digital, não traz uma criteriosa análise do tema.

Por isso, a resposta *não espelha a prática jurídica sob sua melhor luz, com adequação institucional e com uma melhor justificativa substantiva.*

b – Qual é o *ethos* principiológico do PL na fusão de horizontes sobre o acesso ao acervo digital de quem falece?

Não é possível extrair o *ethos principiológico* do PL, pois ele, a rigor, digitaliza o codicilo e não traz fundamentos para o acesso ao acervo digital a quem seja legitimado no direito sucessório.

c – O PL é coerente e íntegro com os princípios constitucionais e infraconstitucionais alusivos ao direito civil que abarcam o caso?

A resposta é negativa, visto que os direitos da personalidade de quem falece foram violados pelo PL, pois ele admite, somente com o percentual de 10% (dez por cento) alusivo à pequena monta, o acesso ao acervo digital de quem falece por quem seja herdeiro(a) ou legatário(a).

d – O texto do PL pode ensejar a aplicação da RAC e evitar legitimamente a incidência da lei em casos concretos?

Pode ensejar a aplicação da RAC para afastar a aplicação do texto legal em um caso concreto em relação ao § 3º, III, do art. 1.876 e §4º do art. 18 do art. 1.881, ambos, do CC pela violação aos direitos da personalidade de quem falece, como apontado acima.

Além disso, o PL coloca como disponíveis os direitos da personalidade, mesmo que circunscritos ao percentual de até 10% que envolva o patrimônio da pessoa que falece. Um PL e uma lei não podem tornar os direitos da personalidade disponíveis se o exercício de liberdade de quem faleceu foi o de não autorizar o acesso ao seu acervo digital por quem quer que seja.

e – A CHS foi observada na fundamentação do PL?

Não foi cumprida, porque não há qualquer fundamentação sobre o que seja acervo digital e a denominada "herança digital" é reducionista quanto aos bens que estão nela inseridos. Por tudo isso, o PL nº 5.820/2019 pode ser mantido quanto à digitalização do codicilo, mas em relação ao acervo digital ele deve ser arquivado por flagrante violação aos direitos fundamentais de quem falece, bem como ignora a robusta literatura jurídica produzia no Brasil sobre o tema.

O PL nº 3.050/2020[136] foi proposto pelo Deputado Federal Gilberto Abramo (Republicanos/MG) e procura alterar o art. 1.788 do Código Civil e se encontra na Comissão de Constituição e Justiça e Cidadania (CCJC) na Câmara dos Deputados do Brasil desde 19.5.2021, com designação de relator ao Deputado Federal Lafayette de Andrada (Republicanos/MG). Não houve emendas ao PL. Foi apensado aos PLs **PL 3051/2020 (1)**; PL 410/2021; PL 1144/2021; **PL 2664/2021 (1)**, PL 703/2022; PL 1689/2021.

a – O PL espelha a prática jurídica sob sua melhor luz, com adequação institucional e com uma melhor justificativa substantiva?

O atual art. 1.788 do CC e a redação proposta no PL nº 3.050/2020 são:

Atual redação do art. 1.788 do CC	Redação proposta pelo PL nº 3.050/2020 ao art. 1.788 do CC
"Morrendo a pessoa sem testamento, transmite a herança aos herdeiros legítimos; o mesmo ocorrerá quanto aos bens que não forem compreendidos no testamento; e subsiste a sucessão legítima se o testamento caducar, ou for julgado nulo".	"Morrendo a pessoa sem testamento, transmite a herança aos herdeiros legítimos; o mesmo ocorrerá quanto aos bens que não forem compreendidos no testamento; e subsiste a sucessão legítima se o testamento caducar, ou for julgado nulo. Parágrafo único. Serão transmitidos aos herdeiros todos os conteúdos de qualidade patrimonial contas ou arquivos digitais de titularidade do autor da herança".

Os fundamentos do PL nº 3.050/2020 foram os seguintes:

O projeto de lei pretende tratar sobre tema relevante e atual, que possibilita alterar o Código Civil com objetivo de normatizar o direito de herança digital.

Há no Judiciário diversos casos que aguardam decisões nesse sentido, situações em que familiares dos falecidas desejam obter acesso a arquivos ou contas armazenadas em serviços de internet.

É preciso que a lei civil trate do tema, como medida de prevenção e pacificação de conflitos sociais e compete ao Poder Público, e nós enquanto legisladores viabilizar formas de melhor aplicabilidade da herança digital.

Convictos do acerto das medidas ora propostas, convocamos os nobres pares desta Casa para aprovar o presente projeto de lei.

A fundamentação do PL não traz um fundamento sobre as razões pelas quais serão transmitidos "aos herdeiros todos os conteúdos de qualidade patrimonial contas ou arquivos digitais de titularidade do autor da herança".

---

136. BRASIL. Câmara dos Deputados. *Projeto de Lei nº 3050/2020*. Disponível em: https://www.camara.leg. br/propostas-legislativas/2254247. Acesso em: 02 abr. 2022.

Não obstante isso, o PL acerta ao restringir a transmissibilidade dos direitos patrimoniais advindos do acervo digital, todavia não traz nenhuma disposição sobre as deliberações de vontade sobre o acesso ao acervo digital de quem falece por quem herda ou esteja na condição de legatário(a).

O PL é incompleto e, em parte, traz o direito sobre o tema sob sua melhor luz e de acordo com adequação institucional e com uma melhor justificativa substantiva.

b – Qual é o *ethos* principiológico do PL na fusão de horizontes sobre o acesso ao acervo digital de quem falece?

O *ethos* principiológico do PL, embora não expresso na fundamentação do projeto, é o correto respeito aos limites do direito sucessório de transmitir, em regra, os direitos patrimoniais de quem falece a quem herde ou esteja na condição de legatário(a).

c – O PL é coerente e íntegro com os princípios constitucionais e infra-constitucionais alusivos ao direito civil que abarcam o caso?

O PL é coerente e íntegro com os limites do direito sucessório brasileiro, pois só admite a transmissão a quem suceda a pessoa que falece dos direitos patrimoniais do acervo digital, embora nada fale sobre o acesso ao acervo por quem suceda o(a) falecido(a).

d – O texto do PL pode ensejar a aplicação da RAC e evitar legitimamente a incidência da lei em casos concretos?

A RAC somente será aplicada se, na concretização do parágrafo único do art. 1.788 do CC, for concedido a quem herde ou seja legatário(a) o acesso ao acervo digital de quem faleceu, mesmo sem um documento do *de cujus* em vida autorizando tal acesso.

O mérito do PL é ter restringido a transmissibilidade dos direitos patrimoniais advindos do acervo digital do(a) falecido(a) a quem herde ou seja legatário(a) e, quanto a isso, ele merece prosperar.

e – A CHS foi observada na fundamentação do PL?

Não observou, uma vez que a fundamentação nada tem a ver com o texto proposto do parágrafo único do art. 1.788 do CC, a tornar impossível a análise da CHS no caso em tela.

O PL nº 3.051/2020[137] foi proposto pelo Deputado Federal Gilberto Abramo (Republicanos/MG) e procura acrescer o art. 10-A ao Marco Civil da Internet, a fim de dispor sobre a destinação das contas de aplicações de internet após a morte de seu titular, e se encontra na Comissão de Constituição e Justiça e Cidadania (CCJC) na Câmara dos Deputados do Brasil desde 10.2.2021. Não houve emendas ao PL.

a – O PL espelha a prática jurídica sob sua melhor luz, com adequação institucional e com uma melhor justificativa substantiva?

O art. 10-A da Lei nº 12.965/2014 (Marco Civil da Internet) proposto pelo PL nº 3.051/2020 é:

> Art. 10-A. Os provedores de aplicações de internet devem excluir as respectivas contas de usuários brasileiros mortos imediatamente, se for requerido por familiares após a comprovação do óbito.
>
> §1º A exclusão dependerá de requerimento aos provedores de aplicações de internet, em formulário próprio, do cônjuge, companheiro ou parente, maior de idade, obedecida a linha sucessória, reta ou colateral, até o segundo grau inclusive.
>
> §2º Mesmo após a exclusão das contas, devem os provedores de aplicações de internet manter armazenados os dados e registros dessas contas pelo prazo de 1 (um) ano, a partir da data do requerimento dos familiares, ressalvado requerimento cautelar da autoridade policial ou do Ministério Público de prorrogação, por igual período, da guarda de tais dados e registros.
>
> §3º As contas em aplicações de internet poderão ser mantidas mesmo após a comprovação do óbito do seu titular, sempre que essa opção for possibilitada pelo respectivo provedor e caso o cônjuge, companheiro ou parente do morto indicados no caput deste artigo formule requerimento nesse sentido, no prazo de um ano a partir do óbito, devendo ser bloqueado o seu gerenciamento por qualquer pessoa, exceto se o usuário morto tiver deixado autorização expressa indicando quem deva gerenciá-la.

Os fundamentos do PL nº 3.051/2020 foram os seguintes:

> O projeto de lei pretende tratar sobre a possibilidade de exclusão de contas virtuais de usuários falecidos quando requerido pela família, para que seja respeitado a memória do usuário. Procurando evitar situações indesejáveis e até mesmo judiciais é que estamos propondo que as contas nos provedores de aplicações de internet sejam encerradas imediatamente após a comprovação do óbito do seu titular, se forem requeridas pelos familiares, mas com a cautela de serem tais provedores obrigados a manter os respectivos dados da conta armazenados pelo prazo de um ano, prorrogável por igual período, sobretudo para fins de prova em apurações criminais.
>
> Além disso, também está previsto a hipótese em que esses familiares próximos do falecido resolvam manter uma espécie de memorial a partir dessa mesma conta, que, contudo, somente poderá ser gerenciada com novas publicações no perfil do falecido e outras ações que

---

137. BRASIL. Câmara dos Deputados. *Projeto de Lei nº 3051/2020*. Disponível em: https://www.camara.leg. br/proposicoesWeb/fichadetramitacao?idProposicao=2254248. Acesso em: 14 jun. 2021.

se fizerem necessárias, se o falecido tiver deixado previamente estabelecido quem poderá gerenciar a sua conta após a sua morte.

Convictos do acerto das medidas ora propostas, convocamos os nobres pares desta Casa para aprovar o presente projeto de lei.

A fundamentação do PL atribui o poder de decisão sobre as contas dos provedores de internet aos familiares de quem falece,[138] a violar dos direitos da personalidade de quem faleceu. A referida proposição somente seria possível se vinculasse o poder decisório dos familiares de quem falece mediante autorização do *de cujus* em vida.

O PL não traz o direito sobre o tema sob sua melhor luz e de acordo com adequação institucional e com uma melhor justificativa substantiva.

b – Qual é o *ethos* principiológico do PL na fusão de horizontes sobre o acesso ao acervo digital de quem falece?

O *ethos* principiológico do PL seria o direito sucessório de quem seja herdeiro(a) ou legatário(a), embora não expresse isso na fundamentação. Todavia o projeto torna disponível os dados pessoais de quem falece, mesmo que o(a) falecido(a) não autorize tal acesso em vida, a violar os direitos da personalidade do *de cujus*.

c – O PL é coerente e íntegro com os princípios constitucionais e infraconstitucionais alusivos ao direito civil que abarcam o caso?

O PL não é coerente e íntegro com os limites do direito sucessório brasileiro e viola os direitos da personalidade de quem falece, como apontado antes.

d – O texto do PL pode ensejar a aplicação da RAC e evitar legitimamente a incidência da lei em casos concretos??

A RAC pode ser utilizada para evitar a incidência do art. 10-A do Marco Civil da Internet, pois este viola os direitos da personalidade de quem falece pelas razões já expostas.

e – A CHS foi observada na fundamentação do PL?

A CHS não foi observada, uma vez que a fundamentação não traz uma linha sequer sobre os direitos da personalidade de quem falece e confere o acesso integral dos familiares, se assim pedirem ao provedor, ao acervo digital de quem falece.

---

138. TARTUCE, Flávio. *Direito civil*. Direito das sucessões. 14. ed. Rio de Janeiro: Forense, 2021. p. 50.

O PL nº 410 /2021[139] foi proposto pelo Deputado Federal Carlos Bezerra (MDB/MT) e procura acrescer artigo à Lei do Marco Civil da Internet – Lei nº 12.965, de 23.4.2014, a fim de dispor sobre a destinação das contas de internet após a morte de seu titular. Encontra-se na Comissão de Constituição e Justiça e Cidadania (CCJC) na Câmara dos Deputados do Brasil desde 26.4.2021. Não houve emendas ao PL.

a – O PL espelha a prática jurídica sob sua melhor luz, com adequação institucional e com uma melhor justificativa substantiva?

O art. 10-A do Marco Civil da Internet teria a seguinte redação proposta pelo PL nº 410/2021:

> Art. 10-A. Os provedores de aplicações de internet devem excluir as respectivas contas de usuários brasileiros mortos imediatamente após a comprovação do óbito.
>
> § 1º A exclusão dependerá de requerimento aos provedores de aplicações de internet, do cônjuge, companheiro ou parente, maior de idade, obedecida a linha sucessória, reta ou colateral, até o segundo grau inclusive.
>
> § 2º Mesmo após a exclusão das contas, devem os provedores de aplicações de internet manter armazenados os dados e registros dessas contas pelo prazo de dois anos, a partir da data do óbito, ressalvado requerimento cautelar da autoridade policial ou do Ministério Público para a guarda de tais dados e registros.
>
> § 3º As contas em aplicações de internet poderão ser mantidas, mesmo após a comprovação do óbito do seu titular, sempre que essa opção for deixada como ato de última vontade pelo titular da conta, desde que indique quem deva gerenciá-la.

Os fundamentos do PL nº 410/2021 são:

---

139. BRASIL. Câmara dos Deputados. *Projeto de Lei nº 410/2021*. Disponível em: https://www.camara.leg.br/proposicoesWeb/fichadetramitacao?idProposicao=2270016. Acesso em: 14 jun. 2021.

A "herança digital" é um dos problemas que a modernidade nos trouxe. No entanto, esse assunto não é inteiramente novo. Já os deputados Alfredo Nascimento e Elizeu Dionízio, a quem rendo aqui minhas homenagens, propuseram a regulamentação do assunto na legislatura passada, porém suas iniciativas não prosperaram, encontrando-se arquivas suas proposições.

O fato é que o avanço da internet no dia-a-dia das pessoas fez com que o uso das chamadas redes sociais tenha se tornado frequente, sempre mais. Há notícia de que, em 2015, o *Facebook* tenha alcançado a marca do bilhão de usuários, o que significa dizer que aproximadamente um em cada sete habitantes do mundo tem acesso a esse sítio.

Deve ser assinalado que, além do *Facebook*, também se tornaram muito populares outros tantos sítios da internet, tais como o *Twitter*, *Instagram* e *Google+*, onde os usuários têm a liberdade de criar perfis próprios e deles se utilizam para o tráfego e armazenamento dos mais variados tipos de informações e, também, para o fluxo de comunicação.

Por conta da grande popularização desse fenômeno, que pode chegar à estrondosa quantidade de 30% de pessoas no mundo como detentoras de perfis em redes sociais, e dada a finitude da existência humana, avoluma-se o número de perfis deixados por falecidos. Tal fato vem gerando dificuldades no mundo do Direito.

O jornal Valor Econômico, em sua edição do último dia 18 de agosto de 2019, nos trás notícia de lide jurídica que, dia-a-dia, vai se tornando mais rotineira. *In verbis*:

> "*Em interessante sentença no Estado de Minas Gerais, o juiz de direito julgou improcedente o direito de acesso aos dados pessoais da filha falecida da autora. O magistrado entendeu pela inviolabilidade de dados do titular da conta virtual, com base no artigo 5ª, XII, da Constituição Federal, que trata sobre o sigilo da correspondência e das comunicações telegráficas, de dados e das comunicações telefônicas.*
>
> *Ainda alegou o magistrado que a quebra de sigilo dos dados da falecida permitiria não apenas o acesso aos seus dados, como também de terceiros com os quais a usuária mantinha contato, sendo que eventual quebra de sigilo certamente acarretaria a invasão da privacidade de outrem, conforme passagem da decisão: " Dada essa digressão, tenho que o*

ACERVO DIGITAL E SUA TRANSMISSÃO SUCESSÓRIA NO BRASIL

3

> *pedido da autora não é legítimo, pois a intimidade de outrem, inclusive da falecida Helena, não pode ser invadida para satisfação pessoal. A falecida não está mais entre nós para manifestar sua opinião, motivo pela qual sua intimidade deve ser preservada."*"

As razões invocadas pelo magistrado nos convenceram. Afinal, como diz antigo brocardo jurídico latino: "*mors omnia solvit*". No vernáculo: a morte tudo solve. Ou seja, tudo termina com a morte.

Entendemos, por conseguinte, que com a morte, se não houver disposição de última vontade do falecido, suas contas nos diversos sítios da *internet* devem ser apagadas, mantendo-se íntegra a intimidade tanto do falecido quanto, principalmente, a intimidade de todos aqueles com quem o falecido se relacionava.

Como medida de exceção, prevemos que os dados devem ser mantidos por dois anos após a morte do titular, e que esse prazo poderá ser estendido a pedido tanto a autoridade policial quanto o Ministério Público.

Acredito que a presente matéria merecerá a atenção de meus caros pares, e que o principal mérito da presente proposição será trazer de volta ao debate assunto de tal magnitude.

Sala das Sessões, em   de   de 2021.

Deputado CARLOS BEZERRA

2019-18434

O PL respeita os direitos da personalidade de quem falece e admite o acesso às contas da internet de quem falece somente em havendo documento com disposição de última vontade de quem faleceu, indicando quem será responsável pela manutenção da conta.

Espelhou-se, portanto, a prática jurídica sob sua melhor luz, com adequação institucional e com uma melhor justificativa substantiva, por harmonizar o direito da personalidade de quem falece, juntamente com a legitimação de quem a sucede para tutelar tal direito, desde que haja autorização em vida para tanto.

b – Qual é o *ethos* principiológico do PL na fusão de horizontes sobre o acesso ao acervo digital de quem falece?

O *ethos* principiológico do PL é o respeito aos direitos da personalidade de quem falece, em harmonia com a legitimação de quem a sucede para tutelar tal direito, desde que haja autorização em vida para tanto.

c – O PL é coerente e íntegro com os princípios constitucionais e infraconstitucionais alusivos ao direito civil que abarcam o caso?

O PL é coerente e íntegro com os limites do direito sucessório brasileiro e com o respeito aos direitos da personalidade de quem falece.

d – O texto do PL pode ensejar a aplicação da RAC e evitar legitimamente a incidência da lei em casos concretos?

A RAC será aplicada para que se respeite o art. 10-A do Marco Civil da Internet, caso o PL se transforme em lei, haja vista as razões anteriormente expostas, porque segue relevante literatura jurídica e diferencia

> os conteúdos que envolvem a tutela a intimidade e da intimidade e da vida privada da pessoa daqueles que não o fazem para, talvez, criar um caminho possível de atribuição da herança digital aos herdeiros legítimos, naquilo que for possível. Os dados digitais que dizem respeito à privacidade e à intimidade da pessoa, que parecem ser a regra, devem desaparecer com ela. Dito de outra forma, *a herança digital deve morrer com a pessoa*.[140]

e – A CHS foi observada na fundamentação do PL?

Não houve a densificação de sentido dos direitos da personalidade na fundamentação do PL, embora se possa inferir que a intimidade e a privacidade de

---

140. TARTUCE, Flávio. *Direito civil*. Direito das sucessões. 14. ed. Rio de Janeiro: Forense, 2021. p. 52.

quem falece e a legitimação de quem as sucede merecem ser observadas e o texto proposto vai nessa linha. O PL merece ser transformado em lei.

O PL nº 1.144/2021[141] foi proposto pela Deputada Federal Renata Abreu (PODE-SP) e trata dos dados pessoais inseridos na internet após a morte do usuário. Encontra-se na Comissão de Constituição e Justiça e Cidadania (CCJC) na Câmara dos Deputados do Brasil desde 11.5.2021. Não houve emendas ao PL.

a – O PL espelha a prática jurídica sob sua melhor luz, com adequação institucional e com uma melhor justificativa substantiva?

O PL nº 1.144/2021 visa:

A Lei nº 10.406, de 10 de janeiro de 2002 (Código Civil), passa a vigorar com as seguintes alterações: "Art. 12. (...)

Parágrafo único. Em se tratando de morto, terá legitimação para requerer a medida prevista neste artigo o cônjuge ou o companheiro sobrevivente, parente em linha reta, ou colateral até o quarto grau, ou qualquer pessoa com legítimo interesse." (NR)

"Art. 20. (...) Parágrafo único. Em se tratando de morto ou ausente, são partes legítimas para requerer essa proteção as pessoas indicadas no parágrafo único do art. 12." (NR)

"Art. 1.791-A. Integram a herança os conteúdos e dados pessoais inseridos em aplicação da Internet de natureza econômica.

§ 1º Além de dados financeiros, os conteúdos e dados de que trata o caput abrangem, salvo manifestação do autor da herança em sentido contrário, perfis de redes sociais utilizados para fins econômicos, como os de divulgação de atividade científica, literária, artística ou empresária, desde que a transmissão seja compatível com os termos do contrato.

§ 2º Os dados pessoais constantes de contas públicas em redes sociais observarão o disposto em lei especial e no Capítulo II do Título I do Livro I da Parte Geral.

§ 3º Não se transmite aos herdeiros o conteúdo de mensagens privadas constantes de quaisquer espécies de aplicações de Internet, exceto se utilizadas com finalidade exclusivamente econômica."

A Lei nº 12.965, de 23 de abril de 2014 (Marco Civil da Internet), passa a vigorar acrescido do seguinte art. 10-A:

"Art. 10-A. Os provedores de aplicações de internet devem excluir as contas públicas de usuários brasileiros mortos, mediante comprovação do óbito, exceto se:

I – houver previsão contratual em sentido contrário e manifestação do titular dos dados pela sua manutenção após a morte;

II – na hipótese do § 1º do art. 1.791-A da Lei nº 10.406, de 10 de janeiro de 2002 (Código Civil).

§ 1º O encarregado do gerenciamento de contas não poderá alterar o conteúdo de escritos, imagens e outras publicações ou ações do titular dos dados, tampouco terá acesso ao con-

---

141. BRASIL. Câmara dos Deputados. *Projeto de Lei nº 1144/2021*. Disponível em: https://www.camara.leg. br/propostas-legislativas/2254247. Acesso em: 14 jun. 2021.

teúdo de mensagens privadas trocadas com outros usuários, ressalvado o disposto no §3º do art. 1.791-A da Lei nº 10.406, de 10 de janeiro de 2002 (Código Civil).

§2º Os legitimados indicados no parágrafo único do art. 12 da Lei nº 10.406, de 10 de janeiro de 2002 (Código Civil), poderão pleitear a exclusão da conta, em caso de ameaça ou lesão aos direitos de personalidade do titular dos dados.

§3º Mesmo após a exclusão das contas, devem os provedores de aplicações manter armazenados os dados e registros dessas contas pelo prazo de 1 (um) ano a partir da data do óbito, ressalvado requerimento em sentido contrário, na forma do art. 22."

Os fundamentos do PL nº 1.144/2021 são:

As mudanças sociais operadas pela incessante inovação tecnológica apresentam os mais diversos desafios coletivos e individuais. Os dados pessoais inseridos na rede tornam-se preciosa informação a direcionar publicidade, permitir troca de conhecimentos e a conexão de pessoas. Surgem novas formas de se relacionar, novas maneiras de estar no mundo, de compreendê-lo, de interpretá-lo. Nessa seara, há mesmo quem cogite da existência de um corpo eletrônico, constituído pelos dados disponibilizados na rede.

É indiscutível, sobretudo quando se fala em perfis de redes sociais, que as imagens, vídeos, áudios e escritos inseridos em semelhantes aplicações constituem importante elemento da personalidade de seu titular. As publicações públicas (abertas a quem tenha acesso às aplicações ou a pessoas determinadas, como amigos ou grupos) são uma forma de se apresentar em sociedade, de deixar-se conhecer.

Em que pese o esforço legislativo realizado pelo Congresso Nacional nos últimos anos em conferir tutela jurídica adequada aos mais diversos interesses que emergem dessas novas relações sociais, como a aprovação do Marco Civil da Internet (MCI) e da Lei Geral de Proteção de Dados (LGPD), os aspectos da personalidade relacionados a contas digitais (em redes sociais, e-mails, aplicações financeiras etc.) demandam regulamentação específica sobre sua destinação ou modos de uso após a morte do titular dos dados.

As ideias que em geral se apresentam tendem a propor a exclusão de contas ou, ao revés, a sua transmissão aos herdeiros. Acreditamos que uma e outra solução são plausíveis, a depender do tipo de aplicação e de conteúdo que se pretende disciplinar em lei. Por exemplo, o perfil de pessoa famosa em rede social pode ser impulsionado em número de seguidores quando de sua morte, mas a simples transmissão aos herdeiros do acesso irrestrito ao aplicativo correspondente, com acesso às mensagens privadas, significaria uma indevida intrusão na privacidade do titular dos dados (falecido) e de seus interlocutores.

No entanto, em se tratando de aspectos da personalidade do indivíduo, parece precipitado pensar sua disciplina jurídica exclusivamente a partir da estrutura do direito sucessório, que está voltado predominantemente à transferência de patrimônio. Vale lembrar que os direitos de personalidade são intransmissíveis, o que indica a necessidade de uma abordagem diferente em relação ao tema. Embora seja comum falar-se em herança digital, o ideal é que essa ideia se restrinja a aspectos patrimoniais. Dessa forma, propomos que (i) os dados constantes de aplicações com finalidade econômica sejam considerados herança e transmitidos de acordo com as regras do direito das sucessões; (ii) que a exploração de aspectos da personalidade (como imagem, voz, vídeos etc.) constantes de aplicações sejam também transmitidos como herança, quando não haja disposição em sentido contrário do de cujus. Neste caso, embora dotados de valor econômico, o que seria potencializado pelo uso post mortem das contas digitais, não parece adequada a exploração desses elementos da personalidade quando seu titular haja se manifestado contrariamente.

No que concerne às mensagens privadas, (iii) o ideal é que não haja acesso a seu conteúdo pelos herdeiros, ainda que haja manifestação nesse sentido do titular das contas, pois isso constituiria violação da privacidade do interlocutor. A profusão de mensagens trocadas pelas mais diversas aplicações de mensagens (ou a funcionalidade de troca de mensagens em aplicações destinadas, em caráter principal, à prestação de outros serviços), em grande parte, substitui interações pessoais ou telefônicas, sendo importante tutelar a legítima expectativa de que seu conteúdo não será devassado por ocasião da morte de um dos interlocutores.

Por fim, quanto (iv) às redes sociais do falecido, propomos que a regra seja a sua exclusão, com as seguintes ressalvas: (a) quando houver disposição expressa do titular dos dados no sentido de manter ativa a sua conta (desde que isso esteja em consonância com os termos de uso do contrato celebrado) e (b) quando o perfil for objeto de herança, na já mencionada hipótese de se admitir a exploração econômica de aspectos da personalidade (item ii).

Ante o exposto, submeto esta proposição à apreciação dos ilustres pares, a quem rogo o indispensável apoio para sua aprovação.

O PL acerta ao incluir no parágrafo único do art. 12 do CC o(a) companheiro(a) como legitimado(a) para a tutela dos direitos da personalidade do(a) companheiro(a) falecido(a), e isso se encontra acorde com a literatura jurídica e com os julgados que respeitam a igualdade entre as entidades familiares.

A regulação do PL quanto ao art. 1.791-A do CC procura autorizar os efeitos econômicos do acervo digital respeitando a vontade do(a) titular, inclusive com ele podendo se manifestar de forma contrária, e impede que se transmita "aos herdeiros o conteúdo de mensagens privadas constantes de quaisquer espécies de aplicações de Internet, exceto se utilizadas com finalidade exclusivamente econômica".

Os direitos da personalidade de quem falece também estão preservados com a proposta do art. 10-A do Marco Civil da Internet, mantendo as contas públicas do(a) falecido(a) somente se houver previsão contratual nesse sentido, com manifestação do titular dos dados pela sua manutenção após a morte.

Espelhou-se, destarte, a prática jurídica sob sua melhor luz, com adequação institucional e com uma melhor justificativa substantiva, por harmonizar o direito da personalidade de quem falece com a legitimação de quem a sucede para tutelar tal direito, desde que haja autorização em vida para tanto.

b – Qual é o *ethos* principiológico do PL na fusão de horizontes sobre o acesso ao acervo digital de quem falece?

O *ethos* principiológico do PL é o respeito aos direitos da personalidade de quem falece, em diálogo com a legitimação de quem a sucede para tutelar tal direito, desde que haja autorização em vida para tanto.

c – O PL é coerente e íntegro com os princípios constitucionais e infra-constitucionais alusivos ao direito civil que abarcam o caso?

O PL é coerente e íntegro com os limites do direito sucessório brasileiro e com o respeito aos direitos da personalidade de quem falece.

d – O texto do PL pode ensejar a aplicação da RAC e evitar legitimamente a incidência da lei em casos concretos?

A RAC será aplicada para que se respeitem os artigos de lei propostos no PL, caso se transforme em lei, tendo em vista os fundamentos retrocitados, porque acorde com a literatura jurídica antes citada.

e – A CHS foi observada na fundamentação do PL?

Houve a enunciação dos direitos da personalidade na fundamentação do PL, todavia não há uma densificação de sentido dos institutos jurídicos. O PL merece ser transformado em lei.

O PL n.º 2.664/2021[142] foi proposto pelo Deputado Federal Carlos Henrique Gaguim (DEM-TO) e trata do acréscimo do art. 1.857-A do CC para tratar dos dados pessoais dispostos em testamento. Encontra-se na Comissão de Constituição e Justiça e Cidadania (CCJC) na Câmara dos Deputados do Brasil desde 03.8.2021. Não houve emendas ao PL.

a – O PL espelha a prática jurídica sob sua melhor luz, com adequação institucional e com uma melhor justificativa substantiva?

O PL nº 2.664/2021 visa:

> Art. 1º Está lei acrescenta o art. 1857-A à Lei n° 10406, de 2002, Código Civil, de modo a dispor sobre a herança digital. Art. 2° A Lei n° 10406, de 2002, Código Civil, passa a vigorar acrescida do seguinte artigo 1857-A:
>
> "Art. 1857-A. Toda pessoa capaz pode dispor, por testamento ou qualquer outro meio no qual fique expressa a manifestação de vontade, sobre o tratamento de dados pessoais após a sua morte.
>
> § 1º São nulas quaisquer cláusulas contratuais voltadas a restringir os poderes da pessoa de dispor sobre os próprios dados.
>
> § 2º Salvo manifestação expressa em contrário, os herdeiros têm o direito de: I – acessar os dados do falecido a fim de organizar e liquidar os bens da herança, identificando informações

---

142. BRASIL. Câmara dos Deputados. *Projeto de Lei nº 2664/2021*. Disponível em: https://www.camara.leg.br/proposicoesWeb/fichadetramitacao?idProposicao=2292060. Acesso em: 02 abr. 2022.

que sejam úteis para o inventário e a partilha do patrimônio; II –obter os dados relacionados às memórias da família, tais como fotos, vídeos e áudios; III – eliminar, retificar ou comunicar os dados; IV – tratar os dados na medida necessária para cumprir obrigações pendentes com terceiros bem como para exercer os direitos autorais e industriais que lhe tenham sido transmitidos;

§ 2º As disposições do presente artigo aplicam-se, no que couber, aos declarados incapazes. Art. 3º Esta lei entra em vigor na data da publicação.

Os fundamentos do PL nº 2.664/2021 são:

O direito à herança é assegurado no art. 5º, inciso XXX, da Carta da República, mas ao contrário do que já ocorreu em outros países, a legislação brasileira ainda não foi adaptada aos novos tempos, de modo a regular a herança digital.

Na ausência de regulação, algumas empresas já colocaram em seus termos de uso cláusulas voltadas a regular o que ocorrerá com perfis e contas digitais em caso de falecimento. O Facebook, a exemplo, autoriza que alguém da família do falecido opte pela exclusão do conteúdo ou transforme o perfil em memorial, permitindo homenagens ao falecido. O mesmo pode ser definido pelo titular do perfil em vida. No Twitter o procedimento é o cancelamento da conta, o que ocorre mediante o envio de e-mail por parente que indicará nome completo, e-mail, grau de parentesco com o usuário falecido, nome de usuário da conta a ser excluída no Twitter e um link de uma notícia sobre a morte ou cópia do atestado de óbito.

A situação, no entanto, está longe da ideal. Vários herdeiros relatam dificuldades para ter acesso a fotos e vídeos que registram momentos em família. Muitos também dizem sobre a impossibilidade de obter dados importantes para a realização do inventário e da partilha bem como discorrem sobre a impossibilidade de passar a gerenciar contas digitais bastante lucrativas, após a morte do familiar.

É preciso, portanto, adaptar o direito civil à nova realidade social já que bens afetivos e de grande valor econômico, atualmente, encontram-se armazenados em contas digitais, descabendo delegar a empresas privadas a forma como se dará a sucessão dos brasileiros.

Entre os bens que integram a herança digital, há os de valoração econômica, tais como músicas, poemas e romances, apenas para exemplificar. Há também, na atualidade, empresas e marcas que existem apenas de modo virtual. Todos devem integrar a herança do falecido ou mesmo ser objeto de disposições de última vontade. Há também os que, embora não tenham valor econômico, são importantíssimos para os herdeiros do falecido, tais como fotos e vídeos registrando momentos familiares.

O presente projeto de lei pretende abarcar a sucessão de todos esses diferentes tipos de bens. Assim como já feito em outros países, tais como na Espanha e na França, estabelece como regra geral a possibilidade de os herdeiros acessarem determinados tipos de dados, a fim de viabilizar o exercício do direito à herança. Considero que sob a ótica da privacidade, não há razão para tratar certos bens de maneira diversa apenas porque estão em formato digital.

É preciso também assegurar aos herdeiros a possibilidade de administrar e gerenciar os bens que lhe são transmitidos em virtude do direito autoral e industrial, que podem ou não ter valor econômico.

Ante o quadro, solicito o apoio dos meus pares para aprovar o presente projeto de lei. (...)

O § 2º do art. 1.857-A do CC visa autorizar a transmissibilidade automática de todos os bens digitais, salvo manifestação expressa da pessoa que falece, a forçar que seja feito testamento, uma vez que se a pessoa não se manifestar em sentido contrário, todos os bens digitais da pessoa que falece devem ser transmitidos aos(às) herdeiros(as).

O correto é o contrário, para haver a transmissão dos dados pessoais existenciais digitais deve haver manifestação expressa neste sentido. Não existindo tal manifestação, tais bens digitais não podem ser transmitidos a quem herde, como já afirmado na análise dos projetos anteriores.

O PL, quanto ao § 2º do art. 1.857-A do CC não espelhou a prática jurídica sob sua melhor luz, ao ser inadequado institucionalmente e no que tange à justificação substantiva, por não harmonizar o direito da personalidade de quem falece com a legitimação de quem a sucede para tutelar tal direito, desde que haja autorização em vida para tanto.

O § 1º do art. 1.857-A do CC espelhou a melhor prática institucional e de justificação substantiva, pois respeita o direito da pessoa dispor, nos limites do Direito, dos próprios dados pessoais.

b – Qual é o *ethos* principiológico do PL na fusão de horizontes sobre o acesso ao acervo digital de quem falece?

O *ethos* principiológico do PL é o respeito ao direito dos herdeiros e da pessoa que falece, em relação ao § 1º do art. 1.857-A do CC, porém o PL inverte o respeito aos direitos da personalidade de quem falece no caso do § 2º do art. 1.857-A do CC.

c – O PL é coerente e íntegro com os princípios constitucionais e infraconstitucionais alusivos ao direito civil que abarcam o caso?

O PL não é coerente e íntegro com os limites do direito sucessório brasileiro e com o respeito aos direitos da personalidade de quem falece acerca do § 2º do art. 1.857-A do CC e é íntegro e coerente acerca do § 1º do art. 1.857-A do CC.

d – O texto do PL pode ensejar a aplicação da RAC e evitar legitimamente a incidência da lei em casos concretos?

A RAC será aplicada para que se o § 1º do art. 1.857-A do CC seja efetivado e que não seja efetivado o do § 2º do art. 1.857-A do CC, caso se transforme em lei, tendo em vista os fundamentos retrocitados.

e – A CHS foi observada na fundamentação do PL?

Houve a enunciação dos direitos da personalidade na fundamentação do PL, todavia não há uma densificação de sentido dos institutos jurídicos. O PL merece ser transformado em lei somente acerca do § 1º do art. 1.857-A do CC.

O PL n.º 1.689/2021[143] foi proposto pela Deputada Federal Alê Silva (PSL-MG) e procura inserir o art. 1.791-A, alterar o art. 1.857 e acrescer o art. 1.863-A do CC, assim como alterar o art. 41 da Lei n.º 9.610/98 (Lei dos Direitos Autorais). Encontra-se na Comissão de Ciência e Tecnologia, Comunicação e Informática (CCTI) na Câmara dos Deputados do Brasil desde 05.11.2021. Não houve emendas ao PL e sim um substitutivo.

a – O PL espelha a prática jurídica sob sua melhor luz, com adequação institucional e com uma melhor justificativa substantiva?

O PL nº 1.689/2021 visa:

Art. 1º Esta Lei altera a Lei nº 10.406, de 10 de janeiro de 2002, para dispor sobre perfis, páginas contas, publicações e os dados pessoais de pessoa falecida, incluindo seu tratamento por testamentos e codicilos.

Art. 2º Incluam-se os arts. 1.791-A e 1863-A e acrescente-se o § 3º ao art. 1.857 da Lei 10.406, de 10 de janeiro de 2002, com as seguintes redações:

"Art. 1.791-A Incluem-se na herança os direitos autorais, dados pessoais e demais publicações e interações do falecido em provedores de aplicações de internet.

§ 1º O direito de acesso do sucessor à página pessoal do falecido deve ser assegurado pelo provedor de aplicações de internet, mediante apresentação de atestado de óbito, a não ser por disposição contrária do falecido em testamento.

§ 2º Será garantido ao sucessor o direito de, alternativamente, manter e editar as informações digitais do falecido ou de transformar o perfil ou página da internet em memorial.

§ 2º Morrendo a pessoa sem herdeiros legítimos, o provedor de aplicações de internet, quando informado da morte e mediante apresentação de atestado de óbito, tratará o perfil, publicações e todos os dados pessoais do falecido como herança jacente, consignando-os à guarda e administração de um curador, até a sua entrega ao sucessor devidamente habilitado ou à declaração de sua vacância.

Art. 1.857

(...)

§ 3º A disposição por testamento de pessoa capaz inclui os direitos autorais, dados pessoais e demais publicações e interações do testador em provedores de aplicações de internet.

---

143. BRASIL. Câmara dos Deputados. *Projeto de Lei nº 1689/2021*. Disponível em: https://www.camara.leg. br/proposicoesWeb/fichadetramitacao?idProposicao=2280308. Acesso em: 02 abr. 2022.

Art. 1863-A O testamento cerrado e o particular, bem como os codicilos, serão válidos em formato eletrônico, desde que assinados digitalmente com certificado digital pelo testador, na forma da lei." (NR)

Art. 3º Altere-se o art. 41 da Lei nº 9.610, de 19 de fevereiro de 1998, que passa a ter a seguinte redação:

"Art. 41. Os direitos patrimoniais do autor, incluindo suas publicações em provedores de aplicações de internet, perduram por setenta anos contados de 1º de janeiro do ano subsequente ao de seu falecimento, obedecida a ordem sucessória da lei civil. (...)." (NR)

Art. 4º Esta lei entra em vigor na data de sua publicação.

Os fundamentos do PL nº 1.689/2021 são:

Num mundo em que as pessoas se expressam, em larga medida, por meios digitais, não é raro que elas construam na internet um retrato daquilo que elas foram no mundo real. Perfis de redes sociais e blogs registram reflexões e acabam por se transformar em uma memória ou até um patrimônio autoral da pessoa falecida.

E uma quantidade cada vez maior de pessoas utiliza essas ferramentas. Apenas para ficarmos num exemplo, o Facebook possui, no mundo, mais de 2,7 bilhões de contas ativas, enquanto no Brasil são dezenas de milhões de usuários.

Ocorre que há uma dúvida muito grande sobre que destino se dar ao conjunto das opiniões, lembranças, memórias e até segredos do usuário da internet após o seu falecimento. Devem os parentes ter acesso a sua senha? Devem poder editar seus conteúdos? Devem as plataformas simplesmente remover o perfil ou apagar a página do usuário?

Este projeto de lei pretende preencher esse vácuo jurídico, trazendo conforto e segurança aos familiares do falecido.

Com esse objetivo, propomos alteração do Código Civil para incluir expressamente na definição de herança os direitos autorais, os dados pessoais e as publicações e interações do falecido em redes sociais e outros sítios da internet, ou seja, nos chamados provedores de aplicações de internet, definidos pelo Marco Civil da Internet. A expressão "provedores de aplicações de internet" abrange melhor todo o acervo digital da pessoa, contemplando redes sociais, arquivos na nuvem, contas de e-mail, entre outros.

Nesse sentido, fica estabelecido que o sucessor legal possui direito de acesso à página pessoal do de cujus, mediante apresentação de atestado de óbito. O direito só não incidirá se houver vedação disposta pelo falecido em testamento, indicando que deseja que suas informações permaneçam em sigilo ou sejam eliminadas.

O sucessor pode, então, optar por manter ou editar as informações digitais do falecido ou mesmo por transformar o perfil ou página da internet em memorial em honra do *de cujus*.

Em caso de falecimento em que não haja herdeiros legítimos, o provedor de aplicações de internet deverá eliminar o perfil, publicações e todos os dados pessoais do falecido, desde que seja informado da morte e lhe seja apresentado atestado de óbito.

Determinamos, também, que é possível ao testador incluir em seu testamento os direitos autorais, os dados pessoais e as demais publicações e interações que estejam em provedores de aplicações de internet. Com exceção do testamento público, que deve ser lavrado em cartório, preceituamos que os testamentos cerrado e particular e os codicilos serão válidos em formato eletrônico, quando assinados digitalmente com certificado digital pelo testador, na forma da lei.

Deixamos claro, outrossim, que as publicações feitas em provedores de aplicações de internet constituem direitos patrimoniais do autor, para fins da Lei de Direitos Autorais.

Entendemos que a presente proposta supre uma demanda que traz enorme insegurança jurídica na sucessão e gestão de perfis em redes sociais e outras espécies de publicações na internet de pessoas falecidas, incorporando ao Código Civil as ferramentas apropriadas para dar aos sucessores hereditários maior tranquilidade e conforto nesse momento difícil de suas vidas.

Certos da justiça exposta no arrazoado acima, exortamos os preclaros colegas a votarem pela aprovação da presente matéria.

Na Comissão de Ciência e Tecnologia, Comunicação e Informática foi apresentado um substitutivo de relatoria do Deputado Pedro Vilela, no qual concorda com o PL apresentado dos arts. 1.791-A e do § 3º no art. 1.857 do CC, bem como propõe um ajuste de redação, tendo em vista que dados, publicações e interações não são realizadas "em provedor de aplicação", mas "em aplicação".

Quanto ao art. 1.863-A do CC, o Relator alude:

"Em relação ao comando inserido no novo art. 1.863-A, prevendo para o testamento a validade do formato eletrônico assinado digitalmente pelo testador, é preciso destacar que a Medida Provisória nº 2.200-2, de 24 de agosto de 2001, já assegura validade ao procedimento:

Art. 10. (...)

§ 1º As declarações constantes dos documentos em forma eletrônica produzidos com a utilização de processo de certificação disponibilizado pela ICP-Brasil presumem-se verdadeiros em relação aos signatários, na forma do art. 131 da Lei nº 3.071, de 1º de janeiro de 1916 – Código Civil.

Em que pese a referência a uma lei hoje revogada, a intenção do comando é clara.

A proposta, ainda assim, afigura-se oportuna, pois possibilita o alinhamento às previsões da Lei nº 14.063, de 23 de setembro de 2020, que trata do uso de assinaturas eletrônicas. Aperfeiçoamos, assim, a redação do dispositivo proposto, adotando a nomenclatura prevista no art. 4º da referida lei.

Por outro lado, é apropriado que se preveja, no testamento assinado eletronicamente, a aposição de datação digital, sem a qual torna-se impraticável a solução de eventuais controvérsias. Incluímos, pois, a obrigatoriedade desse procedimento.

O Relator aponta sobre o art. 41 da Lei de Direitos Autorais:

Quanto ao terceiro tema abordado na proposta, qual seja a modificação do art. 41 da Lei de Direitos Autorais, prevendo direitos patrimoniais sobre publicações na internet, consideramos a medida inoportuna.

De fato, há uma diversidade de aplicações hoje disponíveis, com usos os mais diversos. Nos casos em que a publicação ou divulgação eletrônica se refira a obra intelectual passível de proteção, tais como as previstas no art. 7º da lei, configura-se desde logo o direito. O comando do referido artigo é claro, ao prever a proteção a obras "fixadas em qualquer suporte, tangível ou intangível, conhecido ou que se invente no futuro". Sendo assim, nos parece desnecessária a introdução de dispositivo legal que assegure a proteção de direitos patrimoniais especificamente para o domínio da internet.

Além disso, não há sentido em prever, a priori, direito patrimonial sobre postagens irrelevantes, comentários conjunturais ou dados reproduzidos, muito frequentes no uso de vários tipos de aplicativo, situação que pode ser inferida a partir da modificação proposta. Ademais, a previsão abre espaço para que o provedor de aplicações reclame direitos autorais sobre a organização desses dados, nos termos do art. 7º, inciso XIII e § 2º da lei, tornando mais complexa sua transferência aos herdeiros. Por essas razões, somos pela rejeição desse dispositivo. Consolidamos tais considerações na forma do Substitutivo que ora oferecemos a esta douta Comissão.

Nosso VOTO, em suma, é pela APROVAÇÃO do Projeto de Lei nº 1.689, de 2021, na forma do SUBSTITUTIVO oferecido.

(...)

Art. 1º Esta Lei altera a Lei nº 10.406, de 10 de janeiro de 2002, para dispor sobre perfis, páginas contas, publicações e dados pessoais de pessoa falecida, incluindo seu tratamento por testamentos e codicilos.

Art. 2º Incluam-se os artigos 1.791-A e 1.863-A e acrescente-se o § 3º ao art. 1.857 da Lei nº 10.406, de 10 de janeiro de 2002, com as seguintes redações:

"Art. 1.791-A. Incluem-se na herança os direitos autorais, dados pessoais e demais publicações e interações do falecido em aplicações de internet.

§ 1º O direito de acesso do sucessor à página pessoal e repositórios de dados do falecido deve ser assegurado pelo provedor de aplicações de internet, mediante apresentação de atestado de óbito, a não ser por disposição contrária do falecido em testamento.

§ 2º Será garantido ao sucessor o direito de, alternativamente, manter e editar as informações digitais do falecido ou de transformar o perfil ou página da internet em memorial.

§ 3º Morrendo a pessoa sem herdeiros legítimos, o provedor de aplicações de internet, quando informado da morte e mediante apresentação de atestado de óbito, tratará o perfil, publicações e todos os dados pessoais do falecido como herança jacente, consignando-os à guarda e administração de um curador, até a sua entrega ao sucessor devidamente habilitado ou à declaração de sua vacância."

"Art. 1.857 (...)

§ 3º A disposição por testamento de pessoa capaz inclui os direitos autorais, dados pessoais e demais publicações e interações do testador em aplicações de internet. (...)" (NR)

"Art. 1863-A. O testamento cerrado e o particular, bem como os codicilos, serão válidos em formato eletrônico, desde que assinados digitalmente pelo testador com assinatura eletrônica qualificada e datados eletronicamente, na forma da lei." (NR)

Art. 3º Esta lei entra em vigor na data de sua publicação.

O PL acerta em relação ao art. 1.863-A do CC, pois admite o meio eletrônico como via para se realizar testamentos. Acerta quanto à crítica acerca da alteração proposta para o art. 41 da Lei de Direitos Autorais pelas razões lá expostas.

Se equivoca o PL quanto aos arts. 1791-A e 1857 do CC, uma vez que admite a transmissibilidade automática a quem herde de todos os direitos da personalidade da pessoa que falece sem que haja qualquer tipo de filtro. Remetemos o(a) leitor(a) aos fundamentos expostos sobre o tema quando da análise dos PLs anteriores.

Não houve o espelhamento das propostas sobre os arts. 1791-A e 1857 do CC da prática jurídica sob sua melhor luz, com adequação institucional e com uma melhor justificativa substantiva, por desarmonizar o direito da personalidade de quem falece com a legitimação de quem a sucede para tutelar tal direito.

b – Qual é o *ethos* principiológico do PL na fusão de horizontes sobre o acesso ao acervo digital de quem falece?

O *ethos* principiológico do PL é o respeito à classe de quem herda, todavia, sem respeitar os direitos da personalidade de quem falece no que toca aos arts. 1791-A e 1857 do CC. A principiologia que embasa o art. 1.863 do CC é o respeito ao direito de herança com a facilitação do direito de acesso a ela pela via testamentária digital.

c – O PL é coerente e íntegro com os princípios constitucionais e infra-constitucionais alusivos ao direito civil que abarcam o caso?

O PL é coerente e íntegro com os limites do direito sucessório brasileiro e com o respeito aos direitos da personalidade de quem falece somente quanto ao art. 1.863 do CC.

d – O texto do PL pode ensejar a aplicação da RAC e evitar legitimamente a incidência da lei em casos concretos?

A RAC será aplicada para que se respeite o art. 1.863 do CC, pois quanto aos demais artigos propostos ela deve servir de meio de rechaço pelas razões antes expostas.

e – A CHS foi observada na fundamentação do PL?

Não houve a densificação de sentido dos institutos jurídicos presentes nas propostas. O PL merece ser transformado em lei somente quanto ao art. 1.863 do CC.

O PL n.º 703/2022[144] foi proposto pelo Deputado Federal Hélio Lopes (UNIÃO-RJ) e trata do acréscimo do art. 1.857-A do CC. Encontra-se na Coordenação de Comissões Permanentes (CCP) na Câmara dos Deputados do Brasil desde 31.03.2022. Não houve emendas ao PL.

---

144. BRASIL. Câmara dos Deputados. *Projeto de Lei nº 703/2022*. Disponível em: https://www.camara.leg.br/propostas-legislativas/2318667. Acesso em: 02 abr. 2022.

a – O PL espelha a prática jurídica sob sua melhor luz, com adequação institucional e com uma melhor justificativa substantiva?

O PL nº 703/2022 visa:

> Art. 1º Está lei acrescenta o art. 1857-A à Lei nº 10406, de 2002, Código Civil, dispondo sobre a herança digital.
>
> Art. 2º A Lei nº 10406, de 2002, Código Civil, passa a vigorar acrescida do seguinte artigo 1857-A: "Art. 1857-A. Toda pessoa capaz pode dispor, por qualquer outro meio no qual fique expressa a manifestação de vontade, sobre o tratamento de dados pessoais após a sua morte.
>
> § 1º os herdeiros têm o direito de:
>
> I – acessar os dados do falecido;
>
> II – identificando informações válidas, relevantes e úteis para o inventário e a partilha do patrimônio;
>
> III – obtenção de todos os dados íntimos relativos à família;
>
> IV – eliminação e retificação de dados equivocados, falsos ou impróprios.
>
> § 2ºAs disposições do presente artigo aplicam-se, no que couber, aos declarados incapazes.
>
> Art. 3º Esta lei entra em vigor na data da publicação.

O PL nº 703/2022 são:

> Com a aprovação deste projeto de lei em tela, a definição de herança contida no Código Civil passaria a incluir direitos autorais, dados pessoais e publicações e interações em redes sociais, arquivos na nuvem, contas de e-mail e sites da internet.
>
> O sucessor terá acesso à página pessoal do falecido mediante apresentação do atestado de óbito. Caso não haja herdeiros legítimos, o provedor deverá eliminar o perfil, as publicações e todos os dados pessoais do falecido. Esse direito à herança consolidou-se em nossa Carta Magna em seu art. 5º, inciso XXX. todavia a nossa legislação pátria ainda não foi se amoldou aos novos tempos.
>
> Atualmente, temos vários relatos de inúmeros herdeiros que buscam na justiça obter acesso a fotos e vídeos que registram momentos em família e que lhe são negados. Muitos também dizem sobre a impossibilidade de obter dados importantes para a realização do inventário e da partilha bem como discorrem sobre a impossibilidade de passar a gerenciar contas digitais bastante lucrativas, após a morte do familiar.
>
> Dado o exposto, o presente projeto de lei vida adequar à legislação brasileira as novas problemáticas que a sucessão nos traz. Com a finalidade de viabilizar a possibilidade de os herdeiros acessarem determinados tipos de dados, de modo a garantir do direito à herança digital assim como é direito adquirido com relação aos outros direitos elencados em nosso Código Civil, solicitamos a APROVAÇÃO deste projeto de lei em tela.

O PL acerta ao incluir no *caput* do art. 1857-A do CC, embora este direito já exista no Brasil, o direito de a pessoa dispor dobre dados pessoais, nos limites do Direito e, em havendo tal disposição podem os(s) herdeiros(as) acessarem os bens digitais da pessoa que falece nos limites da disposição que fez.

Ocorre que o § 1º do art. 1857-A do CC não diferencia se disposição dos dados pessoais da pessoa que falece ocorreu de forma parcial ou total, o que pode ensejar um acesso integral aos dados da pessoa que falece mesmo se a disposição foi parcial.

Espelhou-se, destarte, a prática jurídica sob sua melhor luz, com adequação institucional e com uma melhor justificativa substantiva, por harmonizar o direito da personalidade de quem falece com a legitimação de quem a sucede para tutelar tal direito, desde que haja autorização em vida para tanto, no *caput* do referido artigo, porém o § 1º precisa de ajustes para evitar uso acesso maior a quem herde do que foi a disposição da pessoa que faleceu.

b – Qual é o *ethos* principiológico do PL na fusão de horizontes sobre o acesso ao acervo digital de quem falece?

O *ethos* principiológico do PL é o respeito aos direitos da personalidade de quem falece, em diálogo com a legitimação de quem a sucede para tutelar tal direito, desde que haja autorização em vida para tanto.

c – O PL é coerente e íntegro com os princípios constitucionais e infra-constitucionais alusivos ao direito civil que abarcam o caso?

O PL é coerente e íntegro com os limites do direito sucessório brasileiro e com o respeito aos direitos da personalidade de quem falece, embora careça de ajustes, como exposto antes.

d – O texto do PL pode ensejar a aplicação da RAC e evitar legitimamente a incidência da lei em casos concretos?

A RAC será aplicada para que se respeitem os artigos de lei propostos no PL, caso se transforme em lei, tendo em vista os fundamentos retrocitados, porque acorde com a literatura jurídica antes citada, desde que ajustes sejam feitos na redação do § 1º do art. 1857-A do CC.

e – A CHS foi observada na fundamentação do PL?

Houve a enunciação dos direitos da personalidade na fundamentação do PL, todavia não há uma densificação de sentido dos institutos jurídicos. O PL merece ser transformado em lei somente se ajustes forem feitos em seu texto, consoante as razões expostas.

5. CONCLUSÃO

Como visto, existem PLs que merecem ser transformados em lei e outros não, mas o que se viu é que há uma melhora, ainda que tímida, na fundamentação de alguns PLs e que procuraram harmonizar os direitos da personalidade com a legitimação de quem sucede a pessoa que falece e que é titular do acervo digital, como determinam uma RAC e um DCLC.

6. REFERÊNCIAS

ATHENIENSE, Alexandre. Herança digital já chegou ao Brasil. *Jusbrasil*, 2011. Disponível em: https://alexandre-atheniense.jusbrasil.com.br/noticias/2986795/heranca-digital-ja-chegou-ao-brasil?ref=topic_feed. Acesso em: 9 jun. 2021.

BARBOSA, Fernanda Nunes. *Biografias e liberdade de expressão*: critérios para a publicação de histórias de vida. Porto Alegre: Arquipélago, 2016.

BARBOZA, Heloisa Helena; ALMEIDA, Vitor. Tecnologia, morte e direito: em busca de uma compreensão sistemática da "herança digital". In: TEIXEIRA, Ana Carolina Brochado; LEAL, Livia Teixeira (Coord.). *Herança digital*: controvérsias e alternativas. Indaiatuba: Foco, 2021. *E-book.*

BOSSO, Roseli Aparecida Casarini. A herança digital na nuvem. *Crimes Pela Internet.* Disponível em: http://crimespelainternet.com.br/a-heranca-digital-na-nuvem/. Acesso em: 9 jun. de 2021.

BRANCO, Sérgio. *Memória e esquecimento na internet*. Porto Alegre: Arquipélago, 2017.

BRASIL. Câmara dos Deputados. *Projeto de Lei nº 1144/20210*. Disponível em: https://www.camara.leg.br/propostas-legislativas/2254247. Acesso em: 14 jun. 2021.

BRASIL. Câmara dos Deputados. *Projeto de Lei nº 3050/2020*. Disponível em: https://www.camara.leg.br/propostas-legislativas/2254247. Acesso em: 02 abr. 2022.

BRASIL. Câmara dos Deputados. *Projeto de Lei nº 3051/2020*. Disponível em: https://www.camara.leg.br/proposicoesWeb/fichadetramitacao?idProposicao=2254248. Acesso em: 14 jun. 2021.

BRASIL. Câmara dos Deputados. *Projeto de Lei nº 410/2021*. Disponível em: https://www.camara.leg.br/proposicoesWeb/fichadetramitacao?idProposicao=2270016. Acesso em: 14 jun. 2021.

BRASIL. Câmara dos Deputados. *Projeto de Lei nº 5820/2019*. Disponível em: https://www.camara.leg.br/proposicoesWeb/fichadetramitacao?idProposicao=2228037. Acesso em: 2 abr. 2022.

BRASIL. Câmara dos Deputados. *Projeto de Lei nº 5820/2019*. Disponível em: https://www.camara.leg.br/proposicoesWeb/fichadetramitacao?idProposicao=2274620. Acesso em: 2 abr.2022.

BRASIL. Câmara dos Deputados. *Projeto de Lei nº 7742/2017*. Disponível em: https://www.camara.leg.br/proposicoesWeb/fichadetramitacao?idProposicao=2139508. Acesso em: 14 jun. 2021.

BRASIL. Câmara dos Deputados. *Projeto de Lei nº 8562/2017*. Disponível em: https://www.camara.leg.br/proposicoesWeb/fichadetramitacao?idProposicao=2151223. Acesso em: 14 jun. 2021.

BRASIL. Supremo Tribunal Federal. STF decide que livros digitais têm imunidade tributária. *STF Notícias*, 8 mar. 2017. Disponível em: http://www.stf.jus.br/portal/cms/verNoticiaDetalhe.asp?idConteudo=337857. Acesso em: 14 jun. 2021.

BRASIL. Câmara dos Deputados. *Projeto de Lei nº 2664/2021*. Disponível em: https://www.camara.leg.br/proposicoesWeb/fichadetramitacao?idProposicao=2292060. Acesso em: 02 abr. 2022.

BRASIL. Câmara dos Deputados. *Projeto de Lei nº 1689/2021*. Disponível em: https://www.camara. leg.br/proposicoesWeb/fichadetramitacao?idProposicao=2280308. Acesso em: 02 abr. 2022.

BRASIL. Câmara dos Deputados. *Projeto de Lei nº 703/2022*. Disponível em: https://www.camara. leg.br/propostas-legislativas/2318667. Acesso em: 02 abr. 2022.

BRASIL. STJ. Sexta Turma limita requisição de dados genérica feita a provedor de internet em investigação criminal. Disponível em: https://www.stj.jus.br/sites/portalp/Paginas/Comunicacao/ Noticias/29092021-Sexta-Turma-limita-requisicao-de-dados-generica-feita-a-provedor-de--internet-em-investigacao-criminal.aspx Acesso em: 11 abr. 2022.

CANTALI, Fernanda Borghetti. *Direitos da personalidade*. Porto Alegre: Livraria do Advogado, 2009.

CARRIÓ, Genaro. *Notas sobre derecho y lenguaje*. Buenos Aires: Abeledo-Perrot, 1965.

CARVALHO NETTO, Menelick. Temporalidade, constitucionalismo e democracia. *Revista Humanidades*, Brasília, p. 33-43, n. 58, jun. 2011. Dossiê Presente Tempo Presente.

CARVALHO, Luiz Paulo Vieira de. *Direito das sucessões*. 3. ed. São Paulo: Atlas, 2017.

CASTRO, Thamis Dalsenter Viveiros de. *Bons costumes no direito civil brasileiro*. Coimbra: Almedina, 2017.

COELHO, Nuno Manuel Morgadinho Santos. *Direito, filosofia e a humanidade como tarefa*. Curitiba: Juruá, 2012.

COSTA FILHO, Marco Aurélio de Farias. *Patrimônio digital*: reconhecimento e herança. Recife: Nossa Livraria, 2016.

DWORKIN, Ronald. *Levando os direitos a sério*. Tradução e notas de Nelson Boeira. São Paulo: Martins Fontes, 2002.

DWORKIN, Ronald. *Uma questão de princípio*. Tradução de Luis Carlos Borges. 2. ed. São Paulo: Martins Fontes, 2005.

FACHIN, Luiz Edson. A liberdade e a intimidade: uma breve análise das biografias não autorizadas. In: SIMÃO, José Fernando; BELTRÃO, Silvio Romero (Coord.). *Direito civil*: estudos em homenagem à José de Oliveira Ascensão: teoria geral do direito, bioética, direito intelectual e sociedade da informação. São Paulo: Atlas, 2015. v. 1.

FIGUEIREDO, Luciano; FIGUEIREDO, Roberto. *Manual de direito civil*. 2. ed. Salvador: JusPodivm, 2021.

FREITAS FILHO, Roberto. *Intervenção judicial nos contratos e aplicação dos princípios e das cláusulas gerais*: o caso do leasing. Porto Alegre: Sérgio Antônio Fabris Editor, 2009.

FROTA, Pablo Malheiros da Cunha. Compreendendo o direito civil constitucional prospectivo. In: MENEZES, Joyceane Bezerra de; DE CICCO, Maria Cristina; RODRIGUES, Francisco Luciano Lima (Org.). *Direito civil na legalidade constitucional*: algumas aplicações. Indaiatuba: Foco, 2021.

FROTA, Pablo Malheiros da Cunha. Interpretação do direito privado: o direito civil constitucional prospectivo em diálogo com a crítica hermenêutica do direito. *In*: TEPEDINO, Gustavo; MENEZES, Joyceane Bezerra de (Org.). *Autonomia privada, liberdade existencial e direitos fundamentais*. Belo Horizonte: Fórum, 2019.

FROTA, Pablo Malheiros da Cunha. Processo eleitoral e políticas públicas: influências recíprocas. *Revista Brasileira de Políticas Públicas*, Brasília, v. 5, n. 1, p. 273-301, 2015.

FROTA, Pablo Malheiros da Cunha; AGUIRRE, João Ricardo Brandão; PEIXOTO, Maurício Muriack de Fernandes. Transmissibilidade do acervo digital de quem falece: efeitos dos direitos da personalidade projetados post mortem. *Revista Eletrônica da Academia Brasileira de Direito Constitucional*, v. 10, p. 564-607, jul./dez. 2018.

FROTA, Pablo Malheiros da Cunha. Temporalidade, constitucionalismo e democracia a partir da construção teórico-prática de Menelick de Carvalho Netto. *In*: OLIVEIRA, Marcelo Andrade Cattoni de; GOMES, David F. L. (Org.). *1988-2018*: o que construímos? Homenagem a Menelick de Carvalho Netto nos 30 anos da Constituição de 1988. 2. ed. Belo Horizonte: Conhecimento, 2020.

GADAMER, Hans-Georg. *Verdade e método I*: traços fundamentais de uma hermenêutica filosófica. Tradução de Flávio Paulo Meuer. 12. ed. Petrópolis: Vozes, 2012.

GUSTIN, Miracy Barbosa de Sousa; DIAS, Maria Tereza. *(Re)pensando a pesquisa jurídica*: teoria e prática. 5. ed. São Paulo: Almedina, 2020. *E-book*.

LEWICKI, Bruno. *A privacidade da pessoa humana no ambiente de trabalho*. Rio de Janeiro: Renovar, 2003.

LOBO, Paulo. *Direito civil*: parte geral. 10. ed. São Paulo: Saraiva, 2021.

LOBO, Paulo. *Direito civil*: sucessões. 7. ed. São Paulo: Saraiva, 2021.

LOBO, Paulo. Prefácio. *In*: MENEZES, Joyceane Bezerra de; DE CICCO, Maria Cristina; RODRI-GUES, Francisco Luciano Lima (Org.). *Direito civil na legalidade constitucional*: algumas aplicações. Indaiatuba: Foco, 2021.

MAZUR, Maurício. A dicotomia entre os direitos da personalidade e os direitos fundamentais. In: MIRANDA, Jorge; RODRIGUES JUNIOR, Otavio Luiz; FRUET, Gustavo Bonato (Org.). *Direitos da personalidade*. São Paulo: Atlas, 2012.

MIRANDA, Jorge; RODRIGUES JUNIOR, Otavio Luiz; FRUET, Gustavo Bonato. Principais problemas dos direitos da personalidade e estado-da-arte da matéria no direito comparado. In: MIRANDA, Jorge; RODRIGUES JUNIOR, Otavio Luiz; FRUET, Gustavo Bonato (Org.). *Direitos da personalidade*. São Paulo: Atlas, 2012.

MOTTA, Francisco José Borges. *Ronald Dworkin e a decisão jurídica*. 3. ed. Salvador: JusPodivm, 2021.

NEVES, António Castanheira. Entre o "legislador", a "sociedade" e o "juiz" ou entre "sistema", "função" e "problema" – Modelos actualmente alternativos da realização jurisdicional do direito. In: SANTOS, Luciano Nascimento (Coord.). *Estudos jurídicos de Coimbra*. Curitiba: Juruá, 2007.

PEREIRA, Caio Mário da Silva. *Instituições de direito civil*. 20. ed. Rio de Janeiro: Forense, 2014. v. 1.

PINTO, Paulo Mota. *Declaração tácita e comportamento concludente no negócio jurídico*. Coimbra: Almedina, 1995.

RAMOS, André Luiz Arnt. Direito civil contemporâneo: entre acertos e desacertos, uma resposta aos críticos. *In*: MENEZES, Joyceane Bezerra de; DE CICCO, Maria Cristina; RODRIGUES, Francisco Luciano Lima (Org.). *Direito civil na legalidade constitucional*: algumas aplicações. Indaiatuba: Foco, 2021.

RIBEIRO, Ney Rodrigo Lima. Direito à proteção de pessoas falecidas. Enfoque luso brasileiro. *In*: MIRANDA, Jorge; RODRIGUES JUNIOR, Otavio Luiz; FRUET, Gustavo Bonato (Org.). *Direitos da personalidade*. São Paulo: Atlas, 2012.

ROBL FILHO, Ilton Norberto. *Direito, intimidade e vida privada*: paradoxos jurídicos e sociais na sociedade pós-moralista e hipermoderna. Curitiba: Juruá, 2010.

RODOTÀ, Stefano. A vida na sociedade da vigilância. A privacidade hoje. *In*: MORAES, Maria Celina Bodin de (Org.). *A vida na sociedade da vigilância*: a privacidade hoje. Rio de Janeiro: Renovar, 2008.

RODRIGUES JUNIOR, Otavio Luiz. O direito ao nome, à imagem e outros relativos à identidade e à figura social, inclusive a intimidade. In: SIMÃO, José Fernando; BELTRÃO, Silvio Romero (Org.). *Direito civil*: estudos em homenagem a José de Oliveira Ascensão. São Paulo: Atlas, 2015. v. 2.

RODRIGUES, Silvio. *Direito civil*. 33. ed. São Paulo: Saraiva, 2003. v. 1.

RUZYK, Carlos Eduardo Pianovski. *Institutos fundamentais do direito civil e liberdade(s)*. Rio de Janeiro: GZ, 2011.

SCHREIBER, Anderson. *Direitos da personalidade*. 2. ed. São Paulo: Atlas, 2013.

SCHREIBER, Anderson. *Direitos da personalidade*. 3. ed. São Paulo: Atlas, 2014.

SOUZA, Rabindranath Capelo de. *O direito geral de personalidade*. Coimbra: Ed. Coimbra, 1995.

SPAGNOL, Débora. A destinação do patrimônio virtual em caso de morte ou incapacidade do usuário: "herança digital". *Jusbrasil*, 2017. Disponível em: https://deboraspagnol.jusbrasil.com.br/artigos/426777341/a-destinacao-do-patrimonio-virtual-em-caso-de-morte-ou-incapacidade-do-usuario-heranca-digital?ref=topic_feed. Acesso em: 9 jun. 2021.

STRECK, Lenio Luiz. *Hermenêutica jurídica e(m) crise*: uma exploração hermenêutica da construção do direito. 11. ed. Porto Alegre: Livraria do Advogado, 2014.

STRECK, Lenio Luiz. *Hermenêutica e jurisdição*. Diálogos com Lenio Streck. Porto Alegre: Livraria do Advogado, 2017.

STRECK, Lenio Luiz. *Verdade e consenso*. 6. ed. São Paulo: Saraiva, 2017. *E-book*.

STRECK, Lenio Luiz. Applicatio. In: STRECK, Lenio Luiz. *Dicionário de hermenêutica*: 50 verbetes fundamentais de acordo com a crítica hermenêutica do direito. 2. ed. Belo Horizonte: Letramento, 2021.

STRECK, Lenio Luiz. Coerência e integridade. In: STRECK, Lenio Luiz. *Dicionário de hermenêutica*: 50 verbetes fundamentais de acordo com a crítica hermenêutica do direito. 2. ed. Belo Horizonte: Letramento, 2021.

STRECK, Lenio Luiz. Diferença ontológica no direito. In: STRECK, Lenio Luiz. *Dicionário de hermenêutica*: 50 verbetes fundamentais de acordo com a crítica hermenêutica do direito. 2. ed. Belo Horizonte: Letramento, 2021.

STRECK, Lenio Luiz. Fusão e horizontes. In: STRECK, Lenio Luiz. *Dicionário de hermenêutica*: 50 verbetes fundamentais de acordo com a crítica hermenêutica do direito. 2. ed. Belo Horizonte: Letramento, 2021.

STRECK, Lenio Luiz. Parecer. *Conjur*. Disponível em: https://www.conjur.com.br/dl/manifestacao-politica-juizes-nao-punida.pdf. Acesso em: 7 jun. 2021.

STRECK, Lenio Luiz. Resposta adequada à Constituição (resposta correta). *In*: STRECK, Lenio Luiz. *Dicionário de hermenêutica*: 50 verbetes fundamentais de acordo com a crítica hermenêutica do direito. 2. ed. Belo Horizonte: Letramento, 2021.

TARTUCE, Flávio. *Direito civil*. Direito das sucessões. 14. ed. Rio de Janeiro: Forense, 2021.

TEFFE, C. S.; MORAES, Maria Celina Bodin de. Redes sociais virtuais: privacidade e responsabilidade civil. Análise a partir do Marco Civil da Internet. *Pensar*, Fortaleza, v. 22, 2017.

TEIXEIRA, Ana Carolina Brochado; LEAL, Livia Teixeira (Coord.). *Herança digital*: controvérsias e alternativas. Indaiatuba: Foco, 2021. *E-book*.

TEIXEIRA, Ana Carolina Brochado; LEAL, Livia Teixeira. Apresentação. *In*: TEIXEIRA, Ana Carolina Brochado; LEAL, Livia Teixeira (Coord.). *Herança digital*: controvérsias e alternativas. Indaiatuba: Foco, 2021. *E-book*.

TEPEDINO, Gustavo; MORAES, Maria Celina Bodin de; BARBOZA, Heloisa Helena. *Código Civil interpretado conforme a Constituição da República*. Rio de Janeiro: Renovar, 2005. v. 1.

TRINDADE, André Karam; OLIVEIRA, Rafael Tomaz de. Crítica hermenêutica do direito: do quadro referencial teórico à articulação de uma posição filosófica sobre o direito. *Revista de Estudos Constitucionais, Hermenêutica e Teoria do Direito (RECHTD)*, ano 3, v. 9, p. 311-326, set./dez. 2017.

POSSE E BENS DIGITAIS: TRANSMISSIBILIDADE E USUCAPIÃO

Daniela de Carvalho Mucilo

Mestre em Direito das Relações Sociais pela Pontifícia Universidade Católica de São Paulo (PUC/SP). Especialista em Direito Civil pela *Università degli Studi di Camerino*, Itália. Professora e Coordenadora de Cursos de Pós Graduação em Direito de Família e Sucessões. 1ª Secretária da Comissão Especial de Direito de Família e das Sucessões da OAB/SP. Advogada.

Sumário: 1. Notas introdutórias – 2. Necessária conceituação da posse dentro de sua concepção autônoma – 3. A posse dos bens digitais – 4. A transmissibilidade da posse como materialização de seus efeitos: o alcance da usucapião; 4.1 A transmissão da posse dos bens digitais – 5. Considerações finais – 6. Referências.

"De que serve ter o mapa, se o fim está traçado? De que serve a terra à vista, se o barco está parado? De que serve ter a chave, se a porta está aberta? De que servem as palavras, *se a casa está deserta?*"[1]

1. NOTAS INTRODUTÓRIAS

A matéria possessória é rica e intrigante. Trilhou um caminho de coadjuvante da propriedade até encontrar seu próprio lugar de onde, não sairá, como Direito, consagradamente, autônomo que é.

Todo este caminho não pode ter sido em vão. Seria, de fato, um desperdício fechar as matrizes possessórias para o novo Direito Digital que já mostra seus efeitos e faz pensar-se sobre a possiblidade de clássicos conceitos jurídicos se organizarem para dar respaldo a novas figuras jurídicas.

O desafio de escrever sobre posse sempre é grande. Tema antigo e tanto falado, ainda causa desconforto e, porque não se dizer, certa hesitação, quando comparado ao direito de propriedade, naquela binária – e superada, anote-se – ideia de que sobre os bens só pode haver um direito entrelaçando-o ao seu titular na figura de "dono", de "proprietário", ainda que muito desta nomenclatura padeça de tantos equívocos.

Mas, talvez, muita desta propositada – e porque não se dizer – feliz e aparente negação da posse, como instituto de menor valor quando comparado à

---

1. Trecho do poema *"Quem me leva meus fantasmas"*, de Pedro Machado Abrunhosa.

propriedade, ou algo que, definitivamente, não seja propriedade, esta confusão que coloca a posse numa posição inferiorizada à propriedade, seja, justamente, o brilho de sua grandeza, o mistério que faz muitos até desistirem de estudá-la e o motivo pelo qual, passam-se os tempos e o desafio de sua teoria, de depurar dela o que remanesce de seu exato significado e sua tão presente representatividade fática, acompanhando a evolução da matéria proprietária, como um espelhamento desta, mas, acima de tudo, mantendo sua autonomia.

E, dentro da certeza desta independência da posse frente à propriedade, vem o desafio de não deixar o instituto possessório perdido no tempo, como um vetusto arcabouço de antigas noções indissociáveis e imbricadas à materialização de bens imobilizados (e também em bens móveis, claro), mas impossível de ser projetado em outras classes de bens como agora se propõe trazer ao desafio contemporâneo do direito civil que é o tratamento dos bens digitais.

Das várias tentativas de sua definição até a forma de sua estruturação – dentro da expectativa dicotômica de um viés patrimonial e outro, antagônico, existencial – a realidade inarredável de uma vida digital bate à porta do Direito e exige respostas.

Muitas delas ainda certamente estão no porvir desta pungente revolução digital que desenfreadamente cria realidades virtuais, deixando ao usuário (que parece substituir o termo pessoa) o dever de tentar enquadrar-se nesta nova titularidade digital que lhe é apresentada.

Este artigo não foge desta tônica; procura aplicar a teoria da posse na tentativa de explicar e aplicar sua extensão também nos bens digitais e, com isso, alcançar sua titularidade, pela via da usucapião.

O desafio está lançado na certeza de que o caminho é desafiador e que as respostas estão longe de se findar nestas arriscadas linhas.

2. NECESSÁRIA CONCEITUAÇÃO DA POSSE DENTRO DE SUA CONCEPÇÃO AUTÔNOMA

Nunca será demasiado conceituar um instituto como premissa metodológica para colocá-lo em xeque, à prova, a julgamento, especialmente, quando o desafio é saber de sua aplicação e confrontação dentro de novas expectativas, mais ainda, quando estas estão tão distantes dos primórdios de sua aplicação.

Não é, definitivamente, perda de tempo, desdobrar-se para saber que ao conceituar a posse o legislador preferiu fazê-lo de forma subjetiva: definiu-a pela figura do seu titular, a partir da pessoa do possuidor (tal como fez também com a propriedade, ao defini-la pelo aspecto subjetivo do proprietário).

Talvez justamente aí resida o marco inicial que facilite a convergência da posse para novos desafios, especialmente, como aqui se propõe, nova ordem de bens ou titularidades.

Tudo que se vê na sociedade como manifestação da relação do homem sobre a coisa se subsumi, basicamente, em dois grandes, expoentes: Posse e Propriedade. Melhor escreveu esta ideia, o professor Edson Fachin ao prefaciar a obra de Marcos Alberto Rocha Gonçalves, ensinando que *"o regime jurídico da posse e da propriedade é a imagem espetacular, ainda que assimétrica, do que se projeta da sociedade para o ordenamento jurídico."*[2]

Ainda, na linha pensada pelo Prof. Fachin, ao mesmo tempo em que a Posse e a Propriedade, extrinsecamente, podem parecer tão similares, guardam, em sua intimidade, ou melhor, em seus aspectos endógenos, portanto, não perceptíveis socialmente, tantas discrepâncias, justificando, apenas por isso, a necessária análise ao mesmo tempo paralela, mas, principalmente, autônoma da Posse com relação à Propriedade.

O elo que une e deflagra esta relação tão íntima e ao mesmo tempo assimétrica é a necessária apropriação de bens e Direitos (e aqui já dando um passo além) pela sociedade, em sua indispensável busca pela sobrevivência e por reafirmar sua condição humana evoluída frente à primitiva dispensabilidade do *"ter para si"*.

Aliás, bom se relembrar, que a agricultura e a necessidade de sobrevivência impulsionaram o apego do homem à permanência na terra, não a abandonando para partir em nômades trilhas ou mesmo, não a exaurindo, tirando dela tudo que poderia ser aproveitando, deixando-a seca e infértil. Aqui a primeira noção de posse, de apossamento, como forma de sobrevivência.

Posteriormente, saindo do escambo para a compra e venda e tudo em prol da premiação de se tornar dono de alguma coisa.

A Posse é, sem dúvida, um direito autônomo que rompe a ideia patrimonialista, colocando o possuidor numa condição existencialista. Não por outro motivo, a proteção possessória passa, necessariamente, pela reafirmação da dignidade da pessoa humana, exacerbada no aspecto do seu Direito à moradia (prova disso são as espécies constitucionais da usucapião e também a aquisição compulsória prevista nos parágrafos 4º e 5º do art. 1.228, do Código Civil).

Dos caracteres da posse aquele que a define e a torna imune às diferentes teorias que tentaram explicá-las está sem sombra de dúvida o seu indispensável aspecto econômico. Alia-se ao indispensável aspecto econômico a aplicabilidade

---

2. Prefácio, "A Posse como Direito Autônomo", GONÇALVES. Marcos Alberto Rocha. Renovar, Rio de Janeiro/São Paulo: 2015.

funcional da posse que enfatiza seu caráter independente e autônomo ao repisar que a posse é tutela para além e até mesmo contra o proprietário, mas sem pretender-se, com isso, colocar a Posse e a Propriedade como modalidades estanques e não interdisciplinares de formas de poder sobre a coisa; uma um poder de Direito e a outra um poder de fato.

A posse, assim, obriga a pensar na diferença entre *titularidade* e *exercício* de um direito, na sempre dialética visão entre a conceituação da posse e da propriedade tal como proposto, respectivamente, pelo legislador civil nos arts. 1.196 e 1228, ambos do Código Civil.

Sabendo-se que as relações privadas subjetivas fundamentam-se no tripé propriedade, família e contratos, existiria um primado da Propriedade sobre a Posse? Como se apenas a propriedade trouxesse segurança jurídica às relações titulares e à posse, coubesse um destino menos digno, talvez de uma certa irregularidade, onde só se estacionou porque não foi possível alcançar a propriedade?

Ora, pelo sistema jurídico brasileiro, tampouco a propriedade carrega a presunção absoluta desta titularidade que pseudo-ostenta, já que pelo sistema registral pátrio também ela está sujeita a impugnações, carregando, em regra, presunção relativa de propriedade[3].

Feito este desafio, em qual momento a Propriedade ganha superioridade à Posse? O predomínio do *usar* sobre o *ter*, cenário do qual o século XXI não se desprenderá mais, certamente, colocará a posse no seu lugar mais elevado, reforçando que na equação entre estes mesmos *usar* e *ter*, o primeiro ganha relevância, diante do modelo de sociedade líquida, como adverte Bauman[4], que se aplica tanto às relações subjetivas quanto às objetivas. Esta fluidez nas relações subjetivas influencia também a forma como as pessoas passaram a se relacionar com os bens de consumo duráveis e à própria mudança na categorização destes bens.

A era do digital já é a contemporaneidade marcante, ainda que sob certo ponto de vista, tal concepção mostre-se muito além da realidade social brasileira, onde ainda há milhares (senão milhões) de vulneráveis digitais, sem acesso a qualquer forma de interatividade com o primado digital, fazendo do analógico, ainda, a sua única forma de comunicação.

Mas, ainda que esta não seja a realidade brasileira, há, sem dúvida, uma parcela considerável de bens que passam a ser oferecidos apenas por meio digital, sem o seu correspondente físico.

---

3. Especificamente, aqui, com vistas à aquisição da propriedade imóvel pelo registro, art. 1.245, do Código Civil e seus parágrafos que deixam clara a ideia de relatividade do registro de imóveis comprovar a propriedade do bem.

4. BAUMAN, Zygmunt. *Modernidade líquida*. Ed. Zahar, Rio de Janeiro: 2001.

Sobre tais bens pairam-se as relações reais, desfrutando o titular dos mesmos benefícios, quiçá até mais, pela ilimitação de seu uso e propagação, que conduz à inarredável afirmação que sobre ele o titular tem uso, fruição e disposição[5], características evidenciadoras não apenas desta titularidade proprietária, mas também da posse sobre tais bens.

Assim é que, havendo a possibilidade do uso de um qualquer bem assim classificado como digital, já se anuncia a percepção de posse, a exigir do seu titular – *id est* – do possuidor, uma atitude positiva e protetiva na mantença e proteção deste bem.

A autonomia da posse vem justamente a permitir tal análise de forma separada daquela se faria sobre a propriedade de tais bens e, assim, justificar-se a possibilidade de o possuidor ter a coisa a título de possuidor não sendo, necessariamente, proprietário, o que desagua numa gama de efeitos jurídicos, mas principalmente, protetivos da posse.

Esta apropriação fática sobre a coisa, exercendo sobre ela posse com seu indispensável viés econômico, como se sustenta, mostra a possibilidade do exercício da posse sobre bens digitais, já que neste universo, também a propriedade é materializada através de títulos que conferem o direito do usuário (*rectius* proprietário ou possuidor) ao acesso sobre tais bens.

Este exercício fático de acesso de uso, de fruição ou mesmo de disposição sobre tais bens, além do inegável dever que este usuário-possuidor tem de resguardar e proteger seu 'direito digital" ou sua "via de acesso" confirma a possibilidade de posse sobre bens digitais.

Imaginar-se diferente disto, afastaria da seara de proteção possessória todos aqueles *direitos* que, tal como bens, também estão sujeitos à Posse e cuja percepção da presença possessória se mostra marcante através da possibilidade de sua aquisição pela via da usucapião[6]. Sobre a posse de direitos, José Carlos Moreira Alves citando Francesco Messineo esclarece que *"na posse de (um) direito, estabelece-se poder de fato do sujeito com relação a uma coisa, assim como sucede na posse da coisa."*[7]

---

5. Na sempre presente tríade dominial: usar, gozar e dispor.

6. Veja-se neste sentido tantos direitos reais que são passíveis de serem usucapidos, tomando, apenas como exemplo, a servidão e o direito de superfície, dentre outros. Não se trata da usucapião sobre o bem de raiz sobre o qual se estabeleceram, mas sim sobre a possibilidade de ser adquirido tal direito pela via da usucapião.

7. E continua: "todavia, na posse de (um) direito, tal poder acomete a coisa, não na integridade do seu possível conteúdo, mas somente numa ou em algumas das suas utilidades, de modo que a relação possessória deixa não comprometido, e não disputa com o proprietário, o gozo das outras utilidades, de modo que não são matérias de determinada posse de (um) direito (quem possui a título de usufruto, nem por isso tem pretensões também, por exemplo, a uma servidão de passagem sobre o imóvel objeto do usufruto)." ALVES, José Carlos Moreira. *Posse. Estudo dogmático.* vol. II, Tomo, I, Rio de Janeiro: Forense, 1999, p. 151.

Estando a propriedade no centro de interesse da tutela jurídica funcionalizada, como esclarece Marcos Alberto Rocha Gonçalves[8], atenta, porém, a um dúplice propósito (tanto como conteúdo de proteção da dignidade humana, quanto como elemento central das relações econômicas, de se estender seu espelhamento à proteção possessória[9], não havendo motivos para negar-se esta mesma proteção à nova realidade de "coisas", ou melhor dizendo, de "bens ou direitos", que hoje se revelam indispensáveis para o acesso à informação e, porque se não dizer, à vida digna.

Neste contexto, não é demais exigir-se que a hermenêutica possessória também se integre e se adapte a "nova ordem das coisas" para que tenha funcionalidade à pessoa, atendendo aos ditames da ordem constitucional.

De que valeria o avanço e reprodução da sistemática possessória, no contexto de uma codificação nova, que seja refratária à ideia de se adequarem "novos direitos" a um novo contexto social?

Os "bens digitais", em seu âmago, não diferem de outros direitos no que toca ao seu exercício patrimonial, guardando em si a possibilidade, portanto, de seu exercício possessório.

3. A POSSE DOS BENS DIGITAIS

A vida nesta realidade paralela digital parece não ter limites. São inúmeras e quase impossíveis de descrever as ilimitadas situações nas quais a pessoa tem sua "vida digital" retratada; desde as atividades mais simples cotidianas, como o acesso às redes sociais, até em operações mais complexas como a compra de terrenos no metaverso.

Este mundo paralelo digital causa inúmeras indagações quanto à sua conceituação, sua natureza jurídica, sua classificação e (sem a pretensão de colocar um ponto final nesta sequência de dúvidas) sucessórias[10].

Para os fins deste artigo, conceituar os bens digitais, como objeto de direito[11] e, perquirir acerca de sua natureza jurídica auxiliará a construção das conclusões

---

8. "*A posse como direito autônomo*", obr. cit., p. 78: "Como conteúdo de proteção da dignidade humana a ser inserida na categoria de direitos fundamentais. De outro, como elemento central das relações econômicas quer de subsistência, quer de acumulação".

9. É, ainda, no mesmo autor, que a proteção possessória derivada da proteção petitória, foi a opção legislativa do Código Civil de 2002: "O Código Civil de 2002 segue, em tal esteira, tributário da teoria objetiva da posse da Ihering, relacionando-a à proteção do direito de propriedade, como precisamente atesta Arruda Alvim" (obr. cit., p. 94).

10. Amplie-se o termo "sucessões" para qualquer transferência entre vivos ou *causa mortis*.

11. Para melhor compreender "objeto de direito", Karl Larenz faz o contraponto a tudo aquilo que se oponha à pessoa como sujeito consciente e explica: " (...) *como lo contrapuesto al sujeto está asimismo contenido en el concepto del objeto de derecho en tanto que por éste se entienda un 'algo' diferente de la persona misma y que está disponible para ella de algún modo según el Derecho, esto es, está sujeto a*

propostas, qual seja, a de aliar *posse* e *bens digitais* para refletir acerca da possibilidade da apropriação destes últimos pela via da usucapião.

Para Zulmar Antonio Fachin e Valter Giuliano Mossini bens digitais são "*bens imateriais representados por instruções codificadas e organizadas virtualmente com a utilização de linguagem informática, armazenados em forma digital, seja no dispositivo do próprio usuário ou em servidores externos*"[12].

Ana Carolina Brochado Teixeira e Carlos Nelson Konder definem as chamadas tecnologias digitais como a *possibilidade de digitalizar-se informações, isto é, traduzi-las em números. Informações, sons, imagens, tudo pode ser digitalizado, reduzido a códigos binários*[13]. Complementam, Francisco José Cahali e Silvia Felipe Marzagão que os bens digitais são aqueles *resultantes das informações, dados ou conteúdos criados ou inseridos em internet, com alguma utilidade, que possuam correlação direta com os direitos da personalidade de quem os titula.*[14]

Mas, a conceituação dos bens digitais não se resume a esta ordem tecnológica de números combinados. Sua "materialização" alcança funções e interesses que escapam à ideia binária de bens materiais ou imateriais.

Daí vem a importância de avançar o conceito para chegar à sua natureza jurídica. E, para tanto, indissociável que se compreenda a funcionalidade que tais bens desempenham em determinada situação jurídica para só assim poder ser possível dimensionar os efeitos que eles alcançam[15].

De tudo quanto já se avançou na tentativa de categorizar a partir do critério funcional, a natureza jurídica dos bens digitais, é possível pensar que tais bens se desdobram em três vertentes, não necessariamente, coexistentes: (i) bens digitais de natureza patrimonial; (ii) bens digitais de natureza existencial e, por fim (iii) bens digitais de natureza dúplice.

---

la determinación de sua voluntad." LARENZ, Karl. *Derecho Civil. parte* General. tradução de Miguel Izquierdo y Macías-Picavea, Editorial Revista de Derecho Privado, p. 369.

12. "*Bens digitais: análise da possibilidade de tutela jurídica no Direito brasileiro*". In: DIAS, Feliciano Alcides; TAVARES NETO, José Querino; ASSAFIM, João Marcelo de Lima (Coord.). "*Direito, inovação, propriedade intelectual e concorrência*". Florianópolis: CONPEDI, 2018, p. 296, *APUD*, TEIXEIRA, Ana Carolina Brochado; KONDER, Carlos Nelson. "*O enquadramento dos bens digitais sob o perfil funcional das situações jurídicas*". In: Herança Digital. TEIXEIRA, Ana Carolina Brochado; LEAL, Lívia (Coord.). Indaiatuba: Foco, 2021, p. 28.

13. TEIXEIRA, Ana Carolina Brochado; KONDER, Carlos Nelson. "*O enquadramento dos bens digitais sob o perfil funcional das situações jurídicas*". In: Herança Digital. TEIXEIRA, Ana Carolina Brochado; LEAL, Lívia (Coord.). Indaiatuba: Foco, 2021, p. 27.

14. CAHALI, Francisco José; MARZAGÃO, Silvia Felipe. *Há limites à vontade do planejador para dispor sobre a transmissão ou destruição de bens digitais híbridos? In: Arquitetura do Planejamento Sucessório.* TEIXEIRA, Daniele Chaves (coord.). Tomo III, Belo Horizonte: Forum, 2022, p. 208.

15. idem, p. 29.

Sobre tal classificação, Daniele Chaves Teixeira e Carolina Pomjé entendem pela *viabilidade da transmissão sucessória* (herança digital) *dos bens digitais de conteúdo patrimonial* (milhas aéreas, e-books, moedas virtuais), o mesmo não se aplicando *àqueles bens de conteúdo híbrido, concomitantemente, patrimonial e existencial* (como o caso de contas em redes sociais), devendo, sob o aspecto existencial haver autorização do usuário[16].

Especificamente, sobre os bens digitais de natureza patrimonial, ou seja, aqueles que refletem um valor econômico tendo, pois, como função principal fazer carregar em si um valor financeiro implicando circulação de riquezas e, por isso, dotados de plena alienabilidade para que justamente possa cumprir tal fim, cumpre analisá-los à luz do instituto possessório.

Antes, porém, não obstante o já alhures reiterado caráter autônomo da posse, insta refletir sobre a titularidade dos bens digitais.

O seu pertencimento, ou melhor, o direito sobre seu acesso, revelam a propriedade ou a titularidade do usuário (*rectius*, proprietário) sobre aqueles dados e informações armazenados no próprio dispositivo do titular ou em servidores externos[17] e a possibilidade de a partir daí, exercer a faculdade de manejar tais dados ou informações para os fins propostos pela natureza e finalidade do próprio "bem".

Assim é que, o usuário tem a titularidade do bem digital, e, também, a possibilidade fática de acessar seus dados, revelando a efetiva utilização do bem digital.

Na posse, para que a situação fática ostentada pelo possuidor seja merecedora de efeitos possessórios, há que se ter a inexorável conexão entre seu conteúdo econômico e a utilidade que o bem ou direito, objeto da posse, acrescente ao possuidor, conforme alerta de Tito Fulgêncio:

> Ao que, pois se deve unir a posse? Ao elemento em que unicamente se funda sua importância: **o elemento econômico.** A posse é a relação de fato entre as pessoas e a coisa, tal como a dispõe o fim para que esta se utiliza sob o ponto de vista econômico.[18]

A relevância do proveito econômico na Posse mostra o desafio de adaptação da posse quando então era tratada apenas como *usus* até alcançar o que se tem hoje como um direito autônomo e independente, que pode ser depurado

---

16. TEIXEIRA, Daniele Chaves; POMJÉ, Carolina. "*Caminhos para a tutela dos bens digitais no planejamento sucessório*". In: *Arquitetura do Planejamento Sucessório*, Tomo III. TEIXEIRA, Daniele Chaves, Belo Horizonte: Fórum, 2022, p. 46. As autoras complementam: "*À necessidade de consentimento, em vida, pelo usuário, relaciona-se a viabilidade de utilização de determinados instrumentos para fins de definição dos rumos dos bens digitais – patrimoniais e existenciais – quando do falecimento do seu respectivo titular.*" (p. 47).

17. Como bem esclarecido por FACHIN, Zulmar Antonio; MOSSINI, Valter Giuliano no já mencionado texto "*Bens digitais: análise da possibilidade de tutela jurídica no Direito brasileiro*" (referência acima).

18. FULGÊNCIO, Tito. *Da Posse e das ações possessórias.* 11ª ed., p. 25.

da propriedade, que pode ser exercido sobre direitos e não apenas sobre coisas, mostrando, na contemporaneidade, uma posse pungente, em plena evolução e que não está afeita apenas à clássica ideia de a posse ser um mero regime irregular de uma tentativa mal sucedida de situação proprietária.

Assim é que a dinâmica interpretativa da figura do possuidor (no modelo clássico instituído pelo art. 1.196, Código Civil) e seu, consequente, enquadramento para os bens digitais, este "usuário-possuidor" há que manter, sob seu poder, o exercício fático de usar, gozar ou dispor sobre estes bens digitais.

Alguns exercícios são necessários para que tal ideia seja aceita. Imaginem-se algumas situações possessórias sobre bens digitais, sem que houvesse sido transferida (por alguma razão) a propriedade: milhas aéreas transferidas para terceiros, o acesso a plataformas de *streaming*, mesmo que o contrato de adesão tenha alguma irregularidade, criptoativos representados, por exemplo, pelas NFT's[19], dentre outros.

Especificamente sobre as NFT's representativas da propriedade de um determinado bem digital, poder-se-ia imaginar que alguém tenha a posse de uma obra digital, através da compra da senha de acesso (código), mas não tenha sido formalmente transferido o certificado digital para aquele possuidor.

Sendo possível a posse dos bens digitais, a verificação dos efeitos possessórios, de que trata o Código Civil (arts. 1.201 ao 1.222, Código Civil), mostra-se um caminho sem volta.

E com isso, a possibilidade de sua transmissão, especificamente, pela posse continuada a permitir a Usucapião.

4. A TRANSMISSIBILIDADE DA POSSE COMO MATERIALIZAÇÃO DE SEUS EFEITOS: O ALCANCE DA USUCAPIÃO

O direito romano não permitia a transmissibilidade da posse[20], o que não foi repetido pelo direito civil pátrio, não restando dúvidas sobre a possibilidade de a posse ser transmitida. Partindo-se da premissa de que a Posse é um direito autônomo, como reafirmado acima, não há qualquer óbice para sua transmissibilidade,

---

19. Na tradução livre, a sigla NFT (*non-fungible token*) significa *token* não fungível.
20. Sobre a transmissibilidade: "Antes mesmo da promulgação do Código Civil Brasileiro de 1916, a Consolidação das Leis Civis de Teixeira de Freitas tratava da transmissão da posse do falecido aos seus herdeiros legítimos e testamentários, mostrando, com isso que esta situação fática já guarnecia de proteção do direito e de tão importante, especialmente, por recair sobre bens imóveis, era resguardada sua transmissão aos herdeiros do possuidor." (MUCILO, Daniela de Carvalho. *Posse: da autonomia ao planejamento sucessório. In: Arquitetura do Planejamento Sucessório.* Daniele Chaves Teixeira (coord.). Belo Horizonte: Forum, 2022, p. 411).

carregando-se nesta transferência, o mesmo caráter (a mesma classificação) que o possuidor alienante mantinha.

Não há que se confundir, contudo, a transmissibilidade da posse com o seu desdobramento. De fato, o desdobramento da posse faz com o que o transmitente a mantenha com a qualidade de possuidor indireto, fazendo nascer, por conseguinte, a figura do possuidor direto que passará a ter, de fato, o direito de usar a coisa[21].

Erro comum é dizer-se que todo aquele que tem a posse sob seu poder a tem de forma 'direta'. Em verdade, só poderá ser chamado de possuidor direto se houver na outra ponta o possuidor indireto. Em outras palavras, apenas o desdobramento da posse faz surgir a figura da posse direta (ou do possuidor direto) e, por conseguinte, da posse indireta. Sem o desdobramento, aquele que usa a coisa, a mantém a título de possuidor, sem qualquer necessidade de adjetivação a esta posse.

A possibilidade de sua transmissibilidade é inerente à própria conceituação da posse. Claro, se a posse é situação fática que prescinde de materialização formal, não seria possível pensar em um poder fático sobre uma coisa extinguir-se com a vida de seu titular, ou seja, ter por termo a vida do possuidor.

A posse como direito tem caráter perpétuo porque justamente permite esta transmissibilidade que continua fática aos ingressar em nova geração ou sob nova titularidade, admitindo-se, assim, evidentemente, sua sucessão *inter vivos* ou *causa mortis*.

Não é por outro motivo, que o legislador civil se dedicou a tratar especificamente da transmissão da posse nos artigos 1.206 e 1.207, ambos do Código Civil.

Num primeiro plano, o art. 1.206, Código Civil[22] se desdobra em duas possibilidades dedicadas ao tratamento desta transmissão a título *causa mortis*: a transmissão da posse a título universal – herdeiros – e a transmissão da posse a título singular – legatário – tudo, claro, por força do princípio da *saisine* que impõe, ainda que de efeito meramente ficcional, esta transmissão imediata da posse do falecido aos seus sucessores.

Ainda em decorrência deste mesmo dispositivo legal, é inerente que tal transmissão, quer a título universal, quer a título singular, será da posse havida pelo falecido, mantendo, o mesmo caráter com que foi adquirida, na

---

21. Art. 1.197. "A posse direta, de pessoa que tem a coisa em seu poder, temporariamente, em virtude de direito pessoal, ou real, não anula a indireta, de quem aquela foi havida, podendo o possuidor direto defender a sua posse contra o indireto".

22. Art. 1.206, CC: "A posse transmite-se aos herdeiros ou legatários do possuidor com os mesmos caracteres".

exata dicção do art. 1.203, do Código Civil[23]. É a qualidade da posse do falecido que acompanhará tal transmissão. Vale dizer, é a posse classificada como justa (ou injusta), de boa ou má fé, *ad usucapionem* ou *ad interdicta*, direta ou indireta, em composse, que será transmitida aos sucessores do falecido. É, definitivamente, a máxima de que ninguém transfere mais direitos do que tem aplicada ao possuidor que só transmitirá a qualidade da posse que dispunha no momento da sucessão.

Sobre o art. 1.207, CC, vale transcrever ideias já compartilhadas em artigo anteriormente escrito sobre o caráter autônomo da posse:

> *"E o legislador continua, ainda tratando da transmissão da posse, no desdobramento de sua aquisição, ainda com base na aquisição a título universal e a título singular, já que o art. 1.207, do Código Civil reforça a ideia de que o sucessor universal (no caso em estudo, o herdeiro) continua de direito a Posse de seu antecessor (no caso, o falecido) e ao sucessor singular é facultado unir sua posse à posse do antecessor, para efeitos legais."[24]*

Tudo abre caminho para pensar-se no desafio proposto, cujas ideias se procuram aqui percorrer, (*i*) da existência da posse dos bens digitais e, com esta afirmação, (*ii*) da sua transmissibilidade para os sucessores[25] culminando com a possibilidade do acesso à usucapião dos bens digitais.

4.1. A transmissão da posse dos bens digitais

A existência de uma nova ordem de bens – bens digitais – e, com isso, a possibilidade de sua transmissibilidade – a herança digital – já ganhou contornos científicos e debates intensos que caminham para sua afirmação definitiva, dentro do contexto civilista brasileiro.[26]

Em outras palavras, a apropriação da realidade digital é uma estrada sem retorno que obriga o aplicador do direito a flexionar o direito civil contemporâneo, menos patrimonialista e mais personalista, à esta nova era.

---

23. Art. 1.203. "Salvo prova em contrário, entende-se manter a posse o mesmo caráter com que foi adquirida."
24. MUCILO, Daniela de Carvalho. *Posse: da autonomia ao planejamento sucessório. In: Arquitetura do Planejamento Sucessório.* TEIXEIRA, Daniele Chaves (coord.). Tomo III, Belo Horizonte: Forum, 2022, p. 414. Importante reforçar que o art. 1.207, do Código Civil não se aplica à sucessão causa mortis que já vem tratada no art. 1.206, do mesmo diploma civil.
25. Considerando-se possuidores não apenas aqueles que a recebem causa mortis, mas, também, a sucessão *inter vivos.*
26. Ver a este propósito, Enunciado 687, da IX Jornada de Direito Civil promovido em maio de 2022 pelo Centro de Estudos Judiciários, Conselho da Justiça Federal: *O patrimônio digital pode integrar o espólio de bens na sucessão legítima do titular falecido, admitindo-se, ainda, sua disposição na forma testamentária ou por codicilo.* https://www.cjf.jus.br/cjf/corregedoria-da-justica-federal/centro-de-estudos-judiciarios-1/publicacoes-1/jornadas-cej/enunciados-aprovados-2022-vf.pdf, acesso em 14 jun. 2022.

A transmissibilidade dos bens digitais é afirmativa da qual não se escapa. Ainda que se trate da subcategoria dos bens digitais, assim postos como aqueles com caráter puramente patrimonial e outros que guardam em si um conteúdo existencial e, portanto, intransmissível[27], fato é que não se pode negar a suscetibilidade de transferências digitais.

A questão que se coloca aqui é: seria possível pensar-se na transmissibilidade digital quando o titular não ostenta a situação proprietária de um tal bem digital, mas sim ostenta a sua situação "apenas" possessória[28]? E mais: esta posse contínua, com *animus domini* e por certo prazo, poderia conduzir à sua titularidade como proprietário?

A ousadia proposta neste trabalho é responder afirmativamente: sim, considerando-se a existência também de uma classe de posse de bens digitais, a sua transmissibilidade opera-se *causa mortis*, na já tão estudada herança digital, mas opera-se também, *inter vivos*, na possibilidade de um dos efeitos mais importantes da posse (talvez, o mais importante dela) que é a usucapião dos bens digitais.

Assim, superada a possibilidade da sucessão sobre os bens digitais (herança digital), já consolidada em diversos artigos e estudos sobre o tema, por que não se pensar na sua sucessão também *inter vivos* para que se alcance a propriedade dos bens digitais via usucapião?

A proposta aqui tratada é, por isso, desafiadora, mas como já se disse, tendente a trazer a lume os mecanismos propostos da usucapião e sua aplicabilidade aos bens digitais, provando-se que a posse, justamente por carregar em seu âmago este conteúdo eminentemente fático, mostra-se flexível o suficiente para ser também cenário da aquisição *ad usucapionem* sobre bens digitais patrimonialmente considerados.

Não é novidade afirmar-se que o estudo da posse se revela importante muito mais pela análise dos seus efeitos do que pelo seu conteúdo isoladamente tratado.[29]

---

27. "*A tutela, portanto, quando se fala de bens digitais puramente existenciais é plena e a sua transmissão, em regra, não é possível. Os bens existenciais morrem com o falecido, sendo possível apenas a possibilidade de os sucessores protegerem os direitos de personalidade do de cujus*". CAHALI, Francisco José; MARZAGÃO, Silvia Felipe. *Há limites à vontade do planejador para dispor sobre a transmissão ou destruição de bens digitais híbridos? In: Arquitetura do Planejamento Sucessório.* TEIXEIRA, Daniele Chaves (coord.). Tomo III, Belo Horizonte: Forum, 2022, p. 209.

28. E neste momento, esforça-se para não preceder a palavra posse do advérbio "apenas", porque estar-se-ia reforçando uma *captis diminutio* da posse quando na verdade ela não o tem.

29. O código civil trata como efeitos da posse, além da possibilidade de alcance da propriedade via usucapião, também a distribuição dos frutos ao possuidor de boa-fé, a responsabilidade pelos danos, o ressarcimento de benfeitorias, o direito de retenção, a proteção possessória através dos interditos, dentre outros.

POSSE E BENS DIGITAIS: TRANSMISSIBILIDADE E USUCAPIÃO **143**

Como já ressaltado linhas acima, não sendo desnecessário frisar, a posse de algo que não tenha conteúdo econômico não traz qualquer impacto a justificar seu estudo, justamente, porque não haverá impacto social ou financeiro para este usar, fruir ou dispor.

Com isso, parece incontestável que havendo conteúdo econômico na coisa que se busca possuir, o efeito deste exercício possessório há que ser considerado, porque impacta a titularidade não apenas do possuidor, mas, também ou especialmente, do proprietário.

E, dentre estes efeitos possíveis, a usucapião impacta sobremaneira na realidade do possuidor (porque lhe conduz à aquisição da propriedade) e, ao mesmo tempo, do proprietário (porque lhe faz perder a propriedade, portanto, deixar de ser dono).

A usucapião é forma originária de aquisição de propriedade (prescrição aquisitiva da propriedade), aplicada a bens móveis e imóveis e, também, a alguns direitos, pelo decurso de tempo suficiente para que esta posse se consolide nas mãos do possuidor *ad usucapionem*, em concurso com outros requisitos específicos a cada uma das várias espécies de usucapião[30].

Darcy Bessone a conceitua como *fruto da posse*, por consistir no exercício fático da propriedade, e, *precisamente por se exprimir no fato, independe, em princípio, de título*. E termina: *para que ela possa gerar a propriedade é imprescindível que se conjugue com o tempo que a lei estabelecer.*[31]

Seu principal requisito, comum em todas as variadas formas apresentadas de usucapião[32] é, sem dúvida, a presença do *animus domini* que agrega, à permanência temporal da posse, o estado anímico de possuir na qualidade de dono, em detrimento a qualquer outro titular.

Mais do que a intenção de tê-la para si, como já se extraia da teoria subjetiva da posse retratada por Savigny, é a certeza de que somente determinado possuidor tem o "direito" de ostentar a coisa como sua, não a pertencendo a mais ninguém que não a ele mesmo, ignorando inclusive qualquer título dominial em sentido contrário, com a ressalva, necessária de ser trazida aqui, de que para este teorista, *animus domini* é assim a "*intenção de tratar como própria a coisa que deve formar*

---

30. Foge à finalidade deste trabalho tratar de cada uma das espécies da usucapião. A ideia é, sobretudo, partindo-se dos requisitos comuns que são *tempus* + posse *ad usucapionem* pensar a possibilidade do acesso à titularidade dos bens digitais por tal via.

31. BESSONE, Darcy. *Direitos reais*. São Paulo: Saraiva, 1996, p. 205.

32. Não se buscará neste artigo tratar de todas as espécies de usucapião sob pena de escapar-se do tema proposto que vai muito além da possibilidade de adequação numa ou noutra espécie de usucapião, mas sim na possibilidade de aquisição do bem digital por esta via. Este, definitivamente, o grande desafio do tema. No Código Civil, a usucapião vem retratada nos artigos 1.238 ao 1.244 (usucapião de bens imóveis); artigos 1.260 ao 1.262 (usucapião de bens móveis).

o objeto da posse, não se confundindo com a opinio domini, que seria a convicção de ser proprietário"[33].

Ainda que tenhamos como opção legislativa o contraponto da teoria objetiva da posse, defendida por Ihering (e claramente retratada no art. 1.196, do Código Civil), a ideia de um comportamento subjetivo do possuidor para consolidação da propriedade há de caminhar para esta vontade de ser dono, realçada pelo efetivo cumprimento do exercício da posse que não pode se desvincular do dever de manter a coisa sob seu poder (sob seu controle), impedindo que o seu exercício seja tomado por outrem, aliado ao inexorável cumprimento de uma função social da posse no exercício fático pelo possuidor.

Na sempre presente lição de Luciano de Camargo Penteado, a identificação de "coisa" – objeto de uma determinada apropriação possessória para o caso em análise – se faz através de três elementos, identificadores e fundamentais, (i) corporeidade; (ii) possibilidade de apropriação e (iii) valor econômico e complementa, citando a já reiterada lição de Judith Martins-Costa,

> "contrariamente a esta tendência, temos a opinião de respeitável doutrina que é a possibilidade de usucapião de direitos em geral, dizendo que é preciso 'repensar a noção de coisa'. Para a autora, em síntese, houve uma desmaterialização da propriedade, um corpóreo que se tornou incorpóreo e que permite, diante da contemporaneidade do fenômeno da era do virtual, a aplicação das categorias da propriedade, *da posse e da usucapião a bens sem lastro corporal*"[34].

Nesta toada, faz-se imperioso reformular-se a noção de bens e, por isso, a noção de titularidades (num sentido mais amplo, para além da propriedade, que abarque situações possessórias e petitórias entre o sujeito-coisa) que sobre esta nova classe de bens se impõe, como imperativa da nova realidade socioeconômica na qual vivemos, sem o que, ficar-se-á preso à antiga e já superada classificação de bens tratados pelo legislador civil.

Pensando nisso e tomando como premissa a já reafirmada possibilidade de transmissão *causa mortis* dos bens digitais, na sua composição transferível, como já falado acima, não há qualquer razão para não se admitir a sucessão *inter vivos* da posse dos bens digitais, pela via da usucapião.

Mais ainda: é possível pensar-se na transferência da posse do herdeiro (titular da posse sobre um determinado bem digital) para que este ingresse com ação de usucapião em virtude da posse deixada pelo *de cujus*.

---

33. MELO. Marco Aurélio e PORTO, José Roberto Mello. *Posse e usucapião*. 3ª. ed., São Paulo: JusPodivm, 2022, p. 19.

34. PENTEADO, Luciano de Camargo. *Direito das Coisas*, 3ª. ed., São Paulo: Revista dos Tribunais, 2014, p. 59.

O que precisa estar, definitivamente, demonstrado, é a posse (quer do falecido e que será transmitida para seus herdeiros[35], para o exemplo acima, quer do próprio possuidor que a transmite através de cessão gratuita ou onerosa de direitos) revestida do caráter subjetivo (*animus domini*), o prazo e a ausência de oposição à posse do possuidor *ad usucapionem*.

Sobre o prazo, não se olvide que o Código Civil relacionou-o, à natureza do objeto da usucapião (ao bem usucapido). Em outras palavras, quanto maior o valor do bem, maior o prazo da usucapião, partindo-se da premissa, insculpida desde o Código Civil de 1916 que os bens imóveis eram, definitivamente, mais valiosos que os móveis.

Entretanto, esta parece não ser a realidade socioeconômica dos bens digitais. Um bem digital pode superar em muito o valor de um imóvel, sendo, relativo, portanto, este apego do prazo em conformidade com a classificação do bem.

O fato é que, muito além de se definir neste momento qual seria o prazo viável para a configuração da usucapião – o que, claro, depende de *lege ferenda* (não apenas quanto ao prazo, mas à presença dos demais requisitos) – o que se está em análise é a possibilidade deste salto da posse para a propriedade dos bens digitais, cujo avanço em afirmar-se tal situação jurídica proprietária como válida em termos possessórios, é muito mais importante, por ora, do que a específica definição dos seus requisitos autorizadores.

Assim, é que, à guisa de conclusão, não há óbice na aquisição de bens digitais, desde que sejam estes transmissíveis (portanto, de cunho patrimonial), pela via da usucapião, como forma de se alcançar a propriedade de tais bens.

5. CONSIDERAÇÕES FINAIS

Com base nestas lições, é inarredável estar-se diante de uma nova classe de bens não enquadrável no modelo clássico que o legislador civil até então tratava.

Este desafio de tratar de um "novo direito" para uma nova era, força a procurar respostas novas para perguntas, igualmente, novas.

Se se esta diante de uma nova classe de bens, seria possível aplicar os antigos e clássicos institutos de direito civil para entender o *modus operandi* desta nova categoria de bens? Desta inexorável mudança do *ter* para o *usar*?

---

35. "Na Usucapião a transferência da Posse pela sucessão *causa mortis* ganha ainda maior relevo. O herdeiro tem o direito de continuar o período aquisitivo do falecido e ocupar-lhe o lugar deixado como possuidor *ad usucapionem*, assumindo as mesmas características da posse do antecessor falecido (o mesmo "caráter" da Posse, como mencionado alhures)." MUCILO, Daniela de Carvalho. *Posse: da autonomia ao planejamento sucessório. In: Arquitetura do Planejamento Sucessório.* Daniele Chaves Teixeira (coord.). Belo Horizonte: Forum, 2022, p. 416.

A resposta é, ao mesmo tempo, desafiadora e simples: por quê não?!

O histórico evolutivo da posse mostra que ela também, enquanto direito autônomo (até para chegar a ostentar esta situação autônoma) se sujeitou às várias intervenções sociais, alterando a forma de ser considerada para alcançar e conquistar um conjunto de normas próprias.

Mas, do seu conteúdo, obrigatoriamente, econômico, como instituto circulador de riqueza, ao seu conceito que se espelha no exercício fático da tríade dominial (usar, gozar e dispor) não há como afastá-la dos bens digitais. Na verdade, não há motivo para tal recusa.

E daí para a possibilidade de sua transmissão o caminho é inevitável. Pacífica já é a transmissibilidade *causa mortis* dos bens digitais, da herança digital, não sendo possível afastá-la também da transferência entre vivos.

Aceita tal premissa, a possibilidade da usucapião sobre os bens digitais, patrimonialmente transferíveis, exsurge possível, porque, igualmente, possível é ser tal posse revestido das características da posse *usucapionem*. Mas não apenas isso.

A revolução digital convida a sociedade a abrir suas portas às novas modalidades do *usar* e mesmo do *ter*. Com a indissociável mensuração econômica que o universo digital carrega, restando impossível não imaginar-se todas as possíveis explorações comerciais que este universo resguarda.

Talvez o futuro guarde novas possibilidades de bens que, inclusive, possam superar os bens digitais, em termos de circulação de riquezas. Foi assim um dia com os bens imóveis, que ocupavam o topo socioeconômico de nossa sociedade. Agora são os bens digitais. A história apenas se repete e fechar as portas para que institutos consolidados possam permear com uma nova roupagem, uma nova ordem de bens, parece ser uma atitude, no mínimo, incauta.

A matéria possessória mostra a sua larga atuação e abrangência, passando por vários momentos da civilização; circundando a história do Direito e das sociedades, desde a primitiva e hoje absurda[36] ideia da "posse" de uma pessoa até chegar na posse de um bem desmaterializado, simbolizado numericamente, mas com evidente finalidade econômica.

Esta flexibilidade mostra o quão moderna e flexível é a posse, permitindo resistir a importantes mudanças legislativas, mas, acima de tudo sociais. Seria, definitivamente, um desperdício não aplicá-la nos bens digitais. Afinal, *De que serve a terra à vista, se o barco está parado?*

---

36. ALVES, José Carlos Moreira. *Posse. Evolução histórica*. vol. I, 2ª. ed., Rio de Janeiro: Forense, p. 16.

6. REFERÊNCIAS

ALVES, José Carlos Moreira. *Posse. Evolução Histórica*, v. I, 2ª. ed., Rio de Janeiro: Forense, 1997.

ALVES, José Carlos Moreira. *Posse. Estudo dogmático*, v. II, Tomo I, 2ª. ed., Rio de Janeiro: Forense, 1999.

BAUMAN, Zygmunt. *Modernidade líquida*. Ed. Zahar, Rio de Janeiro: 2001.

BESSONE, Darcy. *Direitos Reais*. 2ª ed., São Paulo: Saraiva, 1996.

CAHALI, Francisco José; MARZAGÃO, Silvia Felipe. *Há limites à vontade do planejador para dispor sobre a transmissão ou destruição de bens digitais híbridos? In: Arquitetura do Planejamento Sucessório*. TEIXEIRA, Daniela Chaves (Coord.), Tomo III, Belo Horizonte: Fórum, 2022.

FULGÊNCIO, Tito. *Da Posse e das ações possessórias*. Teoria Legal – Prática. 11ª ed., revista e atualizada por Marco Aurélio S. Viana, Rio de Janeiro: GEN/Forense, 2013.

LARENZ, KARL. *Derecho Civil. Parte Geneneral*. Traducción y notas de Miguel Izquierdo y Macías-Picavea. Editorial Revista de Derecho Privado. Editoriales de Derecho Reunidas. 1978.

LOUREIRO, Francisco Eduardo. *Código Civil Comentado* (comentários aos artigos 1.196 ao 1.510, do Código Civil). PELUSO, Cezar (coord.), 7ª ed., São Paulo: Manole, 2013.

GONÇALVES, Marcos Alberto Rocha. *A Posse como Direito Autônomo*. Renovar, Rio de Janeiro/São Paulo: 2015.

MELO, Marco Aurélio Bezerra de; PORTO, José Roberto Mello. *Posse e usucapião. Direito Material e Processual*. 3ª. ed., São Paulo: JusPODIVM, 2022.

MUCILO, Daniela de Carvalho. *Posse: da autonomia ao planejamento sucessório. In: Arquitetura do Planejamento Sucessório*. TEIXEIRA, Daniele Chaves (coord.), Tomo III, Belo Horizonte: Forum, 2022.

PENTEADO, Luciano de Camargo. *Direito das Coisas*. 3ª. ed., São Paulo: Revista dos Tribunais. 2014.

TEIXEIRA, Ana Carolina Brochado; KONDER, Carlos Nelson. O enquadramento dos bens digitais sob o perfil funcional das situações jurídicas. In: *Herança Digital*. TEIXEIRA, Ana Carolina Brochado; LEAL, Lívia (Coord.). Indaiatuba: Foco, 2021.

TEIXEIRA, Daniele Chaves; POMJÉ, Carolina. Caminhos para a tutela dos bens digitais no planejamento sucessório. In: *Arquitetura do Planejamento Sucessório*. TEIXEIRA, Daniela Chaves (Coord.), Tomo III, Belo Horizonte: Fórum, 2022.

A NATUREZA JURÍDICA DO "CONTATO HERDEIRO"

José Luiz de Moura Faleiros Júnior

Doutorando em Direito Civil pela Universidade de São Paulo – USP/Largo de São Francisco. Doutorando em Direito, na área de estudo 'Direito, Tecnologia e Inovação', pela Universidade Federal de Minas Gerais – UFMG. Mestre e Bacharel em Direito pela Universidade Federal de Uberlândia – UFU. Especialista em Direito Digital. Especialista em Direito Civil e Empresarial. Associado do Instituto Avançado de Proteção de Dados – IAPD. Membro do Instituto Brasileiro de Estudos de Responsabilidade Civil – IBERC. Advogado e Professor.

Sumário: 1. Introdução – 2. Um "contato herdeiro" para a gestão póstuma de bens digitais?; 2.1 Facebook (e Instagram); 2.2 Apple; 2.3 Google/YouTube e as peculiaridades do AdSense – 3. Qual é a natureza do conteúdo disponibilizado ao "contato herdeiro"? – 4. Confiança, *contemplatio domini* e representações como signos essenciais da designação do "contato herdeiro" – 5. Considerações finais – 6. Referências.

---

1. INTRODUÇÃO

Diversos provedores de aplicação passaram a adotar a prática de franquear a seus usuários a indicação de um (ou mais de um) "contato herdeiro" (*legacy contact*, na expressão original em inglês). Outras nomenclaturas, como "contato de legado" e "contato de confiança" também se popularizaram mais recentemente a nível global. Todavia, trata-se de medida obscura e não necessariamente compatível com a ordenação jurídica brasileira, haja vista suas inúmeras idiossincrasias.

O grande dilema dessa prática envolve a identificação do enquadramento da peculiar relação jurídica que se forma entre o usuário da rede social e o "contato", em arquétipo triangular, mediado pelo provedor de aplicação. Leitura rasa da dinâmica fática parece sinalizar o estabelecimento de contrato de mandato ou alguma espécie *sui generis* de representação para atuação *post mortem* em nome (mas, não necessariamente, "no interesse") do usuário da plataforma, o que, por si só, abre margem a complexas discussões sobre a autonomia da representação voluntária (arts. 115 a 120, CC) em relação ao próprio mandato (arts. 653 a 666, CC). Também é motivo de dubiedade em relação à coexistência da figura do "contato herdeiro" com a do inventariante, especialmente para a gestão de bens digitais patrimoniais.

De fato, o que não se pode negar é que óbitos de grande repercussão midiática – especialmente de pessoas famosas com expressivo número de seguidores virtuais – têm causado nebulosa percepção acerca da natureza patrimonial de seus perfis, ainda que estes não lhes gerem receitas diretamente, com pagamentos feitos pelo provedor de aplicação.

À exceção de estruturas verdadeiramente contratuais, como o *YouTube Partner Program* (e seu corolário *AdSense*) ou o *Twitch Affiliate Agreement* – que serão elucidados adiante para fins de diferenciação comparativa –, perfis pessoais no Facebook e no Instagram, contas de armazenamento em nuvem (como Google Drive e iCloud), ou mesmo perfis profissionais no LinkedIn, não geram renda direta a seus usuários.

Noutros dizeres, a fama granjeada em redes sociais diversas das que ostentam características contratuais, embora seja, indiscutivelmente, um importante elemento para propulsionar carreiras e viabilizar parcerias comerciais rentáveis de exploração da imagem e do "potencial de engajamento" de celebridades da internet, não lhes gera pagamentos diretos, provenientes dos próprios provedores de aplicação. Por esse motivo, a figura *sui generis* do "contato herdeiro" merece ser analisada com maior atenção, uma vez que sua característica principal remete à *contemplatio domini*, mas afasta contornos típicos do mandato (enquanto espécie contratual), não o legitimando para a administração desses famigerados perfis com suposta valoração econômica.

Visando delinear as questões mais importantes dessa complexa discussão, o presente trabalho apresentará as principais características da dinâmica de indicação do "contato herdeiro" nos sistemas das empresas Meta, Apple e Google para deixar claro que as funções assumidas por tal pessoa não envolvem a gestão direta de acervo patrimonial do falecido, não se confundindo e tampouco tangenciando as obrigações do inventariante. Ao contrário, o que se demonstrará, ao final, é que a natureza personalíssima de tal múnus demanda certo esforço interpretativo para a adequada compatibilização dos termos de uso dessas três plataformas com a ordenação jurídica brasileira.

Ainda, relembrando a dinâmica aplicável à gestão do espólio e sinalizando brevemente a distinção entre os conteúdos patrimonial e existencial do falecido, será destacada a importância da figura do inventariante – quando já estiver firmado o respectivo compromisso – e do administrador provisório (art. 1.797, CC) para a deliberação sobre a gestão das contas do *de cujus* nas plataformas mantidas pelos citados provedores de aplicação.

Ao final, em conclusão, destacar-se-á a invalidade da formalização da indicação do "contato herdeiro" pela via contratual, ressaltando-se a atuação do inventariante como figura preferencial para a concretização de tal gestão. Por outro lado, confirmando a hipótese narrada, serão apresentadas algumas considerações em prol da consideração do "contato herdeiro" como um representante atípico, designado para atuar em nome, mas não no interesse, do usuário da rede social, em situação *sui generis* de representação voluntária dissociada do mandato.

2. UM "CONTATO HERDEIRO" PARA A GESTÃO PÓSTUMA DE BENS DIGITAIS?

A figura do "contato herdeiro" não é nova. Na verdade, a curiosa expressão surgiu exatamente no dia 12 de fevereiro de 2015[1], quando a Facebook, Inc. (atual Meta, Inc.) realizou importante alteração aos termos de uso de sua principal plataforma (o Facebook, com posterior expansão ao Instagram), tendo aplicação imediata em todo o globo. A partir daquela data, de forma pioneira, foi concebida a ideia do *"legacy contact"*, que é a expressão inglesa que acabou sendo traduzida para o português como "contato herdeiro".

Iniciativas anteriores, como a solicitação de criação de memorial[2-3] (introduzida em 2012 pela própria Facebook, Inc.[4]) ou a política de gestão de contas inativas (*"innactive account management"*), de 2013, da Google, Inc., revelam que, há tempos, já havia interesse jurídico no tema. Faltava clareza, todavia, e os mecanismos postos à disposição dos usuários das respectivas plataformas não eram totalmente bem estruturados.

Especificamente quanto à expressão *"legacy contact"*, alguns comentários mais específicos devem ser apresentados para que se possa ilustrar como a ferramenta de designação funciona e os motivos pelos quais não se trata de método juridicamente categórico.

De início, é perceptível que a tradução já revela diversas inconsistências etimológicas da expressão, além de inexatidão semântica pelo fato de não serem

---

1. FACEBOOK. *Adding a legacy contact*. 12 fev. 2015. Disponível em: https://about.fb.com/news/2015/02/adding-a-legacy-contact. Acesso em: 24 abr. 2022.
2. Com efeito: "Your digital executor can post a final farewell, so that anyone who sees your account in the future will know what happened and why you aren't posting anymore. If you have a specific message you'd like to include, write it down. (...) Some services let you memorialize the account of a deceased user in such a way that they remain online indefinitely (for example, as a place for loved ones to post memories and condolences) but limit or disallow most access. Tip: Facebook gives you the option to set up a legacy contact—someone you authorize in advance to memorialize your account (including posting a final message) or delete it when you're gone". KISSELL, Joe. *Take control of your digital legacy*. Saskatoon: Alt Concepts, 2017. *E-book*.
3. BRUBAKER, Jed R.; HAYES, Gillian R.; DOURISH, Paul. Beyond the grave: Facebook as a site for the expansion of death and mourning. *The Information Society*, Oxfordshire, v. 29, n. 3, p. 152-163, maio 2013, p. 152.
4. A criação de um memorial, todavia, não implica permissão de acesso às credenciais de *login* da pessoa falecida: "In order to protect the privacy of the deceased person, we cannot provide login information for the account. However, once it has been memorialized, we take measures to secure the account". FACEBOOK. *Deactivating or deleting your account*. Disponível em: https://www.facebook.com/help/359046244166395/. Acesso em: 24 abr. 2022.

equivalentes as palavras '*legacy*' e 'herança' (ou, com algum elastecimento, 'lega-do'[5]). De fato, essa expressão confusa acabou despertando debates sobre algo que tem se tornado frequente na sociedade da informação: a importação de institutos estrangeiros sem a devida cautela ou a adequada reflexão sobre sua compatibilidade com a ordenação jurídica local.

Fato é que, tendo surgido no *common law*, o tema logo foi analisado em importantes pesquisas acadêmicas. Cuidadoso estudo concretizado a nível de tese doutoral por Edina Harbinja, na Escócia, em 2017, teve o pioneirismo de explorar os mecanismos disponibilizados pelos principais provedores de aplicação em todo o globo.

À época, alertou a autora para o fato de que:

> (...) é possível que surjam problemas com interesses conflitantes de herdeiros/familiares com um amigo designado como *legacy contact* e que tenha a opção de baixar o acervo de conteúdo do falecido. Por exemplo, se os herdeiros recebem os direitos autorais das obras do usuário e o *legacy contact* tiver adquirido esse conteúdo com a permissão do usuário, esse conteúdo estará isento das disposições das leis relativas a testamentos/*intestacy*. Com essa opção, o Facebook muda notavelmente o equilíbrio e considera mais os interesses do falecido e as decisões tomadas antes da morte. No entanto, o equilíbrio permanece incerto e tudo isso precisa ser esclarecido antes que o Facebook se mova para introduzir essa opção ao restante de sua base de usuários. Caso contrário, um movimento bem-vindo pode acabar em uma série de disputas sobre questões jurídicas[6]. (tradução livre)

A palavra *interstacy*, no *common law*, indica uma pessoa falecida que não tenha deixado testamento. Esta é uma questão orbital e não justifica a preocupação da autora quanto à alegada predileção da plataforma (Facebook, no caso) pela vontade expressada pelo falecido, ainda em vida, caso contemple unicamente situações jurídicas de cariz existencial, uma vez que essas, isoladamente, não têm o condão de gerar prejuízos aos herdeiros.

---

5. Elucidando a polêmica em torno da terminologia, Gabriele Bezerra Sales Sarlet já se referiu ao 'legado digital' como sendo "a soma dos direitos, dos bens, dos ativos e das obrigações no âmbito digital que devem ser transmitidos aos herdeiros". SARLET, Gabriele Bezerra Sales. Notas sobre a identidade digital e o problema da herança digital: uma análise jurídica acerca dos limites da proteção póstuma dos direitos da personalidade na internet no ordenamento jurídico brasileiro. *Revista de Direito Civil Contemporâneo*, São Paulo, v. 17, p. 33-59, out./dez. 2018, p. 38.

6. HARBINJA, Edina. *Legal aspects of transmission of digital assets on death*. 2017. 350 p. Tese (Doctor of Philosophy, PhD) – Law School, University of Strathclyde, Glasgow, 2017. Disponível em: https://stax.strath.ac.uk/concern/theses/k3569438f. Acesso em: 21 abr. 2022. No original: "(...) there might be issues with conflicting interests of heirs/families with a friend designated as a legacy contact and having an option to download the archive of the deceased's content. For instance, if the heirs inherit copyright in the user's works, and the Legacy Contact has acquired this content with the permission of the user, will this content be exempt from the provisions of the will/intestacy laws. With this option, Facebook notably shifts the balance and accounts more for the deceased's interests and decisions made before death. However, the balance remains unclear and all this needs to be clarified before Facebook moves to introduce this option to the rest of their user base. Otherwise, a welcome move might end up in a series of legal issues and disputes".

A NATUREZA JURÍDICA DO "CONTATO HERDEIRO" **153**

Por outro lado, a preocupação manifestada pela autora quanto à possibilidade de conflito de interesses entre os herdeiros e o "contato herdeiro", devido à permissão eventualmente concedida a este para a realização do *download* do acervo de dados que esteja albergado por direitos autorais, esbarra em questões técnicas como a replicabilidade dos arquivos postados nos perfis de redes sociais e a ubiquidade da rede, que propicia a livre circulação do próprio conteúdo (tornando-o "copiável" por meros *prints*, por exemplo). Apesar disso, não se pode negar que debates recentíssimos em torno da individuação de conjuntos de dados para atribuição de lastro financeiro a partir da rede *blockchain*, viabilizando verdadeiro comércio de *tokens* não fungíveis (*non-fungible tokens*), pode mudar essa dinâmica. Esse tema será explorado com alguma minudência mais adiante.

Para o momento, importante é a constatação de que, mesmo noutras experiências jurídicas – como a escocesa –, a medida adotada pela Facebook, em 2015, já era um sintoma de que problemas interpretativos e eventuais disputas poderiam advir da própria forma como a empresa decidiu viabilizar a gestão dos acervos digitais de pessoas falecidas[7].

De fato, a criação do famigerado "*legacy contact*" não encontra bases sólidas sequer na experiência estrangeira e tem sido criticada desde que foi instituída[8], pois, se a preocupação com a delimitação do que constitui a herança digital desperta curiosidade sobre o surgimento de uma espécie recôndita de 'espólio incorpóreo', porquanto composto de dados, não se pode deixar de considerar o papel do contato indicado para tomar decisões pela pessoa falecida.

Em linhas muito singelas, o que é facultado ao "contato herdeiro" é a transformação da conta em um memorial da pessoa falecida – isso no caso do já citado Facebook, pois, no Instagram, tal possibilidade é exercida apenas pela plataforma, mediante sinalização de qualquer interessado –, o *download* do repositório de arquivos catalogados no perfil, permitido, por exemplo, pelo Twitter e pelo Google, além de outras medidas estritamente estabelecidas nos termos de uso de cada plataforma, que são basicamente contratos de adesão[9].

---

7. Sobre o tema: "Under succession law, the administrator of an estate typically has the right to access and ingather the assets of the deceased no matter what contract says. Think for example of an administrator obtaining funds from the deceased's bank, even though a bank normally only allows access to the accountholder. This is usually enabled via a grant of power from the court, known as obtaining probate, confirmation or the like. This has already caused some conflicts in case law with Internet platforms". EDWARDS, Lilian; HARBINJA, Edina. 'Be right back': What rights do we have over post-mortem avatars of ourselves? *In:* EDWARDS, Lilian; SCHAFER, Burkhard; HARBINJA, Edina (Ed.). *Future law:* Emerging technologies, regulation and ethics. Edimburgo: Edinburgh University Press, 2020, p. 273-274.
8. HARBINJA, Edina. Post-mortem social-media: law and Facebook after death. *In:* MANGAN, David; GILLIES, Lorna E. (Ed.). *Legal challenges of social media.* Cheltenham: Edward Elgar, 2017, p. 177-200.
9. EDWARDS, Lilian; HARBINJA, Edina. "What happens to my Facebook profile when I die?": Legal issues around transmission of digital assets on death. *In:* MACIEL, Cristiano; PEREIRA, Vinícius Carvalho (Ed.). *Digital legacy and interaction:* post-mortem issues. Cham: Springer, 2013, p. 127.

A despeito da natureza aparentemente contratual que tal função parece assumir, o que costuma ocorrer, na prática, é a indicação unilateral do "contato herdeiro" pelo usuário que é titular do perfil, com rol restrito de ações a serem adotadas postumamente. Não há sinalagma que consolide a conjugação de vontades entre aquele que designa alguém como gestor *post mortem* de seu perfil e aquele a quem é atribuído tal múnus. Aliás, sequer é viabilizada a aceitação da designação.

Para que fique mais claro, vamos aos exemplos.

2.1 Facebook (e Instagram)

A empresa Meta, Inc., responsável pela rede social Facebook possui instruções bastante dinâmicas para a seleção de um "contato herdeiro", pois, como já mencionado anteriormente, foi a primeira plataforma a viabilizar a criação de 'memoriais' para pessoas falecidas. Também é merecedora de nota a existência da ferramenta chamada Messenger, que é autônoma, mas está associada ao rol de contatos do usuário do perfil e é utilizada para comunicações totalmente privadas.

No Facebook, a designação do "contato herdeiro" (*legacy contact*) é unilateral e a pessoa designada também deve manter um perfil ativo na plataforma. A medida é mais ampla do que o próprio nome denota, sendo admitida para perfis de pessoas falecidas e, excepcionalmente, também para pessoas "clinicamente incapacitadas"[10]. Não há necessidade de aceitação do múnus e o máximo de interação que ocorre é o envio facultativo de uma breve mensagem de texto na qual podem ser expostas as razões que levaram o interessado a optar por indicar a pessoa como seu "contato herdeiro".

As permissões que podem ser franqueadas ao "contato herdeiro" são as seguintes: (i) informar à Facebook o falecimento da pessoa; (ii) redigir uma postagem para ser exibida na parte superior da linha do tempo transformada em memorial (por exemplo, para anunciar data e local de velório e sepultamento ou compartilhar uma mensagem especial); (iii) responder a novos pedidos de amizade de pessoas que ainda não estavam conectados ao perfil da pessoa falecida (embora não seja possível remover contatos ou enviar solicitações de amizade); (iv) atualizar a foto do perfil e a foto da capa; (v) mediante autorização previamente definida no momento da indicação do "contato herdeiro", baixar o acervo das fotos, postagens e informações de perfil que a pessoa falecida compartilhou no

---

10. FACEBOOK. *Solicitação especial para conta de pessoa clinicamente incapacitada ou falecida*. Disponível em: https://www.facebook.com/help/contact/228813257197480. Acesso em: 24 abr. 2022.

Facebook[11]. Outras configurações permanecerão as mesmas de antes de a conta ser transformada em memorial.

Veja-se, a título ilustrativo:

Figura 1: tela de configurações, na qual consta a opção de indicação do "contato herdeiro"[12].

Figura 2: descrição breve das permissões que podem ser concedidas ao "contato herdeiro"[13].

A criação do famigerado memorial é tema relativamente problemático, pois inaugura uma nova dimensão (agora digital) para o luto[14]. Alice Marwick e Nicole B. Ellison comentam alguns dos impactos dessa transformação, lembrando que atos ritualísticos como visitas presenciais a túmulos adquirem novas feições a partir da constância do perfil disponibilizado na plataforma, ainda que algoritmos redu-

---

11. MAZZONE, Jason. Facebook's afterlife. *North Carolina Law Review*, Chapel Hill, v. 90, n. 5, p. 1643-1686, 2012, p. 1661-1662.
12. FACEBOOK. *Adding a legacy contact*. 12 fev. 2015. Disponível em: https://about.fb.com/news/2015/02/adding-a-legacy-contact. Acesso em: 24 abr. 2022.
13. FACEBOOK. *Adding a legacy contact*. 12 fev. 2015. Disponível em: https://about.fb.com/news/2015/02/adding-a-legacy-contact. Acesso em: 24 abr. 2022.
14. Cf. PENNINGTON, Natalie. You don't de-friend the dead: An analysis of grief communication by college students through Facebook profiles. *Death Studies*, Oxfordshire, v. 37, n. 7, p. 617-635, 2011.

zam a exposição do perfil em buscas, por exemplo. As autoras listam as seguintes características dos perfis transformados em memoriais: (i) replicabilidade (uma vez que o perfil pode ser facilmente copiado e compartilhado em outros lugares); (ii) escalabilidade (uma vez que há potencial de alcançar grandes públicos); (iii) persistência (o conteúdo não expira); (iv) capacidade de pesquisa (a informação é facilmente indexada e recuperada)[15].

Pelo que se nota, a interação com o "contato herdeiro" é mínima e não há grande leque de opções que lhe podem ser franqueadas. Como foi dito anteriormente, as permissões são parametrizadas previamente, ainda em vida, pelo usuário do perfil e o máximo que se faz é escrever um recado para a pessoa designada:

Figura 3: mensagem unilateral enviada ao "contato herdeiro" no momento da designação[16].

Figura 4: opção complementar que autoriza o download do conteúdo postado[17].

---

15. MARWICK, Alice; ELLISON, Nicole B. "There Isn't Wifi in Heaven!" Negotiating visibility on Facebook memorial pages. *Journal of Broadcasting & Electronic Media*, Nova Jersey, v. 56, n. 3, p. 378-400, 2012, p. 378-381.
16. FACEBOOK. *Adding a legacy contact*. 12 fev. 2015. Disponível em: https://about.fb.com/news/2015/02/adding-a-legacy-contact. Acesso em: 24 abr. 2022.
17. FACEBOOK. *Adding a legacy contact*. 12 fev. 2015. Disponível em: https://about.fb.com/news/2015/02/adding-a-legacy-contact. Acesso em: 24 abr. 2022.

Ademais, há restrições que devem ser observadas. O "contato herdeiro" não pode, por exemplo, fazer *login* como a pessoa que faleceu ou ver as mensagens privadas do aplicativo Messenger[18]. Também há uma opção previamente selecionável pela qual, ainda em vida, é possível manifestar a opção de que a conta seja excluída permanentemente após a morte. Como consequência, tem-se a possibilidade de que os seguidores deixem mensagens no memorial, embora não haja clareza sobre como deve ser feita a curadoria dessas postagens, que, em situações mais específicas, podem acabar afetando a própria imagem do falecido[19].

No Instagram, para fins comparativos, inexiste "contato herdeiro". Em caso de óbito, qualquer interessado pode solicitar a análise de um perfil de pessoa falecida e, após validação, o próprio provedor o transforma em memorial:

> Transformaremos em memorial a conta do Instagram de uma pessoa falecida quando recebermos uma solicitação válida. Tentamos evitar que as referências às contas transformadas em memorial apareçam no Instagram de forma que possa incomodar os amigos ou familiares da pessoa falecida. Além disso, tomamos medidas para garantir a privacidade dessa pessoa protegendo a conta dela[20].

De modo geral, o modelo de gestão de perfis de pessoas falecidas do Facebook se omite em uma série de questões importantes e, sem dúvidas, deixa a desejar em termos de clareza sobre os limites do controle que o "contato herdeiro" pode exercer. Dúvidas sobre a curadoria de conteúdos após a morte são apenas a base de inúmeros problemas e questionamentos, pois há diversas funcionalidades cuja utilização não está esclarecida para o período póstumo, como a participação do "contato herdeiro" nos grupos que o falecido integrava, o acesso a comentários que tenha escrito em postagens de terceiros e a conteúdos repostados (embora tenha controle sobre a visibilidade das postagens do falecido).

O que é absolutamente claro – e que deve ser enfatizado – é que o "contato herdeiro" não tem ingerência sobre eventuais páginas profissionais que o falecido administrava e que estavam vinculadas ao seu perfil pessoal[21]; também não é fran-

---

18. Analisando a necessidade de proteção aos direitos da personalidade em momento póstumo, consultar RÉGIS, Erick da Silva. Necessariamente e indistindamente uma herança digital? A proteção da personalidade em âmbito digital após a morte: possíveis pilares analíticos. *Revista dos Tribunais*, São Paulo, v. 1027, p. 119-151, maio 2021.

19. RIECHERS, Angela. The persistence of memory online: Digital memorials, fantasy, and grief entertainment. *In:* MACIEL, Cristiano; PEREIRA, Vinícius Carvalho (Ed.). *Digital legacy and interaction*: post-mortem issues. Cham: Springer, 2013, p. 50. Anota: "The postmortem identity becomes multiauthored, and because establishing a hierarchy of editorial control is difficult, the veracity of this identity can shift every time content is added".

20. INSTAGRAM. *Como faço para denunciar a conta de uma pessoa falecida no Instagram?* Disponível em: https://help.instagram.com/264154560391256/?helpref=related_articles. Acesso em: 24 abr. 2022.

21. META. *Política da Plataforma do Facebook*. Disponível em: https://developers.facebook.com/docs/development/terms-and-policies/legacy-facebook-platform-policy/. Acesso em: 24 abr. 2022.

queado acesso ou gerenciamento de anúncios[22] no *marketplace*[23] da plataforma ou mesmo a possibilidade de criação de eventos pelo perfil do falecido[24].

A política de monetização de Meta, Inc., a propósito, é claríssima: tem aplicabilidade empresarial e somente se qualificam para pleiteá-la os detentores de "páginas" (e não perfis) na plataforma[25]. Esse aspecto, por si só, já afastaria qualquer justificativa para que um "contato herdeiro" tivesse acesso à página monetizada ou passasse a gerenciá-la, uma vez que a natureza dos pagamentos é estritamente patrimonial e há política própria para tal fim[26].

Enfim, o que se constata é que inúmeras funcionalidades da plataforma podem envolver interesses valoráveis economicamente, mas isso não abre margem a indagações sobre sua gestão póstuma. Ao contrário, está absolutamente claro que, havendo "página" na plataforma e eventual monetização, tudo será solucionado no inventário, com eventual gestão realizada pelo inventariante. O "contato herdeiro" sequer tem acesso a isso.

Em verdade, o efetivo papel do "contato herdeiro" se resume a prestar a informação sobre o óbito, converter o perfil em memorial e, se autorizado, fazer o download do acervo de postagens e arquivos de mídia postados pelo *de cujus*.

2.2 Apple

Em novembro de 2021, após a implementação da versão 15.2 dos sistemas operacionais para iOS (*smartphones*) iPadOS (*tablets*) e macOS (computadores), tornou-se possível a indicação de um "*legacy contact*" (que, no caso, recebeu o nome de "contato de legado" em português) para a gestão dos interesses do falecido em sistemas como o iCloud (armazenamento em nuvem) e o iTunes (aplicação de músicas)[27]. O mecanismo de designação é muito semelhante ao do Facebook, mas há inúmeras diferenças quanto à gestão de bens digitais e ao próprio escopo da ferramenta.

---

22. META. *Central de Ajuda da Meta para Empresas*: Sobre as Lojas. Disponível em: https://www.facebook.com/business/help/2343035149322466?id=1077620002609475. Acesso em: 24 abr. 2022.

23. META. *Termos Comerciais da Meta ("Termos Comerciais")*. Versão de 04 jan. 2022. Disponível em: https://www.facebook.com/legal/commercial_terms. Acesso em: 24 abr. 2022.

24. FACEBOOK. *Pages, Groups, and Events Policies*. Disponível em: https://www.facebook.com/policies_center/pages_groups_events. Acesso em: 24 abr. 2022.

25. META. *Central de Ajuda da Meta para Empresas*: Verificar a qualificação para monetização de uma Página. Disponível em: https://www.facebook.com/business/help/321041698514182?id=2520940424820218. Acesso em: 24 abr. 2022.

26. FACEBOOK. *Payment Terms*. https://www.facebook.com/payments_terms. Acesso em: 24 abr. 2022.

27. APPLE. *Como adicionar um Contato de Legado ao seu ID Apple*. Disponível em: https://support.apple.com/pt-br/HT212360. Acesso em: 24 abr. 2022.

A principal diferença decorre do fato de não haver uma rede social para a gestão de contatos no ecossistema da Apple. Também não há qualquer pretensão de criação de memoriais ou de permitir a interação do "contato de legado" com terceiros. Bem ao contrário do que ocorre no Facebook, a gestão tem o objetivo principal de gerenciar arquivos deixados pelo falecido.

Nas opções de segurança, é escolhido um "contato de legado" para acessar a própria conta:

Figura 5: menu de opções de senha e segurança com a opção de indicação do "contato de legado"[28].

Figura 6: exemplo de sugestões de contatos (v.g. familiares) para designação[29].

Logo se percebe que a predileção pela indicação de um membro da família faz sentido porque a finalidade do "contato de legado" no ecossistema da Apple envolve o acesso a tudo o que está armazenado em servidores da empresa para controle pelo "ID Apple" (geralmente, um e-mail do domínio *icloud.com*).

Com esse código, permite-se que o "contato de legado" acione a Apple, fornecendo documentação comprobatória do óbito e prova da própria identidade

---

28. APPLE. *Como adicionar um Contato de Legado ao seu ID Apple*. Disponível em: https://support.apple.com/pt-br/HT212360. Acesso em: 24 abr. 2022.

29. APPLE. *Como adicionar um Contato de Legado ao seu ID Apple*. Disponível em: https://support.apple.com/pt-br/HT212360. Acesso em: 24 abr. 2022.

para que lhe seja franqueado o acesso ao acervo de dados que o falecido mantinha. Isso envolve fotografias, lista de contatos telefônicos, anotações, acervo de arquivos armazenados em nuvem, aplicativos e seus respectivos dados, eventos de calendário e arquivos de *back-up* de dispositivos Apple. É também permitido ao "contato de legado" retirar senhas e cadastro biométrico ("*Activation Lock*") dos dispositivos do falecido[30].

Inexiste gestão específica sobre bens digitais patrimoniais, embora não se possa descartar, pelo fato de haver acesso a arquivos armazenados em nuvem, que cópias de documentos pessoais, contratos e congêneres elucide a existência de patrimônio, obrigações e dívidas do *de cujus*. Tudo isso, entretanto, poderá ser simplesmente acessado e disponibilizado aos herdeiros, não havendo grande complexidade em relação à suposta necessidade de gestão póstuma da conta.

2.3   Google/YouTube e as peculiaridades do AdSense

A Google, Inc. trabalha com um modelo diferente de gestão *post mortem* de conteúdos: a ferramenta batizada de *inactive account manager*[31] é adotada para detectar inatividade durante certo tempo e para permitir o gerenciamento dos interesses do falecido quanto às suas contas de uso pessoal do ecossistema GSuite (ou "Google Suite"), que envolve funcionalidades de e-mail (Gmail), armazenamento em nuvem (Google Drive), blogs (Blogger) e contas do YouTube não monetizadas.

Para essa gestão, é indicado o contato telefônico de um "*trusted contact*" ("contato de confiança", em tradução literal), para quem um representante do provedor de aplicação ligará a fim de confirmar a identidade e o óbito do falecido, caso seja necessário:

---

30.   TUOHY, Jennifer Pattison. Apple will soon let you pass on your iCloud data when you die. *The Verge*, 10 nov. 2021. Disponível em: https://www.theverge.com/2021/11/10/22774873/apple-digital-legacy--program-comes-to-ios15-iphones-macs. Acesso em: 23 abr. 2022.

31.   A função existe desde 2013, como lembra Bruno Zampier, quando foi concebida com a finalidade de permitir ao usuário de conta do serviço de correio eletrônico da empresa (o Gmail) a designação de até dez pessoas que seriam acionadas pelo provedor, após determinado tempo de inatividade que sinalizasse possível falecimento do usuário (podendo ser de três, seis, nove ou doze meses), para que, então, o sistema adotasse as providências elencadas, permitindo o "planejamento da morte digital" do usuário, uma vez que esses indivíduos previamente apontados receberiam instruções sobre como proceder com a conta de correio eletrônico". ZAMPIER, Bruno. *Bens digitais*: cybercultura, redes sociais, e-mails, músicas, livros, milhas aéreas, moedas virtuais. 2. ed. Indaiatuba: Foco, 2020, p. 179-180.

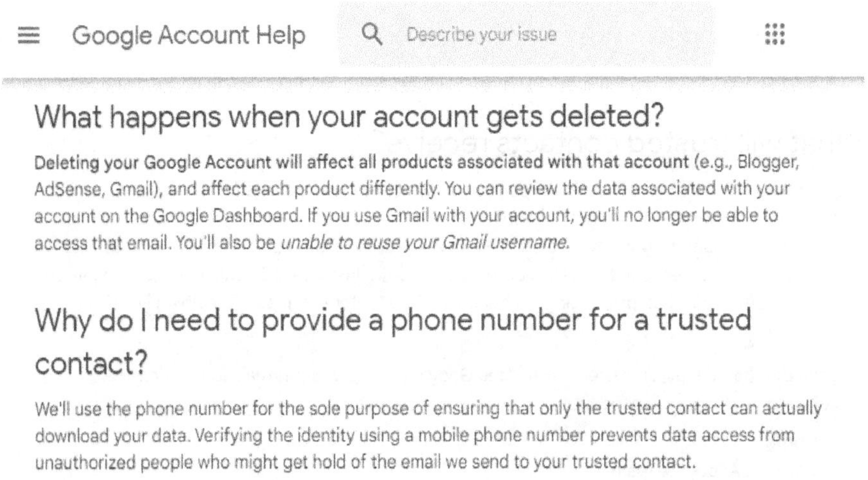

Google Account Help   Q Describe your issue

What happens when your account gets deleted?

Deleting your Google Account will affect all products associated with that account (e.g., Blogger, AdSense, Gmail), and affect each product differently. You can review the data associated with your account on the Google Dashboard. If you use Gmail with your account, you'll no longer be able to access that email. You'll also be *unable to reuse your Gmail username*.

Why do I need to provide a phone number for a trusted contact?

We'll use the phone number for the sole purpose of ensuring that only the trusted contact can actually download your data. Verifying the identity using a mobile phone number prevents data access from unauthorized people who might get hold of the email we send to your trusted contact.

Figura 7: explicações sobre a indicação do contato telefônico do "*trusted contact*"[32].

O modelo em questão é mais singelo e, embora permita a escolha de quais plataformas do falecido poderão ser acessadas após a sua morte, não explicita todas as condições de gestão das respectivas contas. Também é facultado o envio de um link para download do conjunto de dados caso haja inatividade por longo período (três, seis, nove ou doze meses). Também não há vedação à indicação de vários "contatos de confiança" e tudo o que está contemplado nessa sistemática é a gestão de contas de uso pessoal (e não profissional).

O sistema de gestão de contas inativas da Google é nebuloso quanto às contas que possuam arquivos em nuvem ou e-mails que eventualmente sejam importantes para a formação do espólio, seja por conterem contratos e outros documentos comerciais que denotem a existência de bens e dívidas do falecido, seja por conterem condições negociais e comprovações de tratativas. Também não há total clareza sobre como o "contato de confiança" deverá se portar perante a plataforma, pois não se trata de um múnus dependente de aceitação da pessoa indicada, o que abre margem a questionamentos sobre eventual omissão/inércia ou até mesmo sobre possível desinteresse pelo múnus.

O contato estabelecido, aliás, é bastante raso, pois a plataforma se limita a acionar a pessoa indicada com explicações superficiais sobre o que poderá ser acessado:

---

32. GOOGLE. *About Inactive Account Manager*. Disponível em: https://support.google.com/accounts/answer/3036546?hl=en. Acesso em: 25 abr. 2022.

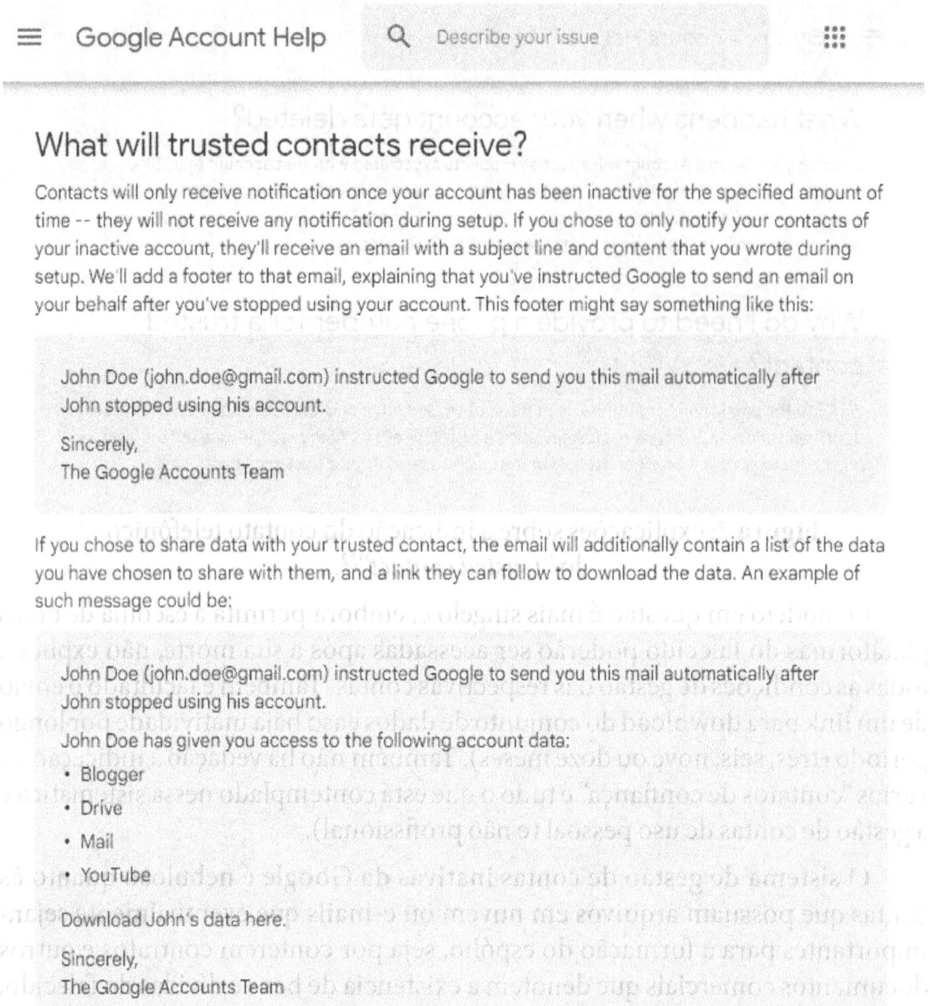

figura 8

Figura 8: tipos de e-mail que podem ser enviados ao contato indicado[33].

O grande problema do ecossistema da Google, porém, não envolve o sistema de gestão de contas inativas. Bem ao contrário: a ferramenta que propicia a famigerada "monetização" é o *YouTube Partner Program*, que permite o acesso ao sistema AdSense, voltado à gestão de pagamentos pela veiculação de anúncios publicitários em vídeos criados pelos usuários da plataforma que, sendo elegíveis, passam a ser designados como produtores de conteúdo.

---

33. GOOGLE. *About Inactive Account Manager*. Disponível em: https://support.google.com/accounts/answer/3036546?hl=en. Acesso em: 25 abr. 2022.

A NATUREZA JURÍDICA DO "CONTATO HERDEIRO"   **163**

O referido programa do YouTube permite que seus usuários obtenham receita de publicidade. As informações publicamente disponíveis para as políticas de monetização do YouTube não explicam o que acontece com uma conta monetizada após a morte do usuário, se limitando a remeter o leitor aos termos de uso do *AdSense*, que, a seu turno, informam que continuarão a ocorrer pagamentos caso permaneça válido o método de recebimento indicado pelo criador de conteúdo[34].

Fato é que, para que um usuário do YouTube "monetize" sua conta, ele precisa concordar com os "termos do Programa de Parcerias do YouTube"[35]. Os termos publicamente disponíveis não abordam a possibilidade de transferência da conta (embora os Termos de Serviço gerais do YouTube[36] proíbam que um usuário transfira ou atribua sua conta), nem mencionam qualquer outra coisa sobre o que acontece no caso de morte do usuário da conta monetizada conta.

São disposições unilateralmente redigidas e que criam embaraços de acesso ao conteúdo disponibilizado pelo usuário (eventualmente falecido) e que tenha passado a integrar o Programa de Parcerias do YouTube. Sem dúvidas, se houver obstáculos ao acesso dos herdeiros, ter-se-á inegável ilegalidade, embora seja preciso ficar absolutamente claro que, a partir do momento em que se formaliza a parceria para fins de monetização, deixa de haver qualquer participação do "contato de confiança" eventualmente designado pelo falecido.

3   QUAL É A NATUREZA DO CONTEÚDO DISPONIBILIZADO AO "CONTATO HERDEIRO"?

Na Internet, tudo se resume a dados e o escoamento da informação seria uma forma de descrever o movimento de dados: "como a água em um elaborado sistema de encanamentos, os dados fluem através de dutos de informação inter-

---

34. GOOGLE. *YouTube Monetization Policies.* Disponível em: https://support.google.com/youtube/answer/1311392. Acesso em: 24 abr. 2022.

35. A título comparativo, é imperiosa a menção à plataforma *Twitch*, que é muito popular na transmissão, ao vivo, de jogatinas eletrônicas. A plataforma tem um programa de "Afiliados" e um de "Parceiro" para que os usuários obtenham receita com seus vídeos gravados e de *streaming*. Não há nenhuma documentação de política sobre o que acontece com a conta de um usuário em qualquer dos dois programas depois que o usuário morre. No entanto, o Contrato de Afiliado da Twitch afirma que pode ser encerrada a monetização "a qualquer momento, com ou sem justa causa, mediante notificação por escrito à outra parte da rescisão" (TWITCH. *Twitch Affiliate Agreement.* Disponível em: twitch.tv/p/pt-br/legal/affiliate-agreement/. Acesso em: 25 abr. 2022, tradução livre). O Contrato de Afiliado da Twitch também proíbe a cessão. Assim como acontece com os usuários do Programa de Parcerias do YouTube, um usuário Afiliado da Twitch depende de solução casuística para sua situação patrimonial (derivada da monetização de seus vídeos) a partir de regular processo de inventário.

36. YOUTUBE. *Terms of Service.* Disponível em: https://www.youtube.com/static?gl=CA&template=terms. Acesso em: 24 abr. 2022.

ligando vários negócios, organizações e entidades governamentais"[37]. Por isso, há grande incerteza sobre a natureza do conteúdo a que o "contato herdeiro" tem acesso após o falecimento do usuário. Este é um dentre vários problemas práticos que merecem reflexão[38], pois envolve elucidação mais detida sobre a categorização dos bens digitais aos quais passa a ter acesso postumamente.

De fato, a discussão em torno dos bens digitais (assim traduzidos, com imprecisão[39], da expressão inglesa *digital assets*) é um pouco mais antiga e foi enfrentada, primeiramente, nos Estados Unidos da América, onde a doutrina procurou categorizá-los.

Uma série de elementos passa a formar estruturas patrimoniais digitais, conferindo-lhes valor econômico[40], mas também aspectos concernentes à personalidade adquirem novo chanfro neste novo universo. Pertencem a esse rol, inclusive, "outros itens como fotografias, *e-mails*, textos não publicados e conversas trocadas em *chats* privados, entre outros que tangenciam a personalidade (ou até mesmo a "extimidade") e que compõem situações jurídicas amparadas pelo direito fundamental à privacidade".[41] O grande problema está justamente na diferenciação das inúmeras funções que diversas plataformas aglutinam, mesclando aspectos patrimoniais e existenciais do usuário em um conjunto informacional por vezes indistinguível[42].

---

37. SOLOVE, Daniel J. *The digital person*: technology and privacy in the information age. Nova York: NYU Press, 2004, p. 3, tradução livre. No original: "Like water in an elaborate system of plumbing, data flows through information pipelines linking various businesses, organizations, and government entities".

38. LEAL, Lívia Teixeira. *Internet e morte do usuário*: propostas para o tratamento jurídico post mortem do conteúdo inserido na rede. Rio de Janeiro: GZ Editora, 2019, p. 29-30. Comenta a autora: "O tratamento do conteúdo disposto na rede após a morte do usuário constitui uma das questões mais desafiadoras atinentes à regulação jurídica da Internet na atualidade. Apesar de se tratar de um tema ainda pouco abordado pela doutrina e pela jurisprudência, e de praticamente não haver norma específica no ordenamento jurídico brasileiro a respeito do destino desses conteúdos, fato é que os problemas práticos começam a surgir, demandando soluções adequadas do intérprete".

39. ZAMPIER, Bruno. *Bens digitais*: cibercultura, redes sociais, e-mails, músicas, livros, milhas aéreas, moedas virtuais. 2. ed. Indaiatuba: Foco, 2020. p. 71-84.

40. AUSTERBERRY, David. *Digital asset management*. Oxford: Focal Press, 2012, p. 5. Diz o autor: "What gives an asset value? If it can be resold, then the value is obvious. However, it can also represent a monetary asset, if it can be cost-effectively repurposed and then incorporated into new material".

41. MARTINS, Guilherme Magalhães; FALEIROS JÚNIOR, José Luiz de Moura. O planejamento sucessório da herança digital. *In*: TEIXEIRA, Daniele Chaves (Coord.). *Arquitetura do planejamento sucessório*. 2. ed. Belo Horizonte: Fórum, 2019, p. 471.

42. EATON, Ben; ELALUF-CALDERWOOD, Silvia; SØRENSEN, Carsten; YOO, Youngjin. *Dynamic structures of control and generativity in digital ecosystem service innovation*: the cases of the Apple and Google mobile app stores. Londres: London School of Economics and Political Science, 2011, p. 1. Destacam os autores: "Apple's iPhone not only acts as a phone, but also acts as a personal navigation device, an e-book reader, a personal game device, and a personal medical diagnostic device among other things... It is Apple who creates the device, operating system, and iTunes store that enables creation and delivery of digital content and apps".

Sendo este o desafio, não há dúvidas de que o caminho a trilhar demanda a construção de delimitações e contextos que permitam a subdivisão dessas estruturas informacionais. Uma dessas propostas é a de Rex Anderson, que sugere a categorização dos bens digitais a partir de uma distinção entre os bens tangíveis e corpóreos (*tangible goods*), como *smartphones*, computadores e consoles, que catalogam, processam e armazenam informações, e os bens intangíveis e incorpóreos (*intangible assets*), que nada mais são do que as próprias informações armazenadas nos equipamentos eletrônicos[43].

Uma segunda proposta é a de Naomi Cahn, que estratifica os bens digitais em categoriais segundo sua usabilidade, subdividindo-os em: (i) bens digitais pessoais (*personal assets*), abrangendo fotografias, vídeos, listas de músicas etc.; (ii) bens digitais de mídias sociais (*social media assets*), relacionados às interações em sítios da *web*, como *Facebook*, *Twitter*, *Instagram*, *LinkedIn*, ou em contas de *e-mail*; (iii) bens digitais financeiros (*financial assets*), que incluiriam contas em sítios de compras, em aplicações de gestão de pagamentos (como *PayPal*), ou mesmo as contas em serviços de *Internet banking*; (iv) finalmente, os bens digitais comerciais (*business assets*), que abrangeriam as informações ligadas a qualquer tipo de transação comercial[44].

A terceira classificação é de Samantha Haworth, que se reporta ao famoso *Revised Uniform Fiduciary Access to Digital Assets Act* e propõe a categorização dos bens digitais em: (i) dados de acesso (*access information*), que seriam utilizados para o *log in* em contas das diversas plataformas, como senhas e chaves de segurança; (ii) bens digitais tangíveis (*tangible digital assets*), que não fazem referência à forma física, mas às composições ou propriedades que tornam tais conjuntos de dados cognoscíveis, como textos e fotografias; (iii) bens digitais intangíveis (*intangible digital assets*), como curtidas (*likes*), comentários, número de seguidores/inscritos etc., que, embora de difícil aferição, podem ostentar valor econômico; (iv) metadados (*metadata*), que são catalogados em razão da navegação[45]. Nem tudo isso é, atualmente, "monetizável", embora não se duvide de que a verdadeira transformação vem sendo implementada a partir de tecnologias disruptivas que transformam dados em ativos[46].

---

43. ANDERSON, Rex M. Digital assets in estates. *Arizona Attorney Magazine*, Phoenix, v. 49, n. 7, p. 44-45, mar. 2013, p. 45.

44. CAHN, Naomi. Postmortem life on-line. *Probate & Property*, Chicago, v. 25, n. 4, p. 36-39, jul./ago. 2011. p. 36-37.

45. HAWORTH, Samantha D. Laying your online self to rest: evaluating the Uniform Fiduciary Access to Digital Assets Act. *University of Miami Law Review*, Miami, v. 68, n. 2, p. 535-560, jan./abr. 2014. p. 537-538.

46. Cf. RUßELL, Robert; BERGER, Benedikt; STICH, Lucas; HESS, Thomas; SPANN, Martin. Monetizing online content: digital paywall design and configuration. *Business & Information Systems Engineering*, Heidelberg, v. 62, p. 253-260, 2020.

Entre a clássica estruturação doutrinária do direito de propriedade e a ascensão do conceito de titularidade (apto a abarcar situações jurídicas existenciais), é inegável que deve ser analisada a suficiência das formulações mais tradicionais para o enfrentamento dos desafios que emergem desse complexo e inovador contexto. Exemplo inegável – e atual – dessa irrefreável tendência é encontrado nos chamados *non-fungible tokens* (NFTs), originalmente concebidos como modelo registral que se vale da imutabilidade da rede *blockchain* para permitir a segurança das transações e a unicidade do acervo de dados que constitui um *token*, viabilizando sua comercialização.

O tema se tornou efervescente em 2021 quanto à conversão de obras de arte (especialmente pinturas) em ativos digitais, com ulterior destruição do item original, mas suas aplicações vão muito além, pois podem ser valiosa fonte de renda para profissionais que lidam com a produção de conteúdo criativo, como fotógrafos e designers – apenas para citar alguns exemplos. Sobre a viabilidade ou não de se identificar a validade jurídica desses conjuntos de dados como objetos únicos, certamente há controvérsia doutrinária[47]. Por outro lado, não há dúvidas de que a própria ressignificação do até então consagrado paradigma da experiência, marcado pela indagação obrigacional/contratual acerca de eventual direito de acesso a tais dados, já tornou possível debater a viabilidade do seu registro – e a alocação do tema na disciplina dos direitos reais – e isto é, por si só, uma quebra de paradigma[48].

Determinados arquivos, como filmes, *e-books*, textos postados em *blogs* e *sites*, músicas, criptoativos, jogos eletrônicos, licenças de *software* e diversos outros bens digitais de evidente conteúdo patrimonial continuam a receber tratamento jurídico pertinente, sendo inegável sua incorporação ao espólio da pessoa faleci-

---

47. Segundo a doutrina, "[a]inda que o NFT não apresente grande alcance popular e ainda necessite ultrapassar alguns obstáculos, é notório que essa nova tecnologia tem potencial para redinamizar as formas de proteção do direito do autor, uma vez que se trata de um registro mais seguro e, a princípio, menos burocrático do ponto de vista da autenticidade e autoria. (...) Se, por um lado, conforme desenvolvido na primeira parte deste artigo, a obra artística é protegida no âmbito da legislação autoral independentemente da realização de registro, por outro, todavia, a realização deste garante maior segurança jurídica ao autor. O NFT, por sua vez, permite que os autores certifiquem digitalmente a autoria da obra que produzem e que desejam divulgar. A sua utilização mostra-se apta tanto a resolver questões que envolvem cópias não autorizadas e que acarretam prejuízos aos titulares das obras artísticas, vindo a ocasionar a sua valorização em razão da possibilidade de verificação de autenticidade, como também a falsificação se torna teoricamente impraticável, constatando-se um claro benefício do ponto de vista da proteção intelectual". BARBOZA, Hugo Leonardo; FERNEDA, Ariê Scherreier; SASS, Liz Beatriz. A garantia de autenticidade e autoria por meio de Non-Fungible Tokens (NFTs) e sua (in)validade para a proteção de obras intelectuais. *International Journal of Digital Law*, Belo Horizonte, ano 2, n. 2, p. 99-117, maio/ago. 2021, p. 113-114.

48. BRANDÃO, Everilda. NFT e o futuro do registro: Maior segurança para as relações contratuais. *Migalhas Contratuais*, 11 out. 2021. Disponível em: https://s.migalhas.com.br/S/FB4938. Acesso em: 22 abr. 2022.

da[49]. Em contraste, nessa concepção de bens digitais, outros itens como fotografias, *e-mails*, textos não publicados e conversas trocadas em *chats* privados, entre outros que tangenciam a personalidade (ou até mesmo a "extimidade"[50]) e compõem situações jurídicas amparadas pelo direito fundamental à privacidade, decorrente da cláusula geral da dignidade da pessoa humana, não necessariamente poderão receber as mesmas soluções jurídicas para fins sucessórios.

O art. 91 do Código Civil define que "constitui universalidade de direito o complexo de relações jurídicas, de uma pessoa, dotadas de valor econômico", porém, como se viu, é possível que eventuais bens ostentem valor existencial (e não patrimonial) – integrando uma esfera mais ampla da personalidade –, razão pela qual representam um desafio à sua viabilidade sucessória, o que remete à ideia da informação como bem incorpóreo por excelência, mas dotado de relevância jurídica.

Com a virtualização das relações humanas, infindáveis situações específicas passaram a demandar do direito civil novas soluções para tutelar e conciliar interesses agora travados no ciberespaço – preponderantemente caracterizado pela ubiquidade –, mas há grande controvérsia sobre quais desses "bens" (*assets*) têm (ou não) a aptidão necessária a tal salvaguarda, uma vez que nem sempre se visualizará, com clareza, a natureza patrimonial de um determinado conjunto de dados para que seja categorizado como "bem digital", ultrapassando os limites do mero direito de acesso[51].

---

49. TAVEIRA JÚNIOR, Fernando. *Bens digitais (digital assets) e a sua proteção pelos direitos da personalidade*: um estudo sob a perspectiva da dogmática civil brasileira. São Paulo: Scortecci, 2018, p. 138. Segundo o autor, "seriam modalidades de *digital assets* os perfis de redes sociais, os *e-mails*, os tweets, as bases de dados, os *assets* virtuais inseridos em jogos, os textos, as imagens, as músicas ou os sons digitalizados (em arquivos de vídeos, filmes e *e-books*), as senhas de acesso a contas necessárias ao fornecimento de bens e serviços digitais (eBay, Amazon, Facebook, YouTube), os nomes de domínio, as imagens da personalidade em duas ou três dimensões ou ícones (de usuário ou *avatars*) etc.)".

50. BOLESINA, Iuri. *O direito à extimidade*: as inter-relações entre identidade, ciberespaço e privacidade. Florianópolis: Empório do Direito, 2017, p. 176. Destaca: "As imagens na sociedade do espetáculo são determinantes para evocação de significantes de sucesso, felicidade, prestígio, sofisticação, maneirismo, dentre outras assemelhadas. Essa condição espetacularizada tem existência privilegiada nos ambientes virtuais, especialmente nas redes/mídias sociais, onde é facilitada (e retroalimentada) a (auto)exposição de vivências que retratam, concomitantemente, senão de modo mesclado, o 'ser', o 'ter' e o 'parecer'. Porém, como isso ocorre por meio de 'imagens' (símbolos, imaginários) tudo transforma-se em 'parecer'. Nesses ambientes a sociedade do espetáculo une-se à hiper-realidade e às tiranias da intimidade e da visibilidade: real e ficto, assim como físico e virtual, envolvem-se um no outro de modo indistinguível, trazendo, de qualquer sorte, efeitos concretos".

51. Valiosa, a esse respeito, a reflexão de Gabriel Honorato e Lívia Teixeira Leal: "Não se pode desconsiderar, todavia, a descaracterização desta projeção sucessória nas situações jurídicas nas quais são concedidos os "direitos de acesso" e não a propriedade em si. Para identificação da natureza jurídica do negócio firmado, deve-se compreender não apenas as cláusulas previstas nos termos de uso – sobretudo em virtude da consolidada relação de consumo existente –, mas, de igual forma, a essência do contrato avençado e o cumprimento das obrigações legais, à exemplo do dever de transparência e informação previsto no art. 6º do CDC, que, caso descumprido, pode vir a desnaturar "o direito de acesso" para

Entre o mero acesso e a transposição da alocação dogmática de situações jurídicas patrimoniais e existenciais nos direitos da personalidade ou no regime dos contratos, emerge a possibilidade de delineamentos peculiares. A situação – já complexa em si mesma – se torna ainda mais aguçada e, talvez, recorrer às formulações clássicas do direito civil possa iluminar caminhos para a conjugação de todas essas circunstâncias inegavelmente intricadas.

4. CONFIANÇA, *CONTEMPLATIO DOMINI* E REPRESENTAÇÕES COMO SIGNOS ESSENCIAIS DA DESIGNAÇÃO DO "CONTATO HERDEIRO"

Em toda análise sobre a famigerada figura do "contato herdeiro", é imperioso considerar a peculiaridade concernente à emanação de desejos quanto ao trato do patrimônio personalíssimo contido em plataformas digitais a partir da própria vontade do titular da conta. É de livre escolha a pessoa sobre quem recairá o múnus de adotar as providências previamente estabelecidas para o caso de óbito[52]. Nesse sentido, parece não haver dúvidas de que situações de cariz existencial poderão ser solucionadas sem maiores controvérsias no contexto específico em que se permite a criação de um memorial ou o download do acervo de dados.

Dito isso, concordamos, em parte, com a conclusão de Ana Carolina Brochado Teixeira:

> O inventariante deverá cuidar com máximo zelo de toda a herança, inclusive os bens digitais, exercendo papel ativo na gestão. Como essa gestão requer expertise, e possível que, ouvidos os herdeiros e com autorização judicial, o inventariante contrate empresa às expensas do espólio para cuidar especificamente de bens que requerem ações específicas.

---

consolidar a propriedade (titularidade sobre o bem digital), como consequência à vinculação da oferta propagada (art. 30 e seguintes do CDC)". HONORATO, Gabriel; LEAL, Livia Teixeira. Herança digital: o que se transmite aos herdeiros? *In*: TEIXEIRA, Ana Carolina Brochado; NEVARES, Ana Luiza Maia (Coord.). *Direito das sucessões*: problemas e tendências. Indaiatuba: Foco, 2022, p. 181. Ainda sobre o tema, conferir FRITZ, Karina Nunes. Herança digital: quem tem legitimidade para ficar com o conteúdo digital do falecido? *In*: MARTINS, Guilherme Magalhães; LONGHI, João Victor Rozatti (Coord.). *Direito digital*: direito privado e internet. 4. ed. Indaiatuba: Foco, 2021, p. 201-220.

52. É o que explicam Evan Carroll e John Romano: "With online accounts, you may have several different wishes, but you should first consider whom the recipient should be. This person (or people) will receive access to the account from the digital executor. You may decide that there is no recipient for some accounts. You may choose to ask your digital executor to delete the account for you without handing it on to anyone. This is a great option for accounts that you never really used or don't want kicking around after you're gone. While your digital executor may be a person, it can also be a Web service. One such service, Entrustet, has a feature called the Account Incinerator. It will delete unwanted accounts without anyone being the!wiser. But before you delete an account or change people's access to it, consider that your content or profile is often linked to other people's accounts. Consider how your friends may feel when your content suddenly disappears!". CARROLL, Evan; ROMANO, John. *Your digital afterlife*: when Facebook, Flickr and Twitter are your estate, what's your legacy? Berkeley: New Riders, 2011, p. 139.

A NATUREZA JURÍDICA DO "CONTATO HERDEIRO" **169**

> Em relação as redes sociais e perfis na internet que possibilitam a nomeação do contato herdeiro, entendeu-se que a administração dessas contas e perfis monetizados devem incumbir a pessoa eleita pelo falecido, por ser função que pressupõe fidúcia[53].

Sem dúvidas, o inventariante tem função crucial para a gestão dos bens digitais do falecido. Por outro lado – e este é o singelíssimo ponto divergente –, perfis monetizados parecem extrapolar os limites de atuação do "contato herdeiro", que, em todos os exemplos apresentados (Facebook, Apple e Google), assume atribuições restritas e personalíssimas, denotando tratar-se de múnus especificamente direcionado à gestão de contas de redes sociais que, em essência, representam situações jurídicas existenciais.

Não há dúvidas de que, unilateralmente, a designação de um "contato herdeiro", "contato de legado", "contato de confiança" ou qualquer outra designação que se prefira utilizar configura ato jurídico *lato sensu*, uma vez que há exteriorização de vontade consciente, em vida, com objetivo determinado, sem escolha de categoria jurídica, mas ausente a previsão, em lei, dos efeitos jurídicos do ato.

A falta da liberdade de escolha do conteúdo eficacial – e até mesmo de qualquer condicionante à aceitação da pessoa designada para a assunção do múnus – afasta a natureza negocial do ato, o que, por si, já descaracteriza qualquer discussão sobre contornos contratuais da designação sob análise e afasta da discussão o contrato de mandato.

Pelas características narradas, a situação mais se aproxima da representação voluntária, que, a partir da promulgação do Código Civil de 2002, foi consagrada como instituto autônomo, ainda que essencial ao mandato[54]. Como

---

53. TEIXEIRA, Ana Carolina Brochado. O papel do inventariante na gestão da herança digital. *In*: TEIXEIRA, Ana Carolina Brochado; NEVARES, Ana Luiza Maia (Coord.). *Direito das sucessões*: problemas e tendências. Indaiatuba: Foco, 2022, p. 196. A autora ainda relembra a importante figura do administrador provisório do espólio: "Tendo em vista que há um lapso temporal entre a morte e o compromisso do inventariante no inventário judicial e a assunção do encargo no inventário extrajudicial, o art. 1.797 do Código Civil determina que a administração da herança caberá, sucessivamente, (i) ao cônjuge e companheiro contemporâneo ao falecimento, (ii) ao herdeiro que estiver na posse e administração e, se forem vários, ao mais velho, (iii) ao testamenteiro e (iv) à pessoa de confiança do juiz, na falta, escusa ou afastamento por motivos graves das anteriormente enumeradas. Trata-se da figura nomeada pelo Código de Processo Civil de administrador provisório, que deterá a posse dos bens do espólio até que o inventariante preste compromisso (art. 613 CPC). As funções do administrador são similares às do inventariante, de acordo com o art. 614 CPC – embora mais reduzidas: representar o espólio ativa e passivamente e trazer ao acervo os frutos que percebeu desde a abertura da sucessão; além disso, tem direito ao reembolso das despesas necessárias e úteis que fez e responde pelo dano a que der causa, por dolo ou culpa". (*Op. cit.*, p. 186)

54. Como lembram Cristiano Chaves de Farias e Nelson Rosenvald, "com visível inspiração nas legislações da Itália (art. 1.703 do Código Civil) e da Suíça (art. 394 do seu Código das Obrigações), o Código Civil optou por conceituar o mandato, no comando de seu art. 653, afirmando que ele se opera 'quando alguém recebe de outrem poderes para, em seu nome, praticar atos ou administrar interesses'. (...) É

se tornou frequente dizer: não há mandato sem representação, mas pode haver representação sem mandato. E, realmente, os artigos 115 a 120 da norma tratam da representação e denotam exatamente essa dissociação pela qual é possível que a mera vontade sirva de lastro à ampliação das faculdades físicas e mentais do representado, que pode se fazer representar pela pessoa indicada (o seu representante), ainda que não haja conjugação de vontades (a qual seria típica do contrato de mandato), de modo a remediar "a intangibilidade do dom da onipresença"[55].

A consagração da representação como figura autônoma decorreu de sua aposição na Parte Geral do Código Civil de 2002, mais especificamente no Título I (Do Negócio Jurídico) do Livro III (Dos Fatos Jurídicos), distanciando-se topologicamente do contrato de mandato, cujas regras estão elencadas nos artigos 653 a 666 do Código[56]. O artigo 120 remete textualmente à Parte Especial (leia-se: ao mandato), mas a doutrina não hesita em reconhecer que, embora a representação seja ínsita ao mandato, com ele não se confunde, de modo que "não se deve pressupor haver contrato de mandato pela só presença da representação voluntária, devendo-se identificar a relação jurídica à qual esta se vincula para, a partir daí, verificar os deveres e direitos atribuídos de parte a parte"[57], que não necessariamente precisarão se revestir de natureza negocial, tampouco sinalizar deveres de atuação do representante "no interesse" do representado; basta, para os fins da representação voluntária, que atue em seu nome, cumprindo o múnus específico. Não há vedação (tampouco vício em relação ao objeto) na outorga de poderes lastreada em ajuste atípico, de conteúdo *sui generis* eminentemente existencial (como a criação de memorial e o download de acervo de fotos e postagens).

Com efeito:

> Consoante se verificou, as normas que regem a outorga de poderes aplicam-se à representação independentemente do contrato ao qual esta se associa. A outorga de poderes, repise-se, habilita um sujeito (representante) a atuar em nome de outrem (representado), mas não define a forma de atuação e os deveres a que se submete o representante, os quais são regulados

---

o negócio jurídico por meio do qual uma pessoa (mandatário ou outorgado) recebe poderes de outra pessoa (mandante ou outorgante) para, em nome desta, praticar um ato (ou um conjunto de atos) ou administrar interesses". FARIAS, Cristiano Chaves de; ROSENVALD, Nelson. *Curso de direito civil.* Contratos: Teoria geral e contratos em espécie. 11. ed. Salvador: JusPodivm, 2021, v. 4, p. 1125.

55. KROETZ, Maria Cândida do Amaral. *A representação voluntária no direito privado.* São Paulo: Revista dos Tribunais, 1997, p. 39.

56. SCHREIBER, Anderson. A representação no Código Civil (arts. 115-120). *In:* TEPEDINO, Gustavo (Coord.). *O Código Civil na perspectiva civil-constitucional.* Rio de Janeiro: Renovar, 2013, p. 265 *et seq.*

57. TEPEDINO, Gustavo; OLIVA, Milena Donato. Notas sobre a representação voluntária e o contrato de mandato. *Revista Brasileira de Direito Civil,* Belo Horizonte, v. 12, n. 2, p. 17-36, abr./jun. 2017, p. 35-36.

A NATUREZA JURÍDICA DO "CONTATO HERDEIRO" **171**

pelas disposições do contrato ao qual se associa a representação (mandato ou qualquer outro ajuste, típico ou atípico)[58].

Por essa razão, figuras contratuais típicas como o mandato não fazem sentido para os modelos adotados por plataformas como as do Facebook e da Apple. Simplesmente não há ajuste de vontades. Sequer é exigida aceitação da parte designada como "contato herdeiro", embora seja nítida a presença da fidúcia nesse tipo de relação[59]. Outra não poderia ser a conclusão, afinal, em caso de falecimento, os efeitos de tais negócios jurídicos seriam imediatamente impactados e não haveria razão para que um contrato típico como o mandato embasasse, de forma subjacente, a vontade manifestada em vida pelo usuário da rede social quanto a situações jurídicas personalíssimas.

Faz maior sentido, para o caso específico do enquadramento jurídico do "contato herdeiro", o reconhecimento da *contemplatio domini*, afastando-se os contornos típicos do mandato (enquanto espécie contratual), de modo a legitimar o ato unilateral de vontade do usuário da rede social que, inspirado pela confiança que nutre pelo representante indicado, outorga poderes específicos e restritos para a gestão *post mortem* de seus interesses de cariz existencial, permitindo-lhe, unicamente, gerenciar perfis e adotas providências condizentes com as atribuições estabelecidas pela plataforma, sem acesso amplo a conversas privadas ou a ferramentas e funções que extrapolem os limites da gestão definida para o download de seu acervo de dados.

A título comparativo e, especificamente no que diz respeito a dados, convém registrar que, na Itália, há previsão específica quanto à figura do mandatário na reivindicação de direitos relativos a dados pessoais de pessoas falecidas ("*I diritti (...) ai dati personali concernenti persone decedute possono essere esercitati da chi ha un interesse proprio, o agisce a tutela dell'interessato, in qualità di suo manda-*

---

58. TEPEDINO, Gustavo; OLIVA, Milena Donato. Notas sobre a representação voluntária e o contrato de mandato. *Revista Brasileira de Direito Civil*, Belo Horizonte, v. 12, n. 2, p. 17-36, abr./jun. 2017, p. 34-35. Os autores ainda acrescentam o seguinte: "Também o princípio da atração da forma, positivado no art. 657 do CC, aplica-se não ao negócio subjacente que fundamenta a representação, mas à concessão de poderes, devendo a outorga que habilita o representante a agir em nome do representado revestir a mesma formalidade do ato a ser praticado mediante representação, se este não for de forma livre. O art. 661 do CC regula os termos em que os poderes podem ser conferidos, ressaltando que a procuração em termos gerais apenas atribui poderes de administração, sendo necessário, para os atos que exorbitem a administração ordinária, poderes expressos e especiais".

59. Tal elemento é corretamente reconhecido por TEIXEIRA, Ana Carolina Brochado. O papel do inventariante na gestão da herança digital. *In*: TEIXEIRA, Ana Carolina Brochado; NEVARES, Ana Luiza Maia (Coord.). *Direito das sucessões*: problemas e tendências. Indaiatuba: Foco, 2022, p. 196. Ainda sobre a importância do elemento fiduciário na *contemplatio domini*, consultar BERLINI, Luciana Fernandes; RODOVALHO, Thiago. Questões sobre mandato. *Contemplatio domini* versus transparência e confiança? *Revista de Direito Bancário do Mercado de Capitais e da Arbitragem*, São Paulo, v. 69, p. 195-210, 2015.

tario"[60]), o que envolve o reconhecimento à 'hereditariedade do dado' (*diritto all'eredità del dato*[61]).

Em matéria de proteção de dados pessoais, o Regulamento Geral sobre a Proteção de Dados europeu (Regulamento UE 2016/679) tem sido a principal inspiração de legislações erigidas em todo o mundo, inclusive no Brasil, onde já está em vigor a Lei Geral de Proteção de Dados Pessoais (Lei nº 13.709, de 14 de agosto de 2018), que estabelece fundamentos, conceitos, princípios e rol de direitos do titular de dados, tudo de forma estruturada e com reverberações sobre vários ramos do direito.

Essa análise – mais ampla – poderia conduzir à necessidade de reconhecimento da expansão dos limites de atuação do inventariante para a gestão de determinados bens digitais (convolados em dados), valendo-se, para tanto, do suporte de um *expert*. Entretanto, este não se confunde com o "contato herdeiro".

Essa é a conclusão absolutamente lúcida de Ana Carolina Brochado Teixeira, com a qual concordamos:

> Não há dúvida de que a administração de alguns tipos de bens digitais exige conhecimento específico, em face, inclusive, da novidade do tema. Por isso, com a concordância dos demais herdeiros e, se houver discordância, mediante autorização judicial, o administrador provisório ou o inventariante poderá contratar esse serviço de um *expert*. Esse pedido pode acontecer até mesmo antes da apresentação das Primeiras Declarações no processo de inventário – uma vez demonstrada a morte e a titularidade do falecido –, ou dos tramites da lavratura da escritura

---

60. "Art. 2-terdecies (Diritti riguardanti le persone decedute). – 1. I diritti di cui agli articoli da 15 a 22 del Regolamento riferiti ai dati personali concernenti persone decedute possono essere esercitati da chi ha un interesse proprio, o agisce a tutela dell'interessato, in qualità di suo mandatario, o per ragioni familiari meritevoli di protezione.

    2. L'esercizio dei diritti di cui al comma 1 non e' ammesso nei casi previsti dalla legge o quando, limitatamente all'offerta diretta di servizi della societa' dell'informazione, l'interessato lo ha espressamente vietato con dichiarazione scritta presentata al titolare del trattamento o a quest'ultimo comunicata.

    3. La volonta' dell'interessato di vietare l'esercizio dei diritti di cui al comma 1 deve risultare in modo non equivoco e deve essere specifica, libera e informata; il divieto puo' riguardare l'esercizio soltanto di alcuni dei diritti di cui al predetto comma.

    4. L'interessato ha in ogni momento il diritto di revocare o modificare il divieto di cui ai commi 2 e 3.

    5. In ogni caso, il divieto non puo' produrre effetti pregiudizievoli per l'esercizio da parte dei terzi dei diritti patrimoniali che derivano dalla morte dell'interessato nonche' del diritto di difendere in giudizio i propri interessi". ITÁLIA. Decreto Legislativo 10 agosto 2018, n. 101. *Disposizioni per l'adeguamento della normativa nazionale alle disposizioni del regolamento (UE) 2016/679 del Parlamento europeo e del Consiglio, del 27 aprile 2016, relativo alla protezione delle persone fisiche con riguardo al trattamento dei dati personali, nonche' alla libera circolazione di tali dati e che abroga la direttiva 95/46/CE (regolamento generale sulla protezione dei dati)*. Disponível em: https://www.gazzettaufficiale.it/eli/id/2018/09/04/18G00129/sg. Acesso em: 25 abr. 2022.

61. VESTO, Aurora. *Successione digitale e circolazione dei beni online*: note in tema di eredità digitale. Nápoles: Edizioni Scientifiche Italiane, 2020, p. 164-170.

pública, se o inventário for extrajudicial, pois com a dinâmica do mundo digital, esperar pode não ser a providência mais acertada[62].

Em relação à experiência comparada, embora sejam inegáveis as semelhanças da LGPD brasileira com o regulamento europeu, não se pode negar que o fato de este ser um ato normativo continental, que irradia efeitos sobre todos os seus países-membros, faz com que nuances mais específicas sejam adaptadas no momento da internalização de suas regras. Foi o que aconteceu na Itália. A previsão mencionada acima consta do art. *2-terdecies* do Decreto Legislativo nº 101, de agosto de 2018, que foi a norma editada com o fito de estabelecer os ajustes necessários para a adequação do regulamento às peculiaridades da ordenação interna[63].

Indubitavelmente, a previsão do decreto legislativo italiano, além de inovar, abriu largo campo para que se discuta os limites do acesso e do resguardo à privacidade da pessoa falecida[64], tema complexo e que envolve inúmeras dimensões para sua completa cognição. Porém, sendo tudo delegado ao provedor de aplicações, ou seja, não havendo regulamentação alguma voltada ao trato dessas situações específicas, qualquer sorte de planejamento envolverá a complexa e abrangente cognição dos termos de uso disponibilizados por todas as plataformas em que a pessoa possuir perfis ou armazenar dados de sua titularidade.

De forma bastante singela, foram apresentadas as circunstâncias em que se permite a um titular de conta em plataformas de grandes empresas a indicação de um terceiro para gerenciar seus interesses postumamente. Algumas conclusões são evidentes e já denotam diversas idiossincrasias relacionadas ao modo como se viabiliza o acesso e a gestão de contas e perfis, especialmente pela unilateralidade típica da indicação da pessoa.

Por certo, é do inventariante o principal dever concernente à boa gestão dos interesses de cunho patrimonial da pessoa falecida, a despeito de, em vida, ter havido a indicação de um "contato herdeiro", "contato de legado" ou "contato de confiança" para a gestão de perfis (convertidos ou não em memoriais), nos estritos limites definidos pela plataforma para cumprimento de uma representação voluntária (e não de um mandato).

---

62. TEIXEIRA, Ana Carolina Brochado. O papel do inventariante na gestão da herança digital. *In*: TEIXEIRA, Ana Carolina Brochado; NEVARES, Ana Luiza Maia (Coord.). *Direito das sucessões*: problemas e tendências. Indaiatuba: Foco, 2022, p. 192.

63. FALEIROS JÚNIOR, José Luiz de Moura. Decreto Legislativo italiano nº 101/2018: uma análise da experiência comparada na implementação do RGPD. *Revista Científica Disruptiva*, São Paulo, v. III, n. 2, jul./dez. 2021, p. 35-36.

64. Com efeito: "Rispetto agli altri *digital assets*, si estendono tendenzialmente le regole previste per i beni non digitali: salvo diversa espressa disposizione del de cuius, il fiduciary non potrà dunque distribuire o riprodurre file digitali facenti capo al de cuius in violazione dei suoi diritti di proprietà intellettuale". MARINO, Giuseppe. La «successione digitale». *Osservatorio del Diritto Civile e Commerciale*, Bologna: Il Mulino, p. 167-204, jan. 2018, p. 199.

5. CONSIDERAÇÕES FINAIS

Nesse breve ensaio, a partir de investigação detida do funcionamento da designação de um "contato herdeiro" (Facebook), de um "contato de legado" (Apple) ou de um "contato de confiança" (Google), concluiu-se que os limites de controle estão adstritos à gestão de interesses personalíssimos do usuário, não extrapolando tais limites de modo a tangenciar ou se imiscuir à gestão de bens digitais patrimoniais.

Devido a essa limitação e, ressaltando que perfis monetizados são essencialmente resultantes de contratos – como se observou no exemplo do *YouTube Partner Program* (e, em rodapé, também da *Twitch Affiliate Agreement*) – sequer é permitido ao "contato herdeiro" o acesso às funções adicionais que tais pactos viabilizam. Disso se extrai outra conclusão inexorável: a de que a "fama" não é sinônimo de rentabilidade direta.

Em outros dizeres, o fato de um perfil pessoal ter elevado número de seguidores virtuais, embora possa alavancar a carreira de seu titular e lhe oportunizar bons negócios devido ao potencial que tem de criação de engajamento com seu público, não pode ser confundido com o conceito de "monetização", pois o titular do perfil nada recebe do próprio provedor de aplicação, pouco importando a quantidade de seguidores que tenha.

Logo, contratos vultosos que mantenha em razão de sua fama serão fontes de renda externas e tuteláveis pelas regras tradicionais do direito das sucessões, pouco importando a existência de um "contato herdeiro" designado em vida, pois o máximo que ocorrerá, caso o perfil seja pessoal, será a sua conversão em memorial (no Facebook ou no Instagram). E é só.

Em razão disso, não parece certa a conclusão de que o "contato herdeiro" exercerá qualquer tipo de ingerência patrimonial no cumprimento desse múnus. O papel do inventariante é que será mais proeminente para tal fim e o máximo que poderá esperar é a cooperação do "contato herdeiro" no cumprimento da confiança depositada pelo *de cujus*, ao designá-lo, para as providências personalíssimas admitidas pela plataforma.

Finalmente, pela unilateralidade da designação, conclui-se que o contrato de mandato não é adequado à figura do "contato herdeiro". Trata-se, com maior coerência, de representação voluntária *sui generis* pela qual este age "em nome" da pessoa falecida, mas não "no seu interesse", o que limita o escopo de controle à prática dos atos necessários à gestão de situações jurídicas existenciais previamente definidas.

6. REFERÊNCIAS

ANDERSON, Rex M. Digital assets in estates. *Arizona Attorney Magazine*, Phoenix, v. 49, n. 7, p. 44-45, mar. 2013.

APPLE. *Como adicionar um Contato de Legado ao seu ID Apple*. Disponível em: https://support.apple.com/pt-br/HT212360. Acesso em: 24 abr. 2022.

AUSTERBERRY, David. *Digital asset management*. Oxford: Focal Press, 2012.

BARBOZA, Hugo Leonardo; FERNEDA, Ariê Scherreier; SASS, Liz Beatriz. A garantia de autenticidade e autoria por meio de Non-Fungible Tokens (NFTs) e sua (in)validade) para a proteção de obras intelectuais. *International Journal of Digital Law*, Belo Horizonte, ano 2, n. 2, p. 99-117, maio/ago. 2021.

BERLINI, Luciana Fernandes; RODOVALHO, Thiago. Questões sobre mandato. *Contemplatio domini* versus transparência e confiança? *Revista de Direito Bancário do Mercado de Capitais e da Arbitragem*, São Paulo, v. 69, p. 195-210, 2015.

BOLESINA, Iuri. *O direito à extimidade*: as inter-relações entre identidade, ciberespaço e privacidade. Florianópolis: Empório do Direito, 2017.

BRANDÃO, Everilda. NFT e o futuro do registro: Maior segurança para as relações contratuais. *Migalhas Contratuais*, 11 out. 2021. Disponível em: https://s.migalhas.com.br/S/FB4938. Acesso em: 22 abr. 2022.

BRUBAKER, Jed R.; HAYES, Gillian R.; DOURISH, Paul. Beyond the grave: Facebook as a site for the expansion of death and mourning. *The Information Society*, Oxfordshire, v. 29, n. 3, p. 152-163, maio 2013.

CAHN, Naomi. Postmortem life on-line. *Probate & Property*, Chicago, v. 25, n. 4, p. 36-39, jul./ago. 2011.

CARROLL, Evan; ROMANO, John. *Your digital afterlife*: when Facebook, Flickr and Twitter are your estate, what's your legacy? Berkeley: New Riders, 2011.

EATON, Ben; ELALUF-CALDERWOOD, Silvia; SØRENSEN, Carsten; YOO, Youngjin. *Dynamic structures of control and generativity in digital ecosystem service innovation*: the cases of the Apple and Google mobile app stores. Londres: London School of Economics and Political Science, 2011.

EDWARDS, Lilian; HARBINJA, Edina. 'Be right back': What rights do we have over post-mortem avatars of ourselves? *In*: EDWARDS, Lilian; SCHAFER, Burkhard; HARBINJA, Edina (Ed.). *Future law*: Emerging technologies, regulation and ethics. Edimburgo: Edinburgh University Press, 2020.

EDWARDS, Lilian; HARBINJA, Edina. "What happens to my Facebook profile when I die?": Legal issues around transmission of digital assets on death. *In*: MACIEL, Cristiano; PEREIRA, Vinícius Carvalho (Ed.). *Digital legacy and interaction*: post-mortem issues. Cham: Springer, 2013.

FACEBOOK. *Adding a legacy contact*. 12 fev. 2015. Disponível em: https://about.fb.com/news/2015/02/adding-a-legacy-contact. Acesso em: 24 abr. 2022.

FACEBOOK. *Deactivating or deleting your account*. Disponível em: https://www.facebook.com/help/359046244166395/. Acesso em: 24 abr. 2022.

FACEBOOK. *Pages, Groups, and Events Policies*. Disponível em: https://www.facebook.com/policies_center/pages_groups_events. Acesso em: 24 abr. 2022.

FACEBOOK. *Payment Terms*. https://www.facebook.com/payments_terms. Acesso em: 24 abr. 2022.

FACEBOOK. *Solicitação especial para conta de pessoa clinicamente incapacitada ou falecida.* Disponível em: https://www.facebook.com/help/contact/228813257197480. Acesso em: 24 abr. 2022.

FALEIROS JÚNIOR, José Luiz de Moura. Decreto Legislativo italiano nº 101/2018: uma análise da experiência comparada na implementação do RGPD. *Revista Científica Disruptiva*, São Paulo, v. III, n. 2, jul./dez. 2021.

FARIAS, Cristiano Chaves de; ROSENVALD, Nelson. *Curso de direito civil.* Contratos: Teoria geral e contratos em espécie. 11. ed. Salvador: JusPodivm, 2021, v. 4.

FRITZ, Karina Nunes. Herança digital: quem tem legitimidade para ficar com o conteúdo digital do falecido? *In:* MARTINS, Guilherme Magalhães; LONGHI, João Victor Rozatti (Coord.). *Direito digital*: direito privado e internet. 4. ed. Indaiatuba: Foco, 2021.

GOOGLE. *About Inactive Account Manager.* Disponível em: https://support.google.com/accounts/answer/3036546?hl=en. Acesso em: 25 abr. 2022.

GOOGLE. *YouTube Monetization Policies.* Disponível em: https://support.google.com/youtube/answer/1311392. Acesso em: 24 abr. 2022.

HARBINJA, Edina. Post-mortem social-media: law and Facebook after death. *In:* MANGAN, David; GILLIES, Lorna E. (Ed.). *Legal challenges of social media.* Cheltenham: Edward Elgar, 2017.

HARBINJA, Edina. *Legal aspects of transmission of digital assets on death.* 2017. 350 p. Tese (Doctor of Philosophy, PhD) - Law School, University of Strathclyde, Glasgow, 2017. Disponível em: https://stax.strath.ac.uk/concern/theses/k3569438f. Acesso em: 21 abr. 2022.

HAWORTH, Samantha D. Laying your online self to rest: evaluating the Uniform Fiduciary Access to Digital Assets Act. *University of Miami Law Review*, Miami, v. 68, n. 2, p. 535-560, jan./abr. 2014.

HONORATO, Gabriel; LEAL, Livia Teixeira. Herança digital: o que se transmite aos herdeiros? *In:* TEIXEIRA, Ana Carolina Brochado; NEVARES, Ana Luiza Maia (Coord.). *Direito das sucessões*: problemas e tendências. Indaiatuba: Foco, 2022.

INSTAGRAM. *Como faço para denunciar a conta de uma pessoa falecida no Instagram?* Disponível em: https://help.instagram.com/264154560391256/?helpref=related_articles. Acesso em: 24 abr. 2022.

ITÁLIA. Decreto Legislativo 10 agosto 2018, n. 101. *Disposizioni per l'adeguamento della normativa nazionale alle disposizioni del regolamento (UE) 2016/679 del Parlamento europeo e del Consiglio, del 27 aprile 2016, relativo alla protezione delle persone fisiche con riguardo al trattamento dei dati personali, nonche' alla libera circolazione di tali dati e che abroga la direttiva 95/46/CE (regolamento generale sulla protezione dei dati).* Disponível em: https://www.gazzettaufficiale.it/eli/id/2018/09/04/18G00129/sg. Acesso em: 25 abr. 2022.

KISSELL, Joe. *Take control of your digital legacy.* Saskatoon: Alt Concepts, 2017. *E-book.*

KROETZ, Maria Cândida do Amaral. *A representação voluntária no direito privado.* São Paulo: Revista dos Tribunais, 1997.

LEAL, Lívia Teixeira. *Internet e morte do usuário*: propostas para o tratamento jurídico post mortem do conteúdo inserido na rede. Rio de Janeiro: GZ Editora, 2019.

MARINO, Giuseppe. La «successione digitale». *Osservatorio del Diritto Civile e Commerciale*, Bologna: Il Mulino, p. 167-204, jan. 2018.

MARTINS, Guilherme Magalhães; FALEIROS JÚNIOR, José Luiz de Moura. O planejamento sucessório da herança digital. *In:* TEIXEIRA, Daniele Chaves (Coord.). *Arquitetura do planejamento sucessório.* 2. ed. Belo Horizonte: Fórum, 2019.

MARWICK, Alice; ELLISON, Nicole B. "There Isn't Wifi in Heaven!" Negotiating visibility on Facebook memorial pages. *Journal of Broadcasting & Electronic Media*, Nova Jersey, v. 56, n. 3, p. 378-400, 2012.

MAZZONE, Jason. Facebook's afterlife. *North Carolina Law Review*, Chapel Hill, v. 90, n. 5, p. 1643-1686, 2012.

META. *Central de Ajuda da Meta para Empresas*: Sobre as Lojas. Disponível em: https://www.facebook.com/business/help/2343035149322466?id=1077620002609475. Acesso em: 24 abr. 2022.

META. *Central de Ajuda da Meta para Empresas*: Verificar a qualificação para monetização de uma Página. Disponível em: https://www.facebook.com/business/help/321041698514182?id=2520940424820218. Acesso em: 24 abr. 2022.

META. *Política da Plataforma do Facebook*. Disponível em: https://developers.facebook.com/docs/development/terms-and-policies/legacy-facebook-platform-policy/. Acesso em: 24 abr. 2022.

META. *Termos Comerciais da Meta ("Termos Comerciais")*. Versão de 04 jan. 2022. Disponível em: https://www.facebook.com/legal/commercial_terms. Acesso em: 24 abr. 2022.

PENNINGTON, Natalie. You don't de-friend the dead: An analysis of grief communication by college students through Facebook profiles. *Death Studies*, Oxfordshire, v. 37, n. 7, p. 617-635, 2011.

RÉGIS, Erick da Silva. Necessariamente e indistindamente uma herança digital? A proteção da personalidade em âmbito digital após a morte: possíveis pilares analíticos. *Revista dos Tribunais*, São Paulo, v. 1027, p. 119-151, maio 2021.

RIECHERS, Angela. The persistence of memory online: Digital memorials, fantasy, and grief entertainment. *In*: MACIEL, Cristiano; PEREIRA, Vinícius Carvalho (Ed.). *Digital legacy and interaction*: post-mortem issues. Cham: Springer, 2013.

RUßELL, Robert; BERGER, Benedikt; STICH, Lucas; HESS, Thomas; SPANN, Martin. Monetizing online content: digital paywall design and configuration. *Business & Information Systems Engineering*, Heidelberg, v. 62, p. 253-260, 2020.

SARLET, Gabriele Bezerra Sales. Notas sobre a identidade digital e o problema da herança digital: uma análise jurídica acerca dos limites da proteção póstuma dos direitos da personalidade na internet no ordenamento jurídico brasileiro. *Revista de Direito Civil Contemporâneo*, São Paulo, v. 17, p. 33-59, out./dez. 2018.

SCHREIBER, Anderson. A representação no Código Civil (arts. 115-120). *In*: TEPEDINO, Gustavo (Coord.). *O Código Civil na perspectiva civil-constitucional*. Rio de Janeiro: Renovar, 2013.

SOLOVE, Daniel J. *The digital person*: technology and privacy in the information age. Nova York: NYU Press, 2004.

TAVEIRA JÚNIOR, Fernando. *Bens digitais (digital assets) e a sua proteção pelos direitos da personalidade*: um estudo sob a perspectiva da dogmática civil brasileira. São Paulo: Scortecci, 2018.

TEIXEIRA, Ana Carolina Brochado. O papel do inventariante na gestão da herança digital. *In*: TEIXEIRA, Ana Carolina Brochado; NEVARES, Ana Luiza Maia (Coord.). *Direito das sucessões*: problemas e tendências. Indaiatuba: Foco, 2022.

TEPEDINO, Gustavo; OLIVA, Milena Donato. Notas sobre a representação voluntária e o contrato de mandato. *Revista Brasileira de Direito Civil*, Belo Horizonte, v. 12, n. 2, p. 17-36, abr./jun. 2017.

TUOHY, Jennifer Pattison. Apple will soon let you pass on your iCloud data when you die. *The Verge*, 10 nov. 2021. Disponível em: https://www.theverge.com/2021/11/10/22774873/apple-digital-legacy-program-comes-to-ios15-iphones-macs. Acesso em: 23 abr. 2022.

178 JOSÉ LUIZ DE MOURA FALEIROS JÚNIOR

TWITCH. *Twitch Affiliate Agreement*. Disponível em: twitch.tv/p/pt-br/legal/affiliate-agreement/. Acesso em: 25 abr. 2022.

VESTO, Aurora. *Successione digitale e circolazione dei beni online*: note in tema di eredità digitale. Nápoles: Edizioni Scientifiche Italiane, 2020.

YOUTUBE. *Terms of Service*. Disponível em: https://www.youtube.com/static?gl=CA&template=-terms. Acesso em: 24 abr. 2022.

ZAMPIER, Bruno. *Bens digitais*: cybercultura, redes sociais, e-mails, músicas, livros, milhas aéreas, moedas virtuais. 2. ed. Indaiatuba: Foco, 2020.

AUTONOMIA E HERANÇA DIGITAL

Rose Melo Vencelau Meireles

Doutora e Mestre em Direito Civil pela UERJ. Professora Adjunta de Direito Civil
da Faculdade de Direito da UERJ. Procuradora da UERJ. Advogada. Mediadora.

Sumário: 1. Introdução – 2. Bens digitais e herança digital – 3. O lugar da autonomia na herança digital – 4. Para além do planejamento sucessório: instrumentos possíveis – 5. Notas finais.

Who wants to live forever?

Brian May (compositor)

1. INTRODUÇÃO

A tecnologia tem trazido enormes desafios a serem enfrentados também pela ciência jurídica. Entre eles a multiplicação de situações jurídicas subjetivas que trazem como objeto interesses do mundo digital. Muitos desses interesses permanecem a despeito da morte do seu titular. Nessa seara, surgem as reflexões a respeito da sua disciplina jurídica aplicável.

O primeiro item desse estudo foi dedicado à definição de bens digitais e herança digital. Para percorrer esse caminho, importa inicialmente identificar quais interesses (ou bens) digitais recebem o regime do direito sucessório, onde se insere a chamada herança digital, transmissível aos herdeiros legais, de acordo com a ordem de vocação hereditária.

A seguir, o segundo item passou a abordar o lugar da autonomia privada na herança digital. Considerando as características dos bens digitais, faz-se uma análise crítica a partir da unidade e neutralidade da sucessão, a princípio incompatíveis com a fluidez do plano digital.

Percebe-se, ainda, que há interesses que não estão sujeitos à transmissão hereditária, mas, ao mesmo tempo, não se extinguem com a morte do titular. Para tais bens, abre-se um vasto campo para a autonomia privada regular interesses existenciais no plano digital. O terceiro item assim traz ao leitor instrumentos possíveis e/ou desejáveis para o planejamento *post mortem*, que vão além do planejamento sucessório.

Com essas reflexões, espera-se abrir ainda mais o foco de atenção para o tema, que só cresce em importância a cada dia.

2. BENS DIGITAIS E HERANÇA DIGITAL

Na tradicional classificação dos bens, não há uma categoria específica dos chamados bens digitais, o que torna seu estudo ainda mais necessário. A classificação dos bens presente no Código Civil utiliza três critérios: i) as características do bem; ii) as recíprocas relações entre os bens; iii) e a titularidade. Quanto às características, os bens podem ser imóveis e móveis (CC, arts. 79-84), fungíveis e infungíveis (CC, art. 85), consumíveis e inconsumíveis (CC, art. 86), divisíveis e indivisíveis (CC, arts. 87-88), singulares e coletivos (CC, arts. 89-91). Considerados entre si, tem-se bens principais e acessórios (CC, art. 92), as pertenças (CC, arts. 93-94), frutos e produtos (CC, art. 95) e as benfeitorias (CC, arts. 96-97). E quanto aos titulares, os bens públicos pertencem ao Poder Público (CC, arts. 98-103), os demais são particulares.

Os bens classificam-se ainda em imateriais (incorpóreos) ou materiais (corpóreos), consoante critério de tangibilidade. Os imateriais tem existência abstrata, enquanto os materiais são perceptíveis sensorialmente. Os bens digitais são frequentemente inseridos na classificação dos bens imateriais[1]. Com efeito, é a existência digital a característica comum dos ditos bens digitais, crescentes em sua diversidade. Exemplifica-se com aplicativos, redes sociais, servidores e plataformas de acesso e compartilhamento de arquivos, arquivos em formato digital, tais como fotos, vídeos, e músicas, livros digitais e arquivos de texto e planilhas, correios eletrônicos, banco de dados cadastrais, milhagem aérea, criptomoedas, jogos eletrônicos, entre outros. Cabe saber se tais bens integram o patrimônio e, por conseguinte, a herança da pessoa.

O patrimônio é compreendido no direito brasileiro como universalidade de direito[2], portanto, conjunto de relações jurídicas de uma pessoa dotado de valor econômico. Poderia essa categoria de bem coletivo incluir os bens digitais? Alguns desses bens integram o mercado, no sentido da patrimonialidade, como bitcoins, criptomoedas, tokens não fungíveis (NFT – non fungible token), objetos virtuais do metaverso, inclusive com altíssimo movimento financeiro. Com efeito, a expressão econômica do bem será determinante para sua inclusão no patrimônio. Não se trata de um patrimônio digital separado, mas bens digitais que integram a universalidade de direito que constitui o patrimônio de uma pessoa que deles seja titular.

---

1. Vide, nesse sentido, entre outros: TEIXEIRA, Ana Carolina Brochado; KONDER, Carlos Nelson. O enquadramento dos bens digitais sob o perfil funcional das situações jurídicas. In: TEIXEIRA, Ana Carolina Brochado; LEAL, Livia Teixeira. *Herança digital*. Foco: Indaiatuba, 2021, p. 30; LACERDA, Bruno Torquato Zampier. Bens digitais: em busca de um microssistema próprio. In: TEIXEIRA, Ana Carolina Brochado; LEAL, Livia Teixeira. *Herança digital*. Foco: Indaiatuba, 2021, p. 43.
2. CC, Art. 91. Constitui universalidade de direito o complexo de relações jurídicas, de uma pessoa, dotadas de valor econômico.

Dentre os bens digitais, há de se considerar, portanto, sua natureza patrimonial ou existencial, e ainda, entre os patrimoniais, há aqueles cujo titular detém apenas o uso, sem poder de disposição, como filmes, músicas e livros comprados em uma loja virtual e baixados ao destino via *download*, atrelados a serviços de *streaming*.

O núcleo de interesse da situação jurídica subjetiva pode ser de natureza patrimonial, pessoal e existencial, ou um e outro juntos[3]. Os bens digitais podem representar assim interesses patrimoniais, existenciais, ou ambos ao mesmo tempo. Sabe-se que a patrimonialidade caracteriza-se quando há suscetibilidade de avaliação pecuniária. A definição objetiva da patrimonialidade pressupõe que, em um dado ambiente jurídico-social, os sujeitos são dispostos a um sacrifício econômico para gozar as vantagens daquele interesse e que isto possa ocorrer sem que importe em ofensa à moral e aos bons costumes[4]. Trata-se, portanto, de conceito definido em dado contexto histórico e social, que reconhece a patrimonialidade do interesse[5]. Os bens digitais constituem novos interesses aptos a ampliar objetivamente a patrimonialidade, na medida em que a coletividade reconhece o seu correspondente interesse econômico sem violar os valores fundamentais do sistema jurídico[6].

Nas situações existenciais, a pessoa não tem apenas um vínculo de titularidade, como ocorre com as demais situações jurídicas subjetivas. A pessoa é o próprio interesse. Cabe ressaltar que a pessoa não se reduz ao mesmo nível das coisas ou fatos, a mero elemento da relação jurídica. Nesse sentido, Orlando de Carvalho acentua que:

> "encarar o sistema do direito civil de uma perspectiva acentuadamente normativista, se não mesmo legalista, perspectiva que não só arranca do direito-prescrição ou comando como reduz a pessoa – a pessoa do homem – ao mero nível, tal como as coisas e os factos, dos elementos (externos) de uma pura e simples abstracção: a relação jurídica *tout court*"[7].

3. PERLINGIERI, Pietro. *Perfis de Direito Civil*. Rio de Janeiro: 1997, p. 106.
4. BONA, Laura di. *I Negozi Giuridici, a Contenuti non Patrimoniale*. Napoli: ESI, 2000, p. 18.
5. PERLINGIERI, Pietro. *Manuale di Diritto Civile*. 2ª ed. Napoli: Edizioni Scientifiche Italiane, 2000, p. 226. (Tradução livre: "O conceito de patrimonialidade tem assim natureza objetiva e é determinado no âmbito de um contexto jurídico-social. Uma prestação é patrimonial quando a consciência comum de uma dada coletividade, em um dado momento histórico e em um dado território, reconhece-lhe tal natureza. Para estabelecer se um comportamento suporta um sacrifício econômico, manifestada pelas partes no concreto comportamento, reconhecido na realidade social. O nascimento de novas categorias de prestações ou de bens (apreciável pela consciência social a ponto tal de reputar justificado um correspondente sacrifício econômico) que não contraste com os valores fundamentais do sistema determina uma ampliação objetiva da patrimonialidade: basta pensar a prestação do cirurgião estético ou aquela da qual se pode beneficiar freqüentando uma academia").
6. Sobre a qualificação das situações jurídicas subjetivas de modo mais detalhado remete-se para Rose Melo Vencelau MEIRELES, *Autonomia Privada e Dignidade Humana*, Rio de Janeiro, Renovar, 2009, p 01-61.
7. CARVALHO, Orlando de. *A Teoria Geral da Relação Jurídica*. 2ª ed. Coimbra: Centelha, 1981, p. 32.

Quando o objeto de tutela é a pessoa, a perspectiva deve mudar: a pessoa é, ao mesmo tempo, o sujeito titular do direito e o ponto de referência objetivo da relação[8]. A personalidade é valor objetivo, interesse, bem juridicamente relevante. Valor e bem que atuam de forma dinâmica desde o nascimento até a morte da pessoa, a qual, por sua vez, se desenvolve com uma própria formação, com uma própria educação, com escolhas próprias[9]. Para Pasquale Stanzione, *"alla persona si riserva un significato che interessa più la sostanza che il profilo di relazione"*[10]. Isto significa que mais vale a pessoa enquanto interesse juridicamente protegido que a posição que possa assumir como elemento da relação jurídica.

Gustavo Tepedino observa que a pessoa, considerada como sujeito de direito, não pode ser dele objeto; contudo, se tida como valor, "tendo em conta o conjunto de atributos inerentes e indispensáveis ao ser humano (que se irradiam da personalidade), constituem bens jurídicos em si mesmos, dignos de tutela privilegiada"[11]. Assim, as situações existenciais pertencem à categoria do *ser*, na qual não existe dualidade entre sujeito e objeto, porque ambos representam o ser, e a titularidade é institucional, orgânica[12]. A pessoa, portanto, é elemento interno e externo da relação jurídica, embora seja mais que isso, porque alcança patamar de valor. Com efeito, diz-se existencial as situações jurídicas pessoais ou personalíssimas no momento em que titularidade e realização coincidem com a existência mesma do valor[13].

Algumas situações consideradas existenciais, porque relacionadas à pessoa do titular, possuem, entretanto, expressão econômica e, por isso, ingressam no comércio jurídico. Refere-se, por exemplo, à imagem, ao direito de autor, até à privacidade. Nesses casos, o titular da situação jurídica subjetiva tem uma dúplice titularidade: sob o aspecto pessoal e sob o aspecto patrimonial[14].

Com efeito, os bens digitais patrimoniais e dúplices integram o patrimônio e, portanto, são transmissíveis aos sucessores do titular na sua expressão patrimonial. Evidenciando o rigor técnico, a herança digital compreendida em sentido estrito, a considerar bens digitais que compõe a herança do *de cujus*, constitui-se

---

8. FEMIA, Pasquale; PERLINGIERI, Pietro. *Nozioni Introduttive e principi fondamentali del diritto civile.* Napoli: ESI, p. 119.

9. PERLINGIERI, Pietro. *La Personalità umana nell'ordinamento giuridico.* Napoli: ESI, 1972, p. 137.

10. STANZIONE, Pasquale. Persona física, Diritto civile. In: *Diritto civile e situazioni esistenziali.* Torino: Giappichelli, 1997, p. 13 (Tradução livre: "à pessoa se reserva um significado que interessa mais à substância que a forma da relação".

11. TEPEDINO, Gustavo. A Tutela da Personalidade no Ordenamento Civil-Constitucional Brasileiro. In: _____. *Temas de Direito Civil.* 3ª ed. Rio de Janeiro: Renovar, 2004, p. 27.

12. PERLINGIERI, Pietro. *Perfis*, cit., p. 155.

13. STANZIONE, Pasquale. Persona física, cit., p. 18.

14. Ressalta-se, ainda, que nem todas as pessoas têm aspectos da sua personalidade que possuem expressão econômica.

AUTONOMIA E HERANÇA DIGITAL **183**

a partir desses interesses dotados de patrimonialidade. Cabe investigar como a autonomia privada atua no âmbito da herança digital, e daqueles interesses não patrimoniais que não se extinguem com a morte do titular, embora não integrem sua herança.

3. O LUGAR DA AUTONOMIA NA HERANÇA DIGITAL

É comum a definição de autonomia privada como o poder reconhecido ou atribuído pelo ordenamento jurídico para regular seus *próprios* interesses. A autonomia, desse modo, constitui, modifica ou extingue efeitos jurídicos para o próprio declarante da vontade, sempre na moldura formada pelo ordenamento jurídico. Assim, o princípio da autonomia privada, na forma de poder jurídico, precede as vicissitudes jurídicas e lhes possibilita existirem validamente.

Para as titularidades que sobrevivem ao titular, a autonomia privada encontra vasto espaço de atuação. Com a morte, as titularidades transmissíveis passam aos herdeiros, legítimos ou testamentários. Entendida a herança digital como integrante do monte partível, a disciplina do direito das sucessões mostra-se integralmente aplicável. E, assim, a liberdade testamentária inclui também a herança digital.

O direito das sucessões é regido por três pilares: i) a liberdade de testar; ii) a intangibilidade da legítima e a iii) supletividade da legítima. A liberdade de testar é, a princípio, ampla, decorrente da autonomia privada. A existência de herdeiros necessários[15], entretanto, limita quantitativamente a liberdade testamentária em metade da herança, percentual que cabe de pleno direito a eles[16]. Diz-se então que a legítima dos herdeiros necessários é intangível. Mesmo existindo ampla liberdade de testar, caso não seja exercida ou ineficaz a disposição, tem-se a supletividade da sucessão legal ou legítima, devolvendo aos herdeiros legais as titularidades[17].

Os bens digitais patrimoniais têm a mesma lógica. Criptomoedas ou bens virtuais avaliáveis economicamente, por exemplo, engrossam o monte trans-

---

15. CC, Art. 1.845. São herdeiros necessários os descendentes, os ascendentes e o cônjuge. O companheiro, embora não figure textualmente no dispositivo legal, merece ser qualificado como herdeiro necessário na forma da argumentação trazida no julgamento da inconstitucionalidade do art. 1.790 do Código Civil no RE 646.721/RS, que resultou na tese: é inconstitucional a distinção de regimes sucessórios entre cônjuges e companheiros prevista no art. 1.790 do CC/2002, devendo ser aplicado, tanto nas hipóteses de casamento quanto nas de união estável, o regime do art. 1.829 do CC/2002.

16. CC, Art. 1.846. Pertence aos herdeiros necessários, de pleno direito, a metade dos bens da herança, constituindo a legítima.

17. CC, Art. 1.788. Morrendo a pessoa sem testamento, transmite a herança aos herdeiros legítimos; o mesmo ocorrerá quanto aos bens que não forem compreendidos no testamento; e subsiste a sucessão legítima se o testamento caducar, ou for julgado nulo.

missível e, considerada a herança um todo unitário, deveriam ser considerados para fins de cálculo da legítima e limite à autonomia testamentária. Nesse passo, uma questão não passa desapercebida. Os bens digitais não se localizam em certo espaço físico, o espaço também é virtual. Essa peculiaridade tanto interfere no acesso a tais bens, quanto nas consequências sucessórias e tributárias envolvidas. O planejamento sucessório, e assim a autonomia, tem importante papel nessa seara.

A autonomia privada é o meio para conferir acesso aos bens digitais, muitas vezes protegidos por login, senha, chave de acesso, "seedphrases" etc., dados personalíssimos. O compartilhamento dos dados de acesso é providência indispensável, a evitar litígios[18], ou mesmo que tais bens não sejam localizados[19]. Alguns bens digitais podem ser encontrados e acessados por meio de alvará judicial quando administrados por empresas como a Binance e a Foxbit, por exemplo, mas outros não. A autonomia privada ganha lugar tanto para autorizar, quanto desautorizar o acesso a certos bens digitais. Assim, cabe ao titular dispor acerca dos bens digitais, para tornarem-se conhecidos dos seus herdeiros, tanto na sua existência, quanto no seu acesso[20].

Além disso, a falta de uma localização física torna incerta a obrigatoriedade de inventário desses bens no Brasil. Segundo o art. 23 do Código de Processo Civil, compete à autoridade judiciária brasileira, com exclusão de qualquer outra, proceder ao inventário e à partilha de bens situados no Brasil, ainda que o

---

18. Veja-se o caso julgado nos autos do processo n° 1.0000.21.190675-5/001, no TJMG, no qual uma herdeira não conseguia abrir os dispositivos do falecido (um aparelho de celular e um notebook da marca Apple), pois não tinha a senha desses aparelhos. No caso, o desembargador relator entendeu que a herdeira não justificou "o porquê do interesse em acessar os dados pessoais do de cujus", negando o seu pedido de desbloqueio, uma vez que os interesses dos herdeiros serão ponderados tanto com a privacidade do morto, quanto com o interesse de terceiros. Disponível em: https://tj-mg.jusbrasil.com.br/jurisprudencia/1363160167/agravo-de-instrumento-cv-ai-10000211906755001-mg/inteiro-teor-1363160241. Acesso em 30/05/2022.

19. Sem a chave ou frase inicial, a criptomoeda de uma pessoa falecida ficará inacessível e permanecerá perdida no *blockchain*. Assim como uma senha, essas informações são personalíssimas e não devem ser compartilhadas com qualquer pessoa, a menos que deseje dar a elas acesso total ao portfólio. Outro meio de acessar as criptomoedas de alguém que morreu é se os ativos estiverem em casa de troca de moedas, em vez de uma carteira, como Binance ou Coinbase. Neste caso, as empresas possuem as chaves privadas e é possível provar a titularidade dos ativos em caso de morte.

20. Everilda Brandão Guilhermino aponta uma tríplice divisão a ser considerada no acesso a bens digitais: "Para facilitar a gestão de bens digitais envolvidos em uma sucessão torna-se instrumento útil a separação entre o que tem valor econômico (e, portanto, sucessível), o que tem valor afetivo (portanto, acessível sem transmissão aos herdeiros) e o que é inacessível" (Direito de acesso e herança digital. In: TEIXEIRA, Ana Carolina Brochado; LEAL, Livia Teixeira. *Herança digital*. Foco: Indaiatuba, 2021, p. 100). A ausência de declaração de vontade sobre aqueles bens que são considerados sucessíveis, em razão da natureza econômica, em parte, resolve-se com as regras da sucessão legítima. Contudo, para aqueles bens que não se incluem entre os bens hereditários, a autonomia privada apresenta-se determinante para o seu acesso, ainda quando o mesmo possa ser questionado por interesses de terceiros.

autor da herança seja de nacionalidade estrangeira ou tenha domicílio fora do território nacional. Se os bens digitais localizam-se no mundo virtual, ou não serão inventariados no Brasil, ou a legislação mostra-se francamente inadequada a regular esse domínio.

Veja-se que o direito sucessório regula o lugar e a lei da sucessão, mas sempre diante de uma limitação territorial. Segundo o art. 1.785 do Código Civil, a sucessão abre-se no lugar do último domicílio do falecido e o art. 1.787 do Código Civil estipula que regula a sucessão e a legitimação para suceder a lei vigente ao tempo da abertura daquela, e no lugar da sucessão. Embora a unidade sucessória imponha a reunião de todos os bens no inventário, esbarra na ausência de limite territorial dos bens virtuais.

De outra sorte, a considerar os bens digitais integrantes de uma universalidade digital, com regime diverso dos demais bens, ter-se-ia um universo propício à fraude, com o mero deslocamento do patrimônio para bens de natureza virtual. Assim, ao desejar beneficiar um filho em detrimento do outro bastaria adquirir bens digitais, como criptomoedas, e dar acesso a um dos filhos apenas. Em caso de morte, os bens poderiam estar inacessíveis para uns e não para outros. E assim, ter-se-ia um novo tipo de disposição *mortis causa*, a permitir a transmissão hereditária com esteio na autonomia, sem a interferência estatal de limitar à parte disponível (metade da herança) quando há herdeiros necessários. A realidade virtual desafia velhos paradigmas, e demanda novos instrumentos.

A crítica à neutralidade do direito sucessório que ignora a diversidade de bens e os interesses dos herdeiros vem crescendo[21]. Ao mesmo tempo, a valorização da autonomia privada como principal critério hereditário também encontra lugar no direito das sucessões contemporâneo. Contudo, a quebra da unidade do juízo sucessório e da intangibilidade da legítima requer uma reestruturação do direito sucessório nas suas bases, o que pode ser urgente e necessário para a herança digital.

4. PARA ALÉM DO PLANEJAMENTO SUCESSÓRIO: INSTRUMENTOS POSSÍVEIS

Considera-se sucessão a transmissão da titularidade de situações jurídicas subjetivas. O Direito Sucessório cuida da transmissão *mortis causa*, que se deflagra com a morte de alguém. Nesse sentido, dispõe o art. 1.784 do Código Civil que

---

21. Nessa direção afirma-se que "é preciso que a indiferença quanto aos bens transmitidos e, em especial, quanto aos sucessores, seja repensada" (TEPEDINO, Gustavo; NEVARES, Ana Luiza Maia; MEIRELES, Rose Melo Vencelau. Fundamentos do Direito Civil, vol. 7. *Direito das Sucessões*. 3ª. Ed. Rio de Janeiro: Forense, 2022, p. 10).

aberta a sucessão, a herança transmite-se, desde logo, aos herdeiros legítimos e testamentários.

A herança, por sua vez, constitui-se por todo o acervo patrimonial transmissível do morto, considerado uno e indivisível mesmo que sejam vários os herdeiros. A herança tem *status* de direito fundamental (CR, art. 5º, XXX). Por se qualificar como cláusula pétrea (CR, art. 60, § 4º, IV), não será objeto de deliberação a proposta de emenda constitucional que pretenda extinguir o direito de herança. Trata-se de uma consequência do reconhecimento da propriedade como direito individual (CR, art. 5º, XXII). Se a propriedade fosse comum, não caberia cuidar da sucessão. No entanto, desde que a propriedade seja considerada um direito individual, a morte do seu titular enseja transmissão aos seus sucessores. Somente quando inexistam herdeiros ou se todos renunciarem seu direito à herança, os bens vagos passam ao domínio estatal.

Como dito, a partir dos três pilares da sucessão, a transmissão da herança observa a ordem legal de vocação hereditária, bem como a distribuição legal dos quinhões, definida de acordo com a classe de herdeiros, se não houver disposição em contrário. O autor da herança, contudo, tem autonomia para regular a sucessão conforme a sua vontade. Toda pessoa capaz pode dispor, por testamento, da totalidade dos seus bens, ou de parte deles, se tiver herdeiros necessários[22], para depois de sua morte (CC, art. 1.857).

Com efeito, o direito sucessório regula a destinação do patrimônio de uma pessoa depois de sua morte e, portanto, o uso do testamento como meio de planejamento da sucessão. No entanto, o próprio testamento pode conter disposições não patrimoniais (CC, art. 1.857, § 2º), a exemplo do reconhecimento de filho e da nomeação de tutor. O codicilo tradicionalmente é previsto no ordenamento brasileiro para declaração de vontade a respeito de bens de pouca monta e questões não patrimoniais, como celebração de missas, enterro etc. Abre-se assim o conteúdo do direito sucessório para situações jurídicas intransmissíveis (na sua titularidade), mas com efeitos *post mortem*[23].

Mesmo depois da morte, o ordenamento jurídico continua a considerar alguns dos seus interesses pessoais tuteláveis. Vale lembrar o entendimento de Pietro Perlingieri a esse respeito:

---

22. CC, Art. 1.846. Pertence aos herdeiros necessários, de pleno direito, a metade dos bens da herança, constituindo a legítima.

23. Registre-se a observação de Livia Teixeira Leal: "considerando a natureza das contas das pessoas falecidas, os perfis de redes sociais que agregam aspectos relevantes ligados aos direitos de imagem, à privacidade e à honra do usuário, o tratamento sucessório muitas vezes não se mostra compatível" (*Internet e morte do usuário*. Rio de Janeiro: GZ Editora, 2018, p. 56.

AUTONOMIA E HERANÇA DIGITAL 187

"Alguns requisitos relativos à existência, à personalidade do defunto – por exemplo, a sua honra, a sua dignidade, a interpretação exata da sua história – são de qualquer modo protegidos por um certo período de tempo (art. 597, § 3, Cód. Civ.), isto é, enquanto forem relevantes também socialmente. Alguns sujeitos, individuados pelo ordenamento, são legitimados a tutelar o interesse do defunto"[24].

Da mesma forma, no direito brasileiro, algumas pessoas são legitimadas para defender o interesse do falecido. São todos os parentes em linha reta, os colaterais até o quarto grau, o cônjuge sobrevivente, além de extensivamente o companheiro sobrevivente[25], que podem defender a personalidade do morto naqueles aspectos que lhe sobrevivem. Da leitura dos parágrafos únicos dos arts. 12 e 20 do Código Civil, a partícula *ou* deve ser compreendida como *e*. Todos são igualmente legitimados.

Os parentes do morto, o cônjuge e o companheiro sobrevivente, não se tornam titulares daquelas situações existenciais cujo titular é falecido. Por isso, o uso do termo *legitimidade* na lei. Não é do parente sobrevivo a autoria da obra do morto, a honra do morto ou a imagem do morto, dada a indissociabilidade destas situações existenciais do seu titular.

Ocorre que alguns interesses ultrapassam o indivíduo e alcançam o grupo a que ele pertence. É o caso das situações existenciais que mereçam proteção após a morte do titular. Melhor explicando, não é apenas ao morto que interessava a preservação da sua intimidade, pois pode também interessar aos seus parentes. Não é apenas ao defunto que interessa o bom uso do nome, mas, também, aos familiares. A tutela de alguns interesses existenciais, portanto, é útil ao seu titular e ao grupo familiar a que pertença. Todavia, por sua natureza personalíssima, somente após a morte do titular que o seu núcleo familiar passa a ter legitimidade para a defesa desses interesses. Bem esclarece novamente Pietro Perlingieri:

"Algumas situações existenciais têm em comum uma estrita conexão entre titularidade, seu exercício e razões familiares, ao ponto que o status familiae – passado, atual ou potencial do sujeito – constitui o pressuposto legitimador (...). O interesse dessa perspectiva de estudo afunda suas raízes na particularidade da 'formação social' família, na sua função constitucionalmente relevante e na peculiar solidariedade que caracteriza as suas vicissitudes internas, inspiradas na igual dignidade moral e jurídica dos seus componentes e à unidade familiar,

---

24. PERLINGIERI, Pietro. *Perfis*, cit., p. 111.
25. A lei não menciona expressamente o companheiro, mas o laço de afeto entre companheiros que possa justificar a defesa a situações existenciais recíprocas, após a morte do seu titular, não é diferente daquele que exista entre cônjuges, de maneira que a distinção entre casamento e união estável aqui não tem fundamento razoável e, portanto, seria discriminatória. O enunciado nº 275, aprovado na IV Jornada de Direito Civil, também insere no rol o companheiro: Arts. 12 e 20. O rol dos legitimados de que tratam os arts. 12, parágrafo único, e 20, parágrafo único, do Código Civil também compreende o companheiro. (www.jf.gov.br).

entendida como comunhão – ainda que não mais atual – de sentimentos e de afetos, isto é, de vida e de história"[26].

A privacidade, por exemplo, tem relevo também quanto à pessoa componente de um núcleo familiar, sendo a intimidade da vida familiar uma condição para o livre desenvolvimento da pessoa. O mesmo se passa com a imagem da pessoa, pois o mau uso da imagem pode acarretar ofensa à honra, à reputação da pessoa ou da família. No caso de morte de um parente também se pode defender a existência de um dano ao núcleo familiar[27].

Caio Mário da Silva Pereira também é bastante claro ao explicar sua posição:

> "Não obstante seu caráter personalíssimo, os direitos da personalidade projetam-se na família do titular. Em vida, somente ele tem o direito de ação contra o transgressor. Morto ele, tal direito pode ser exercido por quem ao mesmo esteja ligado pelos laços conjugais, de união estável ou de parentesco. Ao cônjuge supérstite, ao companheiro, aos descendentes, aos ascendentes e aos colaterais até o quarto grau, transmite-se a *legitimatio* para as medidas de preservação e defesa da personalidade do defunto"[28].

Surge, na verdade, uma nova situação subjetiva para aquelas pessoas elencadas nos parágrafos únicos dos arts. 12 e 20 do Código Civil, nova e diversa daquela que existia para o falecido. Como sustenta Regina Sahm, quanto à intransmissibilidade do direito à imagem "O direito conferido aos parentes é um direito novo, o fundamento é um interesse próprio, as pessoas agem na tutela em nome próprio e não como herdeiros. Não cessa a proteção jurídica, mas esta agora segue no interesse da família"[29].

---

26. PERLINGIERI, Pietro. *Perfis*, cit., p. 178-179.
27. Caso frequente é o da morte causada por ato ilícito que possibilita aos parentes do falecido a propositura de ação compensatória por danos morais – até materiais – por direito próprio. Assim é o entendimento do STJ: "RESPONSABILIDADE CIVIL. INDENIZAÇÃO POR MORTE. LEGITIMIDADE PARA PROPOR AÇÃO. NÚCLEO FAMILIAR. DANO MORAL CABÍVEL. Os danos morais causados ao núcleo familiar da vítima, dispensam provas. São presumíveis os prejuízos sofridos com a morte do parente" (STJ, 3a Turma, REsp. 437316, Rel. Min. Humberto Gomes de Barros, DJ 19.04.2007, p. 567. No mesmo sentido: REsp. 157912, REsp. 218046).
28. PEREIRA, Caio Mário da Silva. *Instituições de Direito Civil*, vol. I, cit., p. 243. Silvio de Salvo VENOSA também atribui a sobrevivência de alguns direitos da personalidade à morte do seu titular ao fato de a família do morto ser atingida ou "pode ocorrer que certos familiares próximos sejam legitimados a defender a honra pessoal da pessoa falecida atingida, por serem 'fiduciários' dessa faculdade" (*Direito Civil*. Parte Geral. 4ª ed. Atlas: São Paulo, 2004, p. 153). Não é sem controvérsia a matéria. Para Paulo NADER, por exemplo, "A legitimidade ativa para pleitear a indenização é da própria vítima e, na falta desta, *sucessivamente*, é do cônjuge sobrevivente, ou de qualquer parente em linha reta, ou colateral até o 4º grau" (grifou-se) (*Curso de Direito Civil*. Parte Geral. Rio de Janeiro: Forense, 2003, p. 218).
29. SAHM, Regina. *Direito à Imagem no Direito Civil Contemporâneo*. São Paulo: Atlas, 2002, p. 169. Do mesmo modo, para Sérgio CAVALIERI FILHO, "os parentes próximos de pessoas já famosas já falecidas passam a ter um direito próprio, distinto da imagem do de cujus, que os legitima a pleitear indenização em juízo" (*Programa de Responsabilidade Civil*. 5a ed. São Paulo: Malheiros, 2004, p. 119.

AUTONOMIA E HERANÇA DIGITAL **189**

É evidente que essa situação subjetiva *nova* não poderá ser exercida sem consideração ao falecido que, inclusive, pode dispor através de ato de última vontade acerca da projeção da sua personalidade após a morte. A disposição de situações existenciais *causa mortis* é admitida, inclusive, por força de lei, para alguns aspectos do chamado direito moral de autor no § 1º do art. 24 da Lei nº 9.610/1998 ou sobre o próprio corpo no art. 14 do Código Civil.

Como acentua Capelo de Sousa:

> "a personalidade do defunto, embora gnoseologicamente só ganhe relevo através da memorização que dela é feita pelos sobrevivos, não se confunde com tal reconhecimento. Com efeito, além da existência física ou material de certos bens da personalidade do defunto, também a sua vontade objectivada pode post-mortem continuar a influenciar as relações jurídicas e os reflexos do espírito do defunto continuam presentes e actuantes nas suas objectivações pessoalizadas"[30].

Importa, ainda, ressaltar que aqueles indicados nos parágrafos únicos dos arts. 12 e 20 do Código Civil não têm o pleno exercício da situação jurídica subjetiva existencial, sob o aspecto estático e sob o aspecto dinâmico.

Sob o aspecto estático cuja legitimidade é passada aos parentes, cônjuge ou companheiro sobrevivo pelos parágrafos únicos dos arts. 12 e 20 do Código Civil, tem-se medidas de pura defesa e a possibilidade de pedir perdas e danos. Para Caio Mário da Silva Pereira, há que se distinguir para a definição da legitimidade, pois "As medidas de pura defesa podem ser intentadas por qualquer deles, sem observância da ordem de sua colocação. No caso, entretanto, de indenização por perdas e danos, há que respeitar a ordem de vocação hereditária"[31]. Com efeito, a lesão ocorrida após o óbito remete à legitimidade prevista nos arts. 12 e 20 acima citados, sem distinção quanto às sanções cabíveis. Quando a lesão ocorre antes do falecimento, uma vez que já existe a pretensão no momento da abertura da sucessão, transmite-se aos herdeiros o direito de exigir a reparação, não se aplicando nessa hipótese a legitimidade ampla dos parentes, cônjuge ou companheiro[32].

Sob o aspecto dinâmico, tem-se a produção de efeitos decorrentes das situações existenciais. São autorizações de uso, gozo e até disposição dessas situações.

---

30. SOUSA, R. V. A. Capelo de. *O Direito Geral de Personalidade*. Coimbra: Coimbra Editora, 1995, p. 194-195.
31. PEREIRA, Caio Mário da Silva. *Instituições de Direito Civil*, vol. I, cit., p. 243. Carlos Roberto GONÇALVES, discorda, entendendo que "além do ofendido, poderão reclamar a reparação do dano, dentre outros, seus herdeiros, seu cônjuge ou companheira e os membros da família a ele ligados afetivamente, provando o nexo de causalidade, o prejuízo e a culpa, quando não se tratar de hipótese de culpa presumida ou de responsabilidade independente de culpa" (*Direito Civil Brasileiro*, vol. I. São Paulo: Saraiva, 2003, p. 161).
32. CC, Art. 943. O direito de exigir reparação e a obrigação de prestá-la transmitem-se com a herança.

O exercício dinâmico depende de previsão legal[33] ou declaração de vontade[34]. Nesse caso, embora intransmissível a titularidade, algumas formas de exercício podem se transmitir.

O planejamento *post mortem* acerca de bens digitais tem encontrado solução em instrumentos contratuais. Nesse sentido, as plataformas de *streaming* "vendem" o acesso a produtos que deixam de pertencer com a morte do titular; as redes sociais pactuam com o usuário o seu destino depois da sua morte[35]; ambientes virtuais em jogos de metaverso[36], contratos acerca do uso do direito de imagem post-mortem[37] etc. Cabe ressaltar a incongruência de algumas plataformas que, de um lado, antecipam de modo unilateral em contratos de adesão – nos seus termos de uso – o destino das contas digitais para depois da morte e, ao mesmo tempo, conferem ao conteúdo disponibilizado nas redes

---

33. Como exemplo, tem-se o art. 5º, XXVII, da Constituição da República: "aos autores pertence o direito exclusivo de utilização, publicação ou reprodução de suas obras, *transmissível aos herdeiros* pelo tempo que a lei fixar" (grifou-se).

34. Ponderando os interesses dos sucessores e até sociais e os do falecido, afirma-se que "Eventual ambição do sucessores, aliado a uma natural ânsia curiosa da sociedade, pode se tornar uma armadilha cujo resultado tende a ser nefasto à pessoa falecida, trazendo a necessidade de que o titular do direito de imagem evite que esse atributo seja maculados por interesses meramente egoístas, ilegítimos ou distanciados da vontade da pessoa falecida" (BASTOS, Isis Boll de Araujo; SOARES, Flaviana Rampazzo. Análise Comparada do Direito Brasileiro e Californiano Sobre a Tutela do Direito à Imagem: Perspectivas de um Direito Civil Contemporâneo. *Revista Brasileira de Direito Civil em Perspectiva. Minas Gerais*, v. 1, n. 2, p. 44-69, jul./dez. 2015.

35. Nos termos de uso do Facebook registra-se as seguintes cláusulas: "4. Você não transferirá qualquer dos seus direitos ou obrigações previstos nesses Termos para qualquer outra pessoa sem o nosso consentimento". "5. Você pode designar uma pessoa (chamada 'contato herdeiro') para administrar sua conta caso ela seja transformada em memorial. Se você ativar isso nas suas configurações, somente seu contato herdeiro ou uma pessoa que você tenha identificado em um testamento válido ou documento jurídico semelhante que expresse consentimento claro para divulgar seu conteúdo a essa pessoa em caso de morte ou incapacidade poderá buscar divulgação limitada de informações da sua conta após a transformação em memorial". Acesso em: 28 maio 2022.

36. A empresa Somnium Space, que está criando seu próprio metaverso, por exemplo, possui ferramenta chamada de "Live Forever", o recurso permitirá que uma pessoa que já morreu "continuar" viva através do metaverso. Disponível em: https://br.financas.yahoo.com/news/empresa-te-dara-a-opcao-de-continuar-vivo-no-metaverso-apos-a-morte-213806310.html. Acesso em: 21 maio 2022.

37. Há de se questionar se a autorização dada em vida, em contrato de imagem, tem efeito *post mortem*. Isis Boll de Araujo Bastos e Flaviana Rampazzo Soares defendem que "se o titular dos direitos de personalidade firmou contrato com revista em que amplamente cedeu direitos de imagem, sem restrição, esse uso de imagem é permitido, inclusive para reedições da própria revista, não podendo haver restrição em testamento. Da mesma forma, se o contrato firmado permitia amplo uso da imagem utilizada para uma novela, permite-se que seja reprisada, ou que os direitos de transmissão sejam negociados com outros veículos, independentemente de nova autorização" (Análise Comparada do Direito Brasileiro e Californiano Sobre a Tutela do Direito à Imagem, cit., p. 65). De todo modo, a análise do caso concreto releva, de modo a interpretar se o contrato apresenta autorização específica para uso e/ou manipulação da imagem *post mortem*, o que se mostra necessário, especialmente com os avanços tecnológicos.

sociais proteção de direito autoral[38], que possui regras próprias para a transmissibilidade *mortis causa*[39].

Com efeito, a heterogeneidade é o maior desafio na regulação dos bens digitais, considerando a pressuposta neutralidade sucessória. De um lado, é evidente que nem todos os bens digitais integram a herança, ainda que possuam relevância *post mortem*. De outro, mesmo a herança digital possui componentes dos mais diversos a serem submetidos a um único regramento.

Quanto aos bens digitais não patrimoniais que permanecem tuteláveis após a morte, a autonomia privada é ampla, sem a imposição quantitativa da legítima dos herdeiros necessários, na medida em que não integram a herança. Assim, além do testamento e codicilo, não haveria impedimento para que sua regulação fosse contratualizada, não se aplicando a sanção contida no art. 426 do Código Civil[40]. Apesar da reconhecida incindibilidade do titular com o interesse objeto de tutela nas situações existenciais, a autonomia pode operar. Não se trata de transmissão de titularidade, mas sim de transmissão de algumas formas de exercício.

Considerados os bens digitais patrimoniais integrantes da herança, os instrumentos tradicionais para planejar a sucessão aplicam-se irrestritamente. Desafia o Direito as situações jurídicas dúplices, na medida em que merecem uma tutela qualitativamente diversa por envolver situações existenciais. Neste caso, um regime híbrido de proteção atenderia melhor à sua natureza composta de elementos patrimoniais e outros não patrimoniais. Assim, a transmissão automática com a morte opera em favor dos herdeiros. Contudo, os aspectos não patrimoniais, por sua intransmissibilidade, ficariam com sua proteção dinâmica dependente da autonomia exercida em caso de morte.

Vale ainda considerar que no universo digital os usuários são sempre pessoas físicas, mas muitas vezes a conta ou perfil é profissional e representa uma pessoa jurídica, a qual muitas vezes não morre com o usuário. A questão assim se avizinha do Direito de Empresa, com o qual o digital também precisa dialogar. Instrumentos contratuais e societários poderiam nessas situações compor o planejamento

---

38. Vide, nesse sentido, cláusula dos Termos de Uso do Facebook: "3.1. Permissão para usar o conteúdo que você cria e compartilha: o conteúdo compartilhado ou carregado, como fotos e vídeos, pode ser protegido por leis de propriedade intelectual (como direitos autorais, ou marcas comerciais) sobre o conteúdo que cria e compartilha no Facebook e em outros produtos das Empresas Meta que você usa. (...)". Acesso em: 28 maio 2022.

39. Sem aprofundar, vale citar o direito fundamental de autor previsto na Constituição da República: "Art. 5º, XXVII – aos autores pertence o direito exclusivo de utilização, publicação ou reprodução de suas obras, transmissível aos herdeiros pelo tempo que a lei fixar".

40. CC, Art. 426. Não pode ser objeto de contrato a herança de pessoa viva.

post mortem dos usuários (sócios) no âmbito virtual, sobretudo com a crescente importância dos negócios *on-line.*

5. NOTAS FINAIS

Ao tratar do tema da autonomia na herança digital, o primeiro passo fundante consiste na definição de bens digitais, aptos a compor a universalidade de direito que surge com a morte, chamada herança. A expressão "herança digital" parece ter sido cunhada em contexto mais amplo, a abarcar todos os bens situados em espaço digital que se perpetuam com a morte. Entretanto, na medida em que o direito sucessório possui rígidas regras para a transmissibilidade de situações jurídicas subjetivas, faz-se necessário tratar do tema nesta seara a partir de três perspectivas: i) dos bens digitais patrimoniais e transmissíveis; ii) dos bens digitais não patrimoniais e intransmissíveis e iii) dos bens digitais dúplices (patrimoniais e não patrimoniais) com disciplina igualmente híbrida.

A patrimonialidade é característica a vincular o bem ao patrimônio e, portanto, à herança, sendo-lhe aplicável todo o regramento sucessório. Entretanto, a solução não se mostra simplória. Como se demonstrou no desenvolvimento desse estudo, muitas vezes o formato digital do bem desafia os institutos jurídicos já postos.

Enquanto o direito sucessório tem como premissa a reunião demográfica de bens a impor a unidade da sucessão, com exceção dos bens localizados no exterior; os bens digitais não tem espaço físico no qual possam ser localizados. Além da questão espacial, base de tantas consequências jurídicas, o direito sucessório também tem como premissa a neutralidade dos bens, incompatível com a heterogeneidade fruto da intensa criatividade e fluidez do mundo digital. Já seria suficiente para uma crise na transmissão sucessória dos bens digitais patrimoniais (ou dúplices). Mas não é só.

As situações subjetivas existenciais, marcadas pela intransmissibilidade, não desaparecem com a morte do seu titular (assim como o aspecto existencial nas situações dúplices). Nunca desapareceram. Contudo, as inovações tecnológicas tornam ainda mais evidente essa afirmativa. Os perfis de redes sociais, os aplicativos de mensagem, banco de dados em nuvem, realidades virtuais etc. Para essas situações, a autonomia privada mostra-se primordial. A ideia de cultura voltada para a tecnologia, impõe que o seu uso seja vinculado à responsabilidade de direcionar o destino desses bens, interesses vinculados a tais situações, para depois da morte.

Os instrumentos da autonomia sucessória – testamento e codicilo – são aptos a regular qualquer bem, patrimonial, não patrimonial, ou dúplice, para depois da morte. O desafio está em dimensionar quais desses bens, no âmbito da atual legalidade constitucional, podem receber disciplina de outros instrumentos, sobretudo contratuais. Cabe nesse espaço reforçar a autonomia nas titularidades não patrimoniais e dúplices, muitas vezes tolhidas em contratos de adesão, manifestamente nulos nesse aspecto, por violação à dignidade humana. Embora intransmissíveis, algumas formas de exercício se transmitem aos familiares que, na ausência de disposição de vontade do morto, poderão impugnar as cláusulas que impedem o acesso a esses bens. Se não é possível viver para sempre, é possível antecipar algumas questões prevenindo muitos conflitos que podem advir com a morte.

da morte. O desafio está em dimensionar quais desses bens, no âmbito da atual legalidade constitucional, podem receber disciplina de outros instrumentos, sobretudo contratuais. Cabe nesse espaço reforçar a autonomia nas titularidades não patrimoniais e dúplices, muitas vezes tolhidas em contratos de adesão manifestamente nulos nesse aspecto, por violação à dignidade humana. Embora intransmissíveis, algumas formas de exercício se transmitem aos familiares que, na ausência de disposição de vontade do morto, poderão impugnar as cláusulas que impedem o acesso a esses bens. Se não é possível viver para sempre, é possível antecipar algumas questões prevenindo muitos conflitos que podem advir com a morte.

OS LIMITES À VONTADE DO PLANEJADOR PARA DISPOR SOBRE A TRANSMISSÃO OU DESTRUIÇÃO DE BENS DIGITAIS *HÍBRIDOS*

Francisco José Cahali

Professor, Advogado e Consultor Jurídico em São Paulo e Brasília. Mestre e Doutor em Direito Civil pela Pontifícia Universidade Católica de São Paulo - PUC-SP, Coordenador do Núcleo de Direito Civil do programa de Pós-Graduação da PUC-SP. Autor de vários artigos e livros.

Silvia Felipe Marzagão

Mestranda em Direito Civil pela PUC-SP. Presidente da Comissão Especial da Advocacia de Família e Sucessões da OAB/SP. Presidente do Grupo de Trabalho de Família e Sucessões da Federação de Advogados de Língua Portuguesa – FALP. Diretora do Instituto Brasileiro de Direito de Família – IBDFAM/SP. Advogada especializada em Direito de Família e das Sucessões.

Sumário: 1. Introdução: a vida virtual e seu impacto na organização da sucessão patrimonial – 2. Patrimônio digital e planejamento sucessório: realidades contemporâneas indissociáveis – 3. A imprescindível conceituação e categorização dos bens digitais e as implicações dessas características em sua transmissibilidade – 4. Limites à vontade do planejador ao dispor de bens digitais híbridos – 5. Considerações finais – 6. Referências.

1. INTRODUÇÃO: A VIDA VIRTUAL E SEU IMPACTO NA ORGANIZAÇÃO DA SUCESSÃO PATRIMONIAL

Assumindo que a vida atual é essencialmente virtual, este estudo tem por objetivo analisar a existência ou não de limites à vontade do planejador quando este, em organização patrimonial sucessória, quer dispor acerca de bens digitais com características *híbridas*, assim considerados aqueles que envolvam, em alguma medida, tanto elementos existenciais, quanto patrimoniais.

Tendo em vista que no cotidiano contemporâneo parece ser absolutamente impossível dissociar mundo real (e a materialidade que contempla esse conceito) e mundo virtual, mostra-se necessário analisar até que ponto a vontade do planejador para o *post mortem* é plena e ilimitada quando dispõe de bens digitais com a natureza *supra*. A discussão ganha corpo e importância quando imaginamos também a hipótese de o planejador desejar, após a sua morte, a total destruição de bens digitais híbridos, atentando-se exclusivamente ao caráter existencial deste acervo, sem considerar o impacto patrimonial que esta iniciativa pode gerar.

Além disso, tal análise também abordará o fato de que, diante dessa nova realidade, todo e qualquer planejamento sucessório em alguma medida compreenderá disposições que contenham o alinhamento de expectativas e direitos decorrentes de patrimônio composto por bens digitais, sendo esperada a existência de disposições que contemplem aquilo que se tem convencionado chamar *herança digital*.

Há, de fato, considerável dificuldade nas definições que envolvem o tema. E isso porque, além de a herança digital ser composta por novos bens e tecnologias, é ela, ainda, resultado de recente mudança social e cultural ligada à forma de acúmulo de riqueza e patrimônio.

E como nitidamente o tempo da vida é muito mais veloz que o tempo do direito (especialmente o do processo legislativo, diga-se), ainda se está longe de obter consenso não só quanto à destinação dos bens digitais no âmbito sucessório, mas também – e o que é ainda mais angustiante – quanto à própria categorização e funcionalidade deste patrimônio, especialmente quando se trata daqueles bens digitais que recolham em si características patrimoniais e existenciais, como os bens digitais *híbridos*.

Não podemos deixar de pontuar que tal dificuldade, mola propulsora de parte deste estudo, decorre da clara resistência em nossa legislação codificada civil em reconhecer bens e direitos extracorpóreos, como bem nos lembra Everilda Brandão Guilhermino:

> A resistência do Código Civil em abarcar o que não seja corpóreo se mostra latente. Projetado para uma propriedade corpórea, sempre delegou à legislação extravagante qualquer tipo de tutela. Basta visualizar as leis que cuidam da propriedade intelectual, do meio ambiente e mais recentemente dos dados digitais.[1]

O tema torna-se desafiador à medida que há uma série de questionamentos não só sobre a possibilidade da disponibilidade para transmissão dos bens digitais híbridos – e, consequentemente, a inclusão deste patrimônio no planejamento sucessório –, como também sobre a operacionalização técnica dessa transmissão e a possibilidade de valoração desse patrimônio.

Para fins de pesquisa e estudo, como o tema é novo e, neste momento, conta com mais perguntas que respostas, estabeleceremos algumas premissas à construção do raciocínio acadêmico (ainda que, de fato, não estejam totalmente esgotadas na produção doutrinária as discussões sobre os temas, tampouco sejam essas necessariamente as posições definitivas e terminativas desses autores sobre os aspectos pontuados).

---

1. GUILHERMINO, Everilda Brandão. Para novos bens, um novo direito sucessório. In: TEIXEIRA, Daniele Chaves (Coord.). *Arquitetura do planejamento sucessório*. Belo Horizonte: Fórum, 2020. t. II. p. 163.

A TRANSMISSÃO OU DESTRUIÇÃO DE BENS DIGITAIS *HÍBRIDOS* | **197**

A primeira delas é que os bens digitais podem ser transmitidos aos herdeiros, compreendendo patrimônio inserido no objeto de ajustes e previsões em planejamentos sucessórios. De fato, há bens digitais em que a compreensão da transmissão é mais simples, como exemplo, os *bitcoins*, e outros em que é mais complexa, como páginas pessoais. Adotaremos, desde logo, a premissa da *possibilidade da transmissão* tanto para os simples, quanto para os complexos:

> a solução mais acertada, em respeito aos direitos fundamentais e aos cânones do direito sucessório, é permitir que haja transmissão de seu patrimônio digital aos herdeiros, seja pela via testamentária ou legítima. Para tanto, há que se ter o cuidado de arrolar tais bens nos inventários que forem abertos, permitindo-se que o Estado chancele tal transmissibilidade.[2]

A segunda premissa que será basilar para este estudo é a possibilidade técnica de operacionalizar a vontade do planejador quanto à transmissão. Deste modo, ainda que se discuta sobre a obrigatoriedade ou não de as plataformas digitais seguirem a vontade do usuário, por ser isso incompatível com os termos e condições de uso firmados para a disponibilização do serviço, partiremos do pressuposto de que isso *sempre será possível de ser exigido*: "Desse modo, mesmo diante de cláusulas expressas constantes nos termos de serviços dos provedores, estas podem ser afastadas pelo Poder Judiciário caso revelem incompatibilidade com preceitos previstos pelo ordenamento".[3]

Por fim, muito embora a valoração de conteúdos digitais seja um desafio enorme para o direito sucessório,[4] mormente em razão da inexistência de órgãos governamentais ou não governamentais que façam tal avaliação,[5] adotaremos também como premissa ser *possível aferir contábil e mercantilmente o valor real de um bem digital*.

Esclarecidos tais pontos, partiremos para a análise da (in)existência de limites à vontade do planejador quando estiver ele buscando dispor livremente de patrimônio digital que tenha natureza híbrida. Vejamos.

---

2. ZAMPIER, Bruno. *Bens digitais*: cybercultura, redes sociais, e-mails, músicas, livros, milhas aéreas, moedas virtuais. 2. ed. Indaiatuba: Foco, 2021. p. 130.
3. LEAL, Livia Teixeira. *Internet e a morte do usuário*: propostas para o tratamento jurídico post mortem do conteúdo inserido na rede. 2. ed. Rio de Janeiro: GZ, 2020. p. 137.
4. HONORATO, Gabriel; LEAL, Livia Teixeira. Exploração econômica de perfis de pessoas falecidas: reflexões jurídicas a partir do caso Gugu Liberato. *Revista Brasileira de Direito Civil – RBDCivil*, Belo Horizonte, ano 4, v. 23, jan./mar. 2020. p. 169.
5. HONORATO, Gabriel; LEAL, Livia Teixeira. Exploração econômica de perfis de pessoas falecidas: reflexões jurídicas a partir do caso Gugu Liberato. *Revista Brasileira de Direito Civil – RBDCivil*, Belo Horizonte, ano 4, v. 23, jan./mar. 2020. p. 169.

2. PATRIMÔNIO DIGITAL E PLANEJAMENTO SUCESSÓRIO: REALIDADES CONTEMPORÂNEAS INDISSOCIÁVEIS

Com a migração da vida humana para o mundo digital, natural que a riqueza acompanhasse também esse movimento. De fato, se antes a sociedade tinha verdadeira fixação por bens corpóreos – metais valiosos, pedras preciosas, imóveis –, hoje a riqueza circula intensamente naquilo que não se vê – perfis digitais, criptomoedas, cotas em *startups*.

Das dez maiores fortunas mundiais, sete são associadas à tecnologia e internet,[6] e o segundo brasileiro considerado mais rico no mundo hoje é o cofundador do *Facebook*,[7] de modo que é totalmente ingênuo pensarmos que diante da mudança mundial do tipo de riqueza será possível, em poucos anos, fazer algum planejamento patrimonial sucessório que não contemple bens digitais.

Do mesmo modo, a própria mudança nos estilos e modo de viver das famílias tem levado cada vez mais pessoas a pensarem num planejamento patrimonial para a sua partida, instrumentalizando as disposições construídas para que a sucessão se dê de modo mais tranquilo e menos custoso.

Imaginando o planejamento sucessório como o instrumento jurídico que permite a adoção de uma estratégia voltada para a transferência patrimonial eficaz de uma pessoa após a sua morte,[8] só fará sentido ao planejador ajustar a transferência de seu patrimônio se ele puder, de fato, aparar todas as arestas necessárias para tanto, não deixando (ou ao menos minimizando os riscos) questões em aberto que possam ser objeto de desgastantes questionamentos e litígios.

Daí porque é preciso pensar no planejamento como instrumento operacional para ajustar questões não só ligadas aos bens materiais patrimoniais (de mais simples transmissão e aferição de conteúdo econômico), como também permitir previsões que ajustem também objetos de direito de humanidade que podem formar o acervo em virtude do qual eventual planejamento sucessório tenha lugar.[9]

A eficácia do planejamento patrimonial sucessório depende, assim, de uma análise pormenorizada e ampla não só da realidade familiar em que se encontra o patrimônio de que se pretende planejar a sucessão, mas também – e principal-

---

6. DOLAN, Kerry A.; WANG, Jennifer; PETERSON-WITHORN, Chase (Ed.). Forbes – World's billionaires list. The Richest in 2022. *Forbes*, 2022. Disponível em: https://www.forbes.com/billionaires/. Acesso em: 1 jun. 2022.

7. Cf. LANZA, LUIZ A https://einvestidor.estadao.com.br/comportamento/brasileiros-bilionarios-2022 Acesso em: 01 jun. 2022.

8. TEIXEIRA, Daniele Chaves. Noções prévias do direito das sucessões: sociedade, funcionalização e planejamento sucessório. *In*: TEIXEIRA, Daniele Chaves (Coord.). *Arquitetura do planejamento sucessório*. Belo Horizonte: Fórum, 2019. p. 35.

9. NERY, Rosa Maria de Andrade. *Instituições de direito civil*. Direitos da personalidade (direitos da humanidade). São Paulo: Revista dos Tribunais, 2017. v. VII. p. 291.

mente – de verdadeira anamnese no patrimônio do planejador, aí incluído todo aquele que possa estar contido no mundo virtual.

Em alguma medida, portanto, os profissionais que estão auxiliando o planejador na árdua tarefa de pensar a transmissão patrimonial – que serve, muitas vezes como verdadeiro instrumento de comunicação entre a pessoa que morreu e as que ficaram – [10] deverão pensar em meios para categorização e disponibilização destes bens.

3. A IMPRESCINDÍVEL CONCEITUAÇÃO E CATEGORIZAÇÃO DOS BENS DIGITAIS E AS IMPLICAÇÕES DESSAS CARACTERÍSTICAS EM SUA TRANSMISSIBILIDADE

Como o tema central deste trabalho é a disponibilidade de bens digitais para após a morte do seu titular, mostra-se pertinente a rápida passagem pela conceituação e categorização deste patrimônio. A legislação em vigor não traz definição específica sobre os bens digitais, tendo cabido à doutrina criar parâmetros que atribuam a esse patrimônio uma definição que passe por sua valoração para o campo jurídico econômico, bem como analise a sua funcionalidade. De fato:

A análise dos novos bens deve estar umbilicalmente atrelada à relação jurídica na qual eles se inserem, ou seja, a específica função que ele desempenha na situação jurídica. Afinal, "o significado do bem jurídico depende essencialmente do interesse que o qualifica e sua classificação há de ser apreendida na esteira da função que o bem desempenha na relação jurídica. Além disso, assim como a realidade mostrou que a difusão de valores imobiliários e participações societárias, com o crescimento das atividades empresariais, superou em valor econômico os bens imóveis, tradicionalmente tidos pelo direito como mais valiosos, também os bens digitais parecem que vão superar a importância de bens materiais: moedas virtuais, *e-commerces*, *sites*, *blogs*, são alguns exemplos cujo valor tem aumentado exponencialmente".[11]

Bruno Zampier define bens digitais como aqueles "bens incorpóreos, os quais são progressivamente inseridos na internet por um usuário, consistindo em informações de caráter pessoal que trazem alguma utilidade àquele, que tenha ou não conteúdo econômico".[12] Já Ana Carolina Teixeira e Livia Leal precisamente os definem como "todos aqueles conteúdos constantes na rede passíveis ou não de valoração econômica, que proporcionem alguma utilidade para o seu titular".[13]

---

10. ANDRADE, Gustavo Henrique Baptista. *O direito de herança e a liberdade de testar*: um estudo comparado entre os sistemas jurídicos brasileiro e inglês. Belo Horizonte: Fórum, 2019. p. 75.

11. TEIXEIRA, Ana Carolina Brochado; KONDER, Carlos Nelson. O enquadramento dos bens digitais sob o perfil funcional das situações jurídicas. *In*: TEIXEIRA, Ana Carolina Brochado; LEAL, Livia Teixeira (Coord.). *Herança digital*: controvérsias e alternativas. Indaiatuba: Foco, 2021. p. 29.

12. ZAMPIER, Bruno. *Bens digitais*: cybercultura, redes sociais, e-mails, músicas, livros, milhas aéreas, moedas virtuais. 2. ed. Indaiatuba: Foco, 2021. p. 64.

13. TEIXEIRA, Ana Carolina Brochado; LEAL, Livia Teixeira. Tutela jurídica dos bens digitais ante os regimes de bens comunheiros. *In*: EHRHARDT JÚNIOR, Marcos; CATALAN, Marcos; MALHEIROS, Pablo (Coord.). *Direito civil e tecnologia*. Belo Horizonte: Fórum, 2020. p. 336-337.

Diante desses parâmetros, podemos conceituar bem digital como patrimônio imaterial útil que resulta da geração ou inserção de informações, conteúdos ou dados na internet, tornando-se bem incorpóreo de interesse econômico e/ou existencial para quem o detém.

Ao lado da questão da conceituação, faz-se necessária a categorização dos bens digitais. É fato que categorizar faz parte da atividade humana desde os primórdios da humanidade. É, aliás, característica essencialmente do *homo sapiens*, situação que não só permitiu avanço da espécie, como, ao que tudo indica, permitiu que não fosse extinta. Ao categorizar algo, por exemplo, o homem primitivo tinha condições de saber se era a ele positivo (como um alimento), ou prejudicial (como algo venenoso), além de facilitar seu processo de compreensão e análise:

> A mente inconsciente transforma diferenças difusas e nuances sutis em distinções nítidas. Seu objetivo é apagar detalhes irrelevantes enquanto mantém a informação importante. Quando isso é feito de uma forma bem-sucedida, nós simplificamos nosso ambiente e tornamos a navegação mais fácil e rápida. Quando isso não é feito da forma adequada, distorcemos nossas percepções, às vezes com resultados prejudiciais para os outros ou até para nós mesmos.[14]

Assim é que a efetiva categorização será também de extrema valia e de imprescindível importância para que possamos seguir no nebuloso campo que envolve a discussão sobre o tema. E isto porque será justamente a caracterização desse patrimônio que permitirá pensarmos na existência ou não de limitadores à sua fruição e disponibilidade.

Aliás, nota-se na doutrina que as conceituações são diversas, mas as categorizações acabam se assemelhando ao dividir os bens digitais preponderantemente em três categorias: bens digitais *existenciais*, bens digitais *patrimoniais* e bens digitais de caráter dúplice, que convencionamos chamar neste estudo de bens digitais *híbridos*.

Acaba, por fim, que a categorização dos bens digitais (existentes no plano virtual) assemelha-se bastante à categorização dos bens existentes no plano material, de modo que a definição trazida por Heloísa Helena Barboza em todo se presta a definir também a categorização que ora se está a fazer no mundo virtual:

> os bens são patrimoniais ou não patrimoniais. Normalmente, o enquadramento se dá conforme o interesse: abrindo ou fechando uma categoria limitativa ou criando-se uma terceira categoria mais adaptada. Essa técnica, contudo, não esgota a diversidade de situações, na medida em que pressupõe que os conceitos jurídicos em questão são suscetíveis de se inserir sempre em uma distinção bipartida, o que nem sempre se verifica.[15]

---

14. MLODINOW, Leonard. *Subliminar*: como o inconsciente influencia nossas vidas. Tradução de Cláudio Carina. Rio de Janeiro: Zahar, 2014. p. 202.

15. Heloísa Helena Barboza, citada por MEIRELES, Rose Melo Venceslau. *Autonomia privada e dignidade humana*. Rio de Janeiro: Renovar, 2009. p. 52.

A TRANSMISSÃO OU DESTRUIÇÃO DE BENS DIGITAIS *HÍBRIDOS* **201**

Assim é que os bens digitais existenciais, como o próprio nome sugere, são os resultantes das informações, dados ou conteúdos criados ou inseridos em internet, com alguma utilidade, que possuam correlação direta com os direitos da personalidade de quem os titula. Exemplificativamente podemos dizer que são bens digitais existenciais as contas de mídia social não monetizadas, os aplicativos para captura e catalogação de fotografias, os perfis sociais para construção de identidade virtual, as conversas privadas trocadas em dispositivos de comunicação.

Vale ponderar que muito embora a tutela do *ter* seja de extrema importância ao direito brasileiro, especialmente ao direito civil, o vértice do ordenamento jurídico pátrio está no *ser*, quando se tem como valor máximo no sistema a tutela da pessoa humana, expresso no art. 1º, III, da Constituição da República.[16]

Tendo em vista que a tutela da existência e de todos os seus meandros se reveste de *status* constitucional, aqueles bens ligados aos direitos da personalidade, essencialmente aqueles listados no inc. X, do art. 5º, da Constituição Federal (intimidade, vida privada, honra e imagem das pessoas), terão proteção plena.

Deste modo, considerando o disposto no art. 6º do Código Civil, como a personalidade termina com a morte, natural, primeiro momento, concluirmos ser morte material coincidente com a morte virtual, levando à necessidade de destruição e apagamento de bens digitais exclusivamente existenciais, de modo que eles teriam, com o passamento do falecido, o mesmo fim de seu titular.

Faz muito sentido pensarmos assim quando consideramos haver bens digitais existenciais que não devem ser acessíveis a terceiros, mesmo sendo herdeiros ou legatários do morto:

> tem-se os bens digitais inacessíveis aos herdeiros, como conversas privadas em salas virtuais ou contas de e-mails, que devem resguardar a privacidade do morto. Muitas vezes nessas conversas surgem assuntos que o falecido não queria ver divulgação, a exemplo de relações amorosas ou relações comerciais duvidosas.[17]

Ocorre, todavia, que muitas vezes isso não acontece, havendo verdadeira relação de convivência de dados entre pessoas vivas e mortas, realidade a ser enfrentada pelo ser humano na utilização da rede, remodelando a sua própria forma de enxergar a finitude da vida.[18]

---

16. MEIRELES, Rose Melo Venceslau. *Autonomia privada e dignidade humana.* Rio de Janeiro: Renovar, 2009. p. 3.

17. GUILHERMINO, Everilda Brandão. Direito de acesso e herança digital. *In*: TEIXEIRA, Ana Carolina Brochado; LEAL, Livia Teixeira (Coord.). *Herança digital*: controvérsias e alternativas. Indaiatuba: Foco, 2021. p. 101.

18. LEAL, Livia Teixeira. *Internet e a morte do usuário*: propostas para o tratamento jurídico post mortem do conteúdo inserido na rede. 2. ed. Rio de Janeiro: GZ, 2020. p. 144.

Daí a importância da tutela plena e completa dos bens digitais existenciais. Nesse sentido, inclusive, tem andado o legislador ao propor projetos de lei que tutelam os bens existenciais pertencentes ao morto. O PL nº 410/21,[19] por exemplo, prevendo a inclusão do art. 10-A à Lei do Marco Civil da Internet, estabelece que os provedores de aplicações de internet devem excluir as respectivas contas de usuários brasileiros mortos imediatamente após a comprovação do óbito. Assim, em regra, todas as contas de usuários falecidos deverão ser excluídas, havendo a possibilidade de manutenção exclusivamente em caso de manifestação expressa da vontade do morto neste sentido.

Outro projeto legislativo existente sobre o assunto, o PL nº 1.144/21,[20] prevê a alteração do Código Civil para a inclusão do art. 1791-A (com definição de herança digital), prevendo expressamente que não se transmite aos herdeiros o conteúdo de mensagens privadas constantes de quaisquer espécies de aplicações de internet, tutelando a privacidade oriunda de bens existenciais, ressalvando, contudo, a transmissão em caso de uso das contas com finalidade exclusivamente econômica.

A tutela, portanto, quando se fala de bens digitais puramente existenciais é plena e a sua transmissão, em regra, não é possível. Os bens existenciais morrem com o falecido, sendo possível apenas a possibilidade de os sucessores protegerem os direitos de personalidade do *de cujus*.

Esse tem sido, inclusive, o entendimento em nossos tribunais. Em recente decisão do E. Tribunal de Justiça de São Paulo, uma mãe, após o falecimento de sua filha, vinha fazendo uso da página da jovem usando seu *login* e senha, mantendo livre acesso aos seus conteúdos privativos, como fotografias e mensagens, e ainda interagindo com os contatos da falecida. Tão logo a plataforma teve conhecimento do fato, excluiu o perfil de seus cadastros, impedindo o acesso dos familiares.

A genitora da falecida, assim, promoveu ação judicial para voltar a ter acesso à página, o que foi negado pelo Tribunal especialmente pelo fato de ter a usuária, quando fez seu cadastro na rede de relacionamento, optado pela exclusão da conta em caso de seu falecimento.[21]

---

19. Em tramitação na Câmara dos Deputados, tendo como último andamento remessa à Comissão de Ciência, Tecnologia, Comunicação e Informática em 04.11.2021. (Disponível em: https://www.camara. leg.br/propostas-legislativas/2270016).

20. Em tramitação perante a Câmara dos Deputados em conjunto com o PL nº 3050/20, tendo como última movimentação a remessa para a de Ciência, Tecnologia, Comunicação e Informática em 05.11.2021 (Disponível em: https://www.camara.leg.br/proposicoesWeb/fichadetramitacao?idProposicao=2275941).

21. "AÇÃO DE OBRIGAÇÃO DE FAZER E INDENIZAÇÃO POR DANOS MORAIS SENTENÇA DE IMPROCEDÊNCIA. EXCLUSÃO DE PERFIL DA FILHA DA AUTORA DE REDE SOCIAL (FACEBOOK) APÓS SUA MORTE. Questão disciplinada pelos termos de uso da plataforma, aos quais a usuária aderiu em vida. [...] Possibilidade do usuário optar pelo apagamento dos dados ou por transformar o perfil em 'memorial', transmitindo ou não a sua gestão a terceiros. Inviabilidade,

Parece-nos absolutamente acertada a decisão, mormente pelo respeito à vontade da falecida quanto à exclusão da conta e da completa ausência de valor patrimonial que justificasse a transferência do bem em questão para os herdeiros.

De fato, alguns direitos são personalíssimos e, portanto, intransmissíveis, extinguindo-se com a morte do titular, não sendo objeto de sucessão, não integrando o acervo sucessório por ele deixado.[22]

Já os bens digitais patrimoniais, por sua vez, são aqueles que guardam em si conteúdo estritamente econômico-financeiro, sem qualquer elemento ligado à personalidade de quem o possui. Neste campo, falamos, por exemplo, de moedas digitais e créditos em aplicativos virtuais. A sua natureza patrimonial, ainda que incorpórea, dá a tal patrimônio plena possibilidade de transmissão e disponibilidade, sendo simples compreender tal bem como mais um a ser acoplado à universalidade da herança.

O problema maior, quanto à conceituação e disponibilidade, reside nos bens digitais que tenham características existenciais, mas também valor patrimonial agregado. É que a dificuldade de aferição e determinação acerca de questões envolvendo bens digitais híbridos decorre da existência de variações, em bens aparentemente semelhantes (contas digitais pessoais, por exemplo), do conteúdo existencial e do patrimonial, sendo distinta para cada pessoa e dentro da dimensão de microcosmo de cada qual a proporcionalidade de cada característica.

Decorrerá deste fato, assim, a necessidade de pensarmos em alguma medida para justamente apontar dissociação entre partes desses bens, dissociando seus conteúdos num fracionamento – e eventual valorização – da parte patrimonial e existencial. Neste sentido se posiciona magistralmente Maici Barboza dos Santos Colombo:

> Nada obstante, determinadas situações decorrentes de direitos extrapatrimoniais não se mostram absolutamente incompatíveis com a transferência de seu exercício a terceiros. Para tanto, o primeiro critério vislumbrado pela doutrina atine aos reflexos patrimoniais das situações jurídicas existenciais, de modo que aqueles poderiam ser alienados por sucessão inter vivos ou causa mortis sem prejuízo à manutenção da titularidade do direito existencial do sucedido. Assim, os direitos patrimoniais de autor, por exemplo, podem ser cedidos em

---

contudo, de manutenção do acesso regular pelos familiares através de usuário e senha da titular falecida, pois a hipótese é vedada pela plataforma. Direito personalíssimo do usuário, não se transmitindo por herança no caso dos autos, eis que ausente qualquer conteúdo patrimonial dele oriundo. Ausência de ilicitude na conduta da apelada a ensejar responsabilização ou dano moral indenizável" (TJSP – 1119688-66.2019.8.26.0100).

22. LEAL, Livia Teixeira. Internet e morte do usuário: a necessária superação do paradigma da herança digital. *Revista Brasileira de Direito Civil – RBDCivil*, Belo Horizonte, v. 16, p. 181-197, abr./jun. 2018.

vida pelo seu titular ou podem ser transferidos aos seus herdeiros, o que não ocorre com o direito – extrapatrimonial – moral decorrente da autoria.[23]

A categoria à qual pertence o bem digital, não há dúvida, influenciará diretamente os eventuais limites a serem considerados quando se pensa na possibilidade de o planejador dispor de seu patrimônio em planejamento sucessório, seja na instrumentalização em vida, seja nas definições estabelecidas para depois do falecimento do dono do bem. De todos, pensamos ser os bens digitais híbridos os que apresentem maior complexidade e necessitem da imposição de limites na transferência.

4. LIMITES À VONTADE DO PLANEJADOR AO DISPOR DE BENS DIGITAIS HÍBRIDOS

Quando falamos em disponibilidade de bens digitais híbridos – imaginando, portanto, ação deliberada e consciente de seu titular para a transferência,[24] e não a transferência pura e simples pela *saisine* –, são decantadas duas situações distintas.

Na primeira delas, um pouco menos complexa, o falecido determina a transferência desse patrimônio a terceiro. Na segunda hipótese, mais sensível, o planejador pretende que os bens híbridos sejam imediatamente destruídos/ deletados após a sua morte, desconsiderando por completo o aspecto patrimonial agregado potencialmente ao bem, ainda que seja esse um valor significativo.

Imaginemos primeiramente a hipótese de transmissão. Nesse caso, o raciocínio nos parece fluir mais facilmente: respeitados os limites objetivos da legítima e a questão ligada à privacidade não só do *de cujus*, como também de terceiros que com ele tenham interagido, fica totalmente factível e possível dispor deste conteúdo e planejar acerca dele.

De fato, a privacidade é amplamente tutelada não só em vida, como também no pós-morte. A determinação legal nesse sentido é clara quando se lê, no art. 21 do Código Civil, que é inviolável a vida privada da pessoa natural, proteção esta que, fincada nos direitos da personalidade, é extensiva aos mortos (art. 12, parágrafo único do Código Civil):

---

23. COLOMBO, Maici Barboza dos Santos. Tutela póstuma dos direitos da personalidade e herança digital. *In*: TEIXEIRA, Ana Carolina Brochado; LEAL, Livia Teixeira (Coord.). *Herança digital*: controvérsias e alternativas. Indaiatuba: Foco, 2021. p. 115.

24. Pondere-se, por oportuno, que a autonomia privada também no contexto de planejamento sucessório precisa ser encarada em sua mais moderna tradução, que perpassa sempre sua análise associada sob o viés da dignidade e da responsabilidade, já que é somente com essa trilogia que será possível que cada pessoa construa, de fato, autonomia em todas as suas potencialidades (TEIXEIRA, Ana Carolina Brochado. Autonomia existencial. *In*: TEPEDINO, Gustavo; OLIVA, Milena Donato. *Teoria geral do direito civil*. Questões controvertidas. Belo Horizonte: Fórum, 2019. p. 159).

A vida privada tem um estatuto constitucional de *inviolabilidade*, como termo que se deferem as garantias individuais fundamentais do direito à vida, à liberdade, à igualdade, à segurança e à propriedade. Afirma o CF 5º X que *"são invioláveis a intimidade, a vida privada, a honra e a imagem das pessoas, assegurado o direito a indenização pelo dano material ou moral decorrente de sua violação".*[25]

A privacidade de terceiros também é uma questão de destaque. De fato, ainda que o planejador, de alguma maneira, abra mão da proteção de seus dados e mensagens quando da transferência de conteúdo híbrido, não se pode deixar de pontuar que é intransigível a tutela dos terceiros com quem eventualmente o morto tenha se comunicado em caráter privativo.

Como solução para a situação, parece-nos suficiente a proposta apontada por Ana Carolina Brochado Teixeira, que sugere a configuração de nova senha de acesso ao bem digital híbrido, permitindo a transferência do patrimônio, mas limitando o acesso dos herdeiros ao conteúdo sensível (neste ponto também nos valendo da premissa acadêmica no sentido de que os provedores sejam obrigados tecnicamente a acatar plenamente o determinado pelo planejador e o possam fazer).

Além da observância da questão atinente à privacidade do morto e de terceiros, há a intangibilidade da legítima. Como cediço, as disposições patrimoniais que envolvem e esbarram em questões sucessórias têm como verdadeiro limitador a legítima:

> A legítima consiste em limitação à liberdade de testar do autor da herança, que se verifica quando houver herdeiros que a lei – portanto, herdeiros legítimos – considera inafastáveis por ato de vontade imotivado do autor da herança: são eles os herdeiros necessários ou reservatários, assim considerados por manterem estreitos laços familiares com o falecido.[26]

Assim, quando do planejamento sucessório, não são possíveis transferências e previsões de transferências que, de algum modo, afrontem a reserva da legítima. Deste modo, partindo da premissa preestabelecida quanto à possibilidade de aferição do valor real do bem digital híbrido, torna-se possível avaliar ou não a transferência do bem de acordo com o seu posicionamento financeiro patrimonial *versus* legítima.

A problemática parece muito maior, no entanto, na questão da destruição do bem. Haverá, não restam dúvidas, relevante conflito entre pontos sensíveis e igualmente importantes, o que nos levará a uma análise mais profunda da temática.

---

25. NERY, Rosa Maria de Andrade. *Instituições de direito civil*. Direitos da personalidade (direitos da humanidade). São Paulo: Revista dos Tribunais, 2017. v. VII. p. 196.

26. TEIXEIRA, Daniele Chaves; COLOMBO, Maici Barboza dos Santos. Faz sentido a permanência do princípio da intangibilidade da legítima no ordenamento jurídico brasileiro? *In*: TEIXEIRA, Daniele Chaves (Coord.). *Arquitetura do planejamento sucessório*. 2. ed. Belo Horizonte: Fórum, 2019. p. 159.

Primeiramente, vamos imaginar uma listagem simples de todos os pontos favoráveis à possibilidade de destruição e todos os contrários, para que depois possamos fazer uma ponderação de valores e com isso apresentarmos uma conclusão que nos pareça mais acertada. Vejamos.

O acatamento pleno da vontade do planejador quanto à destruição do bem digital híbrido garantiria, não há como negar, a plena proteção aos elementos existenciais (privacidade de conteúdo sensível e mensagens íntimas, proteção à sua imagem etc.).

Neste ponto da imagem é preciso que façamos uma importante distinção entre pessoa anônima e pessoa pública e notória. Pessoa pública é aquela cuja obra tenha alcançado uma projeção que a torne reconhecida socialmente. Significa dizer que a pessoa possui uma imagem pública.[27]

Para essas pessoas, o entendimento é no sentido de que o direito à privacidade é mitigado em razão da exposição da imagem. Essa mitigação fica ainda mais evidente quando tratamos de figuras públicas voluntárias, assim entendidas aquelas que obtiveram fama e são reconhecidas em decorrência de sua atividade e por atos deliberados. Quer nos parecer ser estas pessoas as titulares de bem digital *híbrido*, com preponderância patrimonial sobre a existencial.

De fato, o que faz um bem digital híbrido ser monetizado, muitas vezes, é o poder de persuasão e influência que a pessoa que está por trás dele tem consigo. Desse modo, de todo improvável que uma pessoa sem notoriedade em seu meio seja capaz de monetizar algo ligado aos seus direitos de personalidade.

O entendimento quanto ao direito à privacidade dessas pessoas tem sido no sentido de que, em razão da exposição voluntária, há evidente diminuição à proteção constitucional que o tema merece. Parece acertado algum estreitamento da proteção, até mesmo porque, em se tratando de internet, a exposição acaba por afastar aquele caráter mais intimista e protegido que outrora existiu:

> A barreira física dos portões fechados não é mais suficiente para fornecer a tutela plena das relações íntimas. A ideia de que a vida privada encontra guarida intra muros torna-se insípida e desatualizada a partir do momento em que o advento da internet e de todas as interações permitidas por ela trouxeram o campo das relações sociais para o interior do lar, levando a uma demolição das fronteiras espaciais da privacidade (tal qual concebidas por Warren e Brandeis), ou, quando ao menos, exigindo sua reestruturação.[28]

---

27. BARBOSA, Fernanda Nunes. *Biografias e liberdade de expressão*. Critérios para a publicação de histórias de vida. Porto Alegre: Arquipélago Editorial, 2016. p. 241.

28. LACERDA, L. A. C. B. de; FILPO, K. P. L. Proteção do direito à vida privada na sociedade da hiperexposição: paradoxos e limitações empíricas. *Civilistica.com*, v. 7, n. 1, p. 1-31, 5 maio 2018.

Ainda assim, mesmo quando falamos de pessoas públicas, temos que ponderar o direito que o planejador, mesmo sendo pessoa pública e conhecida, tenha de ser esquecido. Não há como negarmos que, em se tratando de vida virtual e era da exposição, o direito ao esquecimento apresenta-se como uma das principais ferramentas jurídicas para o exercício da privacidade na sociedade contemporânea.[29]

De alguma maneira, pode o planejador compreender que a sua exposição só faz sentido se for contemporânea à sua existência. Para ele, assim, partindo deste mundo, é razoável que sua imagem e as questões ligadas à sua vida exposta na rede também se retirem do plano. É legítimo, mesmo que pareça um tanto quanto incompreensível diante da exposição existente em vida, que o ordenamento jurídico tutele tal vontade como desdobramento direto do direito ao esquecimento.

Para compreensão do tema, podemos pensar num paralelo à vontade do autor quanto à destruição ou não publicação de obras literárias inéditas. Ainda que num primeiro momento possa parecer uma vontade um tanto quanto egoísta do autor, não se pode negar que é manifestação de vontade legítima, mormente quando se pensa na profundidade e complexidade de todos os elementos ligados aos direitos da personalidade: "Em linhas gerais, sob a perspectiva do autor da obra, a restrição testamentária quanto à forma de utilização post mortem da obra pelos seus sucessores é legítima, como expressão da tutela da personalidade".[30]

O fato é que, não raras vezes, os bens digitais híbridos – especialmente aqueles em que há exploração constante da imagem e vida privada de seu detentor – carregam consigo valor patrimonial bastante significativo, muitas vezes atrelado ao poder de persuasão e força do conteúdo criado a partir do próprio usuário (como é o caso da conta digital associada a número sem fim de seguidores e capacidade de monetização do perfil).

Haverá, nesses casos, evidente dilema quanto à determinação de exclusão. E isso porque a herança carrega em si elementos atrelados não só ao princípio da solidariedade, como também à função social da propriedade.

De fato, nos termos o art. 5º, inc. XXX, da Constituição Federal, a herança possui função social, pois valoriza a propriedade e o interesse individual na formação e avanço patrimonial, estimulando a poupança e o desempenho pessoal

---

29. EHRHARDT JR., Marcos; ACIOLI, Bruno de Lima. Privacidade e os desafios de sua compreensão contemporânea: do direito de ser deixado em paz ao direito ao esquecimento. *In*: TEPEDINO, Gustavo; MENEZES, Joyceane Bezerra de. *Autonomia privada, liberdade existencial e direitos fundamentais*. Belo Horizonte: Fórum, 2019. p. 163.

30. TEPEDINO, Gustavo; OLIVEIRA, Camila Helena Melchior Baptista de. Streaming e herança digital. *In*: TEIXEIRA, Ana Carolina Brochado; LEAL, Livia Teixeira (Coord.). *Herança digital*: controvérsias e alternativas. Indaiatuba: Foco, 2021. p. 78.

no progresso econômico, fatos que, direta ou indiretamente, propulsionam o desenvolvimento da própria sociedade.[31]

Diante dessa circunstância, permitir a destruição de bem digital híbrido significa, de certa maneira, ferir a função social que traz consigo o bem e a herança, de modo que se porá fim a riqueza amealhada pelo morto para tutelar sua vontade.

A questão parece mais clara ao transportarmos a situação para bens materiais. Imaginemos que Pablo Picasso, que por ocasião de sua morte deixou 45 mil obras de arte, estabelecesse em seu testamento a vontade explícita de que toda a sua produção artística fosse imediatamente queimada quando de seu passamento, afirmando que aquelas obras retratam suas angústias e aflições e, por esse motivo, têm elementos de sua personalidade nelas impressas.

Podemos até admitir que as obras, de alguma maneira, tenham elementos existenciais do artista, mas o relevante valor patrimonial levaria ao certeiro questionamento sobre a possibilidade ou não de destruição desse patrimônio.

Da mesma forma ocorre com os bens digitais híbridos: ainda que contenham elementos existenciais, parece bastante complexa a permissão da destruição pura e simples, com comprometimento patrimonial do que se transmitirá aos herdeiros, especialmente pensando na obrigatoriedade de observância da legítima.

Pensar o contrário é desconsiderar por completo não só a função social da herança e o princípio da solidariedade, mas também que o direito sucessório precisa ser considerado exaltando os valores da dignidade da pessoa humana, para assegurar a destinação dos bens em função da dignidade, segurança e solidariedade.[32]

Fica claro, assim, que se fará imprescindível a dissociação e o fracionamento dos conteúdos (existenciais e patrimoniais) quando se falar na disponibilidade e destruição de bens digitais híbridos, de modo que se possa, num juízo de ponderação, analisar até que ponto o bem pode ou não ser objeto da vontade plena e ilimitada do planejador.

De fato, se a tutela da vontade do planejador de resguardar seu direito personalíssimo se faz com a destruição do patrimônio digital híbrido e essa vontade, de alguma maneira, extrapola os limites que garantam a observância dos pontos acima, parece existir e estar aí o limite.

---

31. CAHALI, Francisco José; HIRONAKA, Giselda Maria Fernandes Novaes. *Direito das sucessões*. 5. ed. São Paulo: Revista dos Tribunais, 2014. p. 25.

32. TEPEDINO, Gustavo; NEVARES, Ana Luiza Maia; MEIRELES, Rose Melo Vencelau. *Fundamentos do direito civil*. Direito das sucessões. Rio de Janeiro: Forense, 2020. v. 7. p. 12.

A TRANSMISSÃO OU DESTRUIÇÃO DE BENS DIGITAIS *HÍBRIDOS* **209**

Mas presente deve estar, também, a cindibilidade do conteúdo, de tal forma a afastar da transmissão aquela parcela estritamente contida na esfera personalíssima, sem conteúdo econômico ou patrimonial puro.

5. CONSIDERAÇÕES FINAIS

A morte é um momento que, a despeito de ser certo, ainda nos apavora e intriga. Todo ser humano já se perguntou (ou irá se perguntar): o que acontece quando partimos daquilo que conhecemos como vida?

Por ser assunto tão desconhecido e intrigante, tudo que se relaciona à morte traz inquietações, estigmas e aflições. Por temer a morte sobremaneira, o ser humano não só evita pensar nela, como busca, há muito, formas de prolongar a sua existência e a permanência neste plano eternamente.

De fato, a busca pela vida eterna é algo que fascina o ser humano. Manuscritos revelados na década de 30 do século passado dão conta de que o físico e matemático britânico Isaac Newton (1643-1727), em suas pesquisas paralelas, buscava elementos químicos que pudessem ajudá-lo a criar a pedra filosofal, lendária substância da alquimia da Idade Média, que serviria como remédio contra todos os males físicos e morais, além de conter os segredos do rejuvenescimento, o elixir da vida e a imortalidade.

Muito embora ainda não se tenha conseguido êxito na busca pela imortalidade física, o ser humano já conseguiu desenvolver meios de sobreviver, ao menos virtualmente, por muitos e muitos anos (quiçá pela eternidade).

De fato, o que parecia a concretização de um sonho pode ter virado verdadeiro pesadelo: será que todos, sem exceção, querem viver eternamente e não ser esquecidos? E quando esse meio de manutenção de *vida eterna* advier, justamente, de um bem que possa, além de trazer aspectos existenciais, agregar rentabilidade para eventuais herdeiros?

Concluímos que, diante de um bem que funde elementos existenciais e patrimoniais em si, seja legítimo e compreensível que o planejador deseje a sua transferência ou a sua destruição e seu apagamento.

Todavia, como isso pode impactar financeiramente o legado que o morto deixar para transferir aos seus herdeiros, também é legítimo que esses herdeiros, invocando o princípio da solidariedade, da função social da herança e da necessidade de observância da legítima, se oponham à destruição do bem, exigindo que a continuidade da vida, ainda que no plano digital, se perpetue.

Concluímos, portanto, que em certa medida, quanto aos bens digitais híbridos, chegará um momento em que será necessário avaliar quais dos aspectos (existencial ou patrimonial) precisará ter a tutela um tanto flexibilizada. Considerando o alargamento do viés existencial quase que se confundindo com o viés patrimonial feito pelo próprio usuário, talvez a opção do julgador tenha que ser tutelar os princípios da solidariedade, a função social da herança e a inatingível legítima, não permitindo que o desiderato de destruição do bem seja concretizado. E não se afaste a ideia de cindibilidade de conteúdo, quando possível, como forma de facilitar o direcionamento da questão.

O caminho é longo, as discussões são muitas, mas de algo se tem certeza: entrar na rede pode ser um caminho sem volta. Um caminho para a imortalidade, ainda que essa não seja a imortalidade há muito desejada.

6. REFERÊNCIAS

ANDRADE, Gustavo Henrique Baptista. *O direito de herança e a liberdade de testar*: um estudo comparado entre os sistemas jurídicos brasileiro e inglês. Belo Horizonte: Fórum, 2019.

BARBOSA, Fernanda Nunes. *Biografias e liberdade de expressão*. Critérios para a publicação de histórias de vida. Porto Alegre: Arquipélago Editorial, 2016.

CAHALI, Francisco José; HIRONAKA, Giselda Maria Fernandes Novaes. *Direito das sucessões*. 5. ed. São Paulo: Revista dos Tribunais, 2014.

CASTRO, Mariangela. Eduardo Saverin ultrapassa Jorge Lemann e se torna brasileiro mais rico do mundo. *Forbes*, 5 jul. 2021. Disponível em: https://forbes.com.br/negocios/2021/07/eduardo--saverin-ultrapassa-jorge-lemann-e-se-torna-brasileiro-mais-rico-do-mundo/. Acesso em: 12 jul. 2021.

COLOMBO, Maici Barboza dos Santos. Tutela póstuma dos direitos da personalidade e herança digital. In: TEIXEIRA, Ana Carolina Brochado; LEAL, Livia Teixeira (Coord.). *Herança digital*: controvérsias e alternativas. Indaiatuba: Foco, 2021.

DOLAN, Kerry A.; WANG, Jennifer; PETERSON-WITHORN, Chase (Ed.). Forbes – World's billionaires list. The Richest in 2021. *Forbes*, 2021. Disponível em: https://www.forbes.com/billionaires/. Acesso em: 3 jun. 2021.

EHRHARDT JR., Marcos; ACIOLI, Bruno de Lima. Privacidade e os desafios de sua compreensão contemporânea: do direito de ser deixado em paz ao direito ao esquecimento. In: TEPEDINO, Gustavo; MENEZES, Joyceane Bezerra de. *Autonomia privada, liberdade existencial e direitos fundamentais*. Belo Horizonte: Fórum, 2019.

GUILHERMINO, Everilda Brandão. Direito de acesso e herança digital. *In*: TEIXEIRA, Ana Carolina Brochado; LEAL, Livia Teixeira (Coord.). *Herança digital*: controvérsias e alternativas. Indaiatuba: Foco, 2021.

GUILHERMINO, Everilda Brandão. Para novos bens, um novo direito sucessório. *In*: TEIXEIRA, Daniele Chaves (Coord.). *Arquitetura do planejamento sucessório*. Belo Horizonte: Fórum, 2020. t. II.

HOMEM, Maria. *Lupa da alma*. Quarentena-revelação. Luto e morte: a sua e a minha. São Paulo: Todavia, 2020. *E-book*.

HONORATO, Gabriel; LEAL, Livia Teixeira. Exploração econômica de perfis de pessoas falecidas: reflexões jurídicas a partir do caso Gugu Liberato. *Revista Brasileira de Direito Civil – RBDCivil*, Belo Horizonte, ano 4, v. 23, jan./mar. 2020.

LACERDA, L. A. C. B. de; FILPO, K. P. L. Proteção do direito à vida privada na sociedade da hiperexposição: paradoxos e limitações empíricas. *Civilistica.com*, v. 7, n. 1, p. 1-31, 5 maio 2018.

LEAL, Livia Teixeira. Internet e morte do usuário: a necessária superação do paradigma da herança digital. *Revista Brasileira de Direito Civil – RBDCivil*, Belo Horizonte, v. 16, p. 181-197, abr./jun. 2018.

LEAL, Livia Teixeira. *Internet e a morte do usuário*: propostas para o tratamento jurídico post mortem do conteúdo inserido na rede. 2. ed. Rio de Janeiro: GZ, 2020.

LOBO, Paulo. *Direito civil – Sucessões*. 3. ed. São Paulo: Saraiva, 2016.

MEIRELES, Rose Melo Venceslau. *Autonomia privada e dignidade humana*. Rio de Janeiro: Renovar, 2009.

MLODINOW, Leonard. *Subliminar*: como o inconsciente influencia nossas vidas. Tradução de Cláudio Carina. Rio de Janeiro: Zahar, 2014.

NERY, Rosa Maria de Andrade. *Instituições de direito civil*. Direitos da personalidade (direitos da humanidade). São Paulo: Revista dos Tribunais, 2017. v. VII.

NERY, Rosa Maria de Andrade. *Instituições de direito civil*. Teoria geral do direito de sucessões – Processo judicial e extrajudicial de inventário. São Paulo: Revista dos Tribunais, 2017. v. VI.

NEVARES, Ana Luiza Maia; XAVIER, Marília Pedroso; MARZAGÃO, Silvia Felipe. *Coronavírus*: impactos no direito de família e sucessões. Indaiatuba: Foco, 2020.

NEVARES, Ana Luiza Maia. Testamento virtual: ponderações sobre a herança digital e o futuro do testamento. *Civilistica.com*, v. 10, n. 1, p. 1-20, 2 maio 2021.

TEIXEIRA, Ana Carolina Brochado. Autonomia existencial. *In*: TEPEDINO, Gustavo; OLIVA, Milena Donato. *Teoria geral do direito civil*. Questões controvertidas. Belo Horizonte: Fórum, 2019.

TEIXEIRA, Ana Carolina Brochado; LEAL, Livia Teixeira. Tutela jurídica dos bens digitais ante os regimes de bens comunheiros. In: EHRHARDT JÚNIOR, Marcos; CATALAN, Marcos; MALHEIROS, Pablo (Coord.). *Direito civil e tecnologia*. Belo Horizonte: Fórum, 2020.

TEIXEIRA, Ana Carolina Brochado; KONDER, Carlos Nelson. O enquadramento dos bens digitais sob o perfil funcional das situações jurídicas. *In*: TEIXEIRA, Ana Carolina Brochado; LEAL, Livia Teixeira (Coord.). *Herança digital*: controvérsias e alternativas. Indaiatuba: Foco, 2021.

TEIXEIRA, Daniele Chaves. Noções prévias do direito das sucessões: sociedade, funcionalização e planejamento sucessório. *In*: TEIXEIRA, Daniele Chaves (Coord.). *Arquitetura do planejamento sucessório*. Belo Horizonte: Fórum, 2019.

TEIXEIRA, Daniele Chaves; COLOMBO, Maici Barboza dos Santos. Faz sentido a permanência do princípio da intangibilidade da legítima no ordenamento jurídico brasileiro? *In*: TEIXEIRA, Daniele Chaves (Coord.). *Arquitetura do planejamento sucessório*. 2. ed. Belo Horizonte: Fórum, 2019.

TEPEDINO, Gustavo; NEVARES, Ana Luiza Maia; MEIRELES, Rose Melo Vencelau. *Fundamentos do direito civil*. Direito das sucessões. Rio de Janeiro: Forense, 2020. v. 7.

TEPEDINO, Gustavo; OLIVEIRA, Camila Helena Melchior Baptista de. Streaming e herança digital. *In*: TEIXEIRA, Ana Carolina Brochado; LEAL, Livia Teixeira (Coord.). *Herança digital*: controvérsias e alternativas. Indaiatuba: Foco, 2021.

ZAMPIER, Bruno. *Bens digitais*: cybercultura, redes sociais, e-mails, músicas, livros, milhas aéreas, moedas virtuais. 2. ed. Indaiatuba: Foco, 2021.

HERANÇA DIGITAL NOS TRIBUNAIS – UMA ANÁLISE DO DIREITO À PRIVACIDADE E DA PRESERVAÇÃO DA IMAGEM

Patrícia Corrêa Sanches

Advogada. Doutora em Ciências Jurídicas e Sociais. Docente na Escola da Magistratura do Tribunal de Justiça do Estado do Rio de Janeiro – EMERJ, e nos Cursos de Pós-Graduação do IBDFAM e ESA-SP. Presidente da Comissão Nacional de Família e Tecnologia do IBDFAM. Coordenadora e coautora do livro Direito das Famílias e Sucessões na Era Digital.

Sumário: 1. Internet e impacto social – 2. Todo bem digital pode ser herdado? – 3. Análise dos julgados à luz do direito à privacidade e da preservação da imagem; 3.1. Decisões do tribunal de Berlim e da Suprema Corte da Alemanha; 3.2. Decisão do Tribunal de Milão-Itália – 4. Direito à privacidade e à preservação da imagem – 5. Conclusão – 6. Referências.

1. INTERNET E IMPACTO SOCIAL

Os impactos da tecnologia nas relações sociais e familiares são constantes e vem de muito tempo. Ao longo dos séculos a tecnologia se faz presente, desde a pré-história com as engenhosidades do fogo e das ferramentas de pedra; no século XIX, com a locomotiva e o barco à vapor; no século XX com o rádio, o avião, o computador – a tecnologia constitui uma parte significativa no desenvolvimento da sociedade como a vemos hoje. Se ao longo dos séculos o crescimento incremental foi linear, atualmente as tecnologias crescem exponencialmente, multiplicando-se e nos envolvendo de forma irreversível no ritmo acelerado da era digital. As inovações tecnológicas são indissociáveis da vida humana.

A interação social e familiar com a tecnologia foi sensivelmente impactada com o advento da internet – o sistema global de redes de computadores interligados, que permite compartilhamento instantâneo de dados entre bilhões de dispositivos conectados ao redor do mundo. A tecnologia da internet, também, está em evolução exponencial, especialmente com o advento da internet das coisas – já partindo para sua terceira geração.

No início da década de 1990, a internet passou a ser acessível à sociedade, seja nas empresas ou nas casas de milhares de pessoas, através da conexão "www" – world wide web. Foi denominada de Internet 1.0 – o que, naquele momento, permitia aos usuários realizarem pesquisas sobre as informações que eram prestadas na grande rede, alimentada pelas empresas que operavam os sistemas. Nota-se que ainda não havia interação com a informação e nem interações globais. Foi a época em que surgiram as comunicações ponto a ponto, como o ICQ e o MSN. O armazenamento somente era possível em discos físicos: em rolos, fitas cassetes, evoluindo aos disquetes 5 ¼, depois para disquetes 3.5", CDs e *pendrives*. A navegação era possível através do "Internet Explorer" da Microsoft, do Navigator da Netscape e, posteriormente, o Safari da Apple.

A explosão das redes sociais, no início dos anos 2000, foi o marco inicial da internet 2.0, propiciando o manejo interativo dos usuários com a internet. Diferente da era anterior, com a alta conectividade, a internet passou a oferecer múltiplas vias de interação, onde as pessoas recebem e fornecem conteúdos – seja por escrito, fotos ou vídeos – em tempo real, criando um mundo alternativo às tradicionais agências de informações e redes televisivas, seja através do Youtube, Facebook, Instagram, TikTok, entre outras redes sociais. A incontável produção de conteúdos digitais, públicos e privados, gerados a todo instante, passou a ser armazenada nessas próprias plataformas, ou no armazenamento em nuvens como Google Drive, OneDrive, Dropbox, iCloud da Apple, Samsung Account, dentre outros.

A internet 3.0, embora já existente, ainda se encontra em desenvolvimento, com o diferencial na descentralização da rede.

Nesse contexto de mundo conectado e interativo, acumulam-se as criações digitais – bilhões de fotos clicadas nas mais diversas situações cotidianas, assim como vídeos, escritos, obras de artes – todos nascidos digitalmente, ou assim transformados pelo processo de digitalização, dados que, atualmente, encontram-se armazenados em meios magnético, ótico e, especialmente, eletrônico.

Assim, as informações, as fotos, os vídeos, os escritos, conteúdo de e-mails, documentos, perfis e avatares, dentre outros tipos de arquivos armazenados digitalmente, compõem o acervo digital pertencente a seu titular. Nas palavras de Aline de Miranda Valverde Terra, Milena Donato Oliva e Filipe Medon:

> O acervo digital é armazenado de forma eletrônica, sendo possível, por tal razão, estar em mais de um local ao mesmo tempo, no todo ou em parte: simultaneamente na nuvem, no *laptop*, no *desktop*, no celular, no *tablet*, no *pen drive* etc. Em qualquer caso, tem-se a aquisição de espaço, pelo titular, para guardar seus documentos e bens eletrônicos.[1]

As consequências jurídicas do direito de propriedade sobre os bens digitais armazenados no meio eletrônico, clamam por novas proposições do Direito. Nesse

---

1. TERRA, Aline de Miranda Valverde. OLIVA, Milena Donato e MEDON, Filipe. Acervo digital: controvérsias quanto à sucessão *causa mortis*. *In* Herança Digital, controvérsias e Alternativas. Coord. Ana Carolina Brochado Teixeira e Livia Teixeira Leal. Indaiatuba: editora Foco, 2021, p. 56.

contexto, a doutrina está surgindo e a jurisprudência começa a ser formada em meio a muitas controvérsias.

As principais controvérsias enfrentadas pelos Tribunais são quanto à definição dos bens digitais, e quanto ao bem digital ser passível de integrar uma herança a ser partilhada entre herdeiros.

2. TODO BEM DIGITAL PODE SER HERDADO?

A primeira das análises a ser realizada refere-se à natureza jurídica dos bens passíveis de serem herdados, que passou a chamar a atenção dos doutrinadores com a proliferação dos bens digitais e os debates sobre a personalidade no *post-mortem*.

Todo o acervo digital deixado pela pessoa falecida deve ser considerado como herança? A pessoa falecida mantém o direito à preservação de sua intimidade e imagem? As respostas devem ser conjugadas para o deslinde da questão.

Primeiramente, importante lembrar que fotos, vídeos, e-mails, escritos, perfis em redes sociais, perfis em aplicativos de relacionamentos, obras de arte digitais, arquivos guardados em nuvens, milhas aéreas, criptomoedas...todos são bens digitais.

Agora imagine que uma pessoa, na preservação de sua intimidade e vida privada, tenha fotos e vídeos particulares, íntimos, armazenados em um serviço de nuvem (como iCloud, Google Fotos, Dropbox, OneDrive...) guardados por senha. No momento de seu falecimento, esse acervo transmite-se automaticamente aos herdeiros? A questão é: todo o bem digital é passível de ser herdado?

Para desvendar a problemática precisamos voltar à origem, verificarmos o bem em si – antes de nos preocuparmos se digital ou não. Até o momento do surgimento dessas discussões referentes aos bens digitais, qual ou quais os bens que integram/integravam uma partilha entre os herdeiros? A resposta nos surge quase que automaticamente: os bens de caráter patrimonial. Assim, até aqui, conseguimos traçar duas categorias de bens: o de caráter patrimonial, e o de caráter não patrimonial – denominado de acervo moral ou existencial. O conceito de herança está bem descrito por Rafael Calmon, em esclarecedor artigo sobre partilha e sucessão hereditária de bens digitais:

> Conceitualmente, herança é um patrimônio. E, patrimônio, como se sabe, significa o complexo de relações jurídicas de conteúdo econômico, titularizado por uma pessoa, isto é, o conjunto de bens jurídicos a ela pertencentes.[2]

---

2. CALMON, Rafael. Partilha e sucessão hereditária de bens digitais: muito mais perguntas que respostas. In: SANCHES, Patrícia Corrêa (Coord). *Direito das Famílias e Sucessões na Era Digital*. Belo Horizonte: Editora IBDFAM, 2021, p. 584.

Em primeiro, os bens digitais que não possuam caráter patrimonial não devem integrar uma partilha de bens entre os herdeiros. Em segundo e, talvez, a principal das considerações, é quanto à preservação da intimidade e da imagem da pessoa falecida. Portanto, não se tem como acessar um bem digital de caráter não patrimonial e guardado por senha, sem desrespeitar o direito fundamental da preservação da intimidade, da vida privada e da imagem.

A questão-chave, agora, é verificarmos se a intimidade e a imagem devem ser preservadas mesmo com o advento da morte da pessoa titular desses direitos fundamentais, devendo ser considerado que:

> Morrer não é inexistir, pois um fato inexistente não pode ser considerado na órbita do ordenamento jurídico, porquanto seus efeitos seriam considerados nulos.
>
> Morrer é interromper o iter existencial – quando interrompe a existência – veja, não se anula, apenas a interrompe. Se assim não o fosse, nenhum efeito aquela existência poderia gerar nas relações jurídicas, vez que seria considerado um fato inexistente – e é exatamente nesse ponto que iremos nos ater mais adiante.
>
> (...)
>
> Podemos concluir, portanto, que a morte faz reverberar, nas vidas que continuam, os efeitos daquela personalidade que teve seu *status* jurídico alterado. O que efetivamente é cessado com a morte é o desenvolvimento da personalidade, mas não, a personalidade em si. A vida cessou, mas a projeção daquela personalidade continua a emanar sinais. É na vida que a personalidade encontrava seu campo de desenvolvimento. E na morte, o desenvolvimento atinge seu ápice e interrompe-se.[3]

Em vida é que se garantem os direitos no *post mortem*. Roberto Arribére defende "o direito de morrer dignamente"[4] – e ter a tranquilidade em saber que a intimidade e a imagem que foram preservadas durante a vida estejam asseguradas, pode ser traduzida em uma forma de morrer dignamente. Portanto, a *contrario sensu*, institucionalizar o acesso ao acervo moral da pessoa falecida, que estava resguardado por senha, tem potencial para atingir a intimidade e a imagem de quem não está presente para se defender– e existindo essa possibilidade, não se garante a tranquilidade, em vida, para um pós-morte digno.

Nas palavras de Maria Helena Diniz, a imagem é o conjunto de atributos cultivados pela pessoa e reconhecidos socialmente, no que denomina imagem-moral[5]. Diante dessa afirmação, conclui-se que a imagem é construída a partir

---

3. SANCHES, Patrícia Corrêa. Os desafios da proteção de dados e dos direitos da personalidade no *post mortem*. In: SANCHES, Patrícia Corrêa (Coord). *Direito das Famílias e Sucessões na Era Digital*. Belo Horizonte: Editora IBDFAM, 2021, p. 598 e 600.
4. ARRIBÉRE, Roberto. La Muerte, La Dignidad del Hombre Y La Eutanasia: un nuevo paradigma para el siglo XXI. In: ARRIBÉRE, Roberto (Coord). *Bioética y Derecho: Dilemas y paradigmas em siglo XXI*. Buenos Aires: Cathedra Jurídica, 2008, p. 349.
5. DINIZ, Maria Helena. *Curso de Direito Civil Brasileiro*, Vol. I, 24ª. ed. São Paulo, Saraiva, 2007, p. 129.

das informações que a pessoa escolhe deixar públicas – e, nesse sentido, desvendar o que se escolheu deixar privado, é vilipendiar garantias fundamentais como o direito à intimidade e o direito à imagem – alicerçados na dignidade, que é a quarta geração de direitos fundamentais, e que agrega direitos individuais e coletivos, que tornam possível a convivência em sociedade.

A questão envolvendo a preservação do que lhe é privado durante a existência recebeu seu primeiro escrito em 1890, quando Samuel Warren e Louis Brandeis publicaram na revista jurídica da Universidade de Harvard, o icônico artigo "The Right to Privacy"[6] – Direito à Privacidade, onde, já naquela época, defenderam tratar-se de um direito fundamental.

Especificamente quanto ao acesso à conta de e-mail deixada por uma pessoa falecida, é importante considerar que existe a interlocução de uma ou mais pessoas – e o direito ao sigilo das comunicações (art. 5º, XII da CF/88)[7] também é um direito fundamental, protegido constitucionalmente. Portanto, nesse caso, conceder acesso à conta de e-mail atinge o direito à privacidade, à intimidade e ao sigilo das comunicações.

Em obra recente, Heloisa Helena Barboza e Vitor Almeida, afirmam que a personalidade é um valor "que irradia um conjunto de atributos indispensáveis ao ser humano, como a honra e a intimidade, que constituem bem jurídicos em si mesmos, despendidos de seu titular, dignos de tutela privilegiada, os quais permeiam as relações do falecido para além das relações familiares."[8]

Diante dessa afirmação, a vontade da pessoa falecida gera reflexos para após a morte e precisa ser preservada, juntamente com os demais atributos de sua personalidade.

Embora seja o ideal, o planejamento sucessório, sobretudo deixado em testamento, não é uma prática comum, não apenas pelo tabu de enfrentar o assunto "morte", mas, também, pelas custas e taxas a serem pagas. Se assim não o fosse, bastava exigir que todos deixassem por escrito sua vontade para o pós-morte – incluindo a disposição e acesso a seu acervo digital, mas esta não é a realidade.

---

6. WARREN, Samuel. BRANDEIS, Louis. The Right to Privacy. In: Harvard Law Review. Disponível em <https://www.brandeis.edu/library/archives/exhibits/ldb-100/career/privacy.shtml>. Acesso em junho 2021.

7. "XII – é inviolável o sigilo da correspondência e das comunicações telegráficas, de dados e das comunicações telefônicas, salvo, no último caso, por ordem judicial, nas hipóteses e na forma que a lei estabelecer para fins de investigação criminal ou instrução processual penal;"

8. BARBOZA, Heloisa Helena. ALMEIDA, Vitor. Tecnologia, morte e direito: em busca de uma compreensão sistemática da "herança digital". In: BROCHADO, Ana Carolina. LEAL, Livia Teixeira (Coord). Herança Digital Controvérsias e Alternativas. Rio de Janeiro: Editora Foco, 2021, p. 12.

3. ANÁLISE DOS JULGADOS À LUZ DO DIREITO À PRIVACIDADE E DA PRESERVAÇÃO DA IMAGEM

Em meados de 2021, um pai acionou o Juizado Especial da Comarca de Santos/SP, em face da Apple, requerendo que a empresa fosse condenada na obrigação de fornecer a senha da "Apple ID" de seu falecido filho, o que permitiria acesso à nuvem de dados contendo fotos, vídeos e conversas, alegando que sua morte prematura havia deixado sequelas emocionais, que poderiam ser minimizadas com o acesso aos registros feitos pelo filho em família. A Apple contestou apenas para dizer ser impossível o fornecimento da senha – porém, poderia transferir todo acervo salvo, o que permitiria o acesso irrestrito ao requerente.

As discussões processuais envolvidas neste caso, especificamente, não são objeto desse artigo, porém, importante frisar que o objeto da causa é o acervo digital deixado por pessoa falecida. De nossa análise inicial, insta destacar que, pela natureza das alegações, o acervo de titularidade do filho falecido a que se tinha interesse não denota acervo patrimonial e, sim, acervo de caráter moral.

Na decisão, o magistrado salienta o caráter sentimental dos dados armazenados ao afirmar que:

> As circunstâncias que envolvem o caso estão devidamente comprovadas, notadamente o óbito do autor (fl. 5), restando claro o interesse de seus familiares no acesso aos dados armazenados por ele, *notadamente fotos e outros arquivos de valor sentimental, como últimas lembranças que possuem dele.*
>
> (grifo nosso).

E por que é um acervo moral? Porque as fotos, vídeos e conversas foram mantidas privadas pelo seu titular que, mesmo após a morte, por direito reflexo, tem o direito à preservação de sua privacidade e intimidade, além do direito à imagem – que foi construída até o derradeiro dia. Atualmente, as redes sociais são verdadeiros álbuns da vida pública de seus titulares – e possibilitam acesso a fotos, vídeos e escritos àqueles que fazem parte da rede de permissões – já o que não está acessível publicamente deve ser considerado de caráter privado e ser resguardado, em razão do direito fundamental à privacidade e à intimidade.

A sentença de primeiro grau concedeu o direito ao requerente, permitindo o acesso irrestrito ao acervo digital deixado na nuvem pelo filho falecido:

> Ante o exposto, JULGO PROCEDENTE o pedido inicial, determinando a expedição de alvará judicial ao autor, contendo autorização para que a requerida realize a transferência de dados da conta Apple ID utilizada pelo requerente falecido para o seu genitor, observando-se todos os requisitos informados pela requerida a fl. 46, devendo o autor prestar todas as informações necessárias, a fim de viabilizar o cumprimento da presente ordem judicial. (1020052-31.2021.8.26.0562 – 2ª. Vara do Juizado Especial Cível da Comarca de Santos/SP. Juiz de Direito Dr. Guilherme de Macedo Soares – decisão em 07/10/2021)

Outro julgado em sentido semelhante, ocorreu na Bahia, onde o juízo da 4ª. Vara Cível e Comercial da Comarca de Salvador, apesar de dar-se por materialmente incompetente, não deixou de asseverar seu entendimento de que a integralidade do acervo deixado, deve ser considerado herança:

> Trata-se de pedido de expedição de alvará judicial formulado por <resguardado> por meio do qual ela intenta ter acesso ao conteúdo armazenado no aparelho celular do seu falecido marido e também acesso ao conteúdo ligado à sua identidade na conhecida sociedade empresarial Apple.
>
> À falta de regulamentação específica na legislação brasileira a propósito dos dados e informações digitais deixados por alguém morto, deve-se aplicar o Código Civil e considerar tal acervo como herança.[9]

Tanto a doutrina quanto a legislação acerca da matéria, ao redor do mundo, dividem-se quanto ao entendimento sobre o acervo digital ser único e transmissível em sua totalidade entre herdeiros, ou quanto a possuir características distintas: patrimonial-transmissível e privado-moral-intransmissível.

> O processo de digitalização da economia levou à criação de novos objetos de circulação de riqueza, que receberam o nome comum – ativos digitais. Ao mesmo tempo, não há uma abordagem unificada para o entendimento dos ativos digitais na literatura atual. Como características mais importantes dos ativos digitais, uma forma "binária" de sua existência e a presença de valor real ou potencial são justamente apontadas. São esses recursos que são refletidos no próprio nome dos novos objetos de propriedade. No entanto, esses recursos não são suficientes para qualificar de forma inequívoca os objetos existentes na forma binária como ativos digitais. De acordo com a literatura, os ativos digitais incluem não apenas tokens e criptomoedas, Big Data, nomes de domínio e contas de mídia social, propriedade de jogos virtuais, mas também um conteúdo digital, ou seja, informações armazenadas em recursos da web (textos, arquivos de vídeo e áudio, gráficos imagens, animações etc.). Mas isso, em nossa opinião, nem sempre é razoável. A designação de qualquer objeto digital como um ativo digital é amplamente impulsionada pela definição legal de ativos digitais contida na Lei de Acesso Fiduciário Uniforme Revisado a Ativos Digitais (RUFADAA 2014).
>
> (...)
>
> O homem moderno possui um vasto arsenal de meios e plataformas que permitem a criação, aquisição e transferência de objetos de informação existentes na forma eletrônica ou binária. Do ponto de vista jurídico, esses objetos podem ser divididos em vários subgrupos para determinar as possibilidades de sucessão a respeito deles: 1) contas pessoais em redes sociais e sites de mídia digital (Spotify, Netflix), jogos virtuais multijogador, nomes de domínio; 2) conteúdo em páginas de mídia social (diários e publicações de fatos), um armazenamento em nuvem (músicas, vídeos, fotos etc., criados pelo próprio testador ou obtidos sob um contrato de licença), um software; 3) outros objetos digitais que estão em circulação nas plataformas digitais e cujo acesso está associado à necessidade de obtenção de login e senha (carteiras de criptomoedas, tokens etc. – ativos digitais em sentido estrito).[10]

---

9. Processo nº 8131143-26.2021.8.05.0001 – Tribunal de Justiça da Bahia – Comarca de Salvador.
10. KHARITONOVA, Julia S. Digital Assets and Digital Inheritance. Disponível em: https://ldt-journal.com/s123456780015732-6-1/. Acesso em abril de 2022. (tradução livre para o português).

Como descrito acima, a doutrinadora russa Julia Kharitonova expõe a dificuldade na regulação do acervo digital diante dos diferentes bens que compõem o mundo virtual, com características e funções diversas – o que, em um primeiro momento, pode não estar sendo considerado por parte da doutrina e legisladores mundo afora.

No entanto, consideremos, hipoteticamente, e apenas a título de exemplo que, no acervo armazenado em nuvem, de titularidade de uma pessoa falecida, tivessem fotos íntimas, escritos particulares, rede de amizades privadas, particularidades de terceiros que lhe foram confiadas – certamente, estaríamos diante de um desrespeito à privacidade do falecido e de terceiros que, porventura, tivessem suas imagens nas fotos e vídeos, além do desrespeito ao direito de preservação da imagem.

Nesse tocante, a 3ª Câmara Cível do Tribunal de Justiça de Minas Gerais, em entendimento oposto aos julgados trazidos anteriormente, negou provimento ao recurso interposto por uma herdeira que, também, pretendia acesso às contas de armazenamento da Apple de titularidade do falecido, nestes termos:

> EMENTA: AGRAVO DE INSTRUMENTO. INVENTÁRIO. HERANÇA DIGITAL. DESBLOQUEIO DE APARELHO PERTECENTE AO DE CUJUS. ACESSO ÀS INFORMAÇÕES PESSOAIS. DIREITO DA PERSONALIDADE. A herança defere-se como um todo unitário, o que inclui não só o patrimônio material do falecido, como também o imaterial, em que estão inseridos os bens digitais de vultosa valoração econômica, denominada herança digital. A autorização judicial para o acesso às informações privadas do usuário falecido deve ser concedida apenas nas hipóteses que houver relevância para o acesso de dados mantidos como sigilosos. Os direitos da personalidade são inerentes à pessoa humana, necessitando de proteção legal, porquanto intransmissíveis. A Constituição Federal consagrou, em seu artigo 5º, a proteção constitucional ao direito à intimidade. Recurso conhecido, mas não provido.
> (TJ-MG – AI: 10000211906755001 MG, Relator: Albergaria Costa, Data de Julgamento: 27/01/2022, Câmaras Cíveis / 3ª CÂMARA CÍVEL, Data de Publicação: 28/01/2022).

O entendimento foi pela preservação dos direitos da personalidade, portanto, intransmissíveis – afastando qualquer possibilidade de integrarem o acervo hereditário os bens digitais de caráter não patrimonial, ou seja, o acervo moral exclusivo do titular.

Nas hipóteses que tratam de acesso aos perfis em redes sociais de pessoas falecidas, algumas plataformas concedem ao titular o direito de informar o que pretende com seu perfil no advento da sua morte: transformar em memorial – onde a página do perfil informa o falecimento e permite que as fotos e vídeos continuem expostos; ou que seja concedido acesso à pessoa previamente designada para tal; ou que o perfil seja excluído com todo o seu acervo – como se nunca tivesse existido.

A 31ª. Câmara Cível do Tribunal de Justiça de São Paulo entendeu por legítima a escolha feita pela falecida titular do perfil no Facebook que, em vida, optou pela exclusão de seu perfil após a sua morte. No entanto, a mãe da falecida demandou em face da plataforma, tentando impedir que a vontade da filha fosse satisfeita – o que foi negado pelo Tribunal, também por entender ser um direito personalíssimo, não transmissível por herança:

> AÇÃO DE OBRIGAÇÃO DE FAZER E INDENIZAÇÃO POR DANOS MORAIS – SENTENÇA DE IM-PROCEDÊNCIA – EXCLUSÃO DE PERFIL DA FILHA DA AUTORA DE REDE SOCIAL (FACEBOOK) APÓS SUA MORTE – QUESTÃO DISCIPLINADA PELOS TERMOS DE USO DA PLATAFORMA, AOS QUAIS A USUÁRIA ADERIU EM VIDA – TERMOS DE SERVIÇO QUE NÃO PADECEM DE QUALQUER ILEGALIDADE OU ABUSIVIDADE NOS PONTOS ANALISADOS – possibilidade do usuário optar pelo apagamento dos dados ou por transformar o perfil em "memorial", transmitindo ou não a sua gestão a terceiros – inviabilidade, contudo, de manutenção do acesso regular pelos familiares através de usuário e senha da titular falecida, pois a hipótese é vedada pela plataforma – direito personalíssimo do usuário, não se transmitindo por herança no caso dos autos, eis que ausente qualquer conteúdo patrimonial dele oriundo – ausência de ilicitude na conduta da apelada a ensejar responsabilização ou dano moral indenizável – manutenção da sentença – recurso não provido.
> (TJ-SP – AC: 11196886620198260100 SP 1119688-66.2019.8.26.0100, Relator: Francisco Casconi, Data de Julgamento: 09/03/2021, 31ª Câmara de Direito Privado, Data de Publicação: 11/03/2021).

No citado caso, a mãe possuía as informações de usuário e a senha, passando a utilizar o perfil da filha falecida até que, em determinando momento, a plataforma excluiu a conta. No entendimento de ambos os juízos, de primeira e de segunda instâncias do Tribunal de São Paulo, o contrato celebrado entre a falecida e a plataforma não possuía qualquer irregularidade e, portanto, a exclusão do perfil foi legítima, atendendo à vontade da titular.

No relatório do julgado em fomento, o Desembargador Francisco Casconi, salienta que, na falta de legislação específica ao tema, devem ser utilizadas as regras constitucionais de proteção dos direitos da personalidade, conforme extraímos abaixo:

> A contenda, assim, deve ser dirimida à luz de dispositivos constitucionais e civilistas, gizada notadamente pelos direitos da personalidade e pelo princípio da autonomia da vontade, o que leva ao respeito da manifestação de vontade exarada pela titular da conta quando aderiu aos Termos de Serviço do Facebook.

3.1. Decisões do Tribunal de Berlim e da Suprema Corte da Alemanha

Um emblemático caso enfrentado pela Corte Alemã seguiu em direção oposta quanto ao direito dos parentes herdarem perfis em contas sociais de pessoas falecidas. A demanda estava cingida no reconhecimento do direito a uma mãe de acessar o perfil do Facebook da filha falecida aos 15 anos de idade, em 2012, atingida por um trem. Na hipótese, a mãe procurava dentre as fotos, vídeos, mensagens e demais escritos da filha, respostas quanto a ter sido um acidente ou suicídio.

PATRÍCIA CORRÊA SANCHES

Especificamente nesse caso, a mãe possuía o login e a senha da filha falecida, no entanto, o Facebook transformou a conta em memorial, o que impediu o acesso aos registros digitais guardados naquele provedor – impossibilitando a mãe de realizar a verificação a que se propunha.

A discussão levantada por esse processo é considerada um marco sobre a privacidade no pós-morte na Alemanha. A decisão em primeira instância da Corte Regional de Berlim ocorreu em 2015, concedendo acesso irrestrito à mãe da jovem falecida – entendendo que, inclusive os escritos privados e as mensagens trocadas entre a filha e terceiros eram passíveis de serem transmitidos por força da herança – visão ainda fortalecida pelo entendimento de que os pais são os guardiões da filha menor e, portanto, teriam o direito de investigar as mensagens enviadas e recebidas pela jovem.

No entanto, a Corte de Apelações de Berlim reverteu a decisão em 2017 – entendendo que os pais teriam direito à transferência do contrato celebrado entre a filha e o Facebook, mas não teriam o direito de acessar as comunicações realizada pela filha falecida, em razão do resguardo do sigilo das comunicações.

Em 2018, a Suprema Corte da Alemanha restabeleceu a decisão de primeira instância, para conceder aos pais o acesso irrestrito. Discorrendo sobre esse caso, Conrado Paulino da Rosa e Cíntia Burille, afirmam que:

> Para tanto, a Corte alemã parte da premissa de que a filha falecida e o Facebook celebraram um contrato consumerista, com a anuência dos seus representantes legais, no que tange à criação e uso de conta na referida rede social. Desse modo, se de acordo com a legislação alemã, o patrimônio como um todo é transmitido aos herdeiros, incluindo direitos e obrigações contratuais, o contrato de uso com o provedor em questão não estaria descoberto de tal previsão.[11]

Perante a legislação civil da Alemanha, o advento da morte transmite, instantaneamente, tudo o que é de propriedade da pessoa falecida aos herdeiros, e o entendimento da Corte daquele país entendeu que o direito da personalidade e o direito do sigilo das comunicações não se sobrepõem à transmissibilidade integral da herança. Sobre isso, explica Angelika Fuchs:

> O Tribunal sublinhou que o contrato de uso entre a filha do demandante e o Facebook foi transferido aos herdeiros por meio de sucessão universal. A sua hereditariedade não foi excluída por disposições contratuais. A natureza do contrato também não implicava que a relação contratual não fosse hereditária. Não foi o contrato com o Facebook que é de natureza altamente pessoal, mas sim o conteúdo da conta. No entanto, os pertences pessoais também são transferidos para os herdeiros: documentos como diários e cartas pessoais são herdados, e não há razão para tratar o conteúdo digital de forma diferente. Seria incoerente

---

11. ROSA, Conrado Paulino da. BURILLE, Cíntia. A regulação da herança digital: uma breve análise das experiências espanhola e alemã. In: BROCHADO, Ana Carolina. LEAL, Livia Teixeira (Coord). *Herança Digital Controvérsias e Alternativas*. Rio de Janeiro: Editora Foco, 2021, p. 251.

uma diferenciação consoante o conteúdo digital estivesse armazenado num suporte de armazenamento local, como um disco rígido ou um pendrive (e, assim, passado ao herdeiro sem mais delongas) ou se estivesse localizado nos servidores de um prestador de serviços.

Além disso, o Tribunal negou qualquer exclusão de hereditariedade com base nos direitos pessoais post-mortem do testador e nos direitos de personalidade de seus amigos do Facebook. O usuário de uma rede social sabia tão pouco quanto o redator de uma carta que acabaria por anotar o conteúdo da mensagem. O remetente pode confiar que sua mensagem seria disponibilizada apenas para a conta do destinatário selecionado, mas ele ou ela tinha que esperar que terceiros pudessem obter conhecimento do conteúdo da mensagem – tanto durante a vida do titular da conta quanto em caso de morte.

(...)

A decisão histórica do Supremo Tribunal Federal foi inequívoca, claramente estruturada e minuciosamente fundamentada. O contrato do usuário com o Facebook fazia parte do espólio e, portanto, passaria aos herdeiros. O Facebook foi obrigado a conceder acesso à conta da filha.[12]

(tradução livre do inglês para o português).

A Suprema Corte Alemã entendeu que os herdeiros têm o integral direito de acesso ao perfil de usuário, tal qual a pessoa que faleceu possuía – em razão da transmissão universal dos termos contratuais firmados entre o Facebook e a usuária falecida.

Assim, os herdeiros passam a ter os mesmos direitos contratuais da pessoa falecida – não bastando a plataforma entregar o conteúdo armazenado, mas, também, permitir o acesso irrestrito ao perfil com todo o seu conteúdo, tal qual fora deixado pela contratante antes de seu falecimento.

Mesmo após o trânsito em julgado dessa histórica decisão alemã, diversas dúvidas ainda pairam no ar, visto que: a) o caso concreto, em análise, referia-se a uma pessoa menor de idade e que, portanto, os pais tinham direitos advindos da condição filial – teria sido outra decisão se a pessoa falecida era maior e capaz? b) eram apenas os pais como herdeiros e sem qualquer discordância entre eles – e a quem seria concedido o direito de acesso e em que medida, se fossem múltiplos herdeiros, com interesses diversos?

A discussão que se segue a essa é: se o acesso e o conteúdo de contas em redes sociais não são "herdáveis", os bens guardados na plataforma pertenceriam ao provedor? Qual instituto se aplicaria?

A saída jurídica seria, portanto, voltarmos ao planejamento sucessório, deixando por escrito testamentário a vontade quanto à titularidade das contas e seu conteúdo. No entanto, em um sistema tautológico, retornamos às discussões já

---

12. FUCHS, Angelika. What happens to your social media account when you die? The first German judgments on digital legacy. Disponível em: https://link.springer.com/article/10.1007/s12027-021-00652-y. Acesso em abril de 2022.

PATRÍCIA CORRÊA SANCHES

levantadas quanto à falta de cultura do testamento, e o fato de ser economicamente acessível a poucos – situação que irá predominar até o advento de uma legislação específica da matéria.

3.2. Decisão do Tribunal de Milão-Itália

Uma importante decisão sobre o acesso aos bens digitais de caráter moral deixados por pessoa falecida, na Itália, advém do Tribunal de Milão.

Em 2021, os pais de um jovem *chef* de cozinha, que faleceu precocemente em um acidente de carro, demandaram em face de Apple Itália, após a empresa negar acesso à conta e aos dados pessoais armazenados pelo usuário, filho dos demandantes.

O Tribunal de Milão, em fevereiro de 2021, decidiu por conceder o direito de acesso aos pais do falecido, com decisão fundamentada no Código de Privacidade italiano[13] – vez que, a Lei Geral de Proteção de Dados europeia (GDPR) em seu considerando de número 27, expressamente não se aplica às pessoas falecidas – sendo que a própria legislação concede aos estados-membros direito de regular a questão.

Fazendo uso de uma interpretação conforme o objetivo da norma, o citado Tribunal entendeu que o direito à proteção dos dados pessoais persiste após a morte, concedendo aos herdeiros o direito de exercício quando não proibido expressamente em vida por seu titular. E, na hipótese do julgamento, o falecido não restringiu ou proibiu o acesso aos pais ou qualquer outro herdeiro no advento de sua morte. Por tal razão, o Tribunal de Milão concedeu o direito aos pais de acessar o iCloud (serviço de nuvem da Apple) pertencente ao filho falecido.

Explicando a decisão, Giada Russo e Giovanni Gigliotti, escrevem que:

> O Código de Privacidade Italiano, portanto, "com vistas a proteger os direitos à dignidade e à autodeterminação, aumenta expressamente a autonomia dos indivíduos, concedendo a escolha de permitir que seus herdeiros e legítimos sobreviventes acessem seus dados pessoais (e exerçam todos ou parte dos direitos conexos) ou impedir o acesso de terceiros a essas informações".
>
> O Tribunal constatou que na correspondência entre os pais e a Apple, a empresa não fez referência a uma declaração escrita do falecido proibindo o exercício dos direitos relativos aos seus dados pessoais.[14]

---

13. ITALIA. Gazzetta Ufficiale. Disponível em: <https://www.gazzettaufficiale.it/atto/serie_generale/caricaDettaglioAtto/originario?atto.dataPubblicazioneGazzetta=2018-09-04&atto.codiceRedazionale=18G00129&elenco30giorni=false>. Acesso em abril de 2022.

14. RUSSO, Giada e GIGLIOTTI, Giovanni. Inheritance, succession and assets in the digital age. Disponível em: <https://disputeresolution.pavia-ansaldo.it/en/inheritance-succession-and-assets-in-the-digital-age/>. Acesso em abril de 2022.

HERANÇA DIGITAL NOS TRIBUNAIS **225**

Portanto, percebe-se, diante desse entendimento, que o direito de acesso aos dados armazenados na nuvem somente seria limitado no pós-morte se o interessado deixasse expressa essa limitação.

4. DIREITO À PRIVACIDADE E À PRESERVAÇÃO DA IMAGEM

Desde antes do nascimento a personalidade gera seus reflexos – como o direito do nascituro, por exemplo, e igualmente acontece com o advento da morte, em que continua a reverberar, na sociedade, os efeitos da personalidade que teve seu desenvolvimento interrompido. O término da personalidade não significa que deixa de existir – sendo mais concreto dizer que o término da personalidade é o término de seu desenvolvimento, porquanto, a vontade da pessoa falecida continua a ser considerada, a exemplo do testamento.

Os direitos da personalidade estão ao abrigo dos direitos fundamentais – ou seja, possuem proteção constitucional expressa e com seu desenvolvimento garantido em sociedade, conforme bem explica Anderson Schreiber:

> Interessante notar, nesse sentido, que a maior parte dos direitos da personalidade menciona-dos pelo Código Civil brasileiro (imagem, honra, privacidade) encontram previsão expressa no art. 5º do texto constitucional. Mesmo os que não contam com previsão explícita nesse dispositivo são sempre referidos como consectários da dignidade humana, protegida no art. 1º, III da Constituição. Os direitos da personalidade são, portanto, direitos fundamentais.[15]

Importante ressaltar que nem todo direito fundamental é um direito da personalidade, no entanto, como vimos, todo direito da personalidade é um direito fundamental. Entre direitos humanos, direitos fundamentais e direitos da personalidade, a diferenciação está cingida na origem – enquanto direitos humanos são expressões da proteção humana no âmbito internacional, e os direitos fundamentais são o arcabouço de proteção conferida pela lei maior de cada nação, os direitos da personalidade são conferidos pelo respeito no âmbito privado às características pessoais intrínsecas.

O direito à privacidade e à imagem são direitos da personalidade porque advêm da preservação da própria essência do indivíduo como pessoa. A proteção aos direitos da personalidade conferida pelo Código Civil seguiu a proteção da Constituição Federal de maneira expressa, reconhecendo sua intransmissibilidade (art. 11, CC).

A Constituição Federal em seu art. 5º, X, dispõe que, dentre outros, a intimidade e a imagem são invioláveis, e como tais, necessitam do consentimento expresso de seus titulares, para que não haja lesão a esses direitos.

---

15. SCHREIBER, Anderson. Direitos da personalidade. São Paulo: Editora Atlas, 2011, p. 13.

Portanto, tendo em vista a proteção constitucional em nosso ordenamento jurídico, a intimidade, a privacidade, a imagem e o sigilo das comunicações são direitos fundamentais.

Nesse entendimento, a violação ocorre no simples ato de acessar fotos, vídeos e escritos particulares sem o consentimento de seu titular, não importando se está vivo ou já falecido. Se o acesso não foi consentido, o direito à intimidade e à preservação da imagem foram violados – a consideração a ser feita é se o acervo está no âmbito do privado, que não foi tornado público ou com seu acesso permitido.

A lei 12.065 de 2014, denominada de Marco Civil da Internet, tem por fundamento o desenvolvimento da personalidade (art. 2º, II) e, por princípio, a proteção da privacidade (art. 3º, II). Essa legislação disciplina o uso da internet no país, ressaltando em seu art. 7º, I e III, a inviolabilidade da intimidade e da vida privada, bem como do sigilo das comunicações armazenadas.

> Portanto, a liberdade de preservar ou não a própria intimidade e privacidade é um direito do cidadão, confirmado por preceito constitucional, e cabe ao estado a função de tutelar este direito; e, se o estado se omite, delega-se ao cidadão o poder de substituí-lo.
>
> A presente questão afronta o segredo das comunicações interpessoais na internet e a intromissão do poder público ou de outros sujeitos privados. (...)[16]

Demonstra-se, diante da enorme força jurídica dos direitos fundamentais da personalidade, que a privacidade e a preservação da imagem são direitos que se impõem sobre o direito sucessório – como afirmamos em escrito recente, ser "inconcebível que tamanha proteção deixe de existir com o advento da morte de seu titular. Não há direito sucessório que se sustente ao conceder a herdeiro direito de intervir, vilipendiar ou macular a imagem da pessoa falecida, acessando seu acervo moral e, portanto, privativo e inviolável ainda que para depois de sua morte. O simples acesso de pessoa não autorizada já configuraria a violação."[17]

A lei nº 13.709/2018 – Lei Geral de Proteção de Dados Pessoais, com vigência geral desde 2020, ressalta a importância da preservação da privacidade e da intimidade, tendo como objetivo central o livre desenvolvimento da personalidade. Ou seja, sem uma limitação legal voltada à proteção dos dados pessoais, a vulnerabilidade é ainda maior frente à tecnologia da informação, que pode fazer submeter a honra e a imagem de pessoas à exploração econômica de seus próprios dados. Embora a LGPD não disponha expressamente sobre proteger os dados de pessoas falecidas, é indiscutível que também deva proteção pois, caso contrário,

---

16. PAESANI, Liliana Minardi. Direito e internet. Liberdade de informação, privacidade e responsabilidade civil. São Paulo: Editora Atlas, 2012, p. 40.
17. SANCHES, Patrícia Corrêa. Os desafios da proteção de dados e dos direitos da personalidade no *post mortem*. In: SANCHES, Patrícia Corrêa (Coord). *Direito das Famílias e Sucessões na Era Digital*. Belo Horizonte: Editora IBDFAM, 2021, p. 608.

acarretaria na limitação de sua função normativa, já muitos dados daquele que faleceu dizem sobre seus familiares – o exemplo clássico são os bancos de dados das redes de farmácia, que coletam e armazenam os hábitos e as necessidades de consumo de todo um núcleo familiar. Morrendo o sujeito, poderia a rede de farmácia vender essas informações aos planos de saúde e aos seguros de vida?

5. CONCLUSÃO

Após essa breve exposição, concluímos que a matéria está longe de ser pacífica – tanto quanto a ser transmissível aos herdeiros a totalidade dos bens de natureza digital, quanto à classificação entre bens digitais de natureza patrimonial, e aqueles de natureza moral – transmissíveis e intransmissíveis, respectivamente.

Outra questão é referente aos projetos legislativos que preveem a proibição de acesso aos herdeiros, apenas na hipótese de o titular deixar expressamente proibido através de testamento – caso contrário, o acesso seria irrestrito. Essa última hipótese afastaria a possibilidade de muitos brasileiros expressarem sua vontade em razão da falta de uma cultura de planejamento sucessório, e do custo para a realização de um testamento – alto para grande parte da população.

Em nome do resguardo da intimidade, privacidade e da imagem, além do sigilo das comunicações, faz-se necessário limitar o acesso direto dos herdeiros aos bens digitais não patrimoniais, sendo passível de ser transmissível apenas os bens digitais de caráter patrimonial – a não ser por disposição contrária do titular.

O acervo de caráter moral não poderia ser objeto de herança, a não ser que expressamente consentido em vida pelo seu titular, uma vez que compõe a personalidade do falecido, adentrando o âmbito do que lhe era privado – tanto seus perfis e conversas em redes sociais, quanto as fotos, vídeos e escritos guardados por senha. Desse modo, não se tem como afirmar que, ao permitir o acesso irrestrito ao acervo digital do falecido, não se incorreria em uma exposição de sua vida privada e em abalo a sua imagem – construída ao logo de sua existência. Igual proteção se deve às comunicações com terceiros, como as trocas de mensagens e e-mails, por exemplo, uma vez que o sigilo das comunicações, também, protege o interlocutor (terceiro) por força constitucional.

Os direitos fundamentais, como vimos, possuem proteção constitucional e, em nossa ótica, não deixam de existir com a morte de seu titular, pois os direitos da personalidade continuam a gerar efeitos na sociedade por modo reflexo e, assim, na órbita do ordenamento jurídico. Portanto, a herança digital seria, tão somente, o acervo digital de caráter patrimonial – como as milhas aéreas, as obras de arte digitais, criptomoedas etc.

6. REFERÊNCIAS

ARRIBÉRE, Roberto. La Muerte, La Dignidad del Hombre Y La Eutanasia: un nuevo paradigma para el siglo XXI. In: ARRIBÉRE, Roberto (Coord). *Bioética y Derecho: Dilemas y paradigmas em siglo XXI*. Buenos Aires: Cathedra Jurídica, 2008, p. 349.

BARBOZA, Heloisa Helena. ALMEIDA, Vitor. Tecnologia, morte e direito: em busca de uma compreensão sistemática da "herança digital". In: BROCHADO, Ana Carolina. LEAL, Livia Teixeira (Coord). *Herança Digital Controvérsias e Alternativas*. Rio de Janeiro: Editora Foco, 2021.

CALMON, Rafael. Partilha e sucessão hereditária de bens digitais: muito mais perguntas que respostas. In: SANCHES, Patrícia Corrêa (Coord). *Direito das Famílias e Sucessões na Era Digital*. Belo Horizonte: Editora IBDFAM, 2021.

DINIZ, Maria Helena. Curso de Direito Civil Brasileiro, Vol. I, 24ª. ed. São Paulo, Saraiva, 2007.

FUCHS, Angelika. What happens to your social media account when you die? The first German judgments on digital legacy. Disponível em: https://link.springer.com/article/10.1007/s12027-021-00652-y. Acesso em abril de 2022.

ITALIA. Gazzetta Ufficiale. Disponível em: <https://www.gazzettaufficiale.it/atto/serie_generale/caricaDettaglioAtto/originario?atto.dataPubblicazioneGazzetta=2018-09-04&atto.codiceRedazionale=18G00129&elenco30giorni=false>. Acesso em abril de 2022.

KHARITONOVA, Julia S. Digital Assets and Digital Inheritance. Disponível em: https://ldt-journal.com/s123456780015732-6-1/. Acesso em abril de 2022.

PAESANI, Liliana Minardi. Direito e internet. Liberdade de informação, privacidade e responsabilidade civil. São Paulo: Editora Atlas, 2012.

ROSA, Conrado Paulino da. BURILLE, Cíntia. A regulação da herança digital: uma breve análise das experiências espanhola e alemã. In: BROCHADO, Ana Carolina. LEAL, Livia Teixeira (Coord). *Herança Digital Controvérsias e Alternativas*. Rio de Janeiro: Editora Foco, 2021.

RUSSO, Giada e GIGLIOTTI, Giovanni. Inheritance, succession and assets in the digital age. Disponível em: <https://disputeresolution.pavia-ansaldo.it/en/inheritance-succession-and-assets-in-the-digital-age/>. Acesso em abril de 2022.

SANCHES, Patrícia Corrêa. Os desafios da proteção de dados e dos direitos da personalidade no *post mortem*. In: SANCHES, Patrícia Corrêa (Coord). *Direito das Famílias e Sucessões na Era Digital*. Belo Horizonte: Editora IBDFAM.

SCHREIBER, Anderson. *Direitos da personalidade*. São Paulo: Editora Atlas, 2011.

TERRA, Aline de Miranda Valverde. OLIVA, Milena Donato e MEDON, Filipe. Acervo digital: controvérsias quanto à sucessão *causa mortis*. In: Herança Digital, controvérsias e Alternativas. Coord. Ana Carolina Brochado Teixeira e Livia Teixeira Leal. Indaiatuba: editora Foco, 2021.

WARREN, Samuel. BRANDEIS, Louis. The Right to Privacy. In: Harvard Law Review. Disponível em <https://www.brandeis.edu/library/archives/exhibits/ldb-100/career/privacy.shtml>. Acesso em junho 2021.

TRANSMISSÃO *CAUSA MORTIS* DE BENS DIGITAIS: DESAFIOS PROCESSUAIS E POSSÍVEIS SOLUÇÕES

Jaylton Lopes Jr.

Juiz de Direito Substituto da Justiça do Distrito Federal e dos Territórios. Mestrando em ciências jurídicas. Membro da Associação Brasiliense de Direito Processual Civil – ABPC e do Instituto Brasileiro de Direito de Família – IBDFAM.

Sumário: 1. Introdução – 2. Breves apontamentos sobre o fenômeno sucessório na perspectiva dos bens digitais – 3. Inventário judicial: solução velha para problemas novos?; 3.1. Inventário judicial no modelo cooperativo de processo; 3.2 Adequação do procedimento na sucessão de bens digitais; 3.3 Testamento digital e seus possíveis reflexos materiais e processuais – 4. Desafios processuais na sucessão de criptoativos; 4.1 Breve noção sobre criptoativos; 4.2 Inventário judicial e possível forma de acesso a criptoativos – 5. Conclusão – 6. Referências.

1. INTRODUÇÃO

Um dos temas mais instigantes do direito sucessório na atualidade é, sem dúvida, a transmissão *causa mortis* dos bens digitais. Há um amplíssimo leque de situações e discussões jurídicas que desaguarão, com muita força, no Poder Judiciário. A falta de regramento legal, contudo, gera um estado de incerteza e insegurança, cabendo ao aplicador do direito, à luz do sistema jurídico vigente, encontrar soluções viáveis e inteligentes, a fim de garantir o direito fundamental à herança (art. 5º, XXX, da CF).

Além dos aspectos materiais que circundam o fenômeno da sucessão dos bens digitais — como o próprio conceito de bem digital, reflexos no direito à intimidade, conteúdo dos bens digitais, vocação hereditária, testamento etc. —, há, ainda, questões processuais relevantes que devem ser objeto de reflexão, a fim de que a transmissão do patrimônio digital possa se concretizar no mundo fenomênico.

O presente estudo tem por objetivo identificar alguns desafios a serem enfrentados no inventário judicial de bens digitais e apontar possíveis soluções processuais, à luz do atual modelo cooperativo de processo.

2. BREVES APONTAMENTOS SOBRE O FENÔMENO SUCESSÓRIO NA PERSPECTIVA DOS BENS DIGITAIS

Falar sobre morte não é tarefa das mais fáceis, até mesmo porque, pelo menos nessa vida terrena, somente a conhecemos como meros espectadores. Para o direito interessam os efeitos jurídicos que defluem do fenômeno morte. Nessa perspectiva, o direito sucessório tem íntima ligação com o direito de propriedade, pois busca regular a forma como as relações jurídicas patrimoniais ativas e passivas do *de cujus* são transmitidas aos seus sucessores. Conforme adverte Pontes de Miranda, citando as lições de Vittorio Polacco, "a sucessão a causa de morte nada tem com a personalidade do morto. Herdeiros sucedem nos bens, não na pessoa do de cujo"[1].

Com efeito, no momento da morte ocorre, de forma automática, a transmissão das relações patrimoniais do extinto aos seus sucessores, conforme previsão contida no art. 1.784 do CC ("Aberta a sucessão, a herança transmite-se, desde logo, aos herdeiros legítimos e testamentários"). O Código Civil brasileiro adotou o sistema da transmissão direta e imediata da herança, com fundamento no *droit de saisine* francês[2].

Não há dúvida de que as regras de sucessão *causa mortis* foram pensadas para as relações patrimoniais tangíveis. Ocorre que, atualmente, a vida, em todos os seus aspectos, existenciais e patrimoniais, também tem se projetado para ambientes virtuais. O mundo assiste a um fenômeno de digitalização da vida.

Tal fenômeno decorre de tecnologias capazes de digitalizar informações, tais como textos, sons e imagens, transformando em digitais informações armazenadas, originalmente, em meios físicos[3]. Há, ainda, bens desenvolvidos exclusivamente para ambientes e relações jurídicas virtuais, como os criptoativos, os jogos virtuais e as milhas de companhias aéreas.

Nesse contexto, um dos primeiros desafios do direito sucessório é identificar os bens digitais que devem ser objeto de transmissão e, consequentemente, levados ao inventário. De uma forma geral, é possível catalogar três grandes tipos de bens digitais: a) bens digitais com nítido caráter patrimonial, como criptoativos, títulos de crédito eletrônicos, milhas de companhias aéreas etc.; b) bens digitais com nítido caráter existencial, como contas em redes sociais, correios eletrônicos, grupos de *WhatsApp* etc.; e c) bens digitais existenciais-patrimoniais (ou com função dúplice), como rede social de um *digital influencer* ou *youtuber,* na qual a própria exploração dos direitos da personalidade do titular é usada como um meio de aferição de renda[4].

---

1. MIRANDA, Francisco Cavalcanti Pontes de. *Tratado de direito privado.* 2ª edição. Tomo LV. Rio de Janeiro: Editor Borsoi, 1973, p. 6.
2. Cf. BUCAR, Daniel. Existe o *droit de saisine no sistema sucessório brasileiro?.* In: TEIXEIRA, Ana Carolina Brochado; NEVARES, Ana Luiza (coord.). *Direito das sucessões:* problemas e tendências. Indaiatuba: Editora Foco, 2022, p. 8.
3. Cf. TEIXEIRA, Ana Carolina Brochado; KONDER, Carlos Nelson. O enquadramento dos bens digitais sob o perfil funcional das situações jurídicas. *In:* TEIXEIRA, Ana Carolina Brochado; LEAL, Lívia Teixeira (coord.). *Herança digital:* controvérsias e alternativas. Indaiatuba: Editora Foco, 2021, p.27.
4. Sobre a distinção (ou funções) dos bens digitais: TEIXEIRA, Ana Carolina Brochado; KONDER, Carlos Nelson. O enquadramento dos bens digitais sob o perfil funcional das situações jurídicas. *In:* TEIXEIRA, Ana Carolina Brochado; LEAL, Lívia Teixeira (coord.). *Herança digital:* controvérsias e

A título de exemplo, se determinada celebridade explora sua conta no *Instagram* com postagens que vinculam sua imagem pessoal a determinadas marcas que a remuneram mensalmente pela manutenção do conteúdo, em caso de morte, a referida conta deve compor a herança, diante dessa sua dupla função (existencial e patrimonial). Aliás, a própria morte da pessoa, em alguns casos, gera o aumento vertiginoso do número de seguidores em suas redes sociais e, com isso, interesses econômicos de empresas e dos próprios herdeiros[5].

Outro desafio enfrentado pelo direito sucessório diz respeito ao acesso dos herdeiros às informações constantes nos bens digitais. Voltando ao exemplo anterior, além do acesso à conta do *de cujus,* os herdeiros teriam o direito de acessar eventuais *chats* privados? Há, aqui, uma tensão entre o acesso aos bens digitais e o acesso ao conteúdo dos bens digitais. Se a transmissibilidade dos bens digitais decorre do direito fundamental à herança (art. 5º, XXX, da Constituição Federal), o acesso às informações neles contidas encontra limite no direito fundamental à intimidade (art. 5º, X, da Constituição Federal)[6].

Ainda não há um consenso doutrinário acerca dos bens que devem efetivamente compor a herança digital e a forma como essas relações jurídicas patrimoniais digitais devem ser tratadas em um inventário judicial. A ausência de legislação específica contribui para essa indefinição e, por via consequencial, para o aumento da insegurança jurídica.

Atualmente, além do tratamento dado ao direito sucessório pelo Código Civil e pelo Código de Processo Civil, podem ser utilizadas, ainda, por analogia, a Lei de Direitos Autorais (Lei nº 9.610/1998), o Marco Civil da Internet (Lei nº 12.965/2014) e a Lei de Geral de Proteção de Dados Pessoais (Lei nº 13.709/2018).

---

alternativas. Indaiatuba: Editora Foco, 2021, p. 21-40; ZAMPIER, Bruno. *Bens digitais:* cibercultura, redes sociais, e-mails, músicas, livros, milhas aéreas, moedas virtuais. Indaiatuba: Editora Foco, 2021, p. 61-119.

5. Conforme amplamente divulgado nos veículos de comunicação, após a morte de uma famosa cantora e compositora, somente a sua conta no *Instagram* ganhou mais de dois milhões de seguidores. Disponível em: https://vogue.globo.com/celebridade/noticia/2021/11/apos-morte-de-marilia-mendonca-cantora-ganha-mais-de-um-milhao-de-seguidores-no-instagram.html; https://istoe.com.br/apos-morte-de-marilia-mendonca-instagram-da-cantora-ultrapassa-40-milhoes-de-seguidores/. Acesso em: 12 fev. 2022.

6. O acesso irrestrito ou não ao conteúdo dos bens digitais é objeto de inúmeros debates doutrinários. Há quem defenda que, como regra, somente os bens digitais com característica patrimonial podem ser transmitidos aos herdeiros, tendo em vista a preservação da privacidade. Nesse sentido: HONORATO, Gabriel; LEAL, Lívia Teixeira. Exploração econômica de perfis de pessoas falecidas. In: TEIXEIRA, Ana Carolina Brochado; LEAL, Lívia Teixeira (coord.). *Herança digital:* controvérsias e alternativas. Indaiatuba: Editora Foco, 2021. Há, por outro lado, quem defenda que todo o conteúdo dos bens digitais pode ser transmitido aos herdeiros, salvo disposição expressa em vida do titular. Nesse sentido: TERRA, Aline de Miranda Valverde; OLIVA, Milena Donato; MEDON, Filipe. Acervo digital: controvérsias quanto à sucessão *causa mortis.* In: TEIXEIRA, Ana Carolina Brochado; LEAL, Lívia Teixeira (coord.). *Herança digital:* controvérsias e alternativas. Indaiatuba: Editora Foco, 2021, p. 55-73.

Vale destacar a tramitação dois importantes projetos legislativos que versam sobre a transmissão do patrimônio digital. São eles: o PL 5.820/2019, que pretende dar nova redação ao art. 1.881 do CC[7]; e o PL 3.050/2020, que pretende alterar o art. 1.788 do CC[8].

3. INVENTÁRIO JUDICIAL: SOLUÇÃO VELHA PARA PROBLEMAS NOVOS?

O inventário é o procedimento pelo qual são arrolados e avaliados os bens deixados pelo *de cujus,* identificados e relacionados os sucessores e eventuais credores e liquidadas as dívidas, a fim de que o patrimônio remanescente seja partilhado entre os sucessores[9].

Há dois grandes tipos de inventário: inventário judicial e inventário extrajudicial.

O inventário judicial admite três importantes ritos: a) inventário tradicional (ou solene): é o procedimento padrão. Compõe-se de duas grandes fases: a primeira (inventariança), tem por objetivo relacionar e avaliar os bens deixados pelo *de cujus,* pagar as dívidas e recolher os tributos. A segunda (partilha), tem por objetivo distribuir os bens e direitos entre os herdeiros. Trata-se de procedimento mais complexo e que deve necessariamente ser adotado quando o valor do patrimônio exceder a 1.000 (mil) salários-mínimos e houver interesse de incapaz ou litígio entre os herdeiros; b) arrolamento comum: trata-se de procedimento simplificado e caracterizado pela concentração de atos. Será adotado quando o valor dos bens do espólio for igual ou inferior a 1.000 (mil) salários-mínimos, ainda que não haja consenso entre as partes quanto à partilha e ainda que haja interesse de incapaz; c) arrolamento sumário: trata-se de procedimento mais simplificado, com nítida natureza de jurisdição voluntária. Será adotado quando

---

7. O projeto faz importantes alterações no instituto do codicilo, prevendo que o escrito particular seja assinado eletronicamente, por meio de certificação digital, dispensando-se a presença de testemunhas e sempre registrando a data de efetivação do ato de bens digitais. O projeto estabelece que a disposição de vontade também pode ser gravada em sistema digital de som e imagem, devendo haver nitidez e clareza nas imagens e nos sons, existir a declaração da data de realização do ato, bem como registrar a presença de duas testemunhas, exigidas caso exista cunho patrimonial na declaração. Destaca-se, ainda, a definição dada pelo projeto de lei à herança digital, como sendo vídeos, fotos, livros, senhas de redes sociais, e outros elementos armazenados exclusivamente na rede mundial de computadores, em nuvem.

8. O projeto acresce ao art. 1.788 do CC um parágrafo único, para dispor que "serão transmitidos aos herdeiros todos os conteúdos de qualidade patrimonial, contas ou arquivos digitais de titularidade do autor da herança".

9. LOPES JUNIOR, Jaylton. *Manual de processo civil.* 2ª ed. rev., atual. e ampl. São Paulo: Editora JusPodivm, 2022, p.749.

as partes forem capazes e houver consenso acerca da partilha (art. 659 do CPC), independentemente do valor dos bens do espólio.

Por sua vez, o inventário extrajudicial realiza-se administrativamente. Se todos os herdeiros forem capazes e concordes, o inventário e a partilha poderão ser feitos por escritura pública, a qual constituirá documento hábil para qualquer ato de registro, bem como para levantamento de importância depositada em instituições financeiras (art. 610, § 1º, do CPC)[10]. Para a lavratura da escritura pública, é necessária que todas as partes interessadas estejam assistidas por advogado ou por defensor público, cuja qualificação e assinatura constarão do ato notarial (art. 610, § 2º, do CPC).

Assim como ocorre no direito material, as regras que estruturam o procedimento do inventário judicial foram pensadas para a transmissão de bens tangíveis. Para se ter uma ideia, o procedimento da ação de inventário e partilha previsto no atual CPC praticamente repetiu o procedimento previsto no CPC/1973.

Um dos maiores desafios do direito sucessório no tocante à transmissão do patrimônio digital diz respeito ao procedimento. Os procedimentos previstos na legislação não foram desenvolvidos para essa nova realidade.

Quando o autor da herança deixa apenas um único herdeiro, não há grandes complexidades em termos procedimentais, haja vista que, ao fim e ao cabo, não haverá partilha de bens, mas simples adjudicação, após o pagamento das dívidas e recolhimento do tributo incidente sobre a transmissão causa mortis[11].

Por outro lado, quando duas ou mais pessoas são chamadas simultaneamente a uma mesma herança, o direito transmitido será indivisível até a partilha[12]. Essa indivisibilidade impõe, por via consequencial, a sujeição dos coerdeiros às normas relativas ao condomínio, conforme prevê o parágrafo único do art. 1.791 do CC. Nesse caso, havendo interesse de incapaz ou divergência entre os herdeiros, a judicialização, e, com ela, suas amarras, serão inevitáveis.

---

10. Conforme entendimento firmado pela Quarta Turma do Superior Tribunal de Justiça, ainda que haja testamento, o inventário extrajudicial será admitido, desde que todos os herdeiros sejam capazes e concordes. Isso porque o art. 2.015 do CC não condiciona a realização de inventário extrajudicial à inexistência de testamento. "Assim, de uma leitura sistemática do *caput* e do § 1º do art. 610 do CPC/2015, c/c os arts. 2.015 e 2.016 do CC/2002, mostra-se possível o inventário extrajudicial, ainda que exista testamento, se os interessados forem capazes e concordes e estiverem assistidos por advogado, desde que o testamento tenha sido previamente registrado judicialmente ou haja a expressa autorização do juízo competente" (REsp 1.808.767-RJ, Rel. Min. Luis Felipe Salomão, Quarta Turma, por unanimidade, julgado em 15 out. 2019, DJe 03 dez. 2019).

11. Nos termos do art. 26 da Resolução nº 35/07 do Conselho Nacional de Justiça, "havendo um só herdeiro, maior e capaz, com direito à totalidade da herança, não haverá partilha, lavrando-se a escritura de inventário e adjudicação dos bens".

12. OLIVEIRA, Euclides de; AMORIM, Sebastião. *Inventário e partilha*: teoria e prática. 26ª edição. São Paulo: Saraiva, 2020, p. 47.

No campo dos bens digitais, o tempo de tramitação do inventário pode gerar prejuízos incalculáveis aos herdeiros. É o que ocorre, por exemplo, com os criptoativos, que possuem alta volatilidade e enorme velocidade no tráfego jurídico. Como o sistema processual ainda não está adaptado a essa realidade, cabe aos atores processuais adequar o procedimento às especificidades dos bens objeto da transmissão *causa mortis*.

3.1. Inventário judicial no modelo cooperativo de processo

Há uma forte ligação entre ideologia e processo; entre modelos de Estado e modelos (ou sistemas) de processo. Um dos grandes desafios dos sistemas processuais é estabelecer a divisão de trabalho entre juiz e partes. Nessa perspectiva, dois grandes modelos de estruturação do processo se notabilizaram a partir do século XVIII: modelo adversarial e modelo inquisitorial.

O modelo adversarial (*adversary system*) tem como característica marcante o protagonismo das partes na condução formal e material do processo. O juiz, por sua vez, deveria manter uma posição de neutralidade, a fim de conferir às partes tratamento igualitário e imparcial[13]. Trata-se de modelo de processo que encontrou no pensamento liberal um campo fértil de desenvolvimento.

Entre o final do século XIX e grande parte do século XX, o processo civil se desenvolveu cientificamente sob forte inspiração de concepções publicísticas. Esse movimento de socialização do processo foi intensamente influenciado pelo novo modelo de Estado que se fortalecia e tomava conta das Constituições escritas da primeira metade do século XX, e reverberaram no desenvolvimento de sistemas processuais pautados no protagonismo do Estado-juiz na gestão do processo (*inquisitorial system*)[14].

O CPC/1973, fortemente influenciado pelo sistema processual civil italiano, tinha nítido viés inquisitorial, na medida em que ao juiz foram conferidos amplos poderes de gestão do processo[15]. Por conseguinte, o inventário judicial tinha como

---

13. FRIEDENTHAL, Jack H.; MILLER, Arthur R.; SEXTON, John E.; HERSHKOFF, Helen, *Apud*, MÜLLER, Julio Guilherme. *Negócios jurídicos processuais e desjudicialização da produção da prova*: Análise Econômica e Jurídica. São Paulo: Revista dos Tribunais, 2017, p. 60.

14. Piero Calamandrei, fazendo referência ao Código de Processo Civil italiano de 1940, sustentou que "enquanto o antigo Código considerava a ação como um *prius* da jurisdição, o novo Código, invertendo os termos do binômio, concebe a atividade da parte em função do poder do juiz" (CALAMANDREI, Piero. *Instituições de direito processual civil*. v. I. 2ª edição. Campinas: Bookseller, 2003, p. 102).

15. O amplo espaço de incidência do princípio inquisitório nos atuais sistemas processuais revela a existência de amplos poderes gestão do processo conferidos ao juiz. No sistema processual brasileiro podem ser citados, dentre outros, os seguintes exemplos: a) reconhecer a abusividade da cláusula de eleição de foro antes da citação (art. 63, § 3º, do CPC); b) aplicar sanção por litigância de má-fé (art. 81 do CPC); c) solicitar a participação de *amicus curiae* (art. 138 do CPC); d) suprir pressupostos e sanear vícios processuais (art. 139, IX, do CPC); e) controlar a validade do negócio jurídico processual (art.

TRANSMISSÃO *CAUSA MORTIS* DE BENS DIGITAIS **235**

traços característicos a oficialidade na condução do processo, limitando-se o inventariante e os demais herdeiros ao conteúdo e à forma dos atos abstratamente previstos na lei.

O CPC/2015, por sua vez, se desenvolveu a partir dos valores consagrados na Constituição Federal e sob forte influência de um movimento constitucional marcado pela aproximação entre Direito e moral, atribuição de normatividade aos princípios, formação de uma hermenêutica constitucional e desenvolvimento de uma teoria dos direitos fundamentais a partir do valor da dignidade da pessoa humana[16].

Com efeito, o atual sistema processual é dialógico e cooperativo. Embora o Código consagre, em diversas passagens, o princípio inquisitório[17], a gestão do processo deve ser compartilhada entre juiz e partes[18].

No que toca ao inventário judicial, o CPC/2015 não andou bem. Perdeu a grande oportunidade de simplificar o procedimento e aprimorá-lo, inclusive diante de uma nova realidade que, à época, já não era tão nova: a sucessão dos bens digitais. Infelizmente, preferiu o legislador manter o antigo procedimento com algumas poucas modificações.

Não obstante, é preciso extrair do próprio sistema as soluções possíveis, a fim de que o processo cumpra, de fato, o seu objetivo que é o de prestar a tutela jurídica de forma justa, efetiva e tempestiva. Nesse contexto, merece destaque a permissão dada pelo Código ao juiz e às partes de flexibilizarem o procedimento, adaptando-o às especificidades do caso concreto.

3.2 Adequação do procedimento na sucessão de bens digitais

Processo devido é processo adequado às especificidades do caso concreto. O procedimento a ser seguido deve ser o mais adequado à obtenção da tutela jurídica justa, efetiva e tempestiva. Além disso, as regras processuais não podem, sob o pretexto do princípio da legalidade, violar um direito fundamental. De nada adianta ter direito se o procedimento judicial não é adequado às peculiaridades do caso

---

190, parágrafo único, do CPC); f) determinar a produção de provas (art. 370 do CPC); g) considerar eventuais fatos superveniente à propositura da ação no momento de decidir, mediante prévia intimação das partes (art. 493 do CPC).

16. BARROSO, Luís Roberto. Neoconstitucionalismo e constitucionalização do direito: o triunfo tardio do direito constitucional no Brasil. *Revista de direito administrativo*, v. 240 (2005), p. 1-42. Disponível em: http://bibliotecadigital.fgv.br/ojs/index.php/rda/article/view/43618. Acesso em: 05 mar. 2022.

17. O viés inquisitivo do CPC/2015 pode ser extraído do poder-dever do juiz de direção do processo (art. 139, *caput*), do poder-dever do juiz de suprir pressupostos processuais e sanear vícios processuais (arts. 139, IX, 277, 321, 352, 357 e 1.007, § 7º) e dos amplos poderes probatórios também conferidos ao juiz (arts. 370, *caput* e § 1º, 385, 396, 438, 461, 464 e 481).

18. Nos termos do art. 6º do CPC, "todos os sujeitos do processo devem cooperar entre si para que se obtenha, em tempo razoável, decisão de mérito justa e efetiva".

concreto. Nesse sentido, o princípio da adequação (adaptabilidade ou flexibilização) do procedimento alinha-se ao direito fundamental à tutela jurisdicional efetiva.

O princípio da adequação do procedimento tem como primeiro destinatário o legislador, pois cabe a ele criar procedimentos adequados à tutela dos direitos. Há diversas manifestações desse princípio, como, por exemplo, na criação de procedimentos especiais de jurisdição contenciosa e voluntária. Aliás, o próprio procedimento judicial do inventário é, em última análise, a concretização, no plano legislativo, desse princípio.

Ocorre que, mesmo se tratando de procedimento, em tese, adequado à regularização da transmissão *causa mortis*, o inventário judicial não cumpre, de forma suficiente, o seu papel quando um ou mais bens têm existência exclusivamente na esfera digital. É exatamente por isso que o princípio da adequação do procedimento também se dirige ao juiz, o qual, à luz do art. 139, VI, do CPC, pode, por exemplo, dilatar os prazos processuais e alterar a ordem de produção dos meios de prova, adequando-os às necessidades do conflito de modo a conferir maior efetividade à tutela do direito.

O CPC português, fonte de inspiração do CPC/2015, sob o título *adequação formal,* prevê, em seu art. 547.º, que "o juiz deve adotar a tramitação processual adequada às especificidades da causa e adaptar o conteúdo e a forma dos atos processuais ao fim que visam atingir, assegurando um processo equitativo".

O princípio da adequação do procedimento, nesse sentido, permite ao juiz, de ofício ou a requerimento do interessado, adaptar o procedimento abstratamente previsto na lei, quando a forma legal não for a que melhor se amolde às especificidades da causa. Além disso, cabe ao juiz adequar o conteúdo e a forma dos atos processuais ao fim que visam atingir[19].

Uma interessante forma de flexibilização procedimental diz respeito à designação de audiência inaugural — não prevista nos ritos do inventário judicial — para eleição de inventariante. Embora o art. 617 do CPC[20] estabeleça uma ordem de pessoas habilitadas para o exercício da inventariança, é possível a sua flexibilização, a critério do juiz ou dos herdeiros, a fim de buscar maior efetividade processual e maior eficiência na administração dos bens. Como a relação

---

19. FREITAS, José Lebre de. *Introdução ao processo civil*. 4ª edição. Coimbra: Gestlegal, 2017, p. 230-233.
20. Art. 617. O juiz nomeará inventariante na seguinte ordem: I – o cônjuge ou companheiro sobrevivente, desde que estivesse convivendo com o outro ao tempo da morte deste; II – o herdeiro que se achar na posse e na administração do espólio, se não houver cônjuge ou companheiro sobrevivente ou se estes não puderem ser nomeados; III – qualquer herdeiro, quando nenhum deles estiver na posse e na administração do espólio; IV – o herdeiro menor, por seu representante legal; V – o testamenteiro, se lhe tiver sido confiada a administração do espólio ou se toda a herança estiver distribuída em legados; VI – o cessionário do herdeiro ou do legatário; VII – o inventariante judicial, se houver; VIII – pessoa estranha idônea, quando não houver inventariante judicial.

entre os herdeiros regula-se pelas normas aplicáveis ao condomínio (arts. 1.314 e seguintes do CC), mostra-se perfeitamente possível (e recomendável) a escolha do inventariante pelos próprios herdeiros, mediante eleição, assim como ocorre na escolha do síndico de um condomínio[21].

No tocante à figura do inventariante, a sucessão de bens digitais pode gerar dificuldades substanciais relacionadas à administração do patrimônio. Como se sabe, incumbe ao inventariante a administração definitiva do espólio[22], e, em especial, promover o encerramento do condomínio instituído pela lei (arts. 1.784 e 1791 do CC).[23] Ocorre que, no exercício do cargo, é possível que o inventariante não tenha condições de administrar um específico bem digital.

A título de exemplo, basta imaginar que um dos bens deixados pelo autor da herança seja um perfil em determinada rede social gerador de renda, ou mesmo uma conta em plataforma digital onde eram comercializados, pelo *de cujus*, e-books e cursos on-line. Atualmente, a exploração de perfis de redes sociais e outras plataformas digitais — quer como veículos de campanhas publicitárias, quer como ambientes de comercialização de produtos digitais (infoprodutos) — é uma importante forma de exercício de atividade econômica. Dificilmente um inventariante que não detém conhecimento em internet e em marketing digital conseguirá administrar esse tipo de ambiente virtual e mantê-lo lucrativo.

Nesse caso, a falta de *expertise* daquele que pretende ser nomeado inventariante para a administração especificamente desses bens digitais deve ser a causa do indeferimento do pedido ou, caso já tenha sido nomeado, a causa de sua remoção? Nesse tipo de situação, seria possível nomear um coinventariante com conhecimento na área?

A discussão acerca da possibilidade ou não de nomeação de mais de um inventariante não é recente. No âmbito dos tribunais, tem prevalecido a impossibilidade, seja para um único inventário, seja para inventários cumulativos[24].

---

21. Segundo Rodrigo Mazzei, "como se trata de eleição para administração de condomínio, ainda que com suas especificidades, não se pode afastar a aplicação do art. 1.323 do CC/02, que prevê, inclusive, a possibilidade de escolha de pessoa estranha aos condôminos para a função, em semelhança ao que está previsto, em sentido amplo, no art. 617, em seus incisos VII e VIII. Note-se que a regra citada condominial deveria ser aplicada antes mesmo da vigência do CPC/2015, mas que agora, a partir do renovado diploma processual, toma mais força, diante da previsão da cláusula geral do art. 190, que prevê a possibilidade de negócios processuais atípicos" (MAZZEI, Rodrigo. Nomeação do Inventariante: Critérios para (Interpretar) e Aplicar o Art. 617 do CPC. *Revista nacional de direito de família e sucessões*. Porto Alegre, ano VII, nº 41, p. 7-31, mar./abr. 2021, p. 18).

22. PACHECO, José da Silva. Inventário e Partilha na Sucessão Legítima e Testamentária. Rio de Janeiro: Forense, 2018, p. 423.

23. MAZZEI, Rodrigo, *op. cit.*, p. 9-10.

24. Nesse sentido: TJPR – 6ª C.Cível – AI – 137976-8 – Umuarama – Rel.: Desembargador Leonardo Pacheco Lustosa – Unânime – J. 27.08.2003; TJRS – Agravo, Nº 70040160871, Sétima Câmara Cível, Tribunal de Justiça do RS, Relator: André Luiz Planella Villarinho, Julgado em: 26 jan. 2011.

De fato, todas as vezes que a lei se refere ao inventariante, assim o faz no singular[25]. Tal rigidez, contudo, não tem mais cabimento atualmente. Ora, se o próprio juiz pode, conforme as especificidades do caso concreto, afastar a ordem legal de nomeação do inventariante (art. 617 do CPC)[26], não faz nenhum sentido proibir que, também para atender às especificidades da causa relacionadas à melhor administração e proteção dos bens digitais, seja nomeado um coinventariante, com poderes restritos e específicos de administração[27].

A nomeação de um coinventariante, nesse caso, concretizará, no inventário judicial, o princípio da flexibilização do procedimento e o direito fundamental à tutela jurídica. Com isso, a atuação de ambos os inventariantes, dentro dos limites a serem estabelecidos na decisão judicial, permitirá o atendimento do comando inserto no art. 618, II, do CPC[28], além de garantir a transmissão eficiente do bem digital e a manutenção do seu valor econômico.

Impende destacar que, como o juiz dificilmente saberá quem, dentre os herdeiros, tem melhores condições de administrar o bem digital, mostra-se prudente que a nomeação preceda a prévia oitiva do inventariante e dos herdeiros, em homenagem ao princípio da cooperação (art. 6º do CPC).

Não havendo herdeiros interessados ou com capacidade para administrar o bem digital, poderá o juiz nomear coinventariante dativo (art. 617, VII e VIII, do CPC), confiando-lhe a administração do bem digital durante o inventário judicial.

---

25. "Desde a assinatura do compromisso até a homologação da partilha, a administração da herança será exercida pelo inventariante" (art. 1.991 do CC); "O juiz nomeará inventariante nos seguintes casos" (art. 617 do CPC); "incumbe ao inventariante" (art. 618 do CPC); "Incumbe ainda ao inventariante, ouvidos os interessados e com autorização do juiz" (art. 619 do CPC).

26. AGRAVO INTERNO NO AGRAVO EM RECURSO ESPECIAL – AUTOS DE AGRAVO DE INS-TRUMENTO NA ORIGEM – DECISÃO MONOCRÁTICA QUE NEGOU PROVIMENTO AO RECLAMO. INSURGÊNCIA DA AGRAVANTE. 1. A Corte de origem dirimiu a matéria submetida à sua apreciação, manifestando-se expressamente acerca dos temas necessários à integral solução da lide, de modo que, ausente qualquer omissão, contradição ou obscuridade no aresto recorrido, não se verifica a ofensa aos artigos 489 e 1.022 do CPC/15. 2. Esta Corte Superior firmou posicionamento no sentido de que a ordem legal de preferência para nomeação do inventariante não é absoluta, podendo ser relativizada para atender às necessidades do caso concreto. Precedentes. Incidência da Súmula 83/STJ. 2.1. Ademais, a revisão do aresto impugnado no sentido pretendido pela parte recorrente exigiria derruir a convicção formada na instância ordinária sobre a desnecessidade, no caso, de relativização da ordem legal. Incidência da Súmula 7/STJ. 3. A subsistência de fundamento inatacado, apto a manter a conclusão do aresto impugnado, e a apresentação de razões dissociadas desse fundamento, impõe o reconhecimento da incidência das Súmulas 283 e 284 do STF, por analogia. Precedentes. 4. Agravo interno desprovido. (AgInt no AREsp 1397282/GO, Rel. Ministro Marco Buzzi, Quarta Turma, julgado em 02 abr. 2019, DJe 05 abr. 2019)

27. Acerca da possibilidade de nomeação de mais de um inventariante: DIAS, Maria Berenice. *Manual das sucessões*. 7ª edição. Salvador: JusPodivm, 2021, p. 745.

28. Art. 618. Incumbe ao inventariante: (...); II – administrar o espólio, velando-lhe os bens com a mesma diligência que teria se seus fossem".

Poder-se-ia pensar que, para afastar a excepcional hipótese de nomeação de um coinventariante, legítimo[29] ou dativo[30], bastaria ao inventariante já nomeado requer ao juízo do inventário autorização para contratar empresa especializada, a fim de melhor administrar o bem digital, nos termos do art. 619, IV, do CPC[31]. Tal providência é absolutamente viável, podendo ser aplicada, por analogia, a regra prevista no art. 1.743 do CC[32], concernente à tutela e à curatela.

Não se pode perder de vista, porém, que a contratação de empresa especializada para a administração de bens digitais pode gerar um ônus financeiro excessivo para o espólio. Diante disso, deve o juiz, à luz do dever de esclarecimento[33], ponderar os reflexos financeiros para o espólio no momento de decidir, ouvindo, previamente, o inventariante e os herdeiros.

O princípio da adequação do procedimento também se projeta para as próprias partes, as quais, por meio de negócio jurídico processual, podem estipular mudanças no procedimento para ajustá-lo às especificidades da causa[34].

O art. 190 do CPC[35] estabelece uma verdadeira cláusula geral de negociação processual, pois permite a celebração de convenções processuais atípicas, conferindo-se, assim, maior autonomia às partes e ampliação dos poderes de gestão do processo, instrumento esse que, em certa medida, serve como importante forma de contenção da atuação oficiosa do juiz.

---

29. Hipóteses previstas nos incisos I a VI do art. 617 do CPC.

30. Hipóteses previstas nos incisos VII e VIII do art. 617 do CPC.

31. Art. 619. Incumbe ainda ao inventariante, ouvidos os interessados e com autorização do juiz: (...); IV – fazer as despesas necessárias para a conservação e o melhoramento dos bens do espólio.

32. Art. 1.743. Se os bens e interesses administrativos exigirem conhecimentos técnicos, forem complexos, ou realizados em lugares distantes do domicílio do tutor, poderá este, mediante aprovação judicial, delegar a outras pessoas físicas ou jurídicas o exercício parcial da tutela.

33. Por meio do dever de esclarecimento, que decorre do princípio da cooperação (art. 6º do CPC), incumbe ao juiz prestar às partes os esclarecimentos necessários acerca do conteúdo e das consequências de suas decisões, assim como permitir que as partes se manifestem previamente, a fim de que possam colaborar e influir na decisão. Segundo Arruda Alvim, "ao juiz deve ser possível (e recomendável) que verifique, com as partes, o conteúdo das suas manifestações, evitando que, por exemplo, uma petição inicial seja indeferida por falta de um requisito, quando o autor puder demonstrar seu preenchimento. É saudável que, antes de decisões que possam causar prejuízos às partes, estas possam prestar esclarecimentos sobre a sua situação jurídica" (ALVIM, Arruda. *Manual de direito processual civil*: teoria geral do processo, processo de conhecimento, recurso, precedentes. 18ª ed. rev., atual. e ampl. São Paulo: Thomas Reuters Brasil, 2019, p. 259).

34. Segundo Antonio do Passo Cabral, "convenção (ou acordo) processual é o negócio jurídico plurilateral, pelo qual as partes, antes ou durante o processo e sem necessidade da intermediação de nenhum outro sujeito, determinam a criação, modificação ou extinção de situações jurídicas processuais, ou alteram o procedimento" (CABRAL, Antonio do Passo. *Convenções processuais*. Salvador: JusPodivm, 2016, p. 68).

35. Segundo o art. 190, *caput*, do CPC, "versando o processo sobre direitos que admitam autocomposição, é lícito às partes plenamente capazes estipular mudanças no procedimento para ajustá-lo às especificidades da causa e convencionar sobre os seus ônus, poderes, faculdades e deveres processuais, antes ou durante o processo".

Com efeito, todas as soluções apresentadas alhures no tocante à flexibilização procedimental também podem ser construídas pelos próprios herdeiros mediante a celebração de negócio jurídico processual atípico, antes ou durante o inventário judicial.

3.3 Testamento digital e seus possíveis reflexos materiais e processuais

Aberta a sucessão, a herança transmite-se, desde logo, aos herdeiros legítimos e testamentários (art. 1.784 do CC). Nesse sentido, a sucessão pode ser legítima ou testamentária.

Herdeiro legítimo é aquele cuja legitimidade para suceder decorre da lei (art. 1.829 do CC). Dentre os herdeiros legítimos, podem ser identificados os herdeiros necessários[36] e os facultativos[37]. Por outro lado, herdeiro testamentário é aquele cuja legitimidade para suceder decorre de expressa manifestação de vontade do autor da herança.

Dispõe o art. 1.857 do CC que "toda pessoa capaz pode dispor, por testamento, da totalidade dos seus bens, ou de parte deles, para depois de sua morte". Segundo Pontes de Miranda, "testamento diz-se, assim, o escrito público ou particular, pelo qual alguém exprime o que deseja, para depois da morte, quanto aos seus bens, ou relações de ordem jurídica privada, como nomeação de tutor aos filhos, ou a gerência de uma casa comercial que lhe pertence"[38].

A natureza jurídica do testamento é de negócio jurídico unilateral, personalíssimo[39], revogável enquanto estiver vivo o testador, gratuito e solene. Como negócio jurídico revelador da autonomia da vontade, se sujeita aos planos da existência, validade e eficácia[40]. Seu objeto não se limita a disposições de cunho patrimonial, podendo, ainda, versar sobre declarações de última vontade de cunho

---

36. Os herdeiros legítimos necessários são aqueles que não podem ser excluídos ou preteridos pelo autor da herança (*de cujus*). São eles: a) os descendentes; b) os ascendentes; e c) o cônjuge/companheiro (art. 1.845 do CC). Havendo descendente, ascendente ou cônjuge/companheiro, a lei garante que pelo menos metade do patrimônio (legítima) existente no momento da abertura da sucessão (óbito) seja destinada a eles, ainda que o autor da herança tenha deixado testamento. A lei também protege os herdeiros legítimos necessários contra doações que excedam a parte disponível (doações inoficiosas, art. 549 do CC).

37. Herdeiros legítimos facultativos (ou não necessários) são aqueles que podem ser excluídos ou preteridos pelo autor da herança (*de cujus*). São herdeiros legítimos facultativos os colaterais até o quarto grau (ex.: irmão, primo, sobrinho, tio etc.). Havendo apenas colaterais, o autor da herança poderá, em vida, por testamento, destinar todo o seu patrimônio para qualquer outra pessoa.

38. MIRANDA, Francisco Cavalcanti Pontes de. *Tratado de direito privado*. 2ª edição. Rio de Janeiro: Editor Borsoi, 1973, t. LVI, p. 59.

39. Nos termos do art. 1.858 do CC, "o testamento é ato personalíssimo, podendo ser mudado a qualquer tempo".

40. CARNACCHIONI, Daniel. Manual de Direito Civil: volume único. 5ª ed. rev. ampl. e atual. São Paulo: Editora JusPodivm, 2021, p. 2052.

meramente existencial, ainda que o testador somente a elas se tenha limitado (art. 1.857, § 2º, do CC).

Por se tratar de negócio solene, o Código Civil estabelece os tipos de testamento e as formalidades exigidas para cada um deles. Há duas grandes formas de testamento: os testamentos ordinários, dos quis são espécies o público, o cerrado e o particular (art. 1.862 do CC); e os testamentos extraordinários (ou especiais), dos quais são espécies o marítimo, o aeronáutico e o militar (art. 1.886 do CC).

Atualmente, provedores já oferecem serviços relacionados a testamentos virtuais, ou seja, ambientes onde é possível armazenar senhas de acesso a bens digitais, a fim de que sejam compartilhadas, por ocasião da morte do seu titular, com pessoas por ele designadas, comumente chamada de "contato herdeiro"[41]. Além disso, muitas plataformas digitais e redes sociais estabelecem regras próprias concernentes à transmissão do acervo digital do usuário[42].

Nessa perspectiva, ao designar a pessoa a quem serão transferidas as senhas de acesso ao acervo digital, tal manifestação de última vontade poderia ser equiparada a um testamento? É possível falar, nesse caso, em testamento digital?

A falta de regramento na legislação brasileira aquece ainda mais a insegurança jurídica e põe em xeque não apenas a vontade do titular do bem digital, como também o próprio futuro desse patrimônio.

Das formas de testamento previstas no Código Civil, a que melhor se aproxima desse tipo de realidade é o testamento particular (ou hológrafo). Contudo, é preciso que a manifestação de última vontade preencha os requisitos previstos na lei.

Em primeiro lugar, é preciso verificar o conteúdo do termo de declaração de última vontade. Isso porque a simples designação de alguém para ter acesso ao conteúdo digital não o transforma em herdeiro. Uma coisa é o acesso ao con-

---

41. Podem ser citadas as plataformas norte-americanas *My Wonderful Life, Entrusted, DocuBank, Eterniam* e *Legacy Locker*.

42. É o que ocorre, dentre outras plataformas, com o *Google*, o *Instagram*, o *Facebook*, o *LinkedIn*, e o *Twitter*. Especificamente em relação ao *Facebook*, a plataforma designa como "contato herdeiro" a pessoa escolhida pelo titular do perfil para cuidar da conta caso ela seja transformada em memorial após o falecimento. O contato herdeiro poderá: a) escrever uma publicação no perfil (por exemplo, para compartilhar uma mensagem final em nome do falecido ou fornecer informações sobre o funeral); b) ver publicações; c) decidir quem pode ver e publicar homenagens, se a conta transformada em memorial tiver uma área para isso; d) excluir publicações de homenagens; e) alterar quem pode ver as publicações em que o falecido está marcado; f) remover marcações publicadas por outra pessoa; g) responder a novas solicitações de amizade; h) atualizar a foto do perfil e a foto da capa; i) solicitar a remoção da conta; j) desativar a exigência de analisar publicações e marcações antes que apareçam na seção de homenagens, caso a análise da linha do tempo tenha sido ativada; k) baixar uma cópia daquilo que foi compartilhado pelo falecido no Facebook, caso esse recurso esteja ativado. (Disponível em: https://www.facebook.com/help/1568013990080948. Acesso em: 28 mar. 2022).

teúdo do bem digital por manifestação de última vontade, outra, bem diferente, é a inequívoca transmissão do bem.

Nos termos do art. 1.876, *caput,* do CC, "o testamento particular pode ser escrito de próprio punho ou mediante processo mecânico". O termo de declaração de última vontade contido em plataformas digitais são instrumentos digitais construídos a partir de processos mecânicos eletrônicos, não havendo óbice à sua equiparação, nesse sentido, ao testamento particular.

O § 1º do art. 1.876 do CC, por sua vez, estabelece que o escrito deve ser lido e assinado por quem o escreveu, na presença de pelo menos três testemunhas, que o devem subscrever. Ademais, por ter sido elaborado por processo mecânico, não pode conter rasuras ou espaços em branco (art. 1.876, § 2º, do CC).

De uma forma geral, os instrumentos de nomeação de contato herdeiro não preenchem todos os requisitos, pois não há campo próprio para que as testemunhas subscrevam o documento eletrônico. Não obstante, é possível que a própria plataforma disponibilize campo para que o titular do bem digital indique o endereço de e-mail (ou outro contato eletrônico) de três pessoas que possam ser testemunhas, as quais receberão o teor da declaração e poderão apor o seu ciente em campo próprio[43].

Preenchidos os requisitos do art. 1.876 do CC e versando o ato sobre a transmissão do bem digital, e não apenas sobre o acesso ao seu conteúdo, o instrumento eletrônico de nomeação de contato herdeiro deve ser considerado como testamento particular instituidor de um legado[44].

Para que o testamento particular seja devidamente cumprido, faz-se necessário o ajuizamento de ação de publicação e cumprimento de testamento. Trata-se de procedimento especial de jurisdição voluntária, previsto no art. 737 do CPC. A ação poderá ser proposta pelo herdeiro, pelo legatário ou pelo testamenteiro,

---

43. O Superior Tribunal de Justiça tem flexibilizado o número de testemunhas do testamento particular. Conforme já decidido pela Terceira Turma, "[...] 4. São suscetíveis de superação os vícios de menor gravidade, que podem ser denominados de puramente formais e que se relacionam essencialmente com aspectos externos do testamento particular, ao passo que vícios de maior gravidade, que podem ser chamados de formais-materiais porque transcendem a forma do ato e contaminam o seu próprio conteúdo, acarretam a invalidade do testamento lavrado sem a observância das formalidades que servem para conferir exatidão à vontade do testador. 5- Na hipótese, o vício que impediu a confirmação do testamento consiste apenas no fato de que a declaração de vontade da testadora não foi realizada na presença de três, mas, sim, de somente duas testemunhas, espécie de vício puramente formal incapaz de, por si só, invalidar o testamento, especialmente quando inexistentes dúvidas ou questionamentos relacionados à capacidade civil do testador, nem tampouco sobre a sua real vontade de dispor dos seus bens na forma constante no documento [...]" (REsp 1583314/MG, Rel. Ministra Nancy Andrighi, Terceira Turma, julgado em 21 ago. 2018, DJe 23 ago. 2018).
44. Quando a declaração tem por objeto a transmissão do próprio bem digital, tem-se a instituição de um legado, pois o objeto do testamento é um bem digital singularmente considerado.

TRANSMISSÃO *CAUSA MORTIS* DE BENS DIGITAIS **243**

bem como pelo terceiro detentor do testamento, se impossibilitado de entregá-lo a algum dos outros legitimados para requerê-la (art. 737, *caput*, do CPC).

Se a declaração digital de última vontade não preencher os requisitos exigidos para o testamento particular e não for possível suprir ou relativizar a falta, não terá cabimento a supracitada ação. O contato herdeiro não será considerado legatário, mas mero administrador do bem digital junto à respectiva plataforma.

A declaração de última vontade, nesse caso, não poderá se sobrepor às regras de direito sucessório e aos direitos dos herdeiros legítimos. Por conseguinte, deverá o inventariante, nos autos do inventário judicial, requerer o acesso ao bem digital. Uma das opções é a expedição de ofício à empresa responsável pelo desenvolvimento do bem digital, a fim de que o acesso do contato herdeiro seja removido e novas senhas de acesso sejam disponibilizadas para que o inventariante ou outra pessoa designada pelo juízo possa administrar, em nome do espólio, o bem digital (art. 618, II, do CPC).

4. DESAFIOS PROCESSUAIS NA SUCESSÃO DE CRIPTOATIVOS

4.1 Breve noção sobre criptoativos

Criptoativos são bens virtuais, protegidos criptograficamente, e dotados de valor econômico e alta volatilidade. A emissão e transferência ocorrem por meio de livros de registro digitalizados e descentralizados (*Distributed Ledger Technology – DLT e Blockchain*).

A principal referência de criptoativos é o Bitcoin, criado por Satoshi Nakamoto[45], pseudônimo utilizado por uma pessoa ou grupo ainda não revelado em um artigo intitulado *Bitcoin: A Peer-to-Peer Eletronic Cash System* (*Bitcoin: Um Sistema Eletrônico de Dinheiro Ponto-a-Ponto*, em tradução livre). No texto, Satoshi Nakamoto demonstra a viabilidade de operações com dinheiro eletrônico realizadas de forma on-line entre duas pessoas, sem intermediação de uma instituição financeira, com prova computacional da ordem cronológica das operações.

Nas operações realizadas com criptoativos não há a necessidade de um agente intermediador, pois as transações ocorrem por meio da rede mundial de computadores e a autenticação das operações ocorre pela própria comunidade de usuários da rede. Uma vez validada, a operação não é mais passível de alteração. Ademais, inexiste órgão estatal controlador[46].

---

45. SILVA, Luiz Gustavo Doles. *Bitcoins & outras criptomoedas*: teoria e prática à luz da legislação brasileira. Curitiba: Juruá, 2018. p. 31.
46. FOLLADOR, Guilherme Broto. Criptomoedas e competência tributária. Rev. Bras. Polít. Públicas. 3. ed. Brasília: UNICEUB, 2017, p. 84.

Por serem um bem digital representativo de valor, os criptoativos servem como meio de pagamento e de troca[47]. Não obstante, também têm sido cada vez mais utilizados como forma de acumular capital em meio digital e, ainda, como instrumento de investimento, tendo em vista a sua alta volatilidade. Aliás, a ausência de normatização e controle por parte do Estado tem servido como incentivo para muitas pessoas transformarem seu patrimônio físico em ativo digital.

Os criptoativos são armazenados em uma carteira digital (*wallet*) do proprietário, cujo acesso ocorre mediante a utilização do nome de usuário, pin, senha individual e demais protocolos de segurança. Essa carteira pode ser administrada pelo próprio proprietário do criptoativo (*wallet mobile*, *wallet* para *desktop* ou *hard wallet*) ou por meio de uma *Exchange* de criptoativos, sociedade empresária que cria carteiras on-line (*wallet on-line*) para administrar criptoativos de seus clientes e, mediante autorização, realizar transações em nome deles.

O Brasil ainda não conta com um diploma legal regulatório de criptoativos. Não obstante, a Receita Federal do Brasil, por meio da Instrução Normativa nº 1.888/2019, instituiu e disciplinou a obrigatoriedade de prestação de informações relativas às operações realizadas com criptoativos à Secretaria Especial da Receita Federal do Brasil (RFB).

Para os fins da referida instrução normativa, considera-se criptoativo "a representação digital de valor denominada em sua própria unidade de conta, cujo preço pode ser expresso em moeda soberana local ou estrangeira, transacionado eletronicamente com a utilização de criptografia e de tecnologias de registros distribuídos, que pode ser utilizado como forma de investimento, instrumento de transferência de valores ou acesso a serviços, e que não constitui moeda de curso legal" (art. 5º, I).

De igual forma, uma *Exchange* de criptoativos é definida como "a pessoa jurídica, ainda que não financeira, que oferece serviços referentes a operações realizadas com criptoativos, inclusive intermediação, negociação ou custódia, e que pode aceitar quaisquer meios de pagamento, inclusive outros criptoativos" (art. 5º, II).

---

47. "Na classe de ativos conhecida como criptoativos, ou ativos virtuais, encontramos as criptomoedas e os tokens. As primeiras são moedas digitais baseadas na tecnologia Blockchain, cuja origem remonta ao surgimento do Bitcoin, uma moeda digital de alcance mundial. A validação de suas transações é feita de forma descentralizada pelos usuários da rede Blockchain, a qual funciona como um livro-razão de contabilidade pública no qual as transações concluídas são gravadas em ordem cronológica de modo inalterável e aberto ao público na internet. Com o tempo, as chamadas Altcoins, criptomoedas alternativas, surgiram a partir de bifurcações (forks) do código-fonte do Bitcoin. Desse modo, novas criptomoedas evoluíram com a adição de recursos à moeda original, tais como velocidade das transações, segurança, esquemas de mineração etc.". (ARARIPE, Jéssica Guerra de Alencar. Regulação dos criptoativos, oferta pública inicial de criptoativos e fundos de investimento em criptoativos no mercado de capitais. *Revista de direito e as novas tecnologias*. Vol. 4, p. 1-9, jul./set. 2019, p. 1).

As definições supracitadas e o regulamento tributário conferido pela IN 1.888/2019 podem servir como um importante norte para o acesso aos criptoativos deixados pelo *de cujus* e, por conseguinte, para a formalização da transmissão *causa mortis* desses bens digitais.

4.2 Inventário judicial e possível forma de acesso a criptoativos

Todo ativo financeiro integra o patrimônio do seu titular, sendo irrelevante tratar-se de acervo patrimonial em formato físico ou digital. É a natureza patrimonial da relação jurídica ou do bem deixado pelo extinto que faz incidir o fenômeno sucessório[48].

Proposta a ação de inventário e partilha, o inventariante nomeado deve, no prazo de 20 (vinte) dias da data em que prestou o compromisso, apresentar as primeiras declarações, devendo, dentre outros deveres, apresentar a relação completa e individualizada de todos os bens do espólio, inclusive aqueles que devem ser conferidos à colação, e dos bens alheios que nele forem encontrados (art. 620, IV, do CPC).

No tocante aos criptoativos, deve o inventariante informar o tipo de moeda digital, a quantidade deixada e o respectivo valor (art. 620, IV, *b* e *h*, do CPC). Ocorre que dificilmente o inventariante terá esse tipo de informação, pois, ainda que se saiba da existência de criptoativos, a informação acerca da quantidade quase nunca é revelada pelo titular.

Conforme já mencionado, os criptoativos são armazenados em uma carteira digital (*wallet*) do proprietário, cujo acesso ocorre mediante a utilização do nome de usuário, pin, senha individual e demais protocolos de segurança. Quando a *wallet* é administrada pelo próprio autor da herança (*peer-to-peer*), proprietário do criptoativo, o acesso a esses bens depende do conhecimento, pelo inventariante ou herdeiros, das senhas de acesso. Nem mesmo o Poder Judiciário consegue acessar tais bens, exatamente porque não há controle ou intermediação de agentes estatais, o que impossibilita, inclusive, o desenvolvimento de qualquer tipo de sistema de localização, acesso e bloqueio desse tipo de ativo digital[49].

---

48. FARIAS, Cristiano Chaves de; ROSENVALD, Nelson. *Curso de direito civil*: sucessões. 2ª edição, revista, ampliada e atualizada. Salvador: JusPodivm, 2016, p. 65.

49. Um dos principais sistemas de acesso a ativos financeiros utilizados pelo Poder Judiciário é o SISBA-JUD, que interliga o Poder Judiciário ao Banco Central e às instituições financeiras, a fim de agilizar a solicitação de informações e o envio de ordens judiciais ao Sistema Financeiro Nacional, via internet. Algumas funções do SISBAJUD são: a) promover o envio eletrônico de ordens de bloqueio e requisições de informações básicas de cadastro e saldo; b) requisitar informações detalhadas sobre extratos em conta corrente no formato esperado pelo sistema SIMBA do Ministério Público Federal; c) requisitar às instituições financeiras informações dos devedores, tais como cópia dos contratos de abertura de conta corrente e de conta de investimento, fatura do cartão de crédito, contratos de câmbio, cópias de cheques,

Não obstante, caso os criptoativos do *de cujus* sejam administrados por uma *Exchange*, deverá o inventariante requerer ao juízo do inventário a expedição de ofício à Receita Federal do Brasil, requisitando informações acerca da existência, em seu banco de dados, de operações de criptoativos vinculados ao CPF do falecido. Isso porque, nos termos do art. 1º da IN 1.888/2019 da Receita Federal do Brasil, todas as operações realizadas com criptoativos devem ser informadas à Secretaria Especial da Receita Federal do Brasil (RFB)[50].

A *Exchange*, conforme já mencionado, é uma sociedade empresária que cria carteiras on-line (*wallet on-line*) para administrar criptoativos de seus clientes e, mediante autorização, realizar transações em nome deles. Todas as operações realizadas por ela devem ser informadas à Receita Federal do Brasil (art. 6º, I, da IN 1.888/2019).

A *Exchange* deve informar à Receita Federal do Brasil: a) a data da operação; b) o tipo da operação, conforme o § 2º do art. 6º; c) os titulares da operação; d) os criptoativos usados na operação; e) a quantidade de criptoativos negociados, em unidades, até a décima casa decimal; f) o valor da operação, em reais, excluídas as taxas de serviço cobradas para a execução da operação, quando houver; e g) o valor das taxas de serviços cobradas para a execução da operação, em reais, quando houver (art. 7º, I, da IN 1.888/20019).

Em relação aos titulares da operação, devem constar das informações: a) o nome da pessoa física ou jurídica; b) o endereço; c) o domicílio fiscal; d) o número de inscrição no Cadastro de Pessoas Físicas (CPF) ou no Cadastro Nacional da Pessoa Jurídica (CNPJ), conforme o caso, ou o Número de Identificação Fiscal (NIF) no exterior, quando houver, no caso de residentes ou domiciliados no exterior; e e) as demais informações cadastrais (art. 7º, § 1º, da IN 1.888/2019).

Expedido o ofício e obtida a informação acerca da *Exchange* responsável pelas operações em nome do *de cujus*, deverá o inventariante requerer ao juízo do inventário, nos termos do art. 618, II, do CPC, a expedição de ofício à referida sociedade empresária, a fim de que forneça todas as informações acerca do contrato do *de cujus* junto à *Exchange* e da respectiva *wallet*, notadamente o tipo de

---

extratos do PIS e do FGTS; d) promover o bloqueio de valores em conta corrente e ativos mobiliários, como títulos de renda fixa e ações (Disponível em: https://www.cnj.jus.br/sistemas/sisbajud/. Acesso em: 29 mar. 2022). Nas hipóteses de operação de criptoativos pela forma *peer-to-peer*, não há, até o momento, sistema capaz de acessar a *wallet* do titular.

50. Nos termos do art. 2º da IN 1888, "as informações a que se refere o art. 1º deverão ser prestadas com a utilização do sistema Coleta Nacional, disponibilizado por meio do Centro Virtual de Atendimento (e-CAC) da RFB, em leiaute a ser definido em Ato Declaratório Executivo (ADE) da Coordenação-Geral de Programação e Estudos (Copes), a ser publicado no prazo de até 60 (sessenta) dias, contado a partir da data de publicação desta Instrução Normativa".

criptoativo, a quantidade e o seu respectivo valor[51]. Mostra-se prudente, ainda, determinar a imediata suspensão das operações com criptoativos do *de cujus* sem prévia autorização judicial.

Prestadas as informações acerca do tipo e quantidade de criptoativos, é recomendável a expedição de novo ofício à *Exchange,* determinando que os criptoativos em nome do *de cujus* sejam vendidos e, abatidas eventuais taxas de serviço, o valor seja depositado em uma conta vinculada ao juízo do inventário.

Caso a *Exchange* descumpra a determinação judicial, poderá o juiz, no exercício do poder-dever geral de efetivação, determinar todas as medidas indutivas, coercitivas, mandamentais ou sub-rogatórias necessárias para assegurar o cumprimento da ordem judicial (art. 139, IV, do CPC). Tal providência decorre do fato de que o terceiro que tenha conhecimento ou esteja em poder de documento ou coisa das partes tem o dever de informar ao juiz os fatos e as circunstâncias de que tenha conhecimento, assim como o de exibir coisa ou documento que esteja em seu poder (art. 380, I e II, do CPC)[52].

5. CONCLUSÃO

A falta de regulação da transmissão *causa mortis* da herança digital, a adoção, pelo CPC/2015, de um procedimento judicial de inventário e partilha já defasado, e a ausência de técnicas processuais especificamente pensadas para realizar, de forma eficaz, a transmissão dos bens digitais, corroboram para o aumento da insegurança jurídica.

Na atualidade, para que o processo de inventário e partilha sirva de instrumento realmente efetivo para a transmissão dos bens digitais, é preciso que os atores processuais atuem de forma colaborativa e com criatividade. Nessa perspectiva, a flexibilização do procedimento deve assumir um papel de destaque na busca pela tutela jurídica justa, efetiva e em tempo razoável, pois a aplicação do procedimento judicial dentro dos exatos limites estabelecidos pelo legislador não é capaz de fazer face à velocidade do tráfego jurídico dos bens digitais.

Designação de audiência para eleição de inventariante, nomeação de coinventariante ou administrador específico para gerir, durante o inventário, os bens digitais, e celebração de negócios jurídicos processuais são apenas algumas formas tendentes a adequar o procedimento às especificidades do caso. No campo dos

---

51. Tendo em vista a alta volatilidade dos criptoativos, a resposta da *Exchange* não será exata. Assim, o ideal é que a *Exchange* informe ao juízo o valor do criptoativo correspondente ao dia do encaminhamento da resposta ao ofício.

52. Conforme prevê o parágrafo único do art. 380 do CPC, em caso de descumprimento pelo terceiro, "poderá o juiz, em caso de descumprimento, determinar, além da imposição de multa, outras medidas indutivas, coercitivas, mandamentais ou sub-rogatórias".

testamentos, é fundamental distinguir a autorização do acesso ao conteúdo da efetiva transmissão do bem digital. Por fim, em relação à sucessão de criptoativos, é preciso conhecer a dinâmica desse tipo de ativo digital e desenvolver, na medida do possível, formas criativas de identificação e de acesso ao bem.

Os desafios concernentes à herança digital impactam diretamente no campo processual, razão pela qual os diálogos e as reflexões devem ser constantes.

6. REFERÊNCIAS

ALVIM, Arruda. *Manual de direito processual civil:* teoria geral do processo, processo de conhecimento, recurso, precedentes. 18ª ed. rev., atual. e ampl. São Paulo: Thomas Reuters Brasil, 2019.

ARARIPE, Jéssica Guerra de Alencar. Regulação dos criptoativos, oferta pública inicial de criptoativos e fundos de investimento em criptoativos no mercado de capitais. *Revista de direito e as novas tecnologias.* Vol. 4, p. 1-9, jul./set. 2019.

BARROSO, Luís Roberto. Neoconstitucionalismo e constitucionalização do direito: o triunfo tardio do direito constitucional no Brasil. *Revista de direito administrativo,* v. 240, p. 2005, p. 1-42. Disponível em: http://bibliotecadigital.fgv.br/ojs/index.php/rda/article/view/43618. Acesso em: 05 mar. 2022.

BUCAR, Daniel. Existe o *droit de saisine no sistema sucessório brasileiro?*. In: TEIXEIRA, Ana Carolina Brochado; NEVARES, Ana Luiza (coord.). *Direito das Sucessões:* problemas e tendências. Indaiatuba: Editora Foco, 2022.

CABRAL, Antonio do Passo. *Convenções processuais.* Salvador: JusPodivm, 2016.

CALAMANDREI, Piero. *Instituições de direito processual civil.* 2ª edição. Campinas: Bookseller, 2003, v. I.

CARNACCHIONI, Daniel. *Manual de direito civil:* volume único. 5ª ed. rev. ampl. e atual. São Paulo: Editora JusPodivm, 2021.

DIAS, Maria Berenice. *Manual das sucessões.* 7ª edição. Salvador: JusPodivm, 2021.

FARIAS, Cristiano Chaves de; ROSENVALD, Nelson. Curso de direito civil: sucessões. 2ª edição, revista, ampliada e atualizada. Salvador: JusPodivm, 2016.

FOLLADOR, Guilherme Broto. Criptomoedas e competência tributária. *Revista brasileira de políticas públicas.* 3ª ed. Brasília: UNICEUB, 2017.

FREITAS, José Lebre de. *Introdução ao processo civil.* 4ª edição. Coimbra: Gestlegal, 2017.

HONORATO, Gabriel; LEAL, Lívia Teixeira. Exploração econômica de perfis de pessoas falecidas. *In:* TEIXEIRA, Ana Carolina Brochado; LEAL, Lívia Teixeira (coord.). *Herança digital:* controvérsias e alternativas. Indaiatuba: Editora Foco, 2021.

LOPES JUNIOR, Jaylton. *Manual de processo civil.* 2ª ed. rev., atual. e ampl. São Paulo: Editora JusPodivm, 2022.

MAZZEI, Rodrigo. Nomeação do Inventariante: Critérios para (Interpretar) e Aplicar o Art. 617 do CPC. *Revista Nacional de Direito de Família e Sucessões.* Porto Alegre, ano VII, nº 41, mar./abr. 2021, p. 7-31.

MIRANDA, Francisco Cavalcanti Pontes de. *Tratado de direito privado.* 2ª edição. Tomo LV. Rio de Janeiro: Editor Borsoi, 1973.

MIRANDA, Francisco Cavalcanti Pontes de. *Tratado de direito privado.* 2ª edição. Tomo LVI. Rio de Janeiro: Editor Borsoi, 1973.

MÜLLER, Julio Guilherme. *Negócios jurídicos processuais e desjudicialização da produção da prova:* análise Econômica e Jurídica. São Paulo: Revista dos Tribunais, 2017.

OLIVEIRA, Euclides de; AMORIM, Sebastião. *Inventário e partilha:* teoria e prática, 26ª edição. São Paulo: Saraiva, 2020.

SILVA, Luiz Gustavo Doles. *Bitcoins & outras criptomoedas:* teoria e prática à luz da legislação brasileira. Curitiba: Juruá, 2018.

TEIXEIRA, Ana Carolina Brochado; KONDER, Carlos Nelson. O enquadramento dos bens digitais sob o perfil funcional das situações jurídicas. In: TEIXEIRA, Ana Carolina Brochado; LEAL, Lívia Teixeira (coord.). *Herança digital:* controvérsias e alternativas. Indaiatuba: Editora Foco, 2021.

TERRA, Aline de Miranda Valverde; OLIVA, Milena Donato; MEDON, Filipe. Acervo digital: controvérsias quanto à sucessão *causa mortis.* In: TEIXEIRA, Ana Carolina Brochado; LEAL, Lívia Teixeira (coord.). *Herança digital:* controvérsias e alternativas. Indaiatuba: Editora Foco, 2021.

ZAMPIER, Bruno. *Bens digitais:* cybercultura, redes sociais, e-mails, músicas, livros, milhas aéreas, moedas virtuais. Indaiatuba: Editora Foco, 2021

SUCESSÃO PATRIMONIAL (?) NO METAVERSO: E O ITCMD COM ISSO?

Dayana de Carvalho Uhdre

Doutoranda pela Universidade Católica de Lisboa. Membro Associada da BABEL – Blockchain and Artificial Intelligence for Business, Economics and Law (Universidade de Firenze). Procuradora do Estado do Paraná. Professora em diversos cursos de pós-graduações. Autora do livro "Blockchain, Tokens e Criptomoeda. Análise Jurídica". E-mail: contato@dayanauhdre.com.br

Sumário: 1. Introdução – 2. Rápidas notas sobre o ITCMD (imposto sobre transmissão *causa mortis* ou doação) – 3. ITCMD sobre as "transmissões" *mortis causa* no metaverso? – 4. Conclusão – 5. Referências.

1. INTRODUÇÃO

Inegável o crescimento exponencial do ecossistema de criptoativos nos últimos anos. De um experimento – o protocolo Bitcoin – inicialmente restrito a comunidades de *cypherpunks*, até os debates atuais relacionados às Central Bank Digital Currencies (CBDC`s), verdadeiras moedas digitais oficiais, perpassando por *game-fi, defi*, o fato é que os casos de uso (ainda que em potência) têm ganhado popularidade. O tema do momento conexo ao universo "cripto" é o "metaverso" *vis a vis* "NFT" (non-fungible-tokens). De se esclarecer desde já que em que pese serem assunto em grande medida correlacionados na atual era da tokenização da economia, não se confundem.

"Metaverso" é terminologia utilizada para indicar um espaço virtual em 3D que busca replicar a realidade através de dispositivos digitais. Trata-se de um ambiente virtual, imersivo, coletivo e hiper-realista, em que pessoas poderão dele compartilhar, convivendo entre si por intermédio de avatares 3D. Há, em última análise, a confluência de duas vertentes tecnológicas – "realidade virtual" e "realidade aumentada" – com recursos de comunicação das redes sociais.[1] O termo é atribuído ao escritor americano Neal Stephenson, que em 1992 usou essa palavra para descrever um mundo virtual habitado por avatares em seu livro de ficção científica "Snow Crash". Nota-se, portanto, que o termo não é novo, e nem

---

1. ROSA, João Luiz. O que é metaverso? Qual a relação com criptomoedas e NFT? Veja perguntas e respostas. *Valor Econômico*, 24 jan. 2022. Disponível em: https://valor.globo.com/empresas/noticia/2022/01/24/o-que-e-metaverso-e-relacao-com-criptomoeda-e-nft.ghtml. Acesso em: 16 mar. 2022.

a ideia o é – veja-se, por exemplo, o caso dos jogos "Second Life", ou mesmo o "Minecraft", verdadeiros precursores dessa concepção.

Foi o anúncio recentemente feito por Mark Zuckerberg, de rebatizar a companhia controladora do Instagram, Facebook e WhatsApp para Meta Plataforms, no entanto, que fez o termo ganhar tamanha popularidade. De toda forma, é de se pontuar que o metaverso (ou metaversos) é realidade ainda em construção, e seu futuro – glorioso – dependerá em grande medida da capacidade de os empreendimentos envolvidos em projetos desse jaez criarem simulações digitais suficientemente convincentes e atrativas. Por outro lado, não há como se negar ser forte a aposta de analistas e executivos do ambiente tecnológico no metaverso (ou metaversos) como a próxima etapa da Internet. A consultoria canadense *Emergen Research* prevê que o mercado relacionado a esse(s) ambiente(s) virtual(is) e interconectado(s), que teria somado US$ 47,69 bilhões já em 2020, cresceria a uma taxa anual de 43,3% entre 2021 e 2028, atingindo US$ 828,95 bilhões ao final do período. Aduz que o foco na convergência entre o mundo físico e digital, e o cenário pandêmico, instaurado pela Covid-19, são alguns dos principais motivos desse aumento.[2]

No mesmo sentido, a futurista Amy Webb, uma das atrações mais aguardadas do Festival SXSW, apontou em seu relatório Tech Trends Report ali lançado, que uma das grandes tendências que irá afetar a sociedade, os negócios e o consumo nos próximos anos é justamente o metaverso. Por não ser, o metaverso, uma tecnologia única ou controlada ou um empresa ou ente de forma centralizada, as pessoas poderão criar múltiplas versões de si mesmos, cada uma para fins específicos. Daí porque defende Amy que testemunharemos uma fragmentação – e uma lacuna – cada vez maior entre quem uma pessoa é no mundo físico e quem ela projeta ser no mundo virtual. As relações serão mais imersivas, com empresas aderindo a oferta e uso de experiências digitais, inaugurando um mundo de realidades mista.[3]

E, como os NFT`s (*non-fungible* tokens) ou tokens não fungíveis encaixam-se nesse cenário? Ao que respondemos que tal instrumento provavelmente se tornará a forma prioritária de negociação no metaverso. E, a fim de buscarmos compreender a razão porque tais tokens não fungíveis "prometem" ser o ferramental por excelência nas transações ocorridas no ambiente metaverso, alguns passos atrás nos parecem necessários. Primeiramente, é de se salientar estarmos

---

2. Resumo disponível em: https://www.emergenresearch.com/industry-report/metaverse-market. Acesso em: 16 mar. 2022.

3. PACETE, Luiz Gustavo. Confira as quatro previsões de tecnologia feitas por Amy Webb no SXSW. Revista Forbes, 14 março 2022 [versão digital]. Disponível em: https://forbes.com.br/forbes-tech/2022/03/confira-4-tendencias-de-tecnologia-feitas-por-amy-webb-no-sxsw/. Acesso em: 16 mar. 2022.

no ecossistema de criptoativos, isto é, de projetos e/ou aplicabilidade da tecnologia que convencionamos chamar *blockchain*.[4] Sem nos adentrar na explicação técnica[5] – até porque nem apto a tanto nos sentimos -, o que importa ter em mente é que trata-se de tecnologia que possibilita realizar trocas de valores em ambiente inteiramente digital, daí porque referir-se à blockchain como "Internet do Valor".

Em apertada síntese, o desenvolvimento da tecnologia de informação e comunicação, e mais detidamente da Internet, nos permitiu interconexão (diretamente parte a parte) e trocas globais de informações de forma praticamente instantânea. Isto é, até recentemente não possuíamos tecnologia apta a nos permitir trocas de valores diretamente parte a parte, em razão da necessidade de controle e contabilização das mesmas por intermediários de confiança (*middleman*), a fim de se evitar o gasto duplo. Um exemplo talvez seja mais esclarecedor: por intermédio da Internet, posso, por exemplo, encaminhar um e-mail com anexo (uma foto, por exemplo). Ocorre que no momento em que envio tal e-mail não tenho apenas 01 (um) arquivo, mas 02 (dois): um na minha caixa de saída e outro semelhante (replicado) na caixa de entrada do destinatário. Tal duplicidade não traz maiores problemas em razão de estarmos falando de troca de informações. Agora, quando falamos de valores, que por presumirem escassez, tal duplicação é sim problemática, razão pela qual existe os intermediário de confiança (a exemplo de instituições financeiras, cartório de registro de imóveis etc.), responsáveis pelo registro e controle de transações com valores.

E é nesse ponto que reside a maior promessa da tecnologia *blockchain*: permitir troca de valores diretamente entre as parte e de forma inteiramente digital. Ao invés dos intermediário, é a própria tecnologia que valida, registra e atualiza as trocas realizadas por intermédio de sua rede. Dentro desse cenário, utilizamos o termo "token" como sinônimo de representação digital e criptografada de ativos. E, essas representações podem se referir tanto a ativos (reais/tangíveis ou virtuais/intangíveis) existente no mundo "real", físico, daí se falar em "tokenização de ativos"[6] (verdadeiros "avatares" desses bens ou direitos), como a ativos nativos e

---

4. Trata-se, em realidade, de cabedal tecnológico que, em sua origem (protocolo Bitcoin) congloba ao menos três componentes: dois tecnológicos (distributed Ledger technology e criptografia assimétrica) e um comportamental/econômico (teoria dos jogos).

5. Para além do próprio whitepaper do Bitcoin, "Bitcoin: A Peer-to-Peer Electronic Cash System", disponível em: https://bitcoin.org/bitcoin.pdf. Acesso em: 16 mar. 2022; Vide: ANTONOPOULOS, Andreas M. Mastering Bitcoin. *Programming the Open Blockchain*. 2ª ed. Massachusetts: O' Reilly Media, 2017.

6. Sobre o conceito de tokenização, vide a posição da OCDE: "Tokenisation is the process of digitally representing an existing real asset on a distributed ledger (Hileman and Rauchs, 2017). The Financial Stability Board defines tokenisation as the representation of traditional assets – e.g. financial instruments, a basket of collateral or real assets – on DLT (FSB, 2019). Asset tokenisation involves the representation of pre-existing real assets on the ledger by linking or embedding by convention the economic value and rights derived from these assets into digital tokens created on the blockchain. Tokens issued in asset tokenisation exist on the chain and carry the rights of the assets they represent, acting as store of value.

exclusivos do mundo virtual (nativos de "blockchain"), caso em que estaríamos diante dos "criptoativos" em sentido estrito, digamos assim. Usamos a locução "em sentido estrito", porque os termos "criptoativos" e "tokens" são tomados como sinônimos.[7]

Assim é que, os famosos NFT`s (*non-fungible tokens*) ou tokens não fugíveis, nada mais seriam do que linhas de códigos (*tokens*) unívocas que funcionam como representações digitais, registros de "propriedade", ou melhor, de titularidade de bens (virtuais, reais) únicos, tais como obras de arte, ou mesmo itens colecionáveis. De acordo com Okonkwo, um NFT pode ser definido como um "certificado de autenticidade para um objeto, real ou virtual", e prossegue esclarecendo que ele (o NFT) "não contém o pedaço de arte digital, a música, o vídeo etc, em si considerados, mas atesta que 'o Sr. A deve ao Sr. B um arquivo digital de X'".[8]

No mesmo sentido, Daniel de Paiva Gomes e Eduardo de Paiva Gomes corretamente destacam que não se pode confundir o NFT como direito ou o bem a que ele se refere. Trata-se, o NFT, de mero registro em um banco de dados descentralizados (blockchain), isto é, de uma espécie de certificado digital cuja finalidade é autenticação de um arquivo, conferindo-lhe exclusividade. O que o distingue dos demais tokens – "fungíveis" – é revestir a qualidade de infungível. No sistema brasileiro, encontramos a definição legal de fungibilidade – e por consequência a de infungibilidade – no art. 85 do Código Civil. Estabelece o referido artigo que "São fungíveis os móveis que podem substituir-se por outros da mesma espécie, qualidade e quantidade"; logo, por simetria, infungíveis seriam os bens dotados de natureza insubstituível, por não existir outros de mesma espécie, qualidade e quantidade.

Apertada síntese, NFT nada mais seria do que um registro, um certificado unívoco – insubstituível – inserido em um banco de dados (que no caso é descentralizado), em que estabelecido que o indivíduo X é proprietário desse registro (desse conjunto de informações inseridas na blockchain), que aponta para um

---

The real assets on the back of which the tokens are issued continue to exist in the "off-chain" world and, in the case of physical real assets, those would typically need to be placed in custody to ensure that the tokens are constantly backed by these assets. This points to an increasingly important role of custodianship of assets in tokenisation transactions (see Section 3.5). Communication between the "off-chain" (traditional financial market infrastructures) and "on-chain" environments will be crucial for assets that continue to exist off the chain". OECD. The Tokenisation of Assets and Potential Implications for Financial Markets. *OECD Blockchain Policy Series*, 2020. Disponível em: https://www.oecd.org/finance/The-Tokenisation-of-Assets-and-Potential-Implications-for-Financial-Markets.pdf. Acesso em: 17 mar. 2022.

7. UHDRE, Dayana de Carvalho. *Blockchain, tokens e criptomoedas*. Análise Jurídica. São Paulo: Almedina, 2021, p. 61.

8. OKONKWO, Ifeanyi E. NFT, Copyright, and Intelectual Property Commercialisation (May 29, 2021). Disponível em: https://papers.ssrn.com/sol3/papers.cfm?abstract_id=3856154. Acesso em: 17 mar. 2022.

outro ativo digital ou para um link "contendo alguma coisa", ou ainda para um ativo tangível. Assim é que, a depender do teor do *smart contract* e dos direitos subjacentes à operação – conexos à um determinado NFT – o adquirente poderá, ou não, se tornar proprietário do conteúdo a que atrelado.

Daí não ser mesmo surpreendente todo o frenesi causado ao entorno do metaverso *vis a vis* NFT`s no momento atual da história. É que temos diante de nós a possibilidade – factível –, de nos relacionarmos sócio-economicamente em uma realidade (ou realidades) inteiramente virtual (virtuais). É como se pudéssemos ter duas vidas: uma no mundo "real", "tangível", e a outra em um ambiente virtual, em que estaríamos representados por "avatares" atrelados a NFT`s. E, por nos relacionaríamos social e economicamente em ambas as "realidades", é de se indagar se os comportamentos realizados, e/ou relações entabuladas no ambiente metaverso eventualmente teriam os mesmos efeitos jurídicos daqueles atos ou negócios jurídicos semelhantemente travados no ambiente "real".

Trata-se de questionamento que cada vez mais estará na ordem do dia dos juristas, razão pela qual nos atrevemos a provocar reflexões – afetas a Internet de valores – dentro de um tema que já a atual era da Internet da informação tem se voltado, qual seja os desafios sucessórios da herança digital. Mais especificamente, a pergunta central desse artigo é quanto à possibilidade e desafios de tributação sobre eventuais transmissões *causa mortis* de "ativos digitais" existentes em ambiente de metaverso. De se esclarecer desde já que, da mesma forma que a maior parte das operações com criptoativos, as realizadas em ambiente metaverso também carecem de tratamento legal específico e/ou orientação interpretativa por parte dos entes competentes. Assim, os raciocínios doravante desenvolvidos buscam verificar a a possível subsunção de eventuais funcionalidades exercidas pelos tokens à hipótese de incidências do ITCMD.

2. RÁPIDAS NOTAS SOBRE O ITCMD (IMPOSTO SOBRE TRANSMISSÃO *CAUSA MORTIS* OU DOAÇÃO)

Inicialmente, convém esclarecer que nosso sistema tributário optara por atribuir a cada um dos entes federados feixes de competência legislativo-tributárias com base em materialidades que consubstanciam manifestações de riquezas passíveis de incidência fiscal. Assim é que o legislador constituinte brasileiro estipulou os fatos-signos presuntivos de riquezas que cada um dos entes federados poderão alçar a hipóteses de incidência tributária. No que se referem às transmissões não onerosas (em razão dos eventos morte ou doação) de quaisquer bens e direitos, estabeleceu o art. 155, I da Constituição Federal, estarem a cargo dos entes estaduais tributá-las. Ainda, prescreveu a Carta Política de 1988 que, quando diante de um elemento de estraneidade, competiria a lei complementar regular a incidência do referido imposto.[9]

Pois bem, ultrapassada essa apresentação inicial, é de se pontuar que nos pautaremos, para fins de rápida análise do perfil desse imposto, no clássico instrumental elaborado pelo professor Paulo de Barros Carvalho qual seja a Regra Matriz de Incidência Tributária.[10] Tendo por contexto que o Direito é sistema normativo vocacionado a disciplinar comportamentos humanos, e partindo da premissa epistemológica do construtivismo lógico-semântico,[11] propõe Paulo de Barros Carvalho a utilização da estrutura lógica da Regra Matriz de Incidência Tributária para fins de construção da norma de incidência tributária, que consubstancia um mínimo deôntico com sentido completo.[12] Dito de outra forma, os critérios ou elementos confortadores da Regra Matriz de Incidência Tributária (critérios material, espacial, temporal no antecedente e critérios pessoais e quantitativos no consequente normativo) tem por objetivo erigir uma norma de comando dotada de sentido deôntico (de dever-ser) mínimo, de forma a ser compreensível que comportamento humano (antecedente) dará "nascimento" a uma determinada relação jurídica (cujos elementos identificadores estariam no consequente).

Iniciando pelo antecedente normativo, em que se constrói a hipótese normativa, seriam três os critérios mínimos – consoante o mencionado autor – a serem "preenchidos": (i) o material, conformado por um verbo mais complemento identificador do comportamento humano que configura manifestação de riqueza apta a ser tributada; (ii) o espacial, que configura o critério que estabelece referenciais de espaço em que se considera concretizada a materialidade; e (iii) o temporal, em

---

9. Art. 155. Compete aos Estados e ao Distrito Federal instituir impostos sobre:

I – transmissão causa mortis e doação, de quaisquer bens ou direitos

(...)

§ 1º O imposto previsto no inciso I:

I – relativamente a bens imóveis e respectivos direitos, compete ao Estado da situação do bem, ou ao Distrito Federal

II – relativamente a bens móveis, títulos e créditos, compete ao Estado onde se processar o inventário ou arrolamento, ou tiver domicílio o doador, ou ao Distrito Federal;'

III – terá competência para sua instituição regulada por lei complementar:

a) se o doador tiver domicílio ou residência no exterior;

b) se o de cujus possuía bens, era residente ou domiciliado ou teve o seu inventário processado no exterior;

IV – terá suas alíquotas máximas fixadas pelo Senado Federal

10. CARVALHO, Paulo de Barros. *Teoria da Norma Tributária*. 5ª ed. São Paulo: Quartier Latin, 2009.

11. CARVALHO, Paulo de Barros. *Direito Tributário*. Linguagem e Método. 8ª ed. São Paulo: Noeses, 2021; VILANOVA, Lourival. As Estruturas *Lógicas e o Sistema do Direito Positivo*. São Paulo: Revistas dos Tribunais,1977.

12. Isto é, os elementos mínimos necessário a erigir um comando normativo (dever-ser) com sentido completo.

que estabelecidos referenciais de tempo em que se considera ocorrido o evento tributável. A materialidade do ITCMD, de acordo às diretrizes constitucionais seria a "transmissão *causa mortis* e doação de quaisquer bens ou direitos". Transmissão é a passagem, transladação da propriedade de um bem ou de direito de uma para outra pessoa. Será *mortis causa*, quando resultante – a transmissão – de sucessão legítima ou testamentária (herança ou legado); e por doação quando consequência de negócio jurídico não oneroso (isto é, sem encargo ou condição). Nosso foco reside na transmissão em decorrência do evento morte.

Pois bem, antes de principiarmos pelo exame um pouco mais a fundo do critério material, (nuclear ao antecedente), é de se esclarecer que a Constituição Federal, ao erigir o sistema tributário nacional, previu – como mecanismo minimizador de potenciais conflitos de competência – o diploma de lei complementar de normas gerais,[13] em cujo bojo deveria conter, dentre outros, a definição dos "fatos geradores" dos impostos discriminados da própria Constituição. Atualmente é o Código Tributário Nacional o diploma que exerce tal funcionalidade em nosso sistema. No entanto, por se tratar de diploma elaborado em 1966, sob a égide da Constituição de 1946 em que não existia a figura do ITCMD, mas apenas a do Imposto sobre Transmissão de Bens Imóveis (ITBI), de competência estadual, inexiste no CTN dispositivos regentes do imposto ora em exame. Assim é que, eventuais pistas dos limites e/ou mesmo de diretrizes semânticas que nos auxiliem a compreender a materialidade do ITCMD terão de ser buscados em outros diplomas,

---

13. Trata-se de previsão contida no art. 146 da Carta Política, *verbis*:

Art. 146. Cabe à lei complementar:

I – dispor sobre conflitos de competência, em matéria tributária, entre a União, os Estados, o Distrito Federal e os Municípios;

II – regular as limitações constitucionais ao poder de tributar;

III – estabelecer normas gerais em matéria de legislação tributária, especialmente sobre:

a) definição de tributos e de suas espécies, bem como, em relação aos impostos discriminados nesta Constituição, a dos respectivos fatos geradores, bases de cálculo e contribuintes;

b) obrigação, lançamento, crédito, prescrição e decadência tributários;

c) adequado tratamento tributário ao ato cooperativo praticado pelas sociedades cooperativas.

d) definição de tratamento diferenciado e favorecido para as microempresas e para as empresas de pequeno porte, inclusive regimes especiais ou simplificados no caso do imposto previsto no art. 155, II, das contribuições previstas no art. 195, I e §§ 12 e 13, e da contribuição a que se refere o art. 239.

Parágrafo único. A lei complementar de que trata o inciso III, d, também poderá instituir um regime único de arrecadação dos impostos e contribuições da União, dos Estados, do Distrito Federal e dos Municípios, observado que:

I – será opcional para o contribuinte;

II – poderão ser estabelecidas condições de enquadramento diferenciadas por Estado;

III – o recolhimento será unificado e centralizado e a distribuição da parcela de recursos pertencentes aos respectivos entes federados será imediata, vedada qualquer retenção ou condicionamento;

IV – a arrecadação, a fiscalização e a cobrança poderão ser compartilhadas pelos entes federados, adotado cadastro nacional único de contribuintes.

dentro, obviamente da engenharia e lógica do sistema tributário. E, nesse ínterim, o art. 110, também do CTN, nos municia com dispositivo que institui verdadeira "constitucionalização" dos institutos jurídicos utilizados para conformar a competência constitucional tributária do entes federados. Estabelece o preceito que "A lei tributária não pode alterar a definição, o conteúdo e o alcance de institutos, conceitos e formas de direito privado, utilizados, expressa ou implicitamente, pela Constituição Federal (...), para definir ou limitar competências tributárias". Assim, é ao Código Civil, diploma vocacionado a estabelecer a disciplina sucessória em razão do evento morte que devemos voltar nossos olhos.

Pois bem, voltando-se para o critério material do ITCMD, e com pés fincados no Código Civil, é possível se concluir que não é a transmissão em si o evento conformador da hipótese de incidência. Primeiro porque condição de legitimidade a qualquer tributação por meio de imposto é a sua incidência sobre manifestação de capacidade contributiva. A transmissão de *per se*, ocorrida desde a abertura da sucessão (falecimento do *de cujus)*, por força da *saisine*,[14] não denota signo presuntivo de riqueza, haja vista que pode – o sucessor – renunciar à herança.[15] Logo, consoante bem observado por Júlio da Costa Rostirola Aveiro com base nos arts. 1784 c/c 1804 do Código Civil,[16] é a aceitação dos bens e direitos,[17] quando perfectibilizada em definitivo a transmissão e o acréscimo patrimonial no acervo do sucessor, a materialidade do ITCMD *causa mortis*. Prossegue referido autor, pontuando que a expressão "bens e direitos" – e mais especificamente "quaisquer bens e direitos" – posto na Constituição Federal tem por objetivo ser tão ampla a fim de abarcar todo e qualquer bem que possuam, cumulativamente, as características de (i) transmissibilidade e (ii) conteúdo econômico.[18] Assim é que é a aceitação[19]

---

14. Art. 1.784. Aberta a sucessão, a herança transmite-se, desde logo, aos herdeiros legítimos e testamentários.
15. Sobre aceitação e renúncia, vide art. 1884 e ss. do Código Civil.
16. Art. 1784, vide nota de rodapé nº 15. Já o art. 1804, *verbis*: Art. 1.804. Aceita a herança, torna-se definitiva a sua transmissão ao herdeiro, desde a abertura da sucessão. Parágrafo único. A transmissão tem-se por não verificada quando o herdeiro renuncia à herança
17. AVEIRO, Júlio da Costa Rostirola. A regra-matriz de incidência do imposto em razão da morte. Dissertação (Mestrado em Direito). Faculdade de Direito, Universidade Federal do Paraná. Curitiba, 2018, p. 86-87.
18. "Nas palavras de EDUARDO DE CASTRO, 'Quando a lei e a Constituição falam em "quaisquer bens ou direitos" está se referindo apenas às coisas úteis e raras, ou seja, aos bens móveis e imóveis, corpóreos e incorpóreos, suscetíveis de apropriação pelo homem e dotados de valor econômico. Não incidirá o ITCMD, por exemplo, sobre a doação de alguns litros da água do mar ou mesmo sobre alguns gramas de areia da praia174(sic)'. Fixado esse amplo alcance, torna-se possível erigir alguns condicionantes na determinação de conteúdos possíveis de figurar no critério material do Imposto sobre Transmissão em razão da Morte, quais sejam: (i) a transmissibilidade do direito e do bem; e (ii) seu conteúdo econômico". AVEIRO, Júlio da Costa Rostirola. A regra-matriz de incidência do imposto em razão da morte. Dissertação (Mestrado em Direito). Faculdade de Direito, Universidade Federal do Paraná. Curitiba, 2018, p. 94.
19. A transmissão nesse sentido é decorrência lógica e necessária do aceite.

SUCESSÃO PATRIMONIAL (?) NO METAVERSO: E O ITCMD COM ISSO? **259**

dos bens e/ou direitos (passíveis de transmissão e com conteúdo econômico) que consubstancia a materialidade do ITCMD *causa mortis*.

Os critérios espacial e temporal, a seu turno, estão por óbvio interligados ao material, conformando com ele um todo lógico. Como esclarecemos linhas atrás, o antecedente da norma de incidência tem por objetivo descrever um comportamento humano cujo consequente seja o nascimento de uma relação jurídica tributária. Ora, todo agir humano ocorre em um determinado referencial de espaço e tempo, daí a interconexão natural entre os critérios material (agir), espacial (referencial de espaço) e temporal (referencial de tempo). Logo, a segregações de tais aspectos ocorre apenas no plano lógico, para fins didáticos e de determinação do ente competente e do regime aplicável, e jamais no nível fático. Isso posto, intuitivo concluir que, em razão dos arts. 1784 c/c 1804 do Código Civil, considera-se ocorrido o evento tributável pelo ITCMD *mortis causa* na abertura da sucessão (data do falecimento do *de cujus*). É que, ainda que a materialidade esteja atrelada a aceitação dos bens e direitos, o próprio art. 1804 do Código Civil institui uma ficção em que identifica como ocorrida a transmissão da titularidade desses bens – decorrência lógica do aceite – desde a abertura da sucessão. Relativamente ao critério espacial, considera-se ocorrida a aceitação e transmissão dos bens e direitos ou na localidade em que situado, caso dos bens imóveis (art. 155, 1º, I da CF e 41 do CTN), e/ou no local onde se processa o inventário, caso dos bens móveis (art. 155, § 1º, I da CF). De se recordar que por força do art. 48 do Código de Processe Civil c/c 1785 do Código Civil, o inventário deve ser processado no último domicílio do de *cujus*.[20]

Feita essa rápida análise do antecedente, prossigamos pelo consequente normativo regente do ITCMD *mortis causa*. Esclarecemos inicialmente que o consequente era formado pelos critérios pessoal e quantitativo, aspectos esses que correspondem ao mínimo necessário à identificação de uma relação jurídica tributária. O ponto é responder quem deve para quem (critério pessoal, que atribui a possibilidade de se identificar os sujeitos passivo e ativo, respectivamente) e quanto se deve (critério quantitativo, composto por base de cálculo e alíquota). Pois bem, relativamente ao critério pessoal, em razão da partilha constitucional,

---

20. Código Civil. Art. 1.785. A sucessão abre-se no lugar do último domicílio do falecido.

Código de Processo Civil. Art. 48. O foro de domicílio do autor da herança, no Brasil, é o competente para o inventário, a partilha, a arrecadação, o cumprimento de disposições de última vontade, a impugnação ou anulação de partilha extrajudicial e para todas as ações em que o espólio for réu, ainda que o óbito tenha ocorrido no estrangeiro.

Parágrafo único. Se o autor da herança não possuía domicílio certo, é competente:

I – o foro de situação dos bens imóveis;

II – havendo bens imóveis em foros diferentes, qualquer destes;

III – não havendo bens imóveis, o foro do local de qualquer dos bens do espólio.

detém competência para cobrar o tributo o Estado em que ocorrida a materialidade do ITCMD. Assim é que, para determinação do sujeito ativo, teremos de ter em consideração o critério espacial definidor da localidade em que concretizado o evento tributável: em sendo transmissão de bem imóvel, será o Estado em que localizado tal bem o credor do tributo; ao passo que na transmissão de bens móveis o será o Estado em que se processa o inventário. Já o devedor – sujeito passivo – será, regra geral, quem recebera os bens e/ou direitos transmitidos em razão do evento morte, isto é, quem teve "acréscimo patrimonial" – caso dos herdeiros ou dos legatários. Por fim, quanto ao critério quantitativo, a base de cálculo é consubstanciada pelo valor líquido da herança ou legado recebido, com base no art. 35 do CTN. E, a alíquota, estabelecida pelas leis estaduais, será de no máximo 8%, conforme Resolução 09/1992 do Senado Federal (em cumprimento ao quanto determinado no art. 155, § 1º, IV da Constituição Federal).

Municiados dos elementos básicos de conformação do ITCMD, passemos a buscar analisar a questão central, a provocação lançada no início desse artigo.

3. ITCMD SOBRE AS "TRANSMISSÕES" *MORTIS CAUSA* NO METAVERSO?

Com base no preceito constitucional *vis a vis* o quanto disposto no Código Civil, concluímos que a materialidade do ITCMD *mortis causa* é a transmissão – enquanto consequência lógica da aceitação da herança – de bens e/ou direitos transmissíveis e que possua conteúdo econômico. Uma primeira ordem de indagações a ser feita, portanto, é se os eventuais criptoativos e/ou NFT`s – a eles atrelados ou não – deteriam as características de transmissibilidade e conteúdo econômico. E aqui, já à partida, nos deparamos com os desafios impostos pela virtualização das relações socioeconômicas – digitalização da vida – ao sistema jurídico sucessório brasileiro atualmente posto.

De um lado, temos um regime sucessório positivado, assente na ideia de patrimonialidade vigente nos anos 70 do século passado.[21] Estamos, portanto, a falar em diretrizes normativas pautadas em uma realidade sócio-econômica "brick-and-mortal", de concretude, de tangibilidade, e de propriedade atrelada à situações jurídicas de pertencialidade plena (uso, gozo, disposição da coisa). De outro, vemos o avançar da digitalização da economia, que impactou sobremaneira nossas interações sócio-econômicas, tornando o nosso "relacionar-se" em grande medida intermediado por plataformas digitais.[22] E, tal mudança paradigmática

---

21. O projeto do Código Civil atualmente vigente remonta a 1972.
22. Sobre plataformização da economia vide: PARKER, Geoffrey G.; ALSTYNE, Marshall W.; CHOURDARY, Sangeet Paul. Plataforma. A *revolução da estratégia*. Rio de Janeiro: Alta Books, 2018; SRNICEK, Nick. *Plataforma Capitalism*. Cambridge: Polity Press, 2017.

por óbvio traz perplexidades e desafios ao sistema sucessório instituído que não fora vocacionado a lidar com a faceta digital da herança.

Trata-se, a "herança digital", de debate cada vez mais crescente e presente em doutrina – e tendencialmente em jurisprudência[23] -, tendo por pano de fundo, primordialmente, o tratamento dos perfis sociais e/ou de mídias digitais *post mortem* de seus usuários. E, em um cenário que já se mostra desafiador, a perspectiva de uma existência virtual imersiva e paralela à "real", em que grande parte das relações travadas no mundo físico possam ser replicadas – ainda que sob a perspectiva funcional – em um ambiente de metaverso(s), a complexidade ganha novos e mais robustos contornos.

De toda forma, voltando aos princípios, e focando-nos nos eventuais impactos tributários, a pergunta central a ser feita é quanto à transmissibilidade e ao caráter econômico dos ativos digitais em causa. E, relativamente ao primeiro ponto, um parêntese merece ser feito: um aspecto que tem sido pontuado em doutrina é quanto à inversão dos critérios de transmissibilidade dessas "situações jurídicas subjetivas". É dizer, ao passo que as situações patrimoniais (até então, via de regra, tangíveis) transmitem-se aos sucessores por meio de um complexo sistema de controle estatal (intermediários de confiança), as novas arquiteturas de aproveitamento econômico utilizadas para operacionalizar o uso de bens incorpóreos instrumentalizado pela Internet desafiam essa racionalidade.[24] Destarte, olhando para os termos de uso de uma das mais conhecidas plataforma metaverso (*Decentraland*), por exemplo, é possível notar que as relações econômicas naquele ambiente entabuladas são regidas pelo direito autoral, em que a titularidade das ferramentas tecnológicas ofertadas por essas plataformas delas seriam – faceta em que os usuários teriam apenas direito de uso a elas -, ao passo que a do conteúdo elaborado e "inserido" pelo próprio usuário naquele ambiente a ele pertenceria. E mais, detecta-se que a transferência desses direitos – por seu legítimo detentor- é feita de forma descentralizada, sem qualquer "controle estatal", pelo uso do protocolo da *Etherium*.[25]

Fechado o parêntese, voltemos a indagação relativa à transmissibilidade dos ativos digitais criptográficos representativos de situações sócio-econômicas em ambiente metaverso. Vige no sistema pátrio preceito que estabelece a intransmissibilidade dos direitos de personalidade (art. 11 do Código Civil[26]), daí a compreensão,

---

23. No âmbito brasileiro, vide TJMS, 1ª Vara do Juizado Especial Central, Processo n. 0001007-27.2013.8.12.0110, Juíza Vania de Paula Arantes, julg. 19.03.2013.

24. BUCAR, Daniel; PIRES, Caio Ribeiro. Situações Patrimoniais Digitais e ITCM: Desafios e propostas. In: TEIXEIRA, Ana Carolina Brochado; LEAL, Livia Teixeira (coord.). *Herança Digital*. Controvérsias e Alternativas. Indaiatuba: Editora Foco, 2021, p. 273-288, p. 275.

25. Termos de uso disponível em: https://decentraland.org/terms/. Acesso em: 21 mar. 2022.

26. Art. 11. Com exceção dos casos previstos em lei, os direitos da personalidade são intransmissíveis e irrenunciáveis, não podendo o seu exercício sofrer limitação voluntária.

em certa medida evidente, de que com o falecimento, restavam extintos os direitos de personalidade do *de cujus*. Ocorre que tal afirmação parece perder sua obviedade, e ganhar mesmo ares de artificialidade, quando diante de escolhas existenciais feitas em vida que etermizam-se no ambiente cibernético. O cenário acaba por elevar ao nível de transmissíveis – ao menos faticamente – situações existenciais antes intransmissíveis, o que diante da ausência de regramento específico acaba por trazer debates e correntes doutrinárias divergentes quanto a como se interpretar o sistema positivado para fins de tutela dessas novas situações apresentadas.

De um lado, há corrente doutrinária que afirma a existência de uma ampla "herança digital", abrangendo não apenas as situações patrimoniais como ainda as existenciais refletidas nos dados dos perfis mantidos em redes sociais, caso em que a sucessão ocorreria nos ditames da ordem de vocação hereditária do art. 1829 do Código Civil,[27] exceto se de forma contrária se manifestara o *de cujus*.[28] De outro, entende-se ser necessário analisar o conteúdo deixado pela pessoas falecidas nas redes sociais requer uma distinção entre situações patrimoniais e existenciais. Assim é que bens incorpóreos (e, no caso presente digitais e criptográficos) dotados de conteúdo predominantemente econômico merecem tutela patrimonial, compondo à universalidade dos bens do falecido passíveis de transmissão aos herdeiros. Já quando esses bens detêm caráter predominantemente existencial, sujeitam-se à tutela dos direitos da personalidade, pelo que sua disciplina se sujeita aos art. 11 e seguintes do Código Civil.[29]

Comungamos nesse segundo entendimento por entendermos ser o mais coerente a lógico aos princípios hoje vigentes em nosso ordenamento jurídico civilista. Como afirmamos linhas atrás, o direito sucessório brasileiro tem por linha mestre o princípio da patrimonialidade, pelo que a disciplina da transmissão sucessória aplica-se a situações dotadas de conteúdo econômico (art. 91 do Código Civil[30]). E, para definição do que configuraria situação dotada predominantemente de

---

27. Art. 1.829. A sucessão legítima defere-se na ordem seguinte:

    I – aos descendentes, em concorrência com o cônjuge sobrevivente, salvo se casado este com o falecido no regime da comunhão universal, ou no da separação obrigatória de bens (art. 1.640, parágrafo único); ou se, no regime da comunhão parcial, o autor da herança não houver deixado bens particulares;

    II – aos ascendentes, em concorrência com o cônjuge;

    III – ao cônjuge sobrevivente;

    IV – aos colaterais.

28. Vide: FRITZ, Karina; MENDES, Laura Schertel Ferreira. Case Report: Corte Alemã Reconhece a Transmissibilidade da Herança Digital. *Revista de Direito Público*, Porto Alegre, v. 15, n. 85, 2019, p. 188-211, jan.-fev./2019. Disponível em: https://www.portaldeperiodicos.idp.edu.br/direitopublico/article/view/3383. Acesso em: 21 mar. 2022.

29. Vide: LEAL, Livia Teixeira. *Internet e morte do usuário*: propostas para o tratamento jurídico post morte do conteúdo inserido na rede. Rio de Janeiro: LMJ, Jurídico 2017, p. 69-126.

30. Art. 91. Constitui universalidade de direito o complexo de relações jurídicas, de uma pessoa, dotadas de valor econômico.

conteúdo econômico – a chamar a disciplina sucessória – *versus* situação dotada de relevamte conteúdo existencial – em que incidente a tutela dos direitos de personalidade *post mortem* – é necessário fazer-se uma análise funcional das situações que se apresentam. Trata-se, aliás, de abordagem interpretativa mais adequada a lidar com as vicissitudes conexas às mudanças sociais cada vez mais aceleradas nessa era digital, posto que a identificação de uma ou outra situação, ao se utilizar do recorte fático como ponto de partida a reflexão sobre qual a função específica dessa determinada situação no ordenamento jurídico – em um profícuo diálogo entre norma e realidade[31] – acaba por ser contextual e socialmente construída.[32]

Apertada síntese, quando presente situações em que a dignidade humana é indiretamente concretizada pelo exercício das funções sociais da propriedade, isto é, o exercício da autonomia privada deve observar princípios outros de cariz mais coletivo – como o da solidariedade -, estaremos diante de situações patrimoniais, a autorizarem o regime sucessório. Do contrário, quando a situação jurídica que se apresente tem por foco principal a própria realização da dignidade humana, conforme as aspirações, valores e *modus operandi* do indivíduo, aí sim estaríamos diante de situações existenciais, tuteladas pelos direitos de personalidade.[33]

Assim é que, regressando à pergunta inicial sobre a transmissibilidade ou não das situações jurídicas representada pela titularidade de criptoativos em ambiente de metaverso, a resposta será casuística. É dizer, a depender da funcionalidade a que vocacionada aquele determinado token teremos situações patrimoniais (caso por exemplo, de NFT representativo de um "imóvel", de um terreno em um ambiente metaverso), ou pessoais/existenciais (caso, por exemplo, de um NFT atrevido a um "avatar " representativo do *de cujus,* enquanto ser vivente naquele ambiente). Logo, apenas tokens representativos de situações patrimoniais é que estarão sujeitas à incidência tributária do ITCMD *mortis causa*, por estar presente a transmissibilidade e conteúdo econômico/patrimonial.

Ultrapassado o critério material, e ainda nos atendo ao antecedente da regra matriz de incidência, nos parece residir no critério espacial[34] outra fonte de

---

31. Sobre a necessidade de se fazer uso de uma metodologia integtal, dialógica do direito no atual cenário complexo, vide: CORTÊS, António. *Para uma metodologia Jurídica Integral.* Direito e Justiça. Separata Volume Espacial. 2013. Faculdade de Direito. Universidade Católica Portuguesa.

32. TEIXEIRA, Ana Carolina Brocado; KONDER, Carlos Nelson. O enquadramento dos bens digitais sob o perfil funcional das situações jurídicas. In: TEIXEIRA, Ana Carolina Brochado; LEAL, Livia Teixeira (coord.). *Herança Digital.* Controvérsias e Alternativas. Indaiatuba: Editora Foco, 2021, p. 21-40, p. 26.

33. TEIXEIRA, Ana Carolina Brocjado; KONDER, Carlos Nelson. O enquadramento dos bens digitais sob o perfil funcional das situações jurídicas. In: TEIXEIRA, Ana Carolina Brochado; LEAL, Livia Teixeira (coord.). *Herança Digital.* Controvérsias e Alternativas. Indaiatuba: Editora Foco, 2021, p.21-40, p. 27.

34. Não trataremos do critério temporal por não trazer ele maiores problemas relacionados ao ecossistema de metaverso, posto ter como referência a pessoa física e o momento da abertura da sucessão (falecimento) – fictamente.

desafios e questionamentos a serem enfrentados. Vimos no tópico antecedente que se considera ocorrido o evento tributável pelo ITCMD ou na localidade do imóvel – caso de bens imóveis – ou no local em que processado o inventário, isto é, na localidade do último domicílio do *de cujus* – caso de bens móveis. Por uma questão de exclusão, parte-se da premissa de que os tokens estariam dentro da noção de bens móveis, o que identificaria como critério espacial do imposto, a repercutir na definição do próprio Estado competente a receber os valores tributários, o da localidade em que processado o inventário – coincidentemente o do último domicílio do *de cujus*. No entanto, visualizamos ao menos dois "senões" a tal compreensão à primeira vista sem maiores dificuldades.

Primeiro, tendo em consideração que a maioria dos ecossistemas metaverso, hoje existentes, pertencem a pessoas jurídicas estrangeiras, é de se indagar se não estaríamos diante de um elemento de estraneidade a exigir prévia regulamentação de lei complementar. É que estabelece o art.155, § 1, III, "b" da Constituição Federal, que caso se tenha bens do *de cujus* no exterior, a competência para instituição do ITCMD será regulada por lei complementar. Assim é que, por se tratar de bens/tokens conectados a plataformas estrangeiras, poder-se-ia interpretar que tais bens estariam no exterior, fato esse a exigir necessária disciplina prévia por lei complementar, hoje inexistente.[35] Assim é que, caso se entenda pela estraneidade

---

35. De se pontuar que o assunto fora levado ao STF a fim de se determinar se a ausência dessa lei complementar regendo os elementos de estraneidade para fins de cobrança do ITCMD, obstacularia o exercício da competência plena pelos Estados Membros – tal qual previsto no artigo 24 da Constituição Federal. A matéria foi julgada em abril de 2021, em regime de repercussão geral, reconhecendo-se a imprescindibilidade da lei complementar, não detendo os Estados competência para legislar na sua ausência: Recurso extraordinário. Repercussão geral. Tributário. Competência suplementar dos estados e do Distrito Federal. Artigo 146, III, a, CF. Normas gerais em matéria de legislação tributária. Artigo 155, I, CF. ITCMD. Transmissão causa mortis. Doação. Artigo 155, § 1º, III, CF. Definição de competência. **Elemento relevante de conexão com o exterior. Necessidade de edição de lei complementar. Impossibilidade de os estados e o Distrito Federal legislarem supletivamente na ausência da lei complementar definidora da competência tributária das unidades federativas.** 1. Como regra, no campo da competência concorrente para legislar, inclusive sobre direito tributário, o art. 24 da Constituição Federal dispõe caber à União editar normas gerais, podendo os estados e o Distrito Federal suplementar aquelas, ou, inexistindo normas gerais, exercer a competência plena para editar tanto normas de caráter geral quanto normas específicas. Sobrevindo norma geral federal, fica suspensa a eficácia da lei do estado ou do Distrito Federal. Precedentes. 2. Ao tratar do Imposto sobre transmissão Causa Mortis e Doação de quaisquer Bens ou Direitos (ITCMD), o texto constitucional já fornece certas regras para a definição da competência tributária das unidades federadas (estados e Distrito Federal), determinando basicamente duas regras de competência, de acordo com a natureza dos bens e direitos: é competente a unidade federada em que está situado o bem, se imóvel; é competente a unidade federada onde se processar o inventário ou arrolamento ou onde tiver domicílio o doador, relativamente a bens móveis, títulos e créditos. 3. A combinação do art. 24, I, § 3º, da CF, com o art. 34, § 3º, do ADCT dá amparo constitucional à legislação supletiva dos estados na edição de lei complementar que discipline o ITCMD, até que sobrevenham as normas gerais da União a que se refere o art. 146, III, a, da Constituição Federal. De igual modo, no uso da competência privativa, poderão os estados e o Distrito Federal, por meio de lei ordinária, instituir o ITCMD no âmbito local, dando ensejo à cobrança válida do tributo, nas hipóteses do § 1º, incisos I e II, do art. 155. 4. Sobre a regra especial do art. 155, § 1º, III, da Constituição,

dos tokens (confortadores de situações patrimoniais), em razão de os metaversos terem sido criados por entes estrangeiros e neles se "localizarem", por não se ter – atualmente – a lei complementar exigida pela Constituição Federal, tais bens não seriam passíveis de tributação pelo ITCMD. Um contraponto a tal interpretação seria a defesa, por exemplo, de que por estarem esses *tokens* custodiados em carteiras/wallets pertencentes ao *de cujus*, poder-se-ia atrelar a localização desses bens a essa esfera de disposição do *de cujus,* presumindo tratarem de bens nacionais, a autorizarem a incidência fiscal. No entanto, e entrando na segunda ordem de obstáculos, ao se buscar compreender a tecnologia mais de perto, é possível concluir que *tokens* ou criptoativos em realidade sequer existem – posto serem virtuais -, correspondendo a nada além do que informações registradas em verdadeiros "livros contábeis" distribuídos (blockchain). É dizer, informações registradas em todos os locais (*nodes*) da rede, e ao mesmo tempo não atrelado a local algum, constatação essa que eleva os debates sobre elementos de conexão e estraneidade a outros patamares, patamares esses, que em nosso entender, exigem a expressa determinação legal de ficções para fins de operatividade do tributo.

Prosseguindo nossa análise pelo consequente normativo, temos os critérios pessoal e quantitativo. Relativamente ao pessoal, em que se busca identificar os sujeitos ativos e passivos da relação jurídica tributária, isto é, quem é, respectivamente, o credor e o devedor do imposto, parece residir naquele

---

é importante atentar para a diferença entre as múltiplas funções da lei complementar e seus reflexos sobre eventual competência supletiva dos estados. Embora a Constituição de 1988 atribua aos estados a competência para a instituição do ITCMD (art. 155, I), também a limita ao estabelecer que cabe a lei complementar – e não a leis estaduais – regular tal competência em relação aos casos em que o "de cujus possuía bens, era residente ou domiciliado ou teve seu inventário processado no exterior" (art. 155, § 1º, III, b). 5. Prescinde de lei complementar a instituição do imposto sobre transmissão causa mortis e doação de bens imóveis – e respectivos direitos -, móveis, títulos e créditos no contexto nacional. Já nas hipóteses em que há um elemento relevante de conexão com o exterior, a Constituição exige lei complementar para se estabelecerem os elementos de conexão e fixar a qual unidade federada caberá o imposto. 6. O art. 4º da Lei paulista nº 10.705/00 deve ser entendido, em particular, como de eficácia contida, pois ele depende de lei complementar para operar seus efeitos. Antes da edição da referida lei complementar, descabe a exigência do ITCMD a que se refere aquele artigo, visto que os estados não dispõem de competência legislativa em matéria tributária para suprir a ausência de lei complementar nacional exigida pelo art. 155, § 1º, inciso III, CF. A lei complementar referida não tem o sentido único de norma geral ou diretriz, mas de diploma necessário à fixação nacional da exata competência dos estados. 7. Recurso extraordinário não provido. 8. Tese de repercussão geral: "É vedado aos estados e ao Distrito Federal instituir o ITCMD nas hipóteses referidas no art. 155, § 1º, III, da Constituição Federal sem a edição da lei complementar exigida pelo referido dispositivo constitucional". 9. Modulam-se os efeitos da decisão, atribuindo a eles eficácia ex nunc, a contar da publicação do acórdão em questão, ressalvando as ações judiciais pendentes de conclusão até o mesmo momento, nas quais se discuta: (1) a qual estado o contribuinte deve efetuar o pagamento do ITCMD, considerando a ocorrência de bitributação; e (2) a validade da cobrança desse imposto, não tendo sido pago anteriormente. (STF, RE 851108, Rel. Dias Toffoli, Tribunal Pleno, julgado em 01/03/2021, Publ. 20/04/2021)

primeiro (credor) fonte de questionamentos.[36] É que, como comentamos no tópico antecedente, a identificação do Estado competente ao recebimento do imposto está conexo a determinação do aspecto espacial. Assim é que, a mesma ordem de dificuldades – vista nos parágrafos antecedentes- em se estabelecer a "localização" dos bens pertencentes ao ambiente metaverso, conectando-os ao território nacional, a fim de autorizar a incidência da lei estadual competente, acaba, por óbvio, por se alastrar também aqui. É que sendo incerto o elemento de estraneidade, obstaculariza-se, por conseguinte, a determinação do ente estadual competente a cobrar o imposto.

Por fim, o critério qualitativo também inaugura nova fonte de preocupações e dificuldades operacionais, mais especificamente no que tange à determinação da base de cálculo do imposto. Enfrenta-se aqui problemas e dificuldades semelhantes às já enfrentadas no âmbito de tributação das operações com criptoativos. Por se tratarem de ativos que têm sua unidade de valor própria (isto é, que intentam expressar valor em sua própria unidade de conta), ou lastrada em outra semelhante, mas distinta a da moeda oficial, dimensionar os valores desses ativos em real não é algo intuitivo. É que inexiste, à semelhança do que ocorre com as moedas estrangeiras, um índice oficial de conversão dessas unidades de conta em unidades de reais. Assim é que, ante a ausência de orientações específicas por parte dos entes federados (Estados) quanto a metodologia de conversão dos valores relativos a esses ativos digitais em reais, o mais indicado seria ter em conta valores transacionados nas principais *exchanges*. No entanto, tal aparente simplicidade pode encontrar novos obstáculos ante a unicidade dos itens eventualmente pertencentes ao *de cujus* – representados pelos NFT`s –, a exigir eventual negociação em *marketplaces* específicos ao ambiente metaverso em questão, para só então ter uma real possibilidade de dimensionamento da base de cálculo. De toda forma, nos parece que, à semelhança do que dissemos no critério espacial, também aqui é necessário orientação das administrações estaduais para fins de própria operacionalidade tributária.

4. CONCLUSÃO

O avanço das promessas da Internet 3.0, dentre as quais a de se erigir ambientes de interação sócio-econômicos e existenciais em ambiente virtual e imersivo traz uma nova camada de desafios jurídico-regulatórios aos atualmente em pauta, atrelados à Internet 2.0 (digitalização da economia). Há uma dissonância estrutural entre o paradigma social em que assente as diretrizes jurídicas hoje

---

36. É que uma vez compreendido que regra geral será aquele que teve acréscimo em seu patrimônio em razão do aceite (e transmissão) da herança o sujeito passivo do imposto, não parece existir maiores indagações especificamente sobre esse aspecto.

positivadas *pari passu* a sociedade hoje existente e que diuturnamente está a se transformar na direção de uma crescente fluidez entre o tangível e o intangível. Por outro lado, é imperativo à segurança jurídica – que é estrutural às inter-relações humanas – dar-se um adequado tratamento jurídico aos eventos que estão a se desenrolar – ao menos potencialmente.

O tema da tributação das transmissões *mortis causa* de situações patrimoniais afetas a ambiente *metaversos* se mostra no mínimo desafiadora, ao menos dentro do atual sistema positivado. Não se pode ter a pretensão – porque inatingível – de que os sistemas jurídicos, ao menos tal qual a os conhecemos atualmente, acompanhem normativamente a velocidade das transformações socio-econômicas testemunhadas. Daí que, a estratégia que os juristas atuantes na área deverão lançar mão é a de analisar os fatos concretos, e sob uma perspectiva funcional buscar identificar os potencias efeitos jurídicos (regimes jurídicos) aplicáveis. De outro lado, e utilizando-se desse mesmo raciocínio, os formadores de políticas públicas poderiam priorizar os aspectos que se mostrem mais tormentosos no manejo das normas postas, proferindo ou orientações interpretativas – expediente esse em todo consentâneo à fluidez que a realidade atual exige –, ou quiçá implementando modificações nos regimes instituídos, a fim de trazer mais segurança e facilidade de cumprimento das normas legais.

Como se trata de discussão em todo incipiente, o escopo do presente artigo fora o de, muito mais por intermédio de detecção de pontos problemáticos do que por propositura de soluções, principiar as reflexões e debates ao entorno do tópico. Trata-se, em grande medida, de um convite aos leitores para que iniciemos os diálogos necessários a construção de um sistema jurídico mais adequado a lidar com as situações sociais que cada vez mais ganham "vida" em ambientes inteiramente digitais.

5. REFERÊNCIAS

ANTONOPOULOS, Andreas M. *Mastering Bitcoin*. Programming the Open Blockchain. 2ª ed. Massachusetts: O' Reilly Media, 2017.

AVEIRO, Júlio da Costa Rostirola. A regra-matriz de incidência do imposto em razão da morte. Dissertação (Mestrado em Direito). Faculdade de Direito, Universidade Federal do Paraná. Curitiba, 2018.

BUCAR, Daniel; PIRES, Caio Ribeiro. Situações Patrimoniais Digitais e ITCM: Desafios e propostas. In: TEIXEIRA, Ana Carolina Brochado; LEAL, Livia Teixeira (coord.). *Herança Digital*. Controvérsias e Alternativas. Indaiatuba: Editora Foco, 2021, p. 273-288.

CARVALHO, Paulo de Barros. *Teoria da Norma Tributária*. 5ª ed. São Paulo: Quartier Latin, 2009.

CARVALHO, Paulo de Barros. Direito Tributário. *Linguagem e Método*. 8ª ed. São Paulo: Noeses, 2021.

CORTÊS, António. *Para uma metodologia Jurídica Integral*. Direito e Justiça. Separata Volume Espacial. 2013. Faculdade de Direito. Universidade Católica Portuguesa.

FRITZ, Karina; MENDES, Laura Schertel Ferreira. Case Report: Corte Alemã Reconhece a Transmissibilidade da Herança Digital. *Revista de Direito Público*, Porto Alegre, v. 15, n. 85, 2019, p. 188-211, jan.-fev./ 2019. Disponível em: https://www.portaldeperiodicos.idp.edu.br/direitopublico/article/view/3383. Acesso em: 21 mar. 2022.

LEAL, Livia Teixeira. *Internet e morte do usuário*: propostas para o tratamento jurídico *post mortem* do conteúdo inserido na rede. Rio de Janeiro: LMJ, Jurídico 2017, p. 69-126.

OECD. The Tokenisation of Assets and Potencial Implications for Financial Markets. *OECD Blockchain Policy Series*, 2020. Disponível em: https://www.oecd.org/finance/The-Tokenisation-of-Assets-and-Potential-Implications-for-Financial-Markets.pdf. Acesso em: 17 mar. 2022.

OKONKWO, Ifeanyi E. NFT, Copyright, and Intelectual Property Commercialisation (May 29, 2021). Disponível em: https://papers.ssrn.com/sol3/papers.cfm?abstract_id=3856154. Acesso em: 17 mar. 2022.

PACETE, Luiz Gustavo. Confira as quatro previsões de tecnologia feitas por Amy Webb no SXSW. *Revista Forbes*, 14 março 2022 [versão digital]. Disponível em: https://forbes.com.br/forbes-tech/2022/03/confira-4-tendencias-de-tecnologia-feitas-por-amy-webb-no-sxsw/. Acesso em: 16 mar. 2022.

PARKER, Geoffrey G.; ALSTYNE, Marshall W.; CHOURDARY, Sangeet Paul. *Plataforma*. A revolução da estratégia. Rio de Janeiro: Alta Books, 2018.

ROSA, João Luiz. O que é metaverso? Qual a relação com criptomoedas e NFT? Veja perguntas e respostas. *Valor Econômico*, 24 jan. 2022. Disponível em: https://valor.globo.com/empresas/noticia/2022/01/24/o-que-e-metaverso-e-relacao-com-criptomoeda-e-nft.ghtml. Acesso em: 16 mar. 2022.

SRNICEK, Nick. *Plataforma Capitalism*. Cambridge: Polity Press, 2017.

TEIXEIRA, Ana Carolina Brocjado; KONDER, Carlos Nelson. O enquadramento dos bens digitais sob o perfil funcional das situações jurídicas. In: TEIXEIRA, Ana Carolina Brochado; LEAL, Livia Teixeira (coord.). *Herança Digital*. Controvérsias e Alternativas. Indaiatuba: Editora Foco, 2021, p.21-40.

UHDRE, Dayana de Carvalho. *Blockchain, tokens e criptomoedas*. Análise Jurídica. São Paulo: Almedina, 2021.

VILANOVA, Lourival. *As Estruturas Lógicas e o Sistema do Direito Positivo*. São Paulo: Revistas dos Tribunais, 1977.

OS DESAFIOS PARA A SUCESSÃO DE CRIPTOMOEDAS NO DIREITO BRASILEIRO

Vladimir de Sousa Araujo

Advogado e Especialista em Direito Digital pela UERJ/ITS-Rio

Sumário: Introdução – 1. As criptomoedas e o direito brasileiro; 1.1 Conceituação e funcionamento das criptomoedas; 1.2 Criptomoedas na legislação atual; 1.3 Criptomoedas no direito sucessório – 2. A sucessão de criptomoedas no direito brasileiro; 2.1 A reserva da legítima e a transmissão das criptomoedas; 2.2 A dificuldade de acesso às criptomoedas como possibilidade de inversão da ordem de vocação hereditária; 2.3 O *droit de saisine* e as criptomoedas; 2.4 Criptomoedas e o imposto de transmissão *causa mortis*; 2.5 Criptomoedas e a jurisdição aplicável aos bens situados no exterior – Considerações finais – Referências.

INTRODUÇÃO

O surgimento das criptomoedas, em 2008, provocou expressivas modificações na maneira com que compreendemos o Direito, o mercado e a economia global. À primeira vista, podemos até enxergar com um certo ceticismo a eficácia e segurança destes novos ativos digitais.

Entretanto, a complexidade do fenômeno das moedas virtuais exige dos interessados pelo tema um apurado esforço para compreender a tecnologia por trás da revolucionária inovação, conhecida por *blockchain*.

O fato é que as criptomoedas são uma realidade e estão desafiando as instituições financeiras tradicionais, na medida em que dispensam a presença de um intermediário para que sejam realizadas suas transações.

O Bitcoin, a primeira moeda virtual a ser criada no mundo, é a mais comercializada no Brasil. Somente em 2021, os valores negociados no mercado nacional de criptomoedas cresceu 417% em relação ao ano anterior e atingiu a marca de 103,5 bilhões de reais[1]. Esta é uma realidade que não se pode negligenciar, dada a relevância patrimonial para a sociedade e pelo impacto proporcionado em nosso ordenamento jurídico.

Nesse sentido, o tratamento das questões e desafios jurídicos decorrentes da aquisição e transmissão das criptomoedas não deve ser interpretado a partir

---

1. Disponível em: https://valorinveste.globo.com/mercados/cripto/noticia/2022/01/07/valor-negociado-em-bitcoin-no-brasil-salta-417percent-em-2021-e-chega-a-r-1035-bilhoes.ghtml Acesso em: 09/01/2022.

das concepções tradicionais do Direito. Com efeito, uma análise perfunctória das moedas virtuais poderia provocar uma indesejável insegurança jurídica e também respostas inadequadas à efetivação dos direitos dos cidadãos.

Considerando que as inovações tecnológicas surgem com uma velocidade e intensidade cada vez maiores, o Direito fica impossibilitado de acompanhar todas as evoluções perceptíveis no mundo.

Portanto, não é de se estranhar que ainda não haja um tratamento legal adequado à realidade das criptomoedas. Ademais, as soluções jurídicas e normativas para os chamados bens digitais não são nada elementares, tendo em vista que estes produzem efeitos próprios e até desconhecidos no mundo analógico.

No presente trabalho, considerando que as criptomoedas consistem em uma tecnologia ainda desconhecida por muitos, iremos analisar e apresentar, inicialmente, os conceitos e o funcionamento destas moedas virtuais.

Após apresentar as criptomoedas e investigar de que maneira elas estão estabelecidas no nosso ordenamento jurídico, passamos a analisar o impacto que elas causam no direito sucessório. Tendo em mente que o Sistema Sucessório Brasileiro é influenciado por diversas matérias do direito, passamos a examinar de que maneira elas se inserem no Direito Tributário, Civil e Processual Civil, à luz da Constituição Federal.

Como metodologia, considerando que estamos diante de um tema multidisciplinar, pesquisamos as moedas virtuais sob a perspectiva do Direito e da Economia. Para tal, utilizamos o método de pesquisa bibliográfica, revisitando o que tem sido desenvolvido a respeito do tema, em livros, periódicos, revistas e artigos científicos.

Posteriormente, fizemos uma análise da legislação vigente no Brasil, que trata das moedas virtuais, a fim de compreender o contexto legal em que estamos inseridos. Verificou-se que a legislação ainda é bastante incipiente, havendo apenas poucas manifestações do Banco Central do Brasil e instrução normativa da Receita Federal do Brasil.

Para pesquisar a legislação análoga, as fontes investigadas foram as publicações oficiais do governo, a Constituição Federal, leis, decretos, manuais de declarações de tributos e comunicados dos órgãos reguladores e projetos de lei em tramitação no Congresso Nacional.

Diante desse contexto, este trabalho pretende analisar de que forma deve se dar a transmissão *causa mortis* das moedas virtuais no Brasil, tendo em vista que ainda não há uma regulamentação adequada para o tratamento da herança digital, nem tampouco às criptomoedas, no direito sucessório. Para tanto, iremos examinar o tema a partir dos aspectos cíveis e tributários e até processuais, por considerarmos as matérias mais relevantes ao tema, diante do nosso Sistema Sucessório.

OS DESAFIOS PARA A SUCESSÃO DE CRIPTOMOEDAS NO DIREITO BRASILEIRO

Após examinar os institutos jurídicos vigentes e, a partir de uma visão crítica, o trabalho propõe-se a realizar questionamentos, a fim de identificar desafios e até propor soluções para os dilemas encontrados à sucessão de criptomoedas.

Sabemos que é impossível encerrar o debate apenas neste estudo. Em verdade, estamos apenas iniciando uma discussão, a partir da qual poderemos desenvolver diversas outras, a fim de contribuir para a comunidade acadêmica, aos legisladores, ao Poder Judiciário e à sociedade como um todo.

1. AS CRIPTOMOEDAS E O DIREITO BRASILEIRO

1.1 Conceituação e funcionamento das criptomoedas

A busca pela desmaterialização da moeda não é de hoje. Em 1998, Nick Szabo chegou a criar um mecanismo para uma moeda virtual descentralizada, chamado *Bit Gold,* no qual os participantes teriam que resolver problemas criptográficos, através da força computacional, a fim de validar as operações realizadas. Todavia, o *Bit Gold* nunca chegou a funcionar, mas serviu de inspiração ao pseudônimo Satoshi Nakamoto, em 2008, para criar a primeira criptomoeda do mundo, o Bitcoin (CAMPOS, 2018). Para efeitos práticos, adotaremos neste artigo os termos criptomoedas, moedas virtuais e bitcoin como sinônimos.

Criptomoedas são um meio de transferir recursos financeiros entre pessoas, através da utilização da tecnologia conhecida por *blockchain.* Para Fobe (2016), criptomoedas são consideradas instrumentos monetários virtuais, na medida em que não existem fisicamente. Sua emissão e posterior circulação são feitas integralmente via ciberespaço, por meio de programas *open source*[2], sendo o acesso à internet imprescindível. O fato de ser necessário o mencionado acesso à internet levou alguns economistas a desconsiderarem as moedas virtuais como dinheiro (moeda fiduciária), já que seria difícil as criptomoedas atingirem o nível de universalidade e flexibilidade que o dinheiro material permite por natureza (GERTCHEV, 2013).

Ulrich (2014) contesta tal crítica do economista Gertchev sob o argumento de que, atualmente, as moedas fiduciárias de papel consistem em meros dígitos eletrônicos no ciberespaço, sendo estes criados, controlados e monitorados pelo vasto sistema bancário, sob a supervisão de um banco central. Ademais, no momento atual, o dinheiro físico somente é utilizado para efetuar as pequenas compras do dia a dia.

---

2. Os programas *open source* não restringem a sua atualização ou modificação aos seus criadores, ou seja, concede tais ações a todos os seus usuários, que terão a importante tarefa de garantir o bom desenvolvimento das criptomoedas, permitindo a esses a realização de melhorias.

A tecnologia que permite a segurança e confiança das transações realizadas pelas criptomoedas é chamada de *blockchain*, que consiste em uma rede descentralizada conhecida por *peer-to-peer*, ou par a par, em português. É uma espécie de banco de dados, que funciona como um livro contábil virtual e contínuo, que registra todas as transações realizadas, desde a primeira, interligadas por blocos de informações.

Através desta rede, cada usuário que integra o sistema realiza as funções de desenvolvedor e usuário, ao mesmo tempo. Na *blockchain*, não há um indivíduo, ou um sistema que centraliza os processos de criação do *bitcoin*. Em verdade, os dispositivos de cada usuário, conectados em rede, realizam a operação de criação e validação das transações (CHUN, 2015).

Em outras palavras, a emissão das criptomoedas não está restrita a um órgão centralizador, como ocorre nas moedas tradicionais. A emissão de uma criptomoeda ocorre pelo processo de mineração, sem nenhuma interferência estatal. Esta é uma das principais características das moedas virtuais, o que resulta em um baixo custo das transações, além de não haver interferência política, nem tampouco, qualquer dependência do sistema bancário. Portanto, a moeda virtual dispensa o intermediário nas suas operações, sendo considerada por Castello (2019) uma "moeda apátrida".

A mineração consiste na solução de cálculos matemáticos complexos, a fim de decodificar chaves criptográficas, o que resulta em novos códigos originais da moeda virtual, criados e registrados em blocos. A criptografia é considerada segura e inviolável porque, a cada dez minutos, o sistema gera um novo bloco de informações, conforme as transações realizadas, que se vincula ao bloco anterior, o que impede a quebra das chaves criptográficas, em tempo hábil, antes de ser criado um novo bloco. Estes registros são totalmente públicos, o que permite que todos usuários visualizem as operações de compra e venda da criptomoeda. Todavia, é impossível o rastreio da origem da transação, tendo em vista que o usuário realiza a operação com a sua chave privada, sem revelar informações pessoais para tanto.

A fim de tornar o Bitcoin um bem econômico escasso, Nakamoto (2008) limitou arbitrariamente o número de bitcoins a 21 milhões de unidades. A escassez da moeda virtual é outra relevante característica, considerando que um bem escasso não pode ser usado como meio por mais de um indivíduo, ao mesmo instante. Assim, uma unidade de bitcoin constitui um bem econômico escasso por representar um ativo digital não copiável, conquanto o original permanece intacto e não utilizável por múltiplos atores simultaneamente. Tal característica faz com que somente o proprietário do bitcoin possa transferir o ativo a outrem, evitando que uma unidade da moeda virtual seja gasta por mais de um usuário simultaneamente, o chamado gasto duplo.

Vale ressaltar que o bitcoin não é a única criptomoeda existente. Em verdade, existem cerca de 6.656 diferentes moedas virtuais desenvolvidas no mundo[3], com características semelhantes. Todavia, nenhuma delas possui a mesma popularidade e aceitabilidade do Bitcoin.

Os números do mercado de criptomoedas no Brasil despertam a atenção das autoridades. De acordo com informações da Receita Federal, repassadas ao Banco Central, o setor movimenta cerca de R$ 130 bilhões no país, ao ano. Por outro lado, a ausência de fiscalização resulta em diversos tipos de roubos e fraudes. Conforme declarado pelas polícias Federal e Civil de São Paulo, os crimes relacionados às moedas virtuais já somaram cerca de R$ 6,5 bilhões em menos de dois anos[4].

Segundo o relatório *"The Chainalysis 2021 Geography of Cryptocurrency Report"*[5], publicado pela Chainalysis – uma plataforma que realiza pesquisas e fornece dados sobre e criptomoedas ao redor do mundo – o Brasil está na 14ª. colocação entre os 20 países que mais realizaram transações em criptomoedas, no ano de 2021.

Tais constatações reforçam a necessidade de regulação do mercado de criptomoedas no Brasil. Não há nenhuma legislação que proíba ou regulamente as criptomoedas no nosso país, o que gera uma insegurança jurídica, tanto para os investidores e usuários de criptomoedas, quanto para o Judiciário, que tende a buscar soluções nas leis, princípios e conceitos vigentes.

Todavia, nem sempre é possível – sobretudo quando estamos diante de uma nova tecnologia – valer-se das normas atuais para interpretar e decidir sobre temas em que há uma lacuna normativa ou axiológica.

1.2 Criptomoedas na legislação atual

Os países que regulamentaram as criptomoedas partiram da perspectiva fiscal, tendo em vista o interesse arrecadatório das administrações tributárias. Fobe (2016) observou que "a classificação jurídica do Bitcoin está longe de ser uma unanimidade. No entanto, como ele está sendo incorporado às ordens jurídicas majoritariamente pela via do Direito Tributário, a classificação tende a ser elaborada de acordo com os termos utilizados pela legislação tributária de cada país."

No Brasil não foi diferente. A primeira manifestação estatal que reconheceu a existência das moedas virtuais foi o Comunicado n. 25.306, de 19 de fevereiro de

---

3. Conforme o *site Coinlib - Crypto Prices, Charts, Lists & Crypto Market News*. Disponível em https://coinlib.io/coins. Acesso em: 06 de março de 2022.
4. Disponível em: https://www1.folha.uol.com.br/mercado/2022/02/bc-apressa-regulacao-de-criptomoedas-para-conter-fraudes-bilionarias.shtml Acesso em: 06 de março de 2022.
5. Disponível em: https://bitcoinke.io/wp-content/uploads/2021/10/Geography-of-Cryptocurrency-2021.pdf Acesso em: 06 de março de 2022.

2014, do Banco Central do Brasil (BCB). No comunicado, o BCB esclarece que "as chamadas moedas virtuais não se confundem com a 'moeda eletrônica' de que tratam a Lei nº 12.865, de 9 de outubro de 2013, e sua regulamentação infralegal." Conforme a mencionada lei, as moedas eletrônicas são "recursos armazenados em dispositivo ou sistema eletrônico que permitem ao usuário final efetuar transação de pagamento"[6], denominada em moeda nacional. Por outro lado, segundo o Banco Central, as moedas virtuais possuem forma própria de denominação, ou seja, são denominadas em unidade de conta distinta das moedas emitidas por governos soberanos, e não se caracterizam dispositivo ou sistema eletrônico para armazenamento em reais.

A partir deste comunicado, a Receita Federal Brasileira (RFB) afastou o caráter monetário das criptomoedas, na medida em que publicou o manual de Perguntas e Respostas do Imposto de Renda de Pessoa Física - 2018[7]. Afirma a Receita Federal que as moedas virtuais, por não serem consideradas moedas fiduciárias, devem ser declaradas pelo valor de aquisição, na Ficha "Bens e Direitos", como "outros bens", equiparando-as a um ativo financeiro. A consequência deste entendimento é que os eventuais ganhos de capital nas operações em criptomoedas estariam sujeitos à tributação exclusiva. Assim, de acordo com a RFB, caso o total alienado no mês em moedas virtuais seja superior a R$ 35.000,00 (trinta e cinco mil reais), os lucros serão tributados a título de ganho de capital, tendo por base de cálculo o valor de aquisição. Observe-se que, ainda que haja volatilidade de preço, algo bastante comum nas criptomoedas, o valor a ser considerado para o lançamento corresponde ao custo de aquisição.

Atualmente, a principal norma a respeito das operações realizadas com criptomoedas é a Instrução Normativa da Receita Federal n. 1.888, de 03 de maio de 2019. A mencionada norma institui e disciplina a obrigatoriedade de prestação de informações relativas às operações realizadas com criptoativos à Secretaria Especial da Receita Federal do Brasil (RFB).

Duas importantes inovações trazidas pelo art. 5º. da IN 1.888/2019[8], em seus incisos I e II, são as definições de criptoativo, e da *exchange* de criptoativo, *in verbis*:

> "I - criptoativo: a representação digital de valor denominada em sua própria unidade de conta, cujo preço pode ser expresso em moeda soberana local ou estrangeira, transacionado

---

6. BRASIL. Banco Central do Brasil. COMUNICADO No 25.306, DE 19 DE FEVEREIRO DE 2014. Disponível em: https://www.bcb.gov.br/estabilidadefinanceira/exibenormativo?tipo=comunicado&numero=25306. Acesso em: 06 de março de 2022.

7. BRASIL. Receita Federal do Brasil. Perguntas e Respostas IRPF 2018. Pág. 244. Disponível em https://www.gov.br/receitafederal/pt-br/acesso-a-informacao/perguntas-frequentes/declaracoes/dirpf/pr-irpf-2018.pdf. Acesso em: 06 de março de 2022.

8. BRASIL. Receita Federal do Brasil. Instrução Normativa no 1888, de 03 de maio de 2019. Disponível em: http://normas.receita.fazenda.gov.br/sijut2consulta/link.action?visao=anotado&idAto=100592. Acesso em: 06 de março de 2022.

eletronicamente com a utilização de criptografia e de tecnologias de registros distribuídos, que pode ser utilizado como forma de investimento, instrumento de transferência de valores ou acesso a serviços, e que não constitui moeda de curso legal.

II - exchange de criptoativo: a pessoa jurídica, ainda que não financeira, que oferece serviços referentes a operações realizadas com criptoativos, inclusive intermediação, negociação ou custódia, e que pode aceitar quaisquer meios de pagamento, inclusive outros criptoativos."

Além disso, a norma define a obrigatoriedade e prazo pra a prestação de informações, tanto pelo contribuinte, quanto pela *exchange*, referentes às suas operações realizadas. Ressalte-se que a instrução normativa define a obrigatoriedade de informar ao fisco sempre que o valor mensal das operações ultrapasse o montante de R$ 30.000,00 (trinta mil reais).

É importante frisar, também, que a IN/RFB n. 1.888/2019 não apresentou obrigatoriedade de declaração de operações que envolvem criptoativos como forma de meio de pagamento, o que nos faz concluir, mais uma vez, que o nosso ordenamento jurídico não reconhece as criptomoedas como moeda fiduciária.

Em nossa doutrina a natureza jurídica das criptomoedas, sob o aspecto tributário, é bastante controvertida e a maioria dos autores brasileiros não as considera como moedas fiduciárias, e sim, *commodities* sem regulação (VERÇOSA, 2016).

Castello (2019) entende que, levando em conta a legislação brasileira sobre moeda, o bitcoin pode ser considerado uma moeda estrangeira. Sendo assim considerada, toda legislação tributária que trata de operações de câmbio seria aplicável às criptomoedas e, como consequência, estas deveriam ser declaradas no imposto de renda, a fim de que seja apurado eventual ganho de capital, quando da sua venda. Além disso, a operação de câmbio seria tributada pelo IOF e o prestador do serviço de câmbio seria contribuinte do ISS. Ademais, nos casos em que as criptomoedas fossem utilizadas como meio de pagamento, deveriam ser tributada a operação econômica subjacente.

Aliás, esta foi a posição da União Europeia, que debateu extensivamente o tema das moedas virtuais, e concluiu que, para fins de incidência tributária, as operações financeiras com criptomoedas são semelhantes às operações com moeda estrangeira.

1.3   Criptomoedas no direito sucessório

Conforme verificado, a nossa legislação não reconhece as criptomoedas como um mecanismo tradicional de pagamento. Em verdade, para efeitos fiscais, no Brasil, as criptomoedas são consideradas um ativo financeiro.

Além disso, acreditamos que a análise das criptomoedas no ordenamento jurídico brasileiro deve ser realizada de maneira multidisciplinar. Entendemos, portanto, ser inevitável considerar o vínculo entre a Economia e o Direito, conforme tratado inicialmente nas questões conceituais das criptomoedas. Por conseguinte, para o estudo aqui proposto, não se pode deixar de avaliar os aspectos do Direito Civil e Tributário concernentes ao direito sucessório.

Assim, após a análise das moedas virtuais sob o aspecto tributário, partiremos para o estudo sob a perspectiva do Direito Civil, mais precisamente no campo do direito das sucessões.

A partir da perspectiva do Direito Civil, parece não haver dúvidas que as criptomoedas são consideradas bens digitais de caráter patrimonial.

Zampier (2021) conceitua os bens digitais como sendo "aqueles bens incorpóreos, os quais são progressivamente inseridos na Internet por um usuário, consistindo em informações de caráter pessoal que lhe trazem alguma utilidade, tenham ou não conteúdo econômico". Neste sentido, quando tal informação inserida em rede gerar repercussões econômicas imediatas, passa a ser considerado, para o autor, um bem tecnodigital patrimonial.

A partir deste entendimento, fica ultrapassada a ideia de que "coisa" é apenas aquilo que se pode tocar, em estado material. Pelo contrário, o patrimônio composto por bens digitais, de caráter imaterial, passa a integrar o patrimônio geral do indivíduo.

Com efeito, o acúmulo desmedido de bens digitais pelos usuários resulta em um grande desafio para o Direito Civil, inclusive para o direito sucessório. É que todo o acervo patrimonial concentrado em bens digitais é conhecido pela doutrina como "herança digital".

Nesse sentido, Honorato e Leal (2022) avaliam que a análise do tema da herança digital desdobra-se em três questões fundamentais: 1) possível reconhecimento dos bens digitais pelos usuários; 2) a plausibilidade da projeção destes conteúdos para os herdeiros, por direito sucessório; e, 3) a tutela da privacidade dos sujeitos envolvidos e de outros interesses juridicamente protegidos.

Tais questionamentos representam uma importante demanda para o Direito, tendo em vista que, conforme os mencionados autores, os bens digitais devem ser reconhecidos pela legislação brasileira, entretanto, nem todos devem ser transmitidos aos herdeiros.

Assim sendo, a doutrina classifica o patrimônio digital em: 1) bens digitais patrimoniais; 2) bens digitais personalíssimos; e 3) bens digitais híbridos. Os primeiros representam aqueles bens digitais apuráveis economicamente. Os bens digitais personalíssimos são situações às quais se atribui um valor existencial, como fotos e vídeos pessoais, mensagens, perfis autobiográficos e contas em serviços de mensageria privada. Os bens digitais híbridos, por sua vez, são aqueles que detêm um valor econômico, mas apresentam um conteúdo personalíssimo ou existencial, como os perfis de personalidades digitais ou de youtubers.

É fácil perceber, no entanto, que as fotos e vídeos são dotadas de um valor existencial, mas podem tornar-se bens híbridos, conforme a sua função. As maiores estrelas do TikTok, por exemplo, no ano de 2021, cobraram até meio milhão de dólares por uma única postagem, embora a maioria dos *tiktokers* listados tenha recebido uma média de US$ 100 mil a US$ 250 mil, segundo *ranking* da revista Forbes[9].

Diante dessa classificação de bens digitais, a maioria dos teóricos acreditam que o patrimônio digital não deve ser transmitido de maneira automática e nem tampouco na sua totalidade.

De acordo com os defensores desta corrente, os bens digitais de caráter existencial representam uma extensão da personalidade do titular (TEIXEIRA E KONDER, 2021) e, caso sejam transmitidos de maneira imediata e absoluta a todos os herdeiros, podem violar direitos de personalidade do *de cujus,* bem como de terceiros, que se comunicaram com o falecido. Fotos ou vídeos íntimos, por exemplo, não deveriam ser transmitidos sem que haja uma tutela legal em relação a esses bens, tendo em vista a sua ligação direta e imediata com a dignidade da pessoa humana. O mesmo entendimento se aplicaria às mensagens privadas do falecido, tendo em vista que os dados pessoais, estariam protegidos pela Lei Geral de Proteção de dados – LGPD.

Por outro lado, os bens patrimoniais, como as moedas virtuais, milhas aéreas e pontos em programas de fidelidade devem ser transmitidos conforme o princípio da *saisine.*

A corrente da transmissibilidade total (NUNES E FRITZ, 2019), por outro lado, entende que o acervo patrimonial, seja ele composto por bens corpóreos ou incorpóreos, digitais ou físicos, deve ser transmitido em sua totalidade. O mesmo entendimento foi adotado pelo Tribunal Constitucional Alemão, tendo em vista a ausência, naquele país, de uma legislação que disponha sobre bens digitais e, para eles, a distinção no tratamento dos bens digitais violaria o princípio da sucessão universal.

A terceira e última corrente, defendida pelas plataformas digitais, argumenta que os bens digitais patrimoniais ou existenciais não devem ser transmitidos, tendo em vista que os termos de uso firmados entre usuário e plataforma representam contratos personalíssimos e intransferíveis, que não representam titularidade do usuário, mas apenas direito de uso (HONORATO E LEAL, 2022).

---

9. Saiba quem são os TikTokers mais bem pagos do momento. Disponível em: https://forbes.com.br/forbes-money/2022/01/saiba-quem-sao-os-tiktokers-mais-bem-pagos-do-momento/. Acesso em 28 de março de 2022.

278 VLADIMIR DE SOUSA ARAUJO

Após apresentadas as classificações dos bens digitais e colocados alguns dilemas da herança digital, devemos concluir que as criptomoedas são bens digitais de caráter patrimonial e que, de maneira pacífica na doutrina quanto a esses, devem ser transmitidos de maneira imediata, conforme o princípio da *saisine*.

Passamos agora a analisar o uso das criptomoedas como moeda fiduciária, no Código Civil. Nesse sentido, devemos destacar que o artigo 315[10] do CC dispõe que as dívidas em dinheiro devem ser adimplidas somente em moeda corrente e, de acordo com a Lei n. 9.069, de 29 de junho de 1995, a moeda corrente no Brasil é o Real[11].

Por sua vez, o artigo 318 do Código Civil dispõe que "São nulas as convenções de pagamento em ouro ou em moeda estrangeira, bem como para compensar a diferença entre o valor desta e o da moeda nacional, excetuados os casos previstos na legislação especial." Portanto, ainda que as criptomoedas fossem consideradas moedas estrangeiras, não poderiam ser utilizadas como meio de troca, conforme o comando do mencionado artigo.

Entretanto, para o economista Rothbard (2013), "a evolução cumulativa de um meio de troca no livre mercado – é a única maneira pela qual o dinheiro pode surgir e ser estabelecido. O dinheiro não pode se originar de nenhuma outra maneira: mesmo que as pessoas repentinamente decidam criar dinheiro utilizando materiais inúteis, ou o governo decrete que determinados pedaços de papel agora são 'dinheiro', nada disso pode funcionar se o bem estipulado não possuir um histórico como meio de troca."

Na prática, apesar de as criptomoedas não serem devidamente regulamentadas no Brasil, elas têm sido amplamente utilizadas como reserva de valor e aplicação financeira, assim como forma de pagamento entre os integrantes de sua comunidade virtual.

Conforme delineado anteriormente e, considerando que as moedas virtuais são bens patrimoniais que se integram ao patrimônio geral do indivíduo, podemos concluir que as criptomoedas devem ser transmitidas pelo direito da *saisine* aos herdeiros do titular falecido.

O *droit de saisine* é um modelo de transmissão da herança inicialmente adotado pela França, ainda na Idade Média, e que também foi instituído no Brasil. Nesse sentido, o artigo 1.784 do Código Civil dispõe que "aberta a sucessão, a herança transmite-se, desde logo, aos herdeiros legítimos e testamentários".

---

10. Lei n. 10.406/2002 (Código Civil): Art. 315. As dívidas em dinheiro deverão ser pagas no vencimento, em moeda corrente e pelo valor nominal, salvo o disposto nos artigos subseqüentes.

11. Lei nº 9.069/1995, artigo 1º: A partir de 1º de julho de 1994, a unidade do Sistema Monetário Nacional passa a ser o REAL (Art. 2º da Lei nº 8.880, de 27 de maio de 1994), que terá curso legal em todo o território nacional.

Para Bucar (2022), o modelo da *saisine*, que objetiva transmissão direta e imediata do patrimônio, tem por objetivo evitar a vacância de titularidade, tendente a oportunizar a usurpação de direitos, a desvalorização dos ativos e oferecer não apenas riscos aos beneficiários da sucessão, mas, sobretudo, a credores do patrimônio a suceder.

Considerando que o sistema sucessório brasileiro é disciplinado com base na nossa Constituição Federal, que garante o direito à herança em seu artigo 5º., inciso XXX[12], para estudarmos o enquadramento das criptomoedas no direito sucessório, não podemos analisá-lo somente pela interpretação das normas do Código Civil. Para o presente estudo, conforme mencionado, devemos também analisar os aspectos tributários e processuais da sucessão patrimonial das criptomoedas.

Nesse sentido, o direito civil deve dispor sobre a transferência da titularidade das criptomoedas, enquanto o direito tributário cuida do imposto sobre a transmissão *causa mortis*, conforme o artigo 155, inciso I, da Constituição Federal[13].

Optamos por estudar, portanto, o Imposto sobre Transmissão *Causa Mortis* e Doação – ITCMD, tendo em vista o seu evidente impacto no patrimônio recebido em herança.

O ITCMD é um tributo que tem uma função meramente fiscal, ou seja, tem uma finalidade arrecadatória. Ademais, a nossa Constituição atribuiu aos Estados e ao Distrito Federal a competência para instituir o mencionado imposto.

Portanto, segundo entende Xavier (2013), quando o artigo 155, inciso I da CF/88 atribui aos Estados e ao Distrito federal a competência tributária para instituir o ITCMD, determina-se um comando positivo e negativo. Positivo, porque atribui aos mencionados entes federados a competência para instituir o tributo e, negativo, na medida em que veda aos demais entes políticos que tributem a transmissão *causa mortis* ou doação.

Diferentemente dos textos constitucionais anteriores, a CF/88 unificou o imposto *causa mortis* e o imposto sobre doações, com o objetivo de se evitar uma evasão fiscal na doação de bens para futuros herdeiros, caso a alíquota do imposto *inter vivos* fosse menor (TORRES, 2018).

O fato gerador do ITCMD é a transferência patrimonial não onerosa dos bens e a base de cálculo são os acréscimos patrimoniais obtidos pelos donatários, herdeiros e legatários.

---

12. BRASIL. Constituição Federal: Art. 5º. XXX - é garantido o direito de herança.
13. BRASIL. Constituição Federal: Art. 155. Compete aos Estados e ao Distrito Federal instituir impostos **sobre:**

I - transmissão causa mortis e doação, de quaisquer bens ou direitos;

As alíquotas do ITCMD são fixadas pelo legislador estadual, desde que obedecidos os limites máximos determinados pelo Senado Federal, por meio de resolução[14]. Atualmente, este teto é de 8%, conforme a Resolução n. 09, de 05 de maio de 1992.

O fato gerador do ITCMD geralmente ocorre no momento em que se realiza a transmissão em razão da doação ou *causa mortis*, conforme cada legislação estadual. Todavia, este poderá ser entendido como ocorrido no momento da data da abertura da sucessão legítima ou testamentária – mesmo nos casos de sucessão provisória –, e na instituição de fideicomisso e de usufruto, ou na data da morte do fiduciário e na substituição do fideicomisso (CALIENDO, 2020).

Em regra, quando a transmissão recair sobre bens imóveis, o ITCMD será recolhido ao Estado onde se situa o bem. Em se tratando de bens móveis, títulos e créditos, como é o caso das criptomoedas, o imposto pertence ao Estado onde se processar o inventário ou arrolamento, ou tiver domicílio o tomador[15].

De acordo com o artigo 155, § 1º, III, alíneas *a* e *b* da Constituição Federal, se o doador tiver domicílio ou residência no exterior ou se o falecido possuía bens, era residente ou teve o seu inventário processado no exterior, a competência para instituição do ITCMD é reservada a uma lei complementar[16]. Adiante, iremos explicitar os impactos e desafios desta regra para uma possível transmissão das criptomoedas.

2. A SUCESSÃO DE CRIPTOMOEDAS NO DIREITO BRASILEIRO

Considerando os dados trazidos a esta pesquisa, a respeito do tratamento das criptomoedas no campo do direito sucessório, apresentamos aqui o que identificamos como alguns desafios para o Direito Civil, Tributário e Processual Civil brasileiros no tocante à transmissão das moedas digitais.

---

14. BRASIL. Constituição Federal: Art. 155, § 1º, inciso IV:
    § 1º O imposto previsto no inciso I:
    IV - terá suas alíquotas máximas fixadas pelo Senado Federal;
15. BRASIL. Constituição Federal: Art. 155, I, § 1º:
    I - relativamente a bens imóveis e respectivos direitos, compete ao Estado da situação do bem, ou ao Distrito Federal
    II - relativamente a bens móveis, títulos e créditos, compete ao Estado onde se processar o inventário ou arrolamento, ou tiver domicílio o doador, ou ao Distrito Federal
16. BRASIL. Constituição Federal: Art. 155, I, § 1º:
    III - terá competência para sua instituição regulada por lei complementar:
    a) se o doador tiver domicilio ou residência no exterior;
    b) se o de cujus possuía bens, era residente ou domiciliado ou teve o seu inventário processado no exterior;

2.1   A reserva da legítima e a transmissão das criptomoedas

A sucessão legítima consiste naquela decorrente de lei, quando a pessoa falece sem deixar testamento (ou quando o testamento é nulo), a partir da qual é determinada a ordem de vocação hereditária. O artigo 1.846 do Código Civil determina que "Pertence aos herdeiros necessários, de pleno direito, a metade dos bens da herança, constituindo a legítima".

A partir da interpretação do artigo mencionado, conclui-se que a presença de herdeiros necessários (descendentes, ascendentes e cônjuge) impede que um indivíduo transmita seu patrimônio, ainda em vida, de modo a reduzir em mais de cinquenta por cento de seu total. Assim, estaria preservado o montante destinado e protegido pela legítima.

Alguns autores consideram que tal reserva hereditária importa em restrição à autonomia privada do disponente. É que a limitação de metade do patrimônio líquido do autor da herança representaria uma vedação injusta à livre escolha pela disposição de um patrimônio que lhe é seu (ROSA E COELHO, 2021).

A justificativa para a existência da reserva da legítima consiste na pretensão de se preservar a unidade familiar, ainda após a morte, resguardando-a aos herdeiros necessários. A crítica que fazem Teixeira e Colombo (2019) é que a presunção absoluta dos laços afetivos puramente baseados em vínculos parentais ou relacionais mostra-se excessivamente abstrata, "pois deixa de contemplar circunstâncias concretas que podem exigir maior ou menor proteção patrimonial dos membros da família, como a existência de fator de vulnerabilidade ou a independência financeira, respectivamente".

Nesse sentido, o artigo 549 do Código Civil considera nula a doação que exceda a parcela da legítima. Assim, a reserva da legítima tem reflexos inclusive no contrato de doação. Dispõe o art. 549, CC: "Nula é também a doação quanto à parte que exceder à de que o doador, no momento da liberalidade, poderia dispor em testamento." Este é o conhecido pacto sucessório (*pacta corvina*), também considerado por parte da doutrina, uma afronta à autonomia privada do indivíduo.

Perlingieri (2002) conceitua a autonomia privada como "o poder reconhecido ou concedido pelo ordenamento estatal a um indivíduo ou a um grupo, de determinar vissicitudes jurídicas (...) como consequência de comportamentos – em qualquer medida – livremente assumidos".

Fazendo uma relação destes conceitos com as criptomoedas, devemos ressaltar que, além das formas corriqueiras de tentar burlar as regras impostas pela legítima (doação em vida e criação de pessoas jurídicas familiares), as moedas digitais também podem ser utilizadas para se esquivar da ainda vigente reserva da legítima.

Assim, não seria difícil imaginar uma situação em que uma pessoa deposite uma parte considerável de seu patrimônio em criptomoedas, inclusive excedendo a cota da legítima. Tal operação, pela dificuldade de rastreamento e acesso às transações, estaria dentro da legalidade, por outro lado estaria violando o princípio da reserva da legítima.

2.2 A dificuldade de acesso às criptomoedas como possibilidade de inversão da ordem de vocação hereditária

A ordem de vocação hereditária, prevista no artigo 1.829 do Código Civil, e seus incisos, é dividida em classes de herdeiros. A primeira classe compreende os descendentes, em concorrência com o cônjuge ou companheiro; a segunda categoria cuida dos direitos dos ascendentes e em concorrência com o cônjuge sobrevivente; na terceira classe encontra-se o cônjuge sobrevivente; e, por fim, a quarta classe abrange os parentes colaterais até o quarto grau.

Trazendo esta regra ao mundo das criptomoedas, consideramos que a falta de regulamentação das moedas virtuais resulta em uma possibilidade de inversão ou desrespeito à ordem de vocação hereditária, delineada acima.

A primeira forma de manipular a ordem vocação hereditária ocorreria, simplesmente, pelo fato de o proprietário de moedas virtuais, deliberadamente, não repassar a chave de acesso à sua carteira de criptomoedas aos seus herdeiros. Assim, caso ele venha a falecer, os herdeiros não conseguirão ter acesso àquele patrimônio digital.

Ressalte-se que a ordem de vocação hereditária é preferencial, ou seja, caso a herança seja partilhada com todos os herdeiros de primeira classe, os outros herdeiros, das demais classes, não receberão nada a título de sucessão legítima.

Caso o detentor das criptomoedas tenha alguma preferência por um herdeiro de segunda classe, por exemplo, aquele poderia informar a chave de acesso apenas a este, burlando, assim, a ordem de vocação hereditária.

Na eventualidade de o proprietário das moedas virtuais vir a falecer prematuramente – como foi o caso do minerador americano de criptomoedas Matthew Moody, de 26 anos, que morreu em um acidente de avião sem deixar a chave de acesso aos seus familiares –, os herdeiros, no caso seu pai, não conseguirão acessar milhões de dólares em criptomoedas, constantes na carteira do falecido.

2.3 O *droit de saisine* e as criptomoedas

Conforme já mencionado neste estudo, o *droit de saisine* consiste na transmissão automática do patrimônio do *de cujus*, imediatamente, a partir do seu falecimento. É que o acervo patrimonial não pode ficar sem um proprietário, de acordo com o mencionado princípio. Ademais, nos casos de herança vacante ou jacente, há destinação do patrimônio, no fim das contas (MACHADO E BRETAS, 2019).

Assim, conforme igualmente tratado nos itens anteriores, a transmissão imediata do patrimônio em criptomoedas, após o falecimento do titular, tem um grande risco de não ser concretizada, caso não seja concedida a chave de acesso aos seus herdeiros. Portanto, a *saisine* não seria respeitada, neste caso, ainda que obrigatória pela legislação civil.

Observe-se que tais desafios estão sendo impostos não apenas ao Brasil, mas a todos os países em que haja operações com moedas virtuais.

Resta claro, portanto, que a aplicação das normas atuais do direito sucessório aos bens digitais é insuficiente para resolver os litígios que surgem e que irão se manifestar.

Zampier (2021) observa que "Os problemas surgidos no âmbito da titularidade e exercício dos bens digitais não podem ser resolvidos no Brasil, até o presente momento e quiçá no futuro, por uma lógica de subsunção de um caso particular a uma generalidade. Há que se ter muito de pré-compreensão por parte dos juízes, para que possa ser fornecida a melhor interpretação que o caso vier a comportar. (...) A visão dos ativos digitais como mero direito de propriedade, amplamente transmissível, deriva do fato da ausência desta pré-compreensão. Tratar um fenômeno novo à luz da centenária construção do direito da *saisine* não parece ser a melhor solução, como demonstrado."

2.4   Criptomoedas e o imposto de transmissão *causa mortis*

Conforme já mencionado, o Imposto sobre Transmissão *Causa Mortis* e Doação (ITCMD) é aquele incidente sobre a transmissão de quaisquer bens, por doação ou em razão do falecimento do titular e é de competência estadual. Todavia, conforme o princípio da legalidade tributária[17], cada Estado deve criar uma lei para institui-lo.

Todavia, as leis estaduais que tratam do ITCMD foram elaboradas para um mundo analógico, conquanto os bens físicos são facilmente rastreáveis. Ademais, uma boa parte dos bens incorpóreos se encontram sob o controle do Estado (automóveis e participações societárias) ou sob custódia de instituições privadas altamente reguladas (bancos, seguradoras e corretoras de valores mobiliários). Assim, um complexo sistema fiscalizatório da transmissão *causa mortis* foi desenhado para concretizar a arrecadação (BUCAR E PIRES, 2021).

---

17. BRASIL. Constituição Federal. Art. 5º. II - ninguém será obrigado a fazer ou deixar de fazer alguma coisa senão em virtude de lei.

No tocante à transmissão *causa mortis* das criptomoedas, a identificação dos titulares dos criptoativos é uma das maiores dificuldades para as autoridades fiscais. É que, conforme delineado, o acesso à plataforma *blockchain* se dá de maneira anônima, através da utilização de chaves criptográficas. Além disso, as moedas virtuais são ativos descentralizados, com transações realizadas sem uma intermediação.

Outro enorme dilema a ser enfrentado na tributação das criptomoedas, pelo ITCMD, consiste no fato de que tais situações patrimoniais são manifestadas, muitas vezes, fora do território nacional. Assim, é plenamente viável considerar que estamos diante de uma hipótese de tributação de bens localizados no exterior.

Conforme já mencionado neste trabalho, a Constituição Federal, em seu artigo 155, § 1º, III reservou à lei complementar a competência para instituição do ITCMD se o doador tiver domicílio ou residência no exterior ou se o falecido possuía bens, era residente ou teve o seu inventário processado no exterior.

Considerando que essa lei complementar nunca foi editada, a incidência do ITCMD em tais situações vêm sendo tratadas por diversos Estados em suas próprias legislações locais. Neste contexto, ocorreram vários litígios entre fisco e contribuintes, até que foi julgado, pelo STF, no Recurso Extraordinário 851.108/SP, em repercussão geral (Tema 825), de relatoria do Min. Dias Toffoli. A partir do julgado deste RE, ficou decidido, por maioria, que "É vedado aos estados e ao Distrito Federal instituir ITCMD nas hipóteses referidas no art. 155, § 1º, III, da Constituição Federal sem a intervenção da lei complementar exigida pelo referido dispositivo constitucional.

Portanto, à guisa de conclusão, de acordo com a jurisprudência do STF, caso seja considerado que as criptomoedas são bens localizados no exterior, os estados não poderiam tributá-las por meio do Imposto sobre Transmissão *Causa Mortis* e Doação.

Por outro lado, a título de exemplo, o Projeto de Lei nº. 834 de 2019, do Estado de São Paulo, visa alterar a lei estadual que instituiu o ITCMD, para incluir a possibilidade da sujeição dos criptoativos ao referido imposto, *in verbis*:

Artigo 1º - Acrescente-se o inciso IV ao artigo 3º da Lei nº 10.705, de 28 de dezembro de 2000, com a seguinte redação:

Artigo 3º – Também sujeita-se ao imposto a transmissão de:

[...]

IV – criptoativo, assim considerado como a representação digital de valor denominada em sua própria unidade de conta, cujo preço pode ser expresso em moeda soberana local ou estrangeira, transacionado eletronicamente com a utilização de criptografia ou de tecnologia de registro distribuído, que pode ser utilizado como forma de investimento, instrumento de transferência de valores ou acesso a bens ou serviços, e que não constitui moeda de curso legal." (NR)

Considerando o mencionado julgado do STF, caso este projeto de lei seja aprovado, na ausência de lei complementar, seria ele inconstitucional? Fica aqui a questão para uma reflexão.

Outro debate existente consiste no "valor de mercado" que as legislações estaduais do ITCMD atribuem aos bens digitais, para apuração do valor a ser transmitido em criptomoedas. Geralmente, estes são definidos a partir do valor da cotação das criptomoedas no dia do falecimento do autor da herança, momento em que se abre a sucessão.

Todavia, considerando a volatilidade dos preços das criptomoedas, seria um parâmetro justo a ser considerado, tendo em vista que a transmissão se dá em momento posterior?

Por outro lado, as Súmulas 113 e 114 do Supremo Tribunal Federal afirmam que o imposto de transmissão é calculado sobre o valor dos bens na data da avaliação e que somente após a respectiva homologação o tributo passaria a ser exigido. Para Daniel Bucar, no mesmo texto citado, as súmulas representam uma "incongruência lógica do sistema tributário ao princípio da *saisine*, tendo em vista que, apesar da lei civil tratar a transmissão econômica dos bens na data da abertura da sucessão, o direito tributário, escolheu outro momento econômico para a base de incidência, seja em razão da necessidade do inventário para o cálculo da herança líquida, seja porque transmissão automática efetivamente não há."

O STJ também segue a mesma linha do STF, quando entende que "o termo inicial do prazo decadencial para o Estado lançar o crédito tributário de ITCMD é o trânsito em julgado da decisão proferida nos autos do Inventário, porquanto, durante a pendência da discussão judicial acerca da alíquota aplicável, o Fisco gaúcho estava impossibilitado de constituir o crédito tributário"[18].

Como se pode perceber, o momento para calcular o ITCMD sobre as criptomoedas é de imensa relevância, tendo em vista a enorme volatilidade destes ativos digitais, o que pode representar uma injustiça tanto aos herdeiros quanto aos credores do *de cujus*.

Consideramos, portanto que existem diversas questões a serem respondidas quanto ao imposto sobre a transmissão *causa mortis* relativamente às moedas virtuais. Em verdade, só através de uma grande revisão na nossa legislação poderemos uniformizar e responder as questões aqui colocadas.

---

18. STJ, AGInt no REsp 1926495/RS, Rel. Min. Regina Helena Costa, Primeira Turma, j. em 14/06/2021, DJe 16/06/2021.

2.5 Criptomoedas e a jurisdição aplicável aos bens situados no exterior

Na mesma toada dos questionamentos do item anterior e, considerando que as criptomoedas são "moedas apátridas", poderíamos sugerir que seriam bens localizados no exterior? Neste caso, qual o juízo competente para processar o inventário e partilha das moedas virtuais? Qual seria a legislação aplicável para regular a sucessão hereditária das criptomoedas? Ademais, muitos proprietários de criptomoedas utilizam *exchanges* estrangeiras para negociar os seus ativos, deixando-os em carteiras virtuais criadas em outros países, como forma de blindagem patrimonial.

Quando o *de cujus* deixa bens no Brasil e no exterior, a nossa jurisprudência privilegia o princípio da pluralidade de juízos sucessórios. Isto significa que a jurisdição brasileira não é apta a processar o inventário e partilha de bens situados no exterior. Assim, tanto o Supremo Tribunal Federal (STF) quanto o Superior Tribunal de Justiça (STJ) adotam o entendimento de que o juízo do Estado em que se encontra o bem possui jurisdição em matéria sucessória, no que se refere àquele bem (ARAUJO, NORONHA E SPITZ, 2022). Isto significa que, para os bens localizados no Brasil, a jurisdição aplicável é a brasileira. Quanto aos bens localizados no exterior, a autoridade judiciária estrangeira é quem possui jurisdição exclusiva.

Os tribunais, entendem que, com fulcro no art. 89 do antigo Código de Processo Civil (art. 23, II do atual CPC), a jurisdição brasileira é exclusiva para proceder o inventário e partilha de bens situados no Brasil. Portanto, de maneira análoga e simétrica, os bens situados no exterior estariam sujeitos à jurisdição estrangeira.

Ademais, os tribunais também consideraram o artigo 8º. da LINDB, que prevê que "para qualificar os bens e regular as relações a eles concernentes, aplicar-se-á a lei do país em que estiverem situados".

De outro lado, quando a sucessão é aberta no Brasil, mas o falecido deixa bens no exterior, a Justiça brasileira entende que carece de jurisdição para processar o inventário e partilha desses bens localizados fora do território nacional[19].

Em relação à lei aplicável quando os bens móveis estão situados no exterior, o STJ assim decidiu: "o espólio do falecido almejava a inclusão no processo de quantia constante em banco na Suíça em conta de sua titularidade. Por essa razão, pleiteava a expedição de carta rogatória solicitando informações sobre o mon-

---

19. STJ, REsp n. 397.769, Rel. Min. Nancy Andrighi, julg. 25.11.2002: "Se o ordenamento jurídico pátrio impede ao juízo sucessório estrangeiro de cuidar de bens aqui situados, móveis ou imóveis, em sucessão *mortis causa*, em contrário senso, em tal hipótese, o juízo sucessório brasileiro não pode cuidar de bens sitos no exterior, ainda que passível a decisão brasileira de plena efetividade lá".

OS DESAFIOS PARA A SUCESSÃO DE CRIPTOMOEDAS NO DIREITO BRASILEIRO

tante mantido junto a instituição financeira estrangeira. Sendo incontroversa a incompetência da Justiça brasileira para a partilha desse bem, o Superior Tribunal de Justiça confirmou o entendimento de que seriam necessárias as informações solicitadas, eis que ausente qualquer interesse processual a justificar a obtenção de dados relativos à conta bancária na Suíça"[20].

CONSIDERAÇÕES FINAIS

As criptomoedas representam um relevante marco na história da humanidade, na medida em que significam uma forma de moeda superior à que conhecemos atualmente. A tendência é que as moedas virtuais sejam cada vez mais popularizadas ao redor do mundo, adquirindo uma liquidez crescente.

Embora o Direito não consiga acompanhar tempestivamente os avanços tecnológicos, faz-se necessário que o nosso ordenamento jurídico reconheça a existência dos bens digitais e as repercussões deles decorrentes.

O direito à herança é uma garantia constitucional que deve ser resguardada, sobretudo, quando estamos diante de uma quebra de paradigma na maneira como a sociedade se relaciona com o seu patrimônio. É que os indivíduos estão cada vez mais acumulando bens digitais e o nosso ordenamento jurídico não pode deixar de acompanhar as relações jurídicas que deles surgem, promovendo uma destinação adequada à herança digital, sem prejuízo dos nossos direitos e garantias fundamentais.

Nesta pesquisa, foram apresentadas mais questões e desafios do que respostas definitivas. É que a complexidade do tema da transmissibilidade das moedas digitais não permite respostas elementares.

Aqui, foram examinados apenas os aspectos das criptomoedas na sucessão *causa mortis*, mas ainda temos muito a tratar, sobretudo, quando o mundo está diante de inovações como outros ativos digitais que já contam com investimentos milionários e que têm relevantes repercussões no mundo jurídico.

Os dilemas da legítima e sua relação com as criptomoedas, a possibilidade de inversão da ordem de vocação hereditária por meio das moedas virtuais e as dificuldades de cumprimento do direito de *saisine* constituem desafios que devem ser prontamente enfrentados por nossos legisladores.

É por isso que o direito sucessório brasileiro deve rever os atuais conceitos e regras de transmissibilidade, tendo em vista que as novas tecnologias estão constantemente desafiando a ordem tradicional estabelecida.

---

20. STJ, REsp n. 698.526, STJ, Rel. Min. Nancy Andrighi, julg. 18.05.2006.

No tocante ao direito tributário, a natureza jurídica das criptomoedas simboliza um enorme desafio para os legisladores, tendo em vista que repercute na cobrança de diversos tributos e também na arrecadação fiscal do país. Por outro lado não se deve perder de vista a adequada distribuição de encargos, na busca pela efetivação de uma justiça fiscal.

Por fim, e não menos importante, considerando que as criptomoedas estão localizadas de maneira distribuída, e não apenas em um único país, qual o juízo competente para processar o inventário e partilha das moedas virtuais? Qual seria a legislação aplicável para regular a sucessão hereditária das criptomoedas?

São estes os principais desafios encontrados através deste trabalho, à sucessão de criptomoedas no direito brasileiro, e que devem ser tratados como prioridade pelo Estado. Só assim, teremos previsibilidade e segurança jurídica na utilização das moedas virtuais no Brasil.

REFERÊNCIAS

ARAUJO, Nadia; NORONHA, Carolina e SPITZ, Lidia. Jurisdicão brasileira e lei aplicável à sucessão hereditária quando os bens deixados pelo falecido estão situados no Brasil e no exterior. In: Direito das sucessões: problemas e tendências / Ana Carla Harmatiuk Matos... [et al.] Indaiatuba: ed. Foco, 2022. p. 136.

BARBOSA, Eduardo Henrique de Oliveira; LIMA, Taisa Maria Macena e ALENCAR, Maria Clara de Souza. A era das criptomoedas e o direito sucessório: reflexos na (in)transmissibilidade do patrimônio. Scientia Iuris, Londrina, v.25, n. 3, p. 49-70. 2021.

BRASIL. Banco Central do Brasil. COMUNICADO No 25.306, DE 19 DE FEVEREIRO DE 2014. Disponível em https://www.bcb.gov.br/estabilidadefinanceira/exibenormativo?tipo=comunicado&numero=25306. Acesso em: 06 de março de 2022.

BRASIL. Receita Federal do Brasil. Perguntas e Respostas IRPF 2018. Pág. 244. Disponível em https://www.gov.br/receitafederal/pt-br/acesso-a-informacao/perguntas-frequentes/declaracoes/dirpf/pr-irpf- 2018.pdf. Acesso em: 06 de março de 2022.

BRASIL. Receita Federal do Brasil. Instrução Normativa no 1888, de 03 de maio de 2019. Disponível em: http://normas.receita.fazenda.gov.br/sijut2consulta/link.action?visao=anotado&idAto=100592 Acesso em: 06 de março de 2022.

BGH v. 12.07.2018, III ZR 183/17. Disponível em: https://datenbank.nwb.de/Dokument/Anzeigen/741207/. Acesso em: 06 de março de 2022.

BUCAR, Daniel e PIRES, Caio Ribeiro em Situações Patrimoniais Digitais e ITCM: Desafios e Propostas. In TEIXEIRA, Ana Carolina Brochado e LEAL, Lívia Teixeira (coord.), Herança Digital: controvérsias e alternativas – Indaiatuba. ed. Foco, 2021.

BUCAR, Daniel. Existe o *droit de saisine* no sistema sucessório brasileiro? In TEIXEIRA, Ana Carolina Brochado e NEVARES, Ana Luiza Maia (coord.), Direito das sucessões: problemas e tendências. – Indaiatuba, SP: Ed. Foco, 2022.

CALIENDO, Paulo. Curso de Direito Tributário. 3ª. ed. São Paulo: Saraiva Educação, 2020.

CAMPOS, Emília Malgueiro. Criptomoedas e Blockchain. 1ª. ed. São Paulo: Lumen Juris, 2018.

CASTELLO, Melissa Guimarães. Bitcoin é moeda? Classificação das criptomoedas para o direito tributário. Revista Direito GV, v. 15, n. 3, 2019, e 1931.

CHUN, David Lee Kuo. Handbook of Digital Curency: bitcoin, innovation, financial, instruments, and big data. Singapore Management University. Singapura: Elsevir, 2015.

COINLIB - Crypto Prices, Charts, Lists & Crypto Market News. Disponível em https://coinlib.io/coins. Acesso em: 06 de março de 2022.

FOBE, Nicole Julie. O Bitcoin como moeda paralela – uma visão econômica e a multiplicidade de desdobramentos jurídicos. 2016. Dissertação (Mestrado) – Escola de Direito de São Paulo da Fundação Getúlio Vargas, São Paulo, 2016.

FRITZ, Karina Nunes e SCHERTEL, Laura. Case Report: Corte alemã reconhece a transmissibilidade da herança digital. In: Revista de Direito da Responsabilidade, Coimbra, 2019, p. 525-555.

GAGLIANO, Pablo Stolze; FILHO, Rodolfo Pamplona. Novo Curso de Direito Civil: Direito das Sucessões. 7. ed. São Paulo: Saraiva Educação, 2020. p. 43.

GERTCHEV, Nikolay. The Money-ness of Bitcoins. Mises Daily, Auburn: Ludwig von Mises Institute, 4 de abril de 2013. Disponível em: http://mises.org/daily/6399/The-Moneyness-of-Bitcoins.

GIANCOLI, Bruno Pandiori. Direito civil. São Paulo: Editora Revista dos Tribunais, 2012.

HONORATO, Gabriel. e LEAL, Lívia Teixeira. Herança Digital: o que se transmite aos herdeiros? In: Direito das sucessões: problemas e tendências / Ana Carla Harmatiuk Matos... [et al.]. – Indaiatuba, SP: Ed. Foco, 2022.

ISSONAGA, Patrícia Etsuko e SILVA, Deise Marcelino. Moedas virtuais no Brasil. Revista de Direito Tributário e financeiro. Encontro Virtual, v. 7, n. 2, p. 57 a 71. 2021.

LÔBO, Paulo. Direito Civil: Sucessões. 7. ed. São Paulo: Saraiva Educação, 2021.

LEAL, Livia Teixeira. Internet e Morte do Usuário: a necessária superação do paradigma da herança digital. Revista Brasileira de Direito Civil – RBDCivil | Belo Horizonte, v. 16, p. 181-197, abr./jun. 2018 p. 191.

MACHADO, Ana Maria Alves; BRETAS, Hugo Rios. Ensaios sobre (in)congruência da usucapião entre herdeiros. In: RIOS, Calânico Sobrinho; LASMAR, Gabriela Mascarenhas; RODRIGUES JÚNIOR, Walsir Edson (coord.). Relações familiares e o direito sucessório. Belo Horizonte: Conhecimento Livraria e Distribuidora, 2019. p. ini-fin.

NAKAMOTO, Satoshi. Bitcoin: A peer-to-peer electronic cash system. 2008.

PERLINGIERI, Pietro. Perfis do Direito Civil. Tradução de Maria Cristina de Cicco. 3ª. ed. Rio de Janeiro: Renovar, 2002.

ROSA, Conrado Paulino da; COELHO, F. R. Critérios diferenciadores da doação e partilha em vida. In: Ana Carolina Brochado Teixeira; Ana Luiza Maia Nevares. (Org.). Direito das Sucessões: problemas e tendências. 1ed.Indaiatuba: Foco, 2021, v. p. 251-268.

ROTHBARD, Murray N. O que governo fez com o nosso dinheiro? Tradução de Leandro Augusto Gomes Roque. São Paulo: Instituto Ludwig von Mises Brasil, 2013.

TARTUCE, Flávio. Direito Civil: Direito das Sucessões. 14. ed. Rio de Janeiro: Editora Forense, 2021. p. 17.

TEIXEIRA, Ana Carolina Brochado e KONDER, Carlos Nelson. O enquadramento dos bens digitais sob o perfil funcional das situações jurídicas. In: Herança Digital: Controvérsias e Alternativas. ed. Foco, 2021. p. 32.

TEIXEIRA, Ana Carolina Brochado e LEAL, Livia Teixeira (Coord.) Herança digital: controvérsias e alternativas. Indaiatuba: Editora Foco, 2021.

TEIXEIRA, Daniele Chaves; COLOMBO, Maice Barboza dos Santos. Faz sentido a permanência do princípio da intangibilidade da legítima no ordenamento jurídico brasileiro? In: TEIXEIRA, Daniele Chaves (coord.) *Arquitetura do Planejamento Sucessório*. Belo Horizonte: Fórum, 2019. P. 137.

TERRA, Aline de Miranda Valverde, OLIVA, Milena Donato e MEDON, Felipe. Acervo Digital: controvérsias quanto à sucessão *causa mortis*.

TORRES, Ricardo Lobo. *Curso de Direito Financeiro e Tributário*. 20ª. ed. Rio de Janeiro: Renovar, 2018. P. 372.

ULRICH, Fernando. Bitcoin: A moeda na era digital. São Paulo, ed. LVM, 2014. p. 47-97.

VENOSA, Sílvio de Salvo. Direito Civil: parte geral. – 17.ed. São Paulo: Atlas, 2017.

VERÇOSA, Haroldo Malheiros Duclerc. Breves Considerações econômicas e jurídicas sobre a criptomoeda. *Os bitcoins*. *Revista de Direito Empresarial*, São Paulo, v. 4, n. 14, mar./abr. 2016. Disponível em: https://proview.thomsonreuters.com/launchapp/title/rt/periodical/95960701/v20160014/document/112941036/anchor/a-112941036. Acesso em: 06 de março de 2022.

XAVIER, Albrerto. A distinção remuneratória e doação em contemplação do merecimento para efeitos fiscais. *Revista Dialética de Direito Tributário*, São Paulo, n. 209, p.143, 2013.

ZAMPIER, Bruno, Bens Digitais: cybercultura, redes sociais, e-mails, músicas, livros, milhas aéreas, moedas virtuais / Bruno Zampier. – 2. Ed – Indaiatuba, SP: ed. Foco, 2021.

ANOTAÇÕES

ANOTAÇÕES